고등학생운동사

고등학생운동사

1980~1990년대, 불온하고 정치적인 10대들의 기록

초판 1쇄 펴낸날   2025년 3월 30일

지은이 김소연 전성원 김대현 정경화
김성윤 이형신 안수찬 양민주
권정기 김영희 조한진희 전누리
기획 조한진희
펴낸이 이건복
펴낸곳 도서출판 동녘

편집 이정신 이지원 김혜윤 홍주은 이심지
디자인 김태호
마케팅 임세현
관리 서숙희 이주원

만든 사람들
편집 이정신   **디자인** 김태호

인쇄·제본 영신사   **라미네이팅** 북웨어   **종이** 한서지업사

등록 제311-1980-01호 1980년 3월 25일
주소 (10881) 경기도 파주시 회동길 77-26
전화 영업 031-955-3000 편집 031-955-3005 **팩스** 031-955-3009
홈페이지 www.dongnyok.com **전자우편** editor@dongnyok.com
페이스북·인스타그램 @dongnyokpub

ISBN 978-89-7297-156-6 (03300)

고등학생 운동사

1980~1990년대,
불온하고 정치적인 10대들의 기록

조한진희 기획

김소연　전성원　김대현　정경화
김성윤　이형신　안수찬　양민주
권정기　김영희　조한진희　전누리 지음

동녘

일러두기

1 단행본, 정기간행물 등은 겹화살괄호(《 》)를, 논문, 기사, 노래, 영화, 연극 등은 홑화살괄호(〈 〉)를 사용해 표기했다.

2 역사적 사건, 용어 등의 사용은 통일하지 않았다.
예) 광주민주화운동, 광주항쟁……, 4·19, 4·19혁명, 4·19의거, 4·19 학생혁명……, 언더조직, 언더 그룹, 비공개조직…… 등.

차례

추천의 말

그때에는 어느 학교든 '게슈타포'로 불리던 폭력 교사가 있었고, '촌지봉투'로 상징되던 비리가 만연했고, 두발과 심지어는 속옷까지 통제하는 학칙이 있었고, 학생의 대표를 교사들이 맘대로 뽑는 간선제 학생회가 있었다. 민주화의 열풍이 불던 그 시대, 잘못된 학교를 바로잡기 위해서 '종이비행기 시위'를 했고, 전국에서 고등학생 운동 조직을 만들어냈다. 학칙을 바꾸고, 직선제 학생회를 세우고, 폭력을 몰아낸, 그 시대를 가장 치열하게 살아낸 고등학생운동가들−그들 중에는 정성묵, 김수경, 심광보, 김철수처럼 자신의 하나뿐인 목숨마저 던졌던 이들도 있었다.

그들이 이루어낸 성과와 그보다 더 많은 갈등과 좌절을 아프게 읽는다. 그들은 그때 배운 운동의 원칙을 갖고 '청소년인권운동'을 개척했던 선구자였다. 11명 활동가의 이야기에 가슴 뜨거워지고, 눈물도 나고, 안타까워서 가슴 졸이기도 하면서 읽어야 했다. 가슴에 묻어두었던 이야기를 들려준 그 시대의 전사들에게 고마움을 전한다.

박래군 4·16재단 운영위원장·인권재단 사람 이사

마치 거대한 모자이크화를 본 것 같다. 각자가 쥔 역사의 모난 조각들을 그러모아 한 권의 책으로 꿰맞추니, 조망되지 않았던 시대와 시절이 드러났다. 익명과 무명의 자리에서 걸어 나온 생생한 이야기들이 한국 현대사의 한 조각을 기어이 완성한다. 잊힌 역사를 '잇기' 위한 시도이자 기록이다. 순응하는 국민을 기르는 공간인 학교에서도 시민은 태어난다. 권력이 반듯하게 그어놓은 선을 위반하는 사람들이야말로 자유를 발명하는 자들이다. 그런 이야기는 불온하고 위태로워서 끝내 아름답다. 여전히 다른 세상을 꿈꾸는 사람들이 딛고 나아가야 할 자리가 어디인지를 보여준다. 모든 실패는 다음을 예비하고 있다. 그 가능성이 미래를 만든다. 오늘의 우리가 이들이 건넨 '미완의 꿈'이라는 바통을 쥐고 더 나은 방법으로 실패할 수 있기를 바라게 된다. 그것이 또 한 페이지의 역사가 될 것임을 믿는다.

장일호 《시사인》 기자·《슬픔의 방문》 저자

유배되고 고립된 개인의 기억에서, 세상을 바꿔내온 사회적 기억으로

조한진희

고운, 잃어버린 현대사의 한 조각을 기록하고 해석하기

한국 사회에서 낯선 말, 고등학생운동.

특정 시기 뜨겁게 불타오르고 사라진, 잃어버린 한국 현대사 한 조각이 있다. 사회적으로 호명조차 제대로 된 적 없는 1980~1990년대 고등학생운동(고운)이다. 이제 한국 사회에서 고등학생의 사회·정치적 활동은 낯설고 특수한 일이 되어버렸다.

그러나 떠올려보자. 근대 교육제도 도입 이후 10대가 거리에서 투쟁하지 않은 시기가 있었던가? 일제강점기 광주학생운동, 해방 이후 4·19혁명은 고등학생이 중심이 되어 시작했다. 1980년 5월 광주, 1987년 6월항쟁, 1989년 전교조 교사 집단해고, 1991년 5월투쟁, 그리고 이승만부터 2025년 현재 윤석열까지 대통령 퇴진 운동에 10대가 광장에 서지 않은 적이 없었다. 그런데도 어째서 10대의 정치활동은 매번 '재발견'되고, 왜 이토록 낯설까?

역사는 선별적으로 기억되기 때문이다. 기록된 역사만 존재하고 사회적으로 평가되며 의미가 생성된다. 특정한 역사는 의식적 혹은 무의식적으로 누락된다. 1980~1990년대에 고운 활동을 했던 이들은 그것을 의식적으로 묻어두고자 했고, 사회는 무의식적으로 소환하고 싶어 하지 않았다. 고운에 몸담았던 이들은 고통스러운 기억, 실패한 운동이라는 좌절감, 열사가 된 친구들과 살아남았다는 미안함 때문에, 혹은 소위 '86세대'가 과거를 기억하는 태도와 독점에 질려버려서…… 고운의 기억을 저편으로 유배시켰다.

통상 지배계급은 권력을 잡으면 가장 먼저 역사에 손을 댔고, 자신의 역사를 기록하는 데 공을 들였다. 반면 진보운동 사회는 역사기록에 여전히 인색하다. 그래서 불나방처럼 뛰어들어서 활활 타오르고 사라지는 역사가 반복되어온 경향이 있다. 왜 매번 우리는 열정만으로 뛰어들고, 그래도 최선을 다했다는 평가를 수십 년째 반복해야 하는가. 오랫동안 사회운동을 해온 많은 이들이 지닌 문제의식일 것이다.

이 책은 1980~1990년대 고등학생운동의 출현과 발흥, 소멸을 담고 있다. 특정 사회운동이 어떻게 변화·발전했고 사라졌는지에 대한 기록과 이해는 이후 더 나은 사회와 전망을 만드는 데 유용하다. 고등학생운동 시절 평가 시간에 '운동은 과학'이라는 말을 자주 했다. 물론 실제로 고운이 과학적이었다고 평할 수는 없겠다. 하지만 운동을 열정만으로 해서는 안 되고, 현실을 엄밀히 분석하고 역사적 오류를 검토하면서 나아가야 한다는 것은 최소한 잊지 않고 있다. 그리고 오류를 검토하려면 역사가 기록되어 있어야 한다.

이 글을 쓰고 있는 지금, 윤석열의 2024년 12·3 계엄 선포로 인해 거꾸로 돌아간 역사, 파괴된 민주주의에 대한 멈출 수 없는 분노로 광장이 연일 들끓고 있다. 동시에 새롭게 만들어갈 민주주의에 대한 치열한 토론이 진행 중이다. 우리의 저항은 훗날 역사적으로 어떻게 평가될까. 당대를 극복하며 새로운 민주주의를 건설하기 위해서는 '87체제'나 '86세대'를 비롯해서 과거를 다시 읽어보는 게 중요하다. 따라서 고등학생운동을 살펴보는 것은 87년 6월항쟁을 포함해 1980~1990년대 역사를 재검토하고, 계엄이 사어(死語)가 되도록 역사를 밀고 나가는 데도 유의미하다.

지금 나는 역사는 진보한다는 전제 위에서 말하고 있다. 하지만 누군가는 의문을 제기할 것이다. 역사가 정말 진보하는 것일까. 부분의 역사가 진보해왔던 것은 사실이지만, 12·3 계엄 같은 것을 보면 역사는 진보와 퇴보를 거듭하며 사실상 되풀이되는 게 아닌지 의구심과 회의감이 든다고 말이다. 고대 그리스 역사학자 투키디데스는 역사는 영원히 되풀이된다고 했고, 18세기 역사학자 비코는 역사는 나선형으로 발전한다고 했다. 역사가 2차원의 원처럼 무한히 반복되는 것인지, 3차원의 나선형처럼 발전하는 것인지, 인류는 정말 일관된 방향의 역사를 구축할 수 있는지 확언할 수 없다.

다만 이는 수학공식처럼 종이 위에서 논증되어야 할 것이 아니라, 투쟁과 삶으로 입증해야 하는 영역에 가까울 것이다. 고운 활동가들은 역사의 발전을 믿었던 이들이고, 이 책은 역사가 원처럼 반복되지 않기 위해 각도를 조금 비틀어 나선형으로 진입시켜보려는 노력에 가깝다.

고운을 기억하고 싶지 않은 사회

고운은 왜 거의 기록되지 않았을까. 고운 활동을 했던 당사자들이 이를 말하지 않았다고 해도, 사회에서 관심을 가지면 자료 등을 통해 얼마든지 기록할 수 있었을 것이다. 2019년 청소년인권운동단체에서 주최했던 토론회에 참여했던 때의 일로 이를 이야기해보려 한다.

당시는 전교조 30주년이었고, 전교조 주최로 전국 각지에서 행사가 열리고 언론도 다양한 기획기사를 내보내던 해였다. 그나마 고운을 기억하는 사람들은 '1989년 전교조'를 떠올릴 만큼 고등학생운동과 전교조는 긴밀하다. 전교조가 출범하던 1989년 1,500여 명의 교사가 집단해고됐고, 고운에서는 전교조 교사 지키기 운동을 조직적으로 전개했다. 그해 47만여 명의 중고생이 수업 거부, 방학 거부, 철야농성, 교문 밖 시위, 평민당사 농성과 단식 등 격렬하게 투쟁했다. 그 과정에서 일부 학생들은 체벌로 인해 실신하고 입원하거나 징계를 받는 등 여러 탄압을 겪는다. 당시 전교조 학생사업국 자료에 따르면 1989년 학생 징계 현황은 구속 5명, 불구속 10명, 퇴학 8명, 무기정학 27명, 유기정학 40명, 근신 72명이었다. 하지만 이는 그때의 급박한 상황 속에서 일부만 집계된 통계라는 게 많은 의견이다. 그리고 이듬해 전교조 지키기 운동 과정에서 고등학생 열사가 나오기도 한다.

그런데 전교조 30주년을 기념하는 그 많은 행사와 기사 어디서도 고운을 언급하지 않았다. 청소년인권행동 아수나로와 청소년인권운동연대 지음에서는 이에 안타깝고 아쉬운 마음으로 토론회를 개최한다며 패널 요청을 해왔다. 당시 토론회 제목은 '8090 참교육운동을 했던 학생들의 이야기마당: 그때, 우리는 학교와 정권에 맞서 싸웠다'였고, 나는 고운을 사회 전반에서 기억하지 않는 것은 물론 전교조에서조차 호명하지 않는 것에 대해 다소 슬픈 마음으로 대략 다음과 같이 말했다.

고운이 기억되지 않고 회자되지 않는 가장 큰 이유는 우리 사회가 10대를 정치적인 주체로 보고 싶어 하지 않기 때문이라고 생각한다. 선거연령 하향 운동은 한국에서 아주 어려운 운동이고, 인권교육현장에서도 청소년 보호주의를 넘어서기가 굉장히 어렵다. 청소년인권을 말하는데 이것을 보호주의 담론으로 포섭해버린다. 그리고 청소년 보호주의를 넘어서지 못하고, 10대를 정치적 주체로 보는 것을 가장 어려워하는 집단 중 하나가 교사들인 것 같다. 물론 진보적 교육운동을 하는 교사들을 비롯해 다른 관점을 가진 경우도 있지만, 대부분 교사는 한계를 가질 수밖에 없어 보인다. 전교조가 출범했던 해부터 몇 년 동안 수십만의 중고생이 징계와 퇴학을 불사하며 싸웠는데도 전교조에서 고운을 기억하지 않고 호출하지 않는 것. 이 또한 10대를 정치적 주체로 보기 불편해하는 흐름이 의식적으로든 무의식적으로든 작동한 결과라고 본다. 과거 10대가 투쟁했던 역사가 현재에 중요한 청소년인권운동 영역에서 이 자리를 마련한 게 우연이 아니라고 생각한다.

이는 우리 사회의 현실을 비판한 말이지만, 그것만은 아니었다. 10대에 대한 보호주의와 통제 담론은 강해지고, 학교를 통해 체제에 순응하는 인간으로 훈육하는 기능도 더 강력해진 지금의 현실이 고등학생운동의 실패를 방증하는 것 같아서 참담했다. 그래서 나는 더욱, 고운이 개인의 유배된 기억을 넘어서 사회적 기록을 통해 집단적 기억으로 만들어져야 한다고 생각하게 됐다. 동시에 고운을 기록하는 것 자체만이 목적이어서는 안 된다고 여기며 이 책을 기획했다.

이 책은 1980년대 중반부터 1990년대 중반까지 자신의 운동을 '고등학생운동'으로 정체화하며 세상을 바꾸고자 했던 11명이 자신의 활동과 삶을 기록하고 있다. 3년 전 저자들을 섭외하며 보낸 기획서에 이렇게 썼다. "한국 사회에서 특정 시기 뜨겁게 타올랐던 고등학생운동을 기록한다는 것, 이는 과거의 기록을 넘어 다양한 현재적 의미를 불러올 것이다. 현재 '한국 운동 사회의 흐름과 역사', '80~90년대 한국사회의 역동과 현재', '운동 내부의 위계와 변동', '교육운동과 전교조', '청소년인권운동', '정치적 존재로서의 10대', 한국 사회에 여전히 강고한 '연령주의' 등에 직간접적으로 의미 있게 작용할 수 있기를 기대한다." 고운을 기록한다는 것은 과거의 세밀한 재현일 뿐 아니라, 역사는 언제나 지금 여기에서 의미를 발생시킨다는 것을 강조했다. 구체적으로 지향을 나열한 것은 과거의 동일한 사건을 기록하더라도 어떤 목적을 갖느냐에 따라, 취사선택되는 내용이나 관점이 달라지기 때문이다. 그리고 가능할지 모르지만 이 책을 통해 함께 닿고 싶은 곳을 설명한 것이다.

고등학생이 만든 저항의 역사

한국의 사회운동은 6월항쟁 전후로 큰 변화를 맞이하고 1980~1990년대 고등학생운동 역시 그 흐름 안에 있었다. 그런데 이 시기 고등학생운동을 깊이 있게 이해하려면, 일제강점기부터 고등학생과 10대가 집단적 저항으로 만들어온 역사를 살펴보는 게 유용하다. 그런 맥락적 이해가 없다면, 1980년대~1990년대에 고운 활동을 했던 이들이 매우 특별한 혹은 '기특한' 고등학생들이었다고 납작하게 인식될 수 있기 때문이다. 고운을 했던 우리가 특별하게 여겨지기보다는 보편이 되는 사회가 되어야 하고, 보편이 될 수 있는 가능성을 설명하고자 했다. 그래서 이 부분을 쓰는 데 많은 자료를 찾으며 공을 들였다. 다만 역사를 요약하는 게 쉽지 않고, 또 한편 10대의 저항을 기록 차원에서 남겨두고 싶은 것도 있다 보니 제법 길다. 이 부분은 흐름만 간단히 보고 넘어가거나, 노태우 정권기부터 봐도 되고, 아니면 책을 다 읽은 뒤 살펴봐도 무방하다.

　본격적인 서술에 앞서 학생운동에 대해 언급해야 할 것 같다. 학생운동은 역사적으로 사회운동의 주요 세력이었다. 일반적으로 후발 자본주의 사회, 식민지 인텔리나 학생층은 사회변혁의 큰 역할을 했다. 1848년 독일혁명, 러시아혁명, 중국의 반제·반봉건운동, 남미 반제투쟁에 이르기까지 학생 집단은 노동자, 농민과 함께 변혁운동의 주요한 집단이었다.[°] 지금 한국 사회에서 '학생운동'이라고 하면 대학생을 떠올린다. 하지만 고등학생이나 10대를 떠올리던 시기도 있었다.

일제강점기부터 해방 초기
― 타도 일본제국주의, 식민지 교육 철폐

　한국의 근대 교육 체계의 실질적 시작은 일제강점기였고, 고등학생이 주체로서 사회운동을 처음 전면에서 주도했다고 알려진 사건은 일제강점기였던 1929년의 광주학생운동이다. 1929년 11월에 시작된 광주학생운동은 해를 넘기며 전국적으로 확산되었는데, 이후에는 간도, 중국에까지 번진다. 학생들은 동맹휴교 등으로 저항하고 탄압과 투옥 속에서도 투쟁을 멈추지 않았다.

　학생들의 저항은 우발적이거나 단편적인 사건이 아니었다. 축적

[°]　김동춘, 〈1920년대 학생운동과 맑스주의〉, 《역사비평》 제6호, 1989.

된 활동 기반이 있었다. 1926년 광주에서 결성된 학생 비밀결사인 성진회와 이후 새롭게 조직된 독서회중앙본부는 일반적인 학생조직보다 사상적, 조직적으로 선도적 수준이었다. 11월 3일 발생한 광주학생운동이 조직적이고 전국적인 운동으로 확장되는 데 주요 역할을 했던 것이 이들이다.°

광주학생운동에 참여한 학생들은 이후 국외로 망명해 독립운동을 활성화하는가 하면 국내에서는 노동운동, 농민운동과 결합해 1930년 민족운동의 새로운 인적 동력이 되었다. 이런 학생운동의 흐름이 해방 이후 4·19혁명과 민주화운동으로 계승된 것이다. 따라서 광주학생운동은 식민지 시기뿐 아니라 이후 한국 근현대사의 중추였던 학생운동의 분수령이라고 할 수 있다.°°

1945년 해방 이후 일제강점기에 학병, 투옥 등으로 흩어졌던 학생들은 외세의 간섭에서 벗어나 해방된 사회에서 식민지 잔재를 청산하고 새로운 국가를 건설하고자 한다. 학병으로 일본에 끌려갔다 돌아온 이들은 학병동맹을 결성하고, 조선건국준비위원회가 발족해 산하에 학도대라는 학생조직을 결성한다. 그러나 1947년 반제국주의 관점과 일제 잔재 청산 속에서 새로운 국가를 건설하려는 학생들의 이러한 움직임은 반미운동으로 규정되고 거센 탄압에 갇힌다.

°　　김동춘, 앞의 글.
°°　　김성민, 《1929년 광주학생운동》, 역사공간, 2013, 5쪽.

이승만 정권 시기
— 고등학생들이 든 4·19의 횃불

학생들의 저항을 통제하기 위해 이승만은 1949년 학도호국단을 설치한다. 학생은 감시와 동원의 대상이 되고, 1950년대는 학생운동의 암흑기가 된다.° 그러나 학생들의 투쟁은 막을 수 없었고, 4·19혁명으로 이승만 독재를 무너뜨린다. 4·19혁명은 과거에 '4·19 학생의거'로 불렸고, 그 시작은 대구 2·28 민주운동이었다. 대구에서 예정되었던 야당 부통령 후보인 장면의 선거 유세에 고등학생의 참여를 막으려고 일요일에 학생들의 등교를 명령한 게 발단이 됐다. 학생들은 학교별로 긴급회의를 열고 경북고, 경북여고, 대구공고, 대구농고, 대구여고, 대구고 등에서 1,000명이 넘는 학생들이 시위를 벌였다. 3·15 마산의거의 주된 참여자도 고등학생이었고, 4·19의 도화선이 된 김주열은 그중 한 명이었다. 4·19혁명 때 사망자를 살펴보면 고등학생이 36명, 대학생이 22명이었다.°° 4·19혁명은 '고등학생이 시작하고 대학생이 마무리한 역사'로 평가되기도 한다.

박정희 정권 시기
— 군사독재 물러가라

4·19혁명 직후 학도호국단이 해체되고 수면 아래 학생들의 활동도 살아날 것 같았다. 하지만 박정희가 자신의 가장 강력한 반대 세력인 학생 세력을 거세게 탄압하면서 학생운동은 다시 침체기를 맞는다. 그렇다고 고등학생들의 투쟁이 없었던 것은 아니다. 1974년

°   정학주, 〈해방초기 학생운동의 갈등과 좌절〉, 《초등우리교육》 제10호, 1990.

°°   이승원, 〈'하위주체'와 4월 혁명〉, 《기억과 전망》 제20호, 2009.

광주일고 학생들은 운동장에 모여 "유신헌법 철폐", "군사 독재 물러가라", "언론 자유 보장하라" 등의 구호를 외치며 학교 밖 진출을 시도하다 교사와 경찰에 제지당한다. 같은 해 11월 13일 광주일고 학생들은 충장로에서 100여 명이 운집해 전남도청 앞까지 행진하고, 경찰은 최루탄을 쏘며 저지한다. 1975년 4월 15일에는 인혁당 사건, 서울대 김상진의 죽음을 계기로 광주일고 운동장에서 김상진 열사 추모식이 진행됐다.°

박정희는 결국 1975년 5월 학도호국단을 다시 설치한다. 학생회는 학도호국단으로 교체되고, 학교에 군대식 통제가 강화되면서 학생들은 국가에 의한 강력한 감시와 통제하에 놓인다. 학생자치활동과 학생운동은 더욱 침체된다.°° 이처럼 제도교육의 뒷받침 속에서 고등학생운동 전통은 상당히 단절되곤 했다.

교체기를 포함한 전두환 정권 시기
— 민주학생 동참하라

1980년 5월 광주 거리에 다시 수많은 10대가 쏟아져 나온다. 5·18 이전인 민족민주화성회부터 학생들은 거리에 서기 시작했다. 5월 19일 중앙여고에서는 학생 1,400여 명이 모여 "민주주의가 말살됐

° 유연재, 〈광주일고 학생들 '유신 철폐' 대규모 시위 벌였다〉, 《광주일보》, 2023년 7월 5일, http://m.kwangju.co.kr/article.php?aid=1688557800754602006.

°° 학도호국단으로 인해 학생운동의 기반이 된 자치활동이 거의 폐지되거나 축소되는데, 이를테면 KSCM(한국고등학생기독교운동총연맹)은 1972년 기준 18개 지구 150개 고등학교에서 활동했으나, 1975년 학도호국단이 설치되면서 학내 활동이 불가능해진다. 지구 형태의 활동을 전개하지만 빠르게 위축되고, 1977년에는 서울, 이리, 전주, 대전, 안동 등 5개 지구를 재건해서 활동을 전개한다. 한국고등학생기독운동총연맹, 《한국을 새롭게: 이것이 KSCM이다》, 한국기독교운동총연맹, 1987.

다. 학생들이 죽었다"라고 외치며 운동장에 모여 시위를 벌이고, 대동고에서는 학생들이 학교 복도를 돌며 "민주학생 동참하라, 민주교사 동참하라"를 외쳤고 순식간에 600여 명의 학생이 운동장으로 모였다. 이외 광주일고, 광산여고, 정광고 등에서도 교내 시위 진행했다는 계엄군의 기록이 남아 있으며,° 이후 일부 학생들은 삼청교육대에 끌려갔다. 1980년 5월 27일 시민군으로 마지막 항쟁에 참여하여 도청과 광주YWCA 등에서 사망한 18명 가운데 10대가 8명이었다.°°

　1980년 비상계엄 확대조치에 전국의 고등학생들은 지역별로 연합해 군사독재 반대 투쟁을 계획하고 있었으나 실패했고, 전주 신흥고를 중심으로 전북고등학생총연맹을 결성해 학교별 가두시위를 조직하려 했다.°°° 전주 신흥고에서는 1980년 5월 27일 전교생 1,500명이 학교 운동장에 모여 스크럼을 짜고 "전두환 물러나라, 비상계엄 해제하라"를 외친다.°°°° 이후 1981년 6월에 전남고에서 학생회 차원의 시국선언이 있었고, 광주민주고등학생연합을 준비 중이었으나 시국선언과 함께 주동자로 지목된 학생들이 감옥에 가면서 활동이 중단된다.°°°°°

° 광주시교육청·(사)들불열사기념사업회, '5월로 떠나는 청소년 인문학 여행'(홈페이지), https://518camp.org/518_project/5%C2%B718%EA%B3%BC-%EC%B2%AD%EC%86%8C%EB%85%84/. 광주 서석고의 경우 5·18 참여 학생들의 경험을 단행본으로 발간했다. 광주서석고등학교 제5회 동창회, 《5·18, 우리들의 이야기》 심미안, 2019.

°° 강남진, 〈5·18민주화운동에서 청소년의 참여〉, 《역사학연구》 제78호, 2020.

°°° 한국고등학생기독교운동총연맹, 《한국고등학생기독교운동총연맹서울지구 1995년 정기총회 자료집》, 한국고등학생기독교운동총연맹, 1995.

°°°° 이영광, 〈고등학생 1500명 운동장에 모여 '전두환 물러가라'〉, 《오마이뉴스》, 2000년 5월 28일, https://www.ohmynews.com/NWS_Web/View/at_pg.aspx?CNTN_CD=A0002643819.

°°°°° 1980년대 대학생 시절 고등학생운동 지원활동가였고, 1989년 연세대에서 고등

한국 민주화에 중추적 발화점이 된 5·18은 당연히 고등학생들에게도 중요한 국면이 되고 사회정치적 존재로 나아가게 하는 계기가 된다. 이 책의 본문에서 자세히 살펴보겠지만 학생들은 5·18의 진실을 담은 자료들을 은밀히 돌려보면서 다양한 소모임에 결합하거나 서로를 조직하며 각성해간다.

한편 권력을 찬탈한 전두환은 1980년 7·30 교육개혁조치를 통해 과외 금지, 고교 내신 성적 확대, 실업계 동계 진학 폐지˚ 등을 단행한다. 결과적으로 보충수업, 자율학습의 확대 강화로 수업 시간이 연장되면서 밤 9~10시 종례 시간에 "집에 다녀오겠습니다"라는 말을 할 지경이 되고, 입시 경쟁이 과열된다. 그리고 공교육을 사립학교에 상당 부분 의존하면서 관리·감독을 하지 않아 사학비리가 심각해진다.

1985년 복지고 학생 전원이 '잡부금 징수행위 시정, 수업결손 방지, 해직교사 복직과 학교장 퇴진'을 요구하며 수업 거부하며 인근 야산에서 농성을 한다. 1986년 5월 원주고 학생들은 자율학습(1학년 10시 20분, 2학년 10시 40분, 3학년 11시)을 거부한 채 집으로 돌아가고, 6월에는 원주의 대성고, 진광고에서도 정규수업을 마친 후 자율학습을 거부한 채 하교한다. 이런 운동은 서울에도 영향을 미쳐 같은 해 7월 중대부고 250명 학생이 '두발 자유화, 자율학습 폐지, 보충수업은 희망자에 한해서'라는 요구를 걸고 운동장에서 연좌농성을 벌인다. 1987년 3월에 전남 완도군 노화종고에서는 비민주적 학교 운영

학생 자주학교를 개최한 혐의로 국가보안법에 의해 구속된 바 있는 전교조 교사 배이상헌과 진행한 전화 인터뷰(2025년 2월).

˚ 실업계 고등학교 학생이 동일 학과의 대학에 진학할 경우 일정 비율을 우선 선발하던 제도.

과 반교육적 학생지도 척결을 요구하며 학생들이 농성했으나 경찰에 의해 진압되었다. 같은 해 3월 진주 대아고에서는 부당징수된 보충수업비 전액 환불과 직선제 학생회 쟁취를 요구하며 이틀간 농성을 한다. 대아고는 특히 보충수업비 환불대책위원회, 대아고등학교 직선제 추진위원회를 조직하며 매우 체계적인 투쟁을 전개한다.[°]

교체기를 포함한 노태우 정권 시기
— 호헌 철폐와 교육민주화 쟁취 투쟁

1987년 6월 "독재 타도, 민주 쟁취, 호헌 철폐"를 외치며 모두가 쏟아져 나오던 그때, 고등학생들도 400만~500만 시민의 일부로 거리에 선다. 그리고 집단적 저항을 계속 조직해간다. 6월항쟁 직후인 7월 파주여종고에서 학원민주화와 학생권리 보장, 재단비리 척결, 교장과 폭력 교사 퇴진을 요구하며 100일이 넘는 투쟁을 펼친다. 이들은 가두시위, 종로5가 기독교회관 농성, 시교위 농성을 전개하고 공권력 투입으로 무력 진압도 당하지만 결국 승리한다. 이 불씨는 전국 사립고로 옮겨붙는다. 이후 서울 정화여상, 서울 명신고, 경기도 동두천여상, 경남 통영상고, 전북 고창북고 등 사학비리 척결 투쟁이 전국적으로 확산되는 데 크게 기여한다.[°°] 그리고 1980년대

[°]   김대호, 〈80년대 고교생운동의 흐름과 성과〉, 《우리교육》 제9호, 1990.

[°°] 이 외에도 7월 충남 신충중고(자율적 학생활동 보장 등 6개항 관철), 9월 전북 고창북고
      (학생회 주도하에 재단비리 척결, 학생회 자율권 요구 시위), 9월 신풍중고(보복 조치 중지와 합
      의사항 이행 요구시위), 광주 대동고(학생회 직선제 쟁취), 파주여종고(직선제로 학생회 구
      성), 10월 충남 서령고(총학생회 부활, 이사장과 교장 퇴진 등 12개 조건 걸고 시위), 광주 석
      산고(직선제 학생회 쟁취), 11월 정화여상(2,000여 명이 수업 거부하고 투쟁 돌입, 3학년 졸업
      시험 백지동맹 결의, 명동 가두시위, 시교위 농성) 등에서 투쟁이 있었다. 김대호, 앞의 글.
      석관고에서는 학생이 6월항쟁에 참여했다가 연행되기도 했는데, 이후 석관학내
      민주화연합을 결성해 학내민주화는 사회 민주화 첫걸음이라는 인식을 가지고

중반 개별 고등학교 단위의 투쟁은 1987년 6월항쟁 전후로 다양한 공개조직들(서고련, 광고협, 부고협, 목고련, 나고련, 마창고협, 푸른나무이야기모임 등)이 결성되거나, 기존 공개단체들(KSCM, 홍고아)이 새롭게 움직이기 시작하면서 더 큰 흐름을 형성하게 된다. 1987년 11월 8일 서울 흥사단고등학생아카데미 주최 '중고생을 위한 학생의 날 기념제'는 중고생 1,500여 명이 참석한 대중집회 형태로 진행되었고,° 단위학교를 넘어 연대를 확장하는 흐름이 본격적으로 형성된다.

그해 12월 대통령선거 투표 당일, 부정선거 정황이 포착되어 시민과 학생 수천 명은 구로구청 점거농성을 했고, 서울 명동성당에서 농성 중이던 고등학생들은 서고련(서울지역고등학생연합회)을 결성하고 "노태우 당선시킨 기성세대 각성, 군부독재 타도, 민주교육 쟁취"를 주장한다. 서고련의 명동성당 농성투쟁은 개별 학교 단위 차원의 문제 넘어 정치적 문제에 조직적으로 대응한 사건이었다.

1988년 2월에는 KSCM이 주최한 자율적 학생회를 위한 공청회가 열렸고, 이를 계기로 그간 개별 학교 단위로 진행되던 직선제, 자주적 학생회 건설 운동이 본격적으로 확산된다.°° 학생들은 학교 단위 소모임을 광범위하게 결성하고, 소모임은 실천단위가 되어 이후 각종 싸움에 큰 힘으로 작용한다. 서울에서 1988년 6월 KSCM과 홍고아가 개최한 자살학생 추모제 및 교육 정상화를 위한 고등학생 결의대회에는 고등학생 1,000여 명이 참여하면서 학생을 자살로 몰아 넣는 경쟁적 교육 비판이 대중적으로 퍼져갔다.

직선제 학생회 쟁취하는 등의 조직적 운동을 전개했다. 김귀화, 〈석관고등학교 학내민주화사례〉, 《민중교육》 제2호, 1989)

°   김대호, 앞의 글.

°°   김대호, 앞의 글.

한편 1987년 전후 국면과 관련해 고등학생운동과 긴밀한 관계에 있는 교사들의 운동도 언급하지 않을 수 없다. 1985년 한국YMCA중등교육자협의회를 주축으로 발행된 교육 무크지 《민중교육》은 비판적 교육이론, 교육 실천의 내용을 담았는데, 발간 직후 관련 교사들이 국가보안법으로 구속되거나 파면당했다. 1986년 450여 명의 교사가 교육민주화선언을 하고, 이어 민주교육실천협의회(민교협)를 결성해 1987년 6월항쟁에 적극적으로 참여한다. 이후 1989년 전국교직원노동조합(전교조)가 출범했으나 가입 교사들이 집단해고를 당한다.

교사들의 운동에 학생들은 민감하게 반응하고 영향받으며 시기마다 지지, 연대활동을 펼친다. 특히 6월항쟁 이후 사회 전 부문의 민주화 요구가 분출한 가운데, 교육민주화를 실현하려는 교사들이 전교조를 결성하고 1,500여 명의 교사가 해고당한 1989년, 전국적으로 중고생들의 집단적 저항이 최고조에 이른다. 200여 개 중고등학교에서 47만 명[o]이 조기방학 반대 등교시위, 집단 자퇴서 제출, 단식, 밤샘농성, 종이비행기 시위, 평민당사 농성, 서명운동, 혈서쓰기, 검찰청 앞 시위, 성명서 발표 등 다양한 형태로 집단적 저항을 전개한다.[oo] "참교육 쟁취, 전교조 선생님 지키기"를 외치는 투쟁과

[o]   한국고등학생기독교운동총연맹, 《중고생 전교조 지지투쟁 사례집: 우리는 선생님을 사랑합니다》, 한국고등학생기독교운동총연맹, 1989, 3, 11쪽.

[oo] 서울 신일고(학생 1,200명이 이수호 교사에 대한 사전구속영장 발부에 항의 농성), 인천 명신여고(학교가 강신오 교사 등을 고발한 것에 항의하여 전교생 농성), 경북 산격여중(전교생 수업 거부, 학생 50명 실신, 혈서 작성), 부산 해운대고(철야농성으로 부당징계 항의), 서울 신목고(전교생 운동장 농성, 교장 면담을 요구해 전교조 교사 징계 철회, 주동학생 징계 금지 요구, 직선제 학생회 요구), 부산 부산진여고(전교조 교사 출근투쟁 시각 1학년 전원은 옥상에, 2학년 전원은 운동장에 도열해 환영 시위) 등 여러 학교에서 다양한 형태로 전개되었다. 양돌규, 〈민주주의 이행기 고등학생운동의 전개 과정과 성격에 관한 연구〉(석사학위논문),

탄압이 계속되고 1990년 대구 경화여고 김수경, 충북 충주고 심광보가 죽음으로 저항한다.

1991년 5월 공안통치와 3당 합당을 통해 권위주의적 통치로 회귀하던 노태우 정권을 위기에 빠지게 하는 대중투쟁이 벌어진다. 1991년 5월투쟁은 명지대 학생 강경대가 시위 도중 백골단에 의해 사망하면서 촉발되었다. "공안통치 종식, 해체 민자당, 타도 노태우"를 외치며 엄청난 군중이 거리에 서고 제2의 6월항쟁이 일어날 것 같다는 정서가 강하던 시기였으나, 운동권에 대한 도덕성 논란이 제기되면서 빠르게 열기가 식고 학생운동도 퇴조 흐름에 들어선다. 1991년 5월투쟁 과정에서 학생, 노동자, 빈민 등 13명이 사망한다. 이 가운데 박승희, 김영균, 천세용, 김철수는 분신한 학생 열사인데, 모두 고등학생운동 경험이 있었다.°

김영삼 정권 시기
─ 고등학생 주사파와 공안정국 속 소멸

고등학생운동은 열사 정신을 계승해서 전사가 되자며, 어느 때보다 대중운동 기반을 두텁게 하기 위해 노력한다. 공개단체에서도 학생회 건설이나 자치활동을 더 적극적으로 조직해나간다. 그러나 1991년 운동권에 가해진 도덕성 논쟁과 '실패한 5월투쟁'이라는 좌절감 속에 고등학생운동도 조금씩 퇴조의 길을 걷다가 1990년대 중·후반 소멸한다. 결정적 사건은 소위 박홍 주사파 발언이었다. 1994년 청와대에서 열린 대학 총장들의 오찬 자리에서 서강대 박홍 총장이

2006, 150쪽.

°   양돌규, 〈1991년 5월 투쟁에 대한 세대론적 접근〉, 《자율평론》 제3호, 2002.

학생운동 세력인 '주사파 뒤에는 사노맹이, 그 뒤에는 김정일이 있다'는 요지의 발언을 하고, 빠르게 공안정국이 형성되었다. 교육부에서는 '특별지침'이 내려가고 교무실에서는 '블랙리스트'가 만들어졌다. 청소년 월간 잡지 《새날열기》, 청소년문화단체인 민족사랑의 통큰 이정표 샘이 고등학생 주사파 단체로 지목되면서 구속과 징계가 이어지고, 고운에 대한 탄압이 촘촘하게 진행되면서 이후 고운은 차츰 소멸해간다.

역사의 흐름 위에서
— 고운은 새롭게 등장하지 않았다. 다시 등장했을 뿐

정부의 탄압과 제도교육의 통제 정도에 따라 침체기를 겪기도 하고, 고등학생의 사회적 지위와 역할의 변동에 따라 운동의 영향력도 변해왔을 뿐, 고등학생들은 식민제국주의부터 독재 정권, 비리 재단이나 반교육적 제도 등에 맞서 싸우지 않았던 시기가 없다.

따라서 1980~1990년대 고등학생운동이 갑자기 분출된 운동이라고 보기는 어려울 것이다. 정권 탄압과 교육정책 변동 속에서 수면 아래서 소모임이나 점조직으로 맥을 이어가던 침체기를 거쳐 다시 활발해진 것으로 봐야 할 것이다. 특히 6월항쟁을 통해 군부독재 정권을 일정하게 후퇴시키면서 얻은 자신감을 바탕으로 사회운동 전반이 성장해갔고, 고운도 그 흐름 안에서 빠르게 확장된다. 그런데 이전 고등학생들의 사회운동과 다른 점은 자신을 '고등학생운동'으로 호명했다는 것이다. 1980년대는 이미 학생운동이 대학생운동으로 등치된 상황에서 자신을 구분해서 설명하는 게 필요했을 것이다. 한편 고등학생운동에서는 '고등학생은 민중, 대학생은 지식인'으로 자신의 정체성을 구분하는 경향도 있었다.

무엇보다 1980~1990년대 고등학생운동이 이전 시대와 다른 점은 공개적이고 대중적인 운동을 전개할 수 있게 되면서, 세력과 영향력이 몇십 년 만에 폭발적으로 확장되었다는 점이다. 기존에 기독교 정신에 기반한 사회운동(사회선교)단체인 KSCM°이나 학교 밖 서클 성격의 홍고아 등이 운동적 성격을 정비해서 재등장하거나, 탄압을 피하기 위해 언더에 있던 활동가나 단위들이 수면 위로 올라와 지역별로 고등학생들의 연합체를 조직한다.

KSCM이나 홍고아처럼 대중활동의 경험이나 자원을 이미 가지고 있던 단체가 아니라, 새롭게 출범한 조직들이 대중적 운동을 펼친 정도는 물론 상이했다. 일부만 살펴보자면, 광고협은 광주 지역 고등학생들의 오랜 운동 전통과 누적된 역량, 그리고 투쟁 경험 속에서 독보적 운동을 전개해갔다. 서울 지역의 서고련은 결성 당시 정치적 입장을 전면에 걸고 시작부터 높은 수위의 투쟁을 전개해 중요한 상징성을 지녔으나, 사실상 대중적 기반을 갖기보다는 선언

° KSCM은 꾸준히 고등학생들의 운동을 만들어왔고, 정부의 탄압도 없지 않았다. 1986년 11월 11일 안동지구 회원인 길원여고 학생이 《들어라 역사의 외침을》(KSCM 2학기 추천도서, 문교부 납본 정식 출판물)을 학교에서 떨어트렸는데, 문교부는 KSCM을 고교생 의식화 불순단체로 단정하고 내무부로 이첩, 지도간사 3인과 회원인 학생 19명의 학생이 경찰조사를 받았다. 태백지구의 경우는 1986년 11월 25일 원기준 간사가 태백경찰서 대공수사 형사에게 연행되어 회원명단을 추궁당했고, 좌경 의식화 교육을 시인하라고 강요받았다. 같은 날 태백지구 회장 집으로는 대공과 형사 둘이 찾아와 KSCM에 대해 진술하라고 강요했고, 이에 항의하는 부모에게는 아들이 좌경 의식화 교육을 받았다고 협박한다. 서울지구에서는 11월 27일 형사가 숭의여고에 찾아가 교장에게 학생들의 KSCM 활동을 금지할 것을 요구하고, 12월 2일 형사가 회원들을 파출소로 불러서 조사했다. 한국고등학생기독교운동총연맹, 〈한국고등학생기독교운동총연맹(KSCM) 속보〉, 1986년 12월 5일.

적 성격이 강했던 것으로 보인다. 부산 지역의 부고협은 실질적 대표자성과 대중성을 갖추기 위해 조직적으로 해를 거듭하며 학생회 건설은 물론, 단위학교와 긴밀한 관계를 쌓아가며 운동을 전개했다. 오류도 있었겠으나 이런 학생 연대체들이 있었기 때문에 운동이 확장되어갈 수 있었다. 그리고 고운뿐 아니라 여러 운동 영역에서 공개적으로 전국 단위 단체들이 출범하며 대중적 운동을 펼치기 시작했다.

한편 1980~1990년대 고등학생들이 처한 시대적 배경을 보자면, 1980년대 고등학교는 효율적 노동자를 배출하기 위해 억압적 교육 체제가 심화되는 시기였다. 자본주의 발달과 함께 노동력 양성을 위해 대학이라는 교육기관이 확대되고 성인이 되는 기간이 연장되었다. 고등교육이 확대되면서 1980년대 들어 고등학교는 이전과 달리 대학을 가기 위한 교두보가 된다. 인문계는 대학 입시 경쟁이 심화되었다. 친구와의 경쟁에서 이겨야 하는 비인간적 상황을 견뎌야 했고, 보충수업과 야간 자율학습을 마치면 밤 9시, 10시였다. 그럼에도 대학에 진학할 수 있는 학생은 전체 학생의 20~30퍼센트뿐이고, 입시 압박 속에서 자살 학생이 속출하고, 대학에 진학하지 못하면 실패자라는 문화적 낙인이 발생하고 심화되었다. 즉, 계급 유지나 계급 이동을 위해 '공부하는 기계'가 되라는 강요가 고조되던 시기라 볼 수 있다. 실업계 고등학교의 경우, 박정희가 국가 주도 경제 개발 정책을 위한 노동력 공급을 위해 1964년 이후 중등학교의 확대와 실업교육의 강화를 꾀해, 중학교 무시험제를 확대하고 각종 실업전문학교를 설립했으나 이후 교육정책이 대학을 졸업한 고학력 노동자 양성으로 전환되면서 그동안 산업화와 경제성장에 주요 역할을 해온 실업계고는 주요 교육정책에서 뒷전으로 밀린다. 이렇게 심화된 모순 속에서 수면 아래에 있던 저항의 불씨가 하나둘 위로 올라와 서로를 조직하면서 빠르게 운동이 확장됐던 것으로 보인다.

축소된 고운

기본적으로 고운은 거의 기록되지 않았지만, 그나마의 기록이나 설명도 축소된 경우가 흔하다. 특히 전교조운동의 부산물처럼 설명되는 경우가 많다. 이를테면 고운을 전교조 교사를 지키기 위한 '순수한 학생'들의 우발적 행동응로 보거나 고운 활동가들이 전교조 교사에게 배후 조종당하는 좌경화 된 학생으로 보는 관점이다. 고운 활동가에 대한 옹호든 비난이든 모두 대상화된 시선이다.

그렇다면 실제 고운과 전교조는 어떤 관계였을까. 살펴본 것처럼 고등학생들은 오랫동안 사회와 교육모순에 저항해왔다. 특히 1980년대 중반부터 학생들이 입시 중심의 교육에 절망하는 자살이 가시화되고, 그중 1986년 중학교 3학년 학생이 '성적 순위라는 올가미에 들어가 허우적거리며 살아가는 삶에 경멸을 느낀다'며 자살한 사건은 언론에 보도되며 사회에 큰 충격을 안겼다. 몇 년 뒤 그가 남긴 유서를 토대로 영화 〈행복은 성적순이 아니잖아요〉가 나왔고, 사회 전반에 문제의식이 확산된다.

1985년《민중교육》에 참여한 교사들이 좌경용공으로 몰리며 구속됐던 사건은 학생들에게 영향을 미치고, 입시 중심 교육 속에서 학생들의 자살은 교사들의 각성을 심화시켰다. 이후 1987년 6월항쟁에서 서로를 확인하게 되고, 고운 활동가들은 전교조가 참교육에 대한 열망을 실현할 수 있으리라는 기대를 건다. 그리고 1989년 전교조 사수를 고운의 중요한 역할로 가져간다.° 이후 점차 더 많은 학생이 촌지를 받지 않고 체벌하지 않는 전교조 교사에 대한 존경, 그들의 해고에 따른 충격과 각성을 겪는다. 그리고 앞서 언급했듯 1989년 한 해 동안 47만여 명의 중고생들이 집단적 저항을 조직하고 이후 몇 년간 투쟁은 지속된다. 그리고 학생들은 해고로부터 선생님 지키기뿐 아니라, 전교조 탈퇴 교사 재가입을 요구하며 단식농성(경남 거창고), 전교조 재가입 요구 인사 시위(광주 광덕고) 등을 여러 학교에서 전개했다. 이들이 단순히 존경하는 선생님을 지키기 위해 연대한 게 아니라, 참교육 쟁취를 위한 과정으로 전교조 지키기 운동을 했다고 봐야 하는 중요한 지점이다. 물론 학교, 지역마다 운동의 지향, 수위, 투쟁력의 차이가 상당해서 일관되게 규정은 어렵지만, 주목해야 하는 점임은 분명하다.

결국 고운에서 학생과 교사는 서로를 통해 각성하고 변화하고 연대하고 성장해갔다고 봐야 할 것이다. 물론 학생이라는 신분적 제약과 한계 속에서 연대와 성장의 무게감은 불균형했을지라도 말이다. 참고로 교육운동을 하던 교사들이 주축이 되어 1988년에 발행한 《민중교육》 2호에 실린 글에서는 "민주적인 교사대중 단체로서의 평교사회와 고교생들의 자치단체인 학생회가 조직적으로 연대하고 상호지도를 통해 우리 사회의 변혁을 위해 함께 노력"하자는

° 광고협(광주지역고등학생대표자협의회) 결성문의 일부는 다음과 같다. "우리가 단결된 힘으로 뭉쳐 있는 것은 일시적인 감정이나 교원노조 지지에서만 발생한 것은 아니다. 지금까지의 교육 주체로서 교육현장에서의 소외와 억눌림이 교원노조의 참뜻과 함께 폭발한 것이다."

전망을 제시하기도 했다.°

한편 고운이 탄압에 대응해온 전략의 영향도 고려해야 한다. 이를테면 오래 준비한 계획적 투쟁조차 때로 탄압을 피하기 위해 '우발적 시위'인 척하거나, 주동자조차 우연히 참여한 '순수한 학생'으로 위장하고, 탈정치적으로 느껴지는 '우리는 선생님을 사랑해요'라는 구호 뒤로 숨어야 할 때도 있었기 때문이다.

이처럼 고운이 잘 기록되지 않고 축소된 배경에는 고운 당사자들이 고운을 언급하지 않으려 했던 의식적 태도, 비판적이고 정치적 존재로서의 10대를 지우고 싶어 하는 위계적이고 권위적 사회의 특성, 탄압을 피하기 위해 자신과 조직을 드러내지 않거나 역량을 축소해서 노출시켜야 했던 현실이 복합적으로 작용한 결과라고 볼 수 있다.

치열한 민주화운동, 그러나 실패한?

1980~1990년대 고등학생운동을 어떻게 정의할 수 있을까. 1980년 5월에 광주를 중심으로 고등학교 및 개인 단위의 저항, 1987년 6월 "호헌 철폐, 독재 타도"부터 시작해서 "전두환, 노태우, 김영삼 퇴진"을 외치며 서로를 조직해 거리에 쏟아져나온 것은 물론이고, 교육현장에서의 민주화운동, 즉 교육민주화(입시 중심 교육 철폐, 보충·자율학습 폐지, 체벌 금지 등), 학원민주화(재단 비리 척결, 학교의 민주적 운영 등), 학생자치 확립(직선제 학생회 쟁취, 자주적 학생회 건설, 동아리 활동 보장 등)을 이루

° 이수진, 〈고교학생운동 시론〉, 《민중교육》 제2호, 푸른나무, 1988.

30

고자 했다. 이들은 고등학생이 학교와 사회를 바꾸는 역사의 주인이라고 주장하면서, 조직적이고 집단적 운동을 전개했다. 그런 점에서 1980~1990년대 고등학생운동은 민주화운동의 일부로 봐야 할 것이다. 민주화운동이란 우리 사회 민주주의를 정착시키고 심화시키기 위한 모든 노력을 의미하며 당연히 반독재·민주화투쟁만을 의미하지 않는다.°

민주화운동보상법에서는 민주화운동을 "헌법에 보장된 국민의 기본권을 침해한 권위주의적 통치에 항거하여 헌법이 지향하는 이념 및 가치의 실현과 민주헌정질서의 확립에 기여하고 국민의 자유와 권리를 회복·신장시킨 활동"으로 정의한다. 그리고 항거에 대해 "직접 국가권력에 항거한 경우뿐 아니라 국가권력이 학교·언론·노동 등 사회 각 분야에서 발생한 민주화운동을 억압하는 과정에서 사용자나 기타의 자에 의하여 행하여진 폭력 등에 항거함으로써 결과적으로 국가권력의 통치에 항거한 경우를 포함한다"라고 정의한다. 고운은 민주화운동의 일부이며, 지금의 한국의 민주주의는 10대 시민들이 온갖 징계와 탄압 속에서 투쟁으로 함께 전진시켜온 역사다.

그렇다면 고등학생운동은 성공한 운동이었을까? 아마 고운 세대 상당수들은 고개를 저을 것이다. 뜨겁게 불태웠으나 명확한 성과도 사회적 평가도 아무것도 남기지 못한 운동이라고 하는 이들도 적지 않다. 그러나 68운동도 그 자체로는 성공한 운동이라고 말하기 어려울 수 있다. 하지만 그로 인해 파생된 여러 운동을 떠올려보면, 역사적으로 아무런 성과를 남기지 못하고 실패한 운동이라고 누구도

° 　이호룡·정근식,《학생운동의 시대》, 선인, 2013, 4쪽.

말하지 못한다.

특히 1980~1990년대 고운을 마치고 노동현장으로 들어간 이들이 상당했다. 공장에 들어간 이들은 출근길에 구로공단에서 서로 자주 마주쳤다는 말을 흔히 한다. 구로공단 사거리 횡단보도에서 신호를 기다리다가 오른쪽으로 고개 돌리면 KSCM에서 활동하던 친구, 왼쪽으로 고개 돌리면 단위학교에서 활동하던 친구, 맞은편에는 흥고아에서 활동하던 친구가 보였다는 식이다. 이들은 서로 아는 척을 할 수 없어서 눈빛으로만 반가움을 전했다. 고운을 마치고 공장으로 들어가서 민주노조 건설을 비롯해 노동운동의 역사를 두껍게 만든 과정은 별도로 기록되고 평가될 충분한 가치가 있다. 목적의식적으로 공장에 들어간 이들이 어떻게 현장을 조직했고 변화시켜갔는지, 그리고 그 활동이 노동운동에 어떤 영향을 미쳤는지 살펴보는 것은 유의미할 것이다.

1991년 5월투쟁은 고운 세대가 죽음으로 항거한 것이라거나 한총련의 씨앗은 고등학생운동이라는 관점도 제기된 바 있고,° 고운 이후 시민사회운동이나 진보정당운동 등을 만들어간 이들도 상당하다. 그리고 직접 사회운동을 계속하지 않았더라도 고운에 참여했던 경험이 이후 한국 사회 여러 국면에서 민주시민으로 광장에 서는 길이 된 경우가 많다. 고운의 성과를 좁게 해석하며 아무것도 이루지 못했다는 것은 자괴감에서 흘러나온 말이고, 사실로 보긴 어렵다.

°   안수찬, 〈한총련의 씨앗은 고등학생운동〉, 《한겨레》, 2006년 8월 25일, https://www.hani.co.kr/arti/culture/culture_general/151924.html.

그럼에도 집요하게 조금은
세상을 바꿔낸 삶들

소위 '86세대'들은 민주화운동의 자기서사를 통해 제도권 안팎에서 권력을 쌓아가고 역사를 독점했다는 비판을 오래 받아왔는데, 어쩌면 그 반대편에 고운 활동가들이 있는지 모른다. 86세대에 비해 고운 세대가 더 진정성을 갖고 있다는 식의 말이 아니다. 상대적 소수자들이 집요하게 역사를 기록해야 한다는 의미다. 각계각층 저항의 역사가 촘촘히 쌓여야 누구든 함부로 역사를 독점하기 어려워지기 때문이다.

한편 역사를 기록하는 다양한 방식 중 고등학생운동사를 기록하는 가장 적절한 형식이 무엇일지 오래 고심했다. 가장 일반적 방법은 인터뷰와 사료를 정리해서 쓰는 방식일 것이다. 영상 활동가로 살던 시절 많은 인터뷰를 하고 다큐멘터리를 만들었는데, 선별되는 사실과 기록자에 의해 해석되는 가치와 한계를 모두 느꼈다. 타인에 의해 기록되는 형식은 결국 기록자를 통과한 언어만 남고 기록자의 관점에서 의미가 재구성된다. 나는 고운 활동가들이 구술자보다 저자의 자리에 서야 한다고 판단했다.

제3자가 기록하는 것과 개인의 자기서술적 역사 기록은 각각 장과 단이 있다. 자료 수집과 인터뷰 등을 통한 제3자의 기록은 구체적 관점과 일관된 흐름 속에서 구성된다는 장점이 있다. 하지만 편집권은 철저히 기록자에게 있다. 반면 스스로 역사를 쓸 때는 어떤 사건과 감정을 선별해서 기록할 것인가의 편집권이 자신에게 있다. 고운의 여러 국면에서 발생했던 사건이나 여타의 사실뿐 아니라, 저자의 감정을 따라가며 그 시기 고운은 어떠했고, 개인에게 무엇이었는지 주관적이고 또 한편 객관적으로 기록된다. 역사는 언제나 구체적인 인간들의 저항과 움직임 속에서 나아가는데, 그 역사를 만들어 가는 한 인간의 내면을 면밀하게 만날 수 있다는 게 이런 형태의 기록이 갖는 힘이다.

기획 막바지 단계에서야, 최종적으로 이런 형태의 기록을 결정했다. 다양한 자료를 검토하고 사전 인터뷰를 하면서 확인하게 된 것은 고운은 균질하게 존재하지 않았다는 것이다. 지역이나 학교, 속한 조직에 따라 운동의 이념 형태 지향 등의 차이가 상당했다. 어쩌면 고등학생들이 해온 운동이라는 것 이외에 공통점이 크지 않을지도 모른다는 생각마저 들었다. 동일 사건과 조직에 대한 이해와 평가가 상이한 경우도 많았고, 따라서 고운에 대한 성격 규정이나 평가도 천차만별이었다. 그래서 고운의 여러 특성을 분석하며 하나의 관점을 제시하고 그 관점을 신뢰하도록 하는 방식이 아니라, 날것의 현실을 전달하며 함께 해석하고 의미화할 수 있도록 열어놓는 형태의 책이 현 단계에서는 적절하다고 판단했다.

이런 책을 쓰기 위해 필진을 구성하면서, 몇 가지 기준을 세웠다. 지역, 성별, 시기, 활동 형태, 고운 이후 삶을 포함해서 다양하게 구성하고자 했다. 이 작업만 꼬박 3개월 넘게 걸렸다. 퍼즐 맞추듯 다양한 조합으로 필진 구성을 해보면서 섭외를 진행했다.

고운을 기록하자는 제안을 하면서 여러 단면을 볼 수 있었다. 흔쾌히 수락했으나 글을 쓰다 보니 잊고 있던 트라우마가 떠올라서 며칠을 울었다며, 도저히 쓸 수 없을 것 같다고 한 이가 있었다. 앞으로 다시는 자신에게 고운 이야기를 꺼내지 말라며 연락을 끊은 이도 있었다. 고운을 시작으로 30년 넘게 사회운동을 하고 있지만 운동 사회에 환멸을 느껴서 쓰고 싶지 않다는 이도 있었다. 정권의 탄압보다 더 고통스러운 운동 사회 내부의 문제들과 괴롭힘 속에서 좌절한 이들도 제법 있었다. 그 좌절감과 패배감 위에서 고운에 대해 쓸 수는 없다고 했다. 하나같이 나의 심정이었다.

누군가에게는 고운 시절을 쓰는 게 마음에 고인 고름을 헤집는 과정이었다. 그 고름의 뿌리가 얼마나 깊은지, 그 끝에 무엇이 있는지는 저마다 달랐다. 그대로 두기엔 고통스럽지만 도려낼 수도 없어서 외면하고 있었다. 글을 몇 줄이라도 쓴 날은 잠을 못 자고 몸이 아파서, 수면제를 비롯한 온갖 약을 털어 넣으며 겨우겨우 쓴 저자들도 있었다. 물론 그 시절이 자긍심과 삶의 원천이라며 힘차게 써 내려간 이들도 여럿 있었다.

이 책에는 세상을 변화시키고자 맞서 싸우고, 그 과정에서 깎여 나가고 좌절하고 그럼에도 집요하게 조금은 세상을 바꿔낸 삶이 담겨 있다. 이를 통해 인간이란 존재는 어떻게 변화·발전하고, 역사는 어떻게 전진 혹은 후퇴하는지, 사회변화의 동력은 무엇이고 어떤 조건에서 질적으로 변화하는지 그 과정을 살펴볼 수 있을지도 모른다. 거창하게 말했지만 역사는 결국 인간과 세계가 마주하는 이야기다. 11명의 저자의 저항과 삶에는 정의감과 신념, 욕망과 불안, 좌절과 분노, 성취와 실패 같은 보편의 인간사가 담겨 있다.

끈과 계보

고운을 기록해야 하는 이유는 앞서 충분히 설명했지만, 이 작업을 하게 된 직접적 계기를 밝혀두는 게 필요할 것 같다. 고운을 함께했던 옛 동지들이 모이면, 고운사를 누군가 정리해주면 좋겠다거나 언젠가 고운을 책으로 써보고 싶다는 말이 나왔다. 이미 1990년대 후반부터 주기적으로 반복된 말이었다. 게다가 나는 마지막 고운 세대로서 자책감과 책임감도 갖고 있었다. 막연했던 것을 구체적으로 결심하려면 계기가 필요한데, 두 가지 경험이 큰 영향을 미쳤다.

첫 번째는 고운을 함께했던 이들이 말한 '끈'이었다. 지금은 많이 변했다지만 여전히 나이 대신 학번을 묻는 문화 속에서, 신념에 따라 대학을 거부했던 고운 활동가들은 이따금 어색하게 웃으며 소외감을 말했다. 졸업 후 민중과 세상을 바꾸겠다며 공장으로 갔던, 그리고 여전히 노동자로 살고 있는 옛 동지가 말했다. "노조 활동이나 노동운동에서도 대학 선후배 끈이 중요하더라. 고운 출신인 우리는 끈이 없지."

끈. 고운 출신들에게는 끈이 없었다. 학력과 학벌이 중요한 사회에서 대학 졸업장이 없다는 것보다, 어쩌면 끈이 없다는 게 더 힘들었을지 모른다. 당겨주고 밀어주는 선후배가 없다는 것보다, 자신의 삶을 설명할 끈이 없다는 게 어려웠을지 모른다. 당시 '현장 투신'이라고 말하던 공장노동자의 삶을 선택했고, 이 삶에 자부심을 느낀다는 것을 설명하기 난감했을 것이다. 한국에서 고등학생운동을 아는 사람은 극히 드물고, 범위를 좁혀 운동 사회를 보아도 마찬가지다. 고운사를 기록하는 것은 사회적 의미도 있으나, 옛 동지들의 삶을 설명할 '끈'을 만드는 일임을 깨달았다.

그리고 사회운동이 대부분 그렇듯 고운도 상흔과 고통이 상당하고, 고운 과정에서 트라우마를 갖게 되거나 여전히 과거의 혼돈에 갇혀 있는 이들이 적지 않다. 치열하게 싸웠으나 갑자기 조직이 공중분해되며 삶의 중력을 잃고 방황하거나, 여러 이유로 고립되어 각자도생하느라 젊은 날 오래 떠돌거나 앓았다. 그 시간을 설명할 언어나 수용할 방법을 찾지 못하고, 고운을 신기루 같은 시간이었다고 자조적으로 말하기도 했다. 고등학생운동사를 기록하는 것은 우리를 고운 세대로 단단히 묶어줄 '끈'이었다. 이 끈을 잡고 혼돈의 시간을 함께 빠져나올 수 있길 바란다.

두 번째는 청소년인권 활동가의 '계보'에 대한 말이었다. 2019년 전주의 한 서점에 당시 출간했던 책의 북토크를 하러 갔다. 자리를 마치고 일어서는데 내가 고운 출신인 것을 알게 된 한 청소년인권 활동가가 말로만 듣던 역사를 만났다며, 상기된 표정으로 말했다. "우리에게도 계보가 있어요!" 이후 같은 해 청소년인권행동 아수나로에서 주최한 고운 관련 토론회에 갔을 때도 그곳 청소년인권 활동가가 똑같은 말을 했다. 나를 포함한 상당수 고운 출신들은 청소년인권운동에 나름의 애틋함은 있어도 그것을 계보로 엮어서 생각해보지 못했을 것이다. 그런데 저 말을 연달아 듣고 나자, 어떤 책임감이 느껴졌다. 당시 고운 관련 토론회 마무리 발언 때 이런 말을 했다. "청소년인권운동 진영에서 고운을 기억하고자 하는 노력이 무척 고맙고, 제 위치에서 무엇을 할 수 있을지 숙제로 안고 가겠다." 이 책은 그 숙제를 해나가는 과정이었다.

이 책을 통해 고운이 개인의 유배된 기억을 넘어서고, 사회적 기록으로 형성될 것이다. 당시의 고운이 한국 사회에 무엇이었는지 성찰과 토론, 비판적 평가와 의미화가 이어지리라 기대한다. 그리고 사회 정치적 주체로 언제나 광장에 섰지만, 매번 '재발견'되는 '미숙한 10대'라는 규명도 이제 그만 역사의 저편으로 사라져야 한다.

이 책을 더 깊이 읽어내기 위해

고운을 이해하는 데 참고가 될 특성도 언급해둔다. 고운에서는 함께 책을 읽고 토론하거나 소모임(서클, 동아리 등)을 조직하는 게 중요했고, 이는 본문의 거의 모든 글에서 등장한다. 일제강점기에도 함께 책을 읽는 모임은 현실을 각성하고 저항의 기반을 만드는 중요한 공간이었다. 광주학생운동의 저변에도 독서회중앙본부가 있었다. 독서 모임이나 풍물패를 만들었다는 것만으로 학교에서 징계를 받은 것은 1980~1990년대뿐 아니라 유신 시절은 물론, 더 거슬러 올라가면 일제강점기 때부터다.

이 소모임은 대중을 조직하고 함께 성장해나가는 데 중요한 기본 형태이기도 했다. 4·19나 유신정권을 겪으며 10대들의 정치활동이 침체기를 겪으면서도 계속 다시 불붙을 수 있었던 것은 소모임들이 명맥을 유지하고, 그것을 기반으로 대중이 모이고 조직되었던 덕분이다. "독립운동을 하던 고등학생의 전통이 70년대까지도 민족주의계 사립학교나 명문고 중심으로 이어져 사회과학을 공부하는 '독서회'를 찾는 것은 그리 어려운 일이 아니었다."[°] 1973년 유신 철폐 광주일고 학생 거리시위의 배경에도 학생 소모임이 있었고,[°°] 1980년 5·18에 참여했던 학생들도 독서회를 비롯한 학생 소모임을 했던 경험이 항쟁에 참여하는 계기가 되었다고 말하는 경우가 여

[°]   양난주, 〈비상 걸린 고등학교, 운동권 사냥소동〉, 《사회평론 길》(1994년 11월호), 1994.

[°°] 1973년 12월 광주일고에서는 광랑이라는 학생 서클이 시국을 성토하는 격문을 교내에 게재하여 그 여파로 유신철폐를 외치는 광주일고생들의 거리시위가 발생한다. 광주고보·서중·일고 80년사 편찬위원회, 《광주고보·서중·일고 80년사》, 광주고보·서중·일고 동창작학회, 2004, 669쪽.

38

럿 발견된다.° 1980년대 말 직선제 학생회나 자율적 학생회 건설의 전 단계에서 소모임을 광범위하게 조직해나갔고, 이는 각종 투쟁이 벌어졌을 때 큰 힘으로 작용했다. 그래서 이승만, 박정희 등이 학내에 학도호국단을 설치해서 소모임이나 학생회 등 자치활동을 집요하게 감시, 탄압, 금지시켰고, 고운에서는 학생자치권 쟁취를 중요한 활동으로 가져간다. 물론 소모임(서클, 동아리) 문화는 고운뿐 아니라 사회운동의 흔한 특성이지만, 학생이라는 제한된 신분에서 가장 접하기 용이했던 형태가 책을 읽거나 글을 쓰는 모임이었다는 점이 더 작용했을 것이다.

또 한편 고운은 대학생운동에 비해 결연하고 비장했던 것 같다는 말이 고운 내외부에서 자주 들렸다. 본문에서도 의아할 만큼 비장하다고 느껴지는 부분이 있을지 모르겠다. 10대라서 사회 경험이 적기 때문에 더욱 순수하고 진지했다거나, 현실을 확대·해석하는 오류가 있을 수 있다고 짐작할 수도 있다. 그러나 1980년 중반부터 1990년대 중반 시기를 보면, 고등학생은 대학생과 달리 소모임을 만들었다는 것만으로 징계당할 수 있고, 학교 밖에서 행사나 시위에 참여했다는 게 발각되어도 마찬가지였다. 고등학생이라는 신분은 학교와 집의 통제와 규율에 상당히 종속되어 있고 학교, 집, 때로는 정부의 탄압까지 겹치면서 활동의 제약이 상당했다. 게다가 학력과 학벌 중심 사회에서 고등학교 퇴학과 대학 퇴학은 다른 사회적 '신분'을 부여

° 월산동에서 유인물을 제작했던 임호상(숭일고 3)은 광주 시내 고교연합문예 서클인 초롱회에서 활동했고(한국현대사사료연구소, 《광주오월민중항쟁사료전집》, 풀빛, 1990, 921쪽), 고등학생 수습대책위원장 최치수도 월계문학동인회 활동 경험과 선배들과의 대화가 5·18 참여의 밑바탕이 되었다고 말한다(한국현대사사료연구소, 앞의 책, 215쪽).

받는다. 사소한 활동, 이를테면 독서 모임을 만들거나 학교 밖 문화제나 집회에 참여하기까지 더 많은 각오가 필요할 수 있다는 것이고, 따라서 조금은 더 높은 수위의 결의가 필요했을 수 있다.

마지막 고운 세대의 책임
─ 고운을 비판적 유산으로

안간힘을 쓴 것 같은데 지나고 보니 나는 고운의 마지막 세대가 되어 있었다. '역사는 언제나 현재'라는 명제를 적용한다면 무엇을 해야 할까. 고운을 단순히 기록하는 것을 넘어서, 집단의 기억으로 만들고 토론과 평가를 통해 의미화해야 할 것 같았다. 이것은 고운을 자신의 전사(前史)로 설정하고 있는 청소년인권운동에게 고운을 비판적 유산으로 이어주는 길이기도 했다. 그게 내가 생각한, 마지막 고운 세대로서의 책임이었다.

철학자의 임무는 세계를 해석하는 게 아니라 변혁하는 것이라고 한 마르크스의 말을 좀 변주해보자면, 나는 고운이 이루고자 한 사회의 변화 혹은 변혁을 해석하지 않은 게 문제라고 본다. 사회적으로 기록되지 않았더라도 내부적으로 고운 경험을 해석하고 평가할 수도 있었을 텐데 못했다. 기억조차 힘겨운 경우가 많았던 만큼, 객관화시켜서 해석하고 평가하는 것은 불가능했을 것이다. 하지만 과거에 존재했던 사실은 그 자체로 의미를 발산하지 않고, 해석되지 않은 역사는 과거의 '사건'으로만 존재했다가 사라지기 쉽다. 이 책에 고운을 기록한 것이 끝이 아니라 시작이며, 이제 본격적으로 사회적 해석, 평가, 성찰의 과정을 치열하게 거쳐야 비로소 비판적 유산이 될 수 있다는 의미다.

미네르바의 부엉이는 황혼이 저물어야 날개를 편다는 말처럼, 어쩌면 고운 세대들은 이제야 고운이 무엇이었는지 제대로 규명하고 이해할 수 있는 시기에 도착했는지도 모른다. 봉인해보기도 했지만 완전히 잊을 수 없는 기억이라는 것을 중장년이 되면서 더 많이 깨달았을 것이고, 삶에 맺혀 있던 것을 풀어내고 자유로워지고 싶은 시기다. 세상은 느리게 변화하고 역사의 전진이 얼마나 어려운지 적실히 알게 되었다. 그리고 사회도 이제는 '피도 안 마른 것들'이라며 함부로 말하는 인식도 줄었고, 주변부나 소수자의 역사나 1980~1990년대를 다시 읽어보려는 흐름도 꾸준히 늘어나고 있다. 우리가 고운에 대한 평가와 토론을 진행한다면 대중들도 듣고 참여할 준비가 조금은 되어 있다는 의미다. 고운에 대한 성찰과 평가가 미완의 고운을 마무리하고 완성해나가는 과정이 될 수 있을지 모른다.

그리고 10대와 사회·정치활동의 역사와 관련해서 문제의식을 간단하게나마 덧붙여보려 한다. 고등학생을 비롯한 10대의 사회·정치활동의 역사를 설명하면, 흔히들 그때의 학생과 지금의 10대는 다르다고 한다. 1929년 일제강점기 학생의 날 저항했던 중고생들과 4·19를 만든 고등학생은 다르고, 1980~1990년대 고등학생과 지금의 고등학생도 다르다고 말이다. 맞다. 고등학생의 사회적 지위나 정체성은 시대에 따라 변화했다. 하지만 그들이 모두 10대였고 학생 신분에서 사회운동을 했다는 점은 동일하다.

과거의 역사와 비교하며, 지금의 10대가 너무 쉽게 요약되지 않길 바란다. 요즘 10대는 너무 미숙하다고, 사회문제에 관심이 없고 이기적이라고 단정해선 안 된다. 게다가 10대를 '중2병'이나 호르몬으로 인해 불안정하다는 프레임에 간단히 가두는 현상은 과거보다 훨씬 더 강화됐다. 10대를 '그런 몸'에 가둬서는 안 된다. 현재 체제가 내재한 모순은 고스란히 교육과 학교에도 재현되고, 그런 관점은 지금의 구조적 문제를 휘발시킨다. 구조의 문제를 '10대의 몸'으로 간편하게 환원시켜서는 안 된다. 이는 결과적으로 10대를 계속 연령주의에 가두고, 통제 속 입시 지옥에 밀어넣으며, 저항하는 주체로 나설 수 없게 한다.

이 책이 정치적 주체로 늘 광장에서 외쳐왔던 10대가, 매번 '미숙한 10대'로만 규정되는 것을 뒤안길로 사라지게 하는 데 조금이라도 기여하기를 바란다. 보호와 통제의 대상으로서의 푸르고 어린 청소년이 아니라, '정치적 존재로서의 10대'가 한국 사회에 새롭게 소환되길 바란다.

더 많은 이들이
이 기억에 연루되어주기를

한계도 밝혀둔다. 이 책의 본문에는 여러 장점이 있지만, 좀 더 객관적으로 역사의 단면을 읽어내는 데 어려움이 있다. 개인의 내밀한 감정선과 함께 쓰인 기록을 읽는 것에서 빠져나와 좀 더 거리를 두고 고운을 볼 수 있도록 두 개의 글을 배치했다. '1980~1990년대 고등학생운동의 의미와 현재'라는 주제로 토론회를 개최해 해당 내용을 기록한 글이 하나다. 또 하나는 고운 열사에 대한 글이다. 그들이 어떤 맥락에서 고운을 했고 목숨을 던지며 전하고 싶었던 게 무엇인지 살펴보는 것은 또 다른 시선을 제시해줄 것이다. 이 책을 통해 사회적으로 잘 조망되지 못한 고운 열사들에게 일말의 새 생명이 부여되길 바란다.

역사는 선별적으로 기록된다는 말은 이 책에도 적용되며, 당연히 이 책의 기록이 고운을 대표한다고 말할 수 없다. 기록되지 않은, 발굴되어야 할 역사가 훨씬 많다. 무엇보다 더 많은 비서울 지역을 기록하고자 노력했지만, 실패했다. 그 외 고운에서 빼놓을 수 없는 공실위(고등학생 정치활동 쟁취를 위한 공동실천위원회)나 여타의 조직활동을 더 많이 다루지 못한 것도 큰 한계다.

자료의 문제로 인한 한계도 있었는데, 보안과 보관의 문제로 고운 관련 자료를 찾기가 어려웠다. 그나마 민주화기념사업회에 보관된 자료가 많았는데 압도적으로 KSCM 자료가 많았고, 결과적으로 균형이 부족하게 된 것도 있다.

본문의 글을 검토하면서 타인이 인터뷰를 통해 기록하고 해석했다면 훨씬 '제대로' 평가되는 경험이었을 법한 내용도 너무나 사소하고 별것 아니라는 듯 서술한 부분이 많아서, 아쉬웠다. 하지만 거기까지 읽어내는 것을 독자의 몫으로 남겨둔다.

1980~1990년대 고등학생운동에 연대하기 위해 지도선배, 지원활동가 등의 이름으로 함께하는 이들이 있었고, 고운을 조직하는 것을 자신의 운동으로 규정하고 열정적으로 활동을 펼친 이들이 있었다. 이외 전교조 학생사업국, 민중교회를 비롯한 종교 공간, 사회과학 서점 등에서 고운을 지원하고 연대했다. 고등학생이라는 신분적 제약 안에서 그 집단의 연대와 지원은 큰 자원이었다. 물론 그들의 오류나 시행착오도 있었으나, 고운을 이해하고 분석하는 데 중요한 집단이다. 그러나 이번 책에서는 거기까지는 제대로 다루지 못했다.

사실 1980~1990년대 고등학생운동뿐 아니라 중학생들의 운동도 적극적으로 있었다. 특히 1989년 전교조 사수 투쟁에는 많은 중학생이 학내 시위는 물론 거리 시위를 조직해서 나왔다. 그럼에도 해당 활동가나 자료들을 찾기 어려운 이유 등으로 고등학생운동사만 기록하게 됐다. 이후 더 발굴되고 기록되어야 한다.

이 책을 지금의 다양한 세대가 함께 읽기를 기대한다. 특히 고운을 하지 않았더라도 1980~1990년대에 10대 시절을 보낸 이들이 고운의 기억에 연루되어주길 기대한다. 통상 기억 투쟁은 망각하려는 사회와 그 삶을 살아냈던 존재들의 잊히지 않으려는 관계 안에서 발생하는 경우가 흔하다. 하지만 상당수 고운 활동가들은 스스로 망각하려 했었으니, 동시대를 살았던 시민으로서 그시절 고운이 무엇이었는지 함께 기억하고 해석한다면 큰 힘이 되겠다. 더불어 지금과 다른 학교와 교육 체계를 고심하는 이들에게 이책이 과거의 기록이 아닌, 현재진행형의 질문으로 읽히길 바란다. 1980~1990년대 학교와 교육을 바꾸기 위해 노력했던 전교조를 비롯한 교사들의 손에도 닿는다면 뜻깊겠고, 당시에 대해 함께 운동적 평가를 해볼 수 있다면 유의미하겠다. 그리고 말할 필요도 없이 고운 활동을 했던 이들에게 닿길 바라고, 이 책을 계기로 고운을 마음 깊이 묻어두었던 이들이 실은 나도 고운을 했었다고, 삶의 자긍심이었다고, 혹은 오래도록 아팠다고, 그 시절 고운이 무엇이었는지 함께 이야기해보자는 목소리가 터져 나오길 바란다. 고운이 누군가에게는 여전히 지나간 현재임을 잘 알고 있다.

쉽지 않겠지만 10대들에게도 이 책이 닿길 바란다. 지금도 마찬가지지만 당시 교과서에서 10대는 미성숙한 질풍노도의 시기를 겪는 비이성적이고 불안정한 존재로 규정했고, 고운 세대도 그 관점을 수용했던 경우가 많았다. 그러나 부당함에 저항한 역사 속 10대를 자세히 알게 되면서 균열이 발생했다. 어쩌면 우리가 불완전한 게 아니라 교과서가 이상한 것일지도 모르고, 교과서가 아니라 세상을 읽고, 틀린 시험문제가 아니라 틀린 세상을 고치는 게 우리의 역할이라고 여기게 됐다. 10대들이 세상과 자신을 규정해온 것들에 의구심을 품는 데, 이 책이 일말의 계기가 된다면 더없이 뜻깊겠다.

마지막으로 아쉬움과 고마움에 대해 남겨둔다. 고등학생운동사를 함께 써보자고 제안하고 싶은 이들이 많았는데, 다 하지 못해서 아쉬웠다. 이후에 어떻게든 기록을 이어가겠다고 약속으로 남겨둔다. 30여 년의 세월을 거슬러 어렵게 글을 써낸 저자들에게 깊은 동지애를 전한다.

이 책을 출간한 도서출판 동녘은 1980~1990년대 고등학생운동 관련 책을 여럿 출간했다. 그리고 활동기금에 보태라며 책을 한 무더기씩 후원해주곤 했다. 이 책의 본문에 등장하는 어떤 유인물과 자료집을 만드는 데 쓰였을 것이다. 오래전 그 기억 때문에 도서출판 동녘에 먼저 출간을 제안했는데, 실제 출간으로 이어져 뜻깊다. 그리고 편집자 역할을 훨씬 뛰어넘어, 연대자의 마음으로 소중한 역할을 해준 이정신 편집자에게 깊이 고맙다. 동시대 시민으로서의 책임감과 연대정신 없이는 할 수 없는 많은 일을 함께했다. 더불어 편집자의 자료 검토를 도와준 양돌규 님, 공현 님, 자료를 제공해준 성하훈 님, 황순주 님, 전교조백서편찬위원장 이주영 선생님에게 고마움을 전한다. 한편 고운 관련 자료가 거의 남아 있지 않은 가운데, 당시 전교조 학생사업국(김용희 교사)에서 만들었던 자료와 민주화운동기념사업회에 보관된 자료가 많은 도움이 되었다. 그리고 이 작업을 결심하는 계기를 만들어준 청소년인권 활동가들에게도 고마운 마음을 전한다.

　고운이 고립된 기억으로 남지 않고 사회적 기억이 될 수 있을지, 그 여부는 독자의 몫이다. 독자가 있어야 고운이 공적 역사의 장에서 토론과 성찰 속에서 분투해볼 기회를 갖는다. 기꺼이 독자가 되어준 분들에게 깊은 고마움을 전한다. 사랑도 명예도 이름도 남김 없이 투쟁했던 모든 고운 활동가들, 특히 유명을 달리한 열사들에게 이 책을 바친다.

1 생을 건
언행일치를
배우다

김소연

- 1970년생, 서울
- 정화여상 학내민주화 투쟁
- 갑을전자 노조위원장 · 민주노총 산하
  금속노조 기륭전자분회장
- 비정규직노동자의집 꿀잠 운영위원장

30년이 지나도 또렷한 그날

1987년 11월 4일 아침 자율학습이 있어 일찍 학교에 왔더니 건물 출입구 벽면에 대자보가 주욱 붙어 있었다. 그동안 소문으로 무성했던 학교비리가 조목조목 적혀 있었다. 학생들은 여기저기서 어떻게 이럴 수 있느냐며 수군댔다.

교실로 들어간 후 조회 시간이 되자 방송 스피커로 대자보 내용이 사실이 아니라는 학교 측 이야기가 흘러나왔다. 대자보를 붙인 교사가 그에 반박하려고 말을 시작하자마자 마이크가 꺼졌다. 마이크가 꺼지자 학생들은 누가 시키지도 않았는데 운동장으로 뛰쳐나갔다. 우리 반 교실에서도 마이크가 일방적으로 꺼지는 것을 듣고 순간 당황하다, 옆 반 친구들이 뛰쳐나가는 발소리에 다들 벌떡 일어나 "우리도 나가자" 소리치며 운동장으로 뛰어갔다.

분노해서 뛰쳐나갔는데, 뭐라도 해야 하는데 같이 할 수 있는 게 없었다. 학생들이 운동장을 가 메웠다. 전교생이 다 나온 것처럼 보였다. 그때 누가 먼저 시작했는지 알 수 없지만 모두 교가를 부르기 시작했다. "삼각산 높이 솟고 역사 깊은 옛터전에 찬란하게 빛나라고 이룩하신 우리 학교⋯⋯" 울부짖는 항의의 '떼창'이었다. 그렇게 열심히 큰 함성으로 교가를 부른 적은 없었던 것 같다. 정화여상 사학민주화 투쟁의 시작이었다.

정화여상 투쟁은 열세 명 선생님(이하 '서명교사') 명의의 대자보로 학내비리가 폭로되면서 시작됐지만, 학생들에게 가해졌던 성희롱, 언어폭력, 폭행, 부실 수업 등 불만이 있었지만 말하지 못하고 쌓여왔던 것들이 한꺼번에 폭발하며 이어진 투쟁이다. 이 투쟁 과정에서 학생들이 학교의 주인으로 주체로 서고, 자주적 학생회 건설 등 평학생들이 마지막까지 투쟁을 책임져 나간 투쟁이기도 하다. 학내비리로 시작된 투쟁을 학생들 스스로 '정화 학내민주화 투쟁'이라고 명명했다.

학생들을 분노케 만든 학교비리는
이미 소문으로 무성했다

1987년 6월항쟁 때 학생들 사이에서는 '우리 학교 선생님이 전철 문을 강제로 열어 전경을 피해 도망가는 학생을 구했다더라' '선생님이 그렇게 정의로운지 몰랐다' 등 우리가 집회에 참여한 것도 아닌데 교사들에 대한 자긍심에 찬 무용담이 오갔다. 6월항쟁에 이어 7월부터 9월까지 노동자들의 투쟁이 연일 보도되는 것을 보면서 나라가 뒤집히는 건 아닐까 생각하면서도 무섭다기보다 뭔지 모를 설렘이 가득했다.

한편 그 무렵 학교에선 1988년 서울 올림픽 사전행사(D-365)에 학생들을 동원하더니, 나중에는 방송사 쇼 프로그램인 〈젊음의 행진), 〈쇼 비디오자키〉 등에 방청객으로 학생들을 동원했다. 자꾸 수업을 빠지고 행사에 동원되는 데 불만이 있던 학생들이 이를 거부하자, 학교에선 거부한 학생들에게 대청소를 시켰고 나도 그중 하나였다. 수업시간에 동원되는 데 학생들의 불만이 높아지던 와중에, 심지어 올림픽 사전행사에 온 다른 학교 학생들이 간식과 교통비를 받았다는 것을 알게 됐다. 자연스럽게 '왜 우리 학교만 학생들한테 간식도 교통비도 안 준 거지?' 의문을 품었고, 학교에서 돈을 떼먹었다는 의혹이 생겼다. '학생들을 강제 동원해서 받은 출연료를 학교가 챙겼다' '학생들에게 걷은 수재의연금과 수학여행비 일부를 학교가 떼먹었다' '동창회비에서 장학금으로 사용하라고 준 기금도 떼먹었다' 같은 소문이 돌았다. 학생들의 불만은 계속 높아졌다. 이즈음 누가 처음 전했는지 기억이 나진 않지만, 민주교육추진 전국교사협의회(전교협)˚ 해직교사들의 편지글 모음인《내가 두고 떠나온 아이들에게》를 친구들과 돌려가며 읽었다. 다른 학교에서도 수업 대신 학생들을 행사에 동원하고 있었고, 폭력적 언행을 일삼는 교사, 학교비리가 있다는 것을 알게 됐다. 이 책을 읽으며 '와, 어쩜 이렇게 우리랑 똑같지' 하며 우리 학교만 그런 게 아니라는 것, 이건 잘못된 것이라는 걸 확실히 알게 됐다.

그런데 이렇게 의혹으로만 이야기되던 일들이 사실이라는 대자보가 학교에 나붙은 것이다. 1988년 국정감사에서도 학교의 비리 내용은 사실로 확인됐다. 학교에 이렇게 비리가 난무하게 된 원인은 설립자의 가족들로 구성된 족벌 체제 때문이었다. 재단 이사장의 형제, 자매, 고종사촌, 동서지간 등 가족들이 교장, 교감, 교사, 서

˚   전국교직원노동조합(이하 '전교조')의 전신.

무과장, 경리 담당 등에 포진해 있었고, 서로 비리를 저질러도 눈감아주거나 협력자가 되었기 때문이라고 생각한다.

우리는 왜 이렇게 분노했을까

그 당시엔 집안 사정이 어려운 친구들이 상업고등학교(지금은 '특성화고등학교', '마이스터고등학교'로 불린다) 진학을 선택하는 경우가 많았다. 인문계 고등학교를 가야 대학에 진학하고, 대학을 나와야 일종의 '신분 상승'을 할 수 있다고 생각했던 시절이다. 물론 지금도 근본적 차이는 없지만. 내겐 큰 꿈이 있진 않았지만, 대학에 가고 싶었다. 갈 수 있는 형편이 아니어서 상업고등학교에 갔지만 어떻게든 대학에 가고 싶었고, 부기 1급 자격을 취득하면 특례입학이 가능하다는 말에 열심히 학원도 다녔다.

그런데 학교라는 곳에서 가난한 학생들의 수학여행비를 착복하고, 졸업생들이 모은 장학금을 떼먹고, 수업에 충실하기보다 쇼 프로그램 방청석을 메우거나 올림픽 사전행사를 하는 데 학생들을 동원하고 돈을 받았다는 데 너무나 화가 났다.

그뿐만 아니라 일상적으로 성희롱을 하는 교사, 수업 준비를 전혀 해오지 않거나 소위 '문제아'라는 이유로 학생에게 폭행을 가해 전치 4주가 넘는 진단을 받게 한 교사까지 학내에는 심각한 문제가 많았다. 한번은 만우절에 방송반 학생들과 같이 방송 스피커로 '딸깍' 소리가 나면 전교생이 일어나 교가를 부르기로 약속하고, 설레는 마음으로 실행에 옮겼다. 우리는 선생님들이 당황하는 모습을 보며 깔깔대며 성공했다고 즐거워했다. 그런데 이 일로 방송반 학생들이 체벌과 징계를 받았다. 학생들은 '뭔 말도 안 되는 일인가. 너무한다' 생각했지만, 징계받은 학생들을 위한 행동에 나서지는 못했다.

정화여상 사학민주화 투쟁의 시작은 학교비리에 대한 문제 제기였다. 하지만 우리들 마음속에 쌓였던 그간의 울분이 하나로 묶여 일종의 전면적인 반발, 총제적인 문제 제기가 시작된 것이다.

모든 학생이 정말 최선을 다해 열심히 싸웠다

지금도 선명히 기억하는 몇몇 장면이 있다. 우리는 정말 열심히 싸웠다.

첫 번째 장면은 중간고사 '백지 동맹'의 순간이다. 재단비리 투쟁이 벌어진 상황에서 학교에선 2학기 중간고사를 실시하겠다고 발표했다. 학생들이 시험 연기를 요구했지만 학교는 시험을 강행했다. 시험을 볼 수 있는 상황이 아닌데 학교 측에서 투쟁을 위축시키기 위해 시험을 강행한다고 학생들은 판단했고, 전교생이 2학기 중간고사 백지 동맹을 결의했다. 나는 문제를 풀지 않으니 지루하고 피곤해서 엎드려 잤지만, 유흥희°가 속한 2학년 1반에선 시험 끝나는 종소리가 울릴 때까지 반 학생 전체가 항의성으로 볼펜을 똑깍거려 선생님이 제발 그만하라고 하소연하기도 했다. 답안지를 작성한 학생은 한 명도 없었다. 결국 학교는 시험을 연기했고, 우리는 우리의

°   비정규직이제그만공동투쟁 집행위원장. 정화여상을 함께 다닌 동창이자, 후에 기륭전자에서도 함께 싸우게 된다.

단결된 힘의 뿌리를 확인했다.

또 다른 장면은 언론사에 항의를 하던 장면이다. 투쟁 중에 한 언론에서 '학생들이 돈 받으려고 싸우고 있다'며 왜곡 보도를 낸 것이다. 우리는 즉각 왜곡 보도를 정정하라는 항의 전화를 하기로 했는데, 그러자마자 학교 부근 공중전화가 있는 곳마다 학생들이 줄을 길게 늘어서서 전화하는 장면이 연출됐다. 결국 해당 언론사에서는 정정 보도를 약속했다. 나중에 들은 이야기지만 언론사 업무가 거의 마비가 될 정도였다고 한다.

비리재단 퇴진! 관선이사 파견! 공권력 투입 규탄!
─교정을 벗어나 거리로 나서다

학교비리를 폭로한 서명교사들과 학생들은 재단의 사과와 재발 방지를 요구했지만 학교 측에선 비리 내용이 거짓이라는 말만 되뇌었다. 참다못한 교사, 학부모, 학생이 교장과 면담을 하기 위해 교장실로 가서 비리에 대한 사과와 해결 방안 등 입장을 밝힐 것을 요구했다. 하지만 재단 이사장의 누나인 교장은 사과는커녕 대답을 요구하는 교사와 학생 앞에서 말 한마디 하지 않고 버티다 몸이 아프다며 교장실 바닥에 누워버렸다. 화장실도 갈 수 없는 몸 상태라며 누워서 소변까지 봐버리고 150여 명의 공권력을 투입해 학교를 아수라장을 만든 뒤 구급차를 타고 교장실을 빠져나갔다.

그날 이후 비서명교사들은 학교 옆에 있는 공립초등학교로 출근했고, 학생들은 대거 철야농성에 돌입해 1987년 겨울부터 다음해인 1988년 개학 때까지 농성이 이어졌다. 농성 초기엔 참여 학생이 많아 공간이 부족해 잘 때도 눕지 못하고 앉아서 자야 할 정도였다. 분개한 졸업생 600여 명도 학교에 모여 그동안 겪었던 부당한 일을 이야기하며 분노를 터트렸다. 학생, 교사, 졸업생, 학부모가 각각 정화학원수습대책위(이하 '대책위')를 구성해 활동했는데, 학생대책위는 학생회가 중심이 되었다.

대책위는 비리재단과 교장 퇴진을 요구하며 싸우는 동시에, 서울시교육위원회(이하 '시교위')에 현재 재단 이사로는 해결되지 않으니 관선이사를 파견해달라고 요청했지만 수용되지 않았다. 우리는 시교위에 공권력 투입에 항의하고 관선이사 파견과 정화 문제 해결에 나서라고 촉구하는 거리행진을 했다. 청량리에 있던 학교에서 서대문 시교위까지 전교생이 행진했다. 행진 후 시교위에 들어가 항의하려는데 전경들이 사과탄을 쏘며 시위대를 해산시키고, 여기저기 흩어진 학생들을 연행하듯 잡아 닭장차(전경차)에 태웠다. 나도 너무 놀라 친구들과 근처에 있던 오락실로 뛰어 들어갔는데, 오락실 안까지 전경들이 들어와서 학생들을 끌고 나갔다. 닭장차에 태워진 학생들은 시교위를 벗어나 곳곳에 버려졌다. 경찰서로 연행하지는 않았지만 '학생들에게 이렇게까지 해야 할 일인가' 하며 또다시 분노를 일으킨 사건이었다. 이때 학생들이 걱정되어 먼발치에서 따라온 교사 세 명과 학부모 한 명이 연행됐고, 그중 교사 한 명과 학부모가 구속되었다. 잘못을 바로잡으라고 요구한 사람은 구속되고, 잘못한 사람은 버티고 있으니 기막힌 노릇이었다.

학생대책위, 농성 중인 학생들은 학내 활동뿐 아니라 외부에도 학교 상황을 알리는 활동을 했다. 첫 직선제 대통령 선거가 있던 때라 후보들의 대규모 유세가 곳곳에서 벌어졌는데, 유세장을 찾아 선전물을 나누고 모금함을 돌리고 거리집회를 했다.

학생들이 자율적으로 학교를 운영해가다

학교에 공권력이 투입되고 학생들이 학교에서 농성을 시작한 후 비서명교사들이 학교로 출근하지 않아 학교 수업과 운영이 제대로 되지 않았지만 학생들은 자율적으로 학교를 운영했다. 서명교사와 학생들은 마치 노동조합에서 파업 프로그램을 운영하듯 누가 가르쳐준 것도 아닌데 자주적으로 출석 체크를 하고 아침 조회, 자율학습, 신문기사 읽기, 방송 수업, 노래 배우기 같은 프로그램을 운영했다.

학생들이 교무실을 지키던 중에 교무실로 구인 전화가 걸려온 일도 있었다. 취업할 학생을 추천해달라는 연락이었는데, 추천의 기준이 문제였다. 통상 이런 식으로 학생을 추천해달라는 연락이 오면 1부 학생이 우선 배치되었다. 하지만 이때 학생들은 다른 결정을 내렸다. 당시엔 학생들이 주간 1부, 야간 2부로 나뉘어 학교에 다녔는데 1, 2부가 같은 교실을 사용하면서 서로 지저분하게 사용한다고 타박하고, 입학 성적이 다르다 보니 1부 학생이 2부 학생을 폄하하는 분위기가 있어 사이가 좋지 않았다. 하지만 함께 투쟁하는 시간을 보내며 서로의 공감대가 넓어졌다. 그 영향으로 학생들은 입학 성적이 다르고 공부하는 시간이 다르다는 이유로 기회가 균등하지 않은 것은 문제가 있고, 최소한 추천의 기회는 공평해야 한다며 1, 2부 학생을 차별 없이 동수로 추천했다. 학생들 스스로 논의하고 결정한 사안이다. 지금 생각해도 기특한 결정이다.

우리는 학내투쟁을 하면서 각종 토론회와 집회에 참여하기도 했다. 고려대, 연세대 같은 대학의 사범대 학생들이 연대를 왔고, 그 인연으로 사범대 학생들이 준비한 토론회와 정화여상 투쟁 내용을 상황극 형식으로 발표하는 프로그램에 참여하기도 했다. 이후 소모임 운영이나 선전물을 복사하는 데 이 대학생들의 도움을 받기도 했다. 서울지역고등학생연합(이하 '서고련')에서 주최한 학생자치활동에 대한 토론회에도 함께했다. 대통령도 직선으로 뽑는데 학생회는 왜 간선으로 선출해야 하는가, 우리도 직선제 학생회를 건설해야 한다는 내용의 토론이었다. '학교의 주인은 학생이다. 그러니 학생들이 주체적으로 활동할 수 있는 학교가 되어야 하고 이를 뒷받침할 수 있도록 학생회칙을 개정해야 한다'는 내용에 깊이 공감하며 학생회칙안을 마련하기도 했다.

이런 연대활동을 하면서 공동체를 구성하고 그 안에서 서로 함께 도우며 인간답게 살아가야 한다는 가치관을 지닌 다양한 소모임이 필요하다고 생각했다. 1988년이 되고 고등학교 3학년이 되면서 시사반, 독서토론반 등 소모임이 만들어졌고, 후배들과 함께하는 모임으로 확대되었다. 소모임은 후배들과 함께 공부하고 토론하고 실천해가는 통로가 되었다.

간선제 학생회를 넘어 아래로부터
자주적으로 대책위를 구성하다

서명교사에겐 '빨갱이'라는 딱지를 붙이며 국가보안법으로 처벌하겠다는 겁박을 하는 등 학교와 정보의 탄압으로 투쟁 상황은 어려워졌다. 농성 기간이 길어지면서 학생들의 동력도 점점 떨어졌다. 결국 12월 25일 지속적으로 탄압받던 서명교사들이 농성을 풀었고, 그러자 학교를 떠났던 비서명교사들이 출근했다.

이 때문에 교무실에서 농성하던 학생들이 밀려나 지하에 있는 특별활동 교실에서 농성을 이어갔다. 학교는 아무 일도 없었던 것처럼 건물에 붙어 있던 대자보를 떼고, 깨끗이 페인트칠을 했다. 이러한 상황을 알게 된 학생 200여 명이 다시 모여 대자보를 붙이고, 벽에 우리의 요구를 다시 쓰고 운동장에서 항의농성을 벌였지만 12월 31일 학생회는 싸움을 계속하기 어렵다며 재학생들과 졸업생들의 반대에도 불구하고 농성을 푼다고 일방적으로 결정했다. 그동안 학교를 함께 지키며 싸워온 학생들과 토론 없이 일방적으로 결정한 것에 문제를 제기했지만, 받아들여지지 않았다.

어쩔 수 없이 평학생 중심으로 새롭게 정화여상정상화수습대책위원회(이하 '정대위')를 구성해 싸움을 이어갔다. 늦은 밤 농성장에는 술 취한 교사들이 쫓아와 우리를 겁박하고, 창문을 깨기도 했다. 무서웠지만 포기할 수 없었다. 서명교사 한 분이 컵라면을 한 아름 들고 와 미안하다며 전하고 가기도 했다. 학교는 서명교사와 학생회가 농성을 풀자 문제가 모두 해결된 것처럼 말하며 계속 농성하고 싸우면 수업일수 부족으로 유급될 것이라고 가정통신문을 발송했다. 정대위는 아직 문제 해결이 되지 않았고 법 조항을 따져 유급은 협박이라고 반박하는 가정통신문을 발송했다. 새 교장 취임식을 거부하고, 전교협에서 진행한 교권탄압대회 집회에 300여 명의 학생들이 참가하기도 했다.

하지만 농성 대오가 늘어나는 데는 한계가 있었다. 학교에 나오지 않는 친구들에게 연락해 학교에 나와 함께 문제를 풀어가자고 호소했지만, 선생님과 학생회가 모두 포기한 상태에서 조직은 쉽지 않았다. 겨울방학 끝자락 즈음 우리의 점거농성은 마무리됐다.

치열하게 교사, 학생, 학부모, 졸업생이 같이 싸웠지만, 관선이사는 끝내 파견되지 않았고 교장만 3개월 동안 두 번 바뀌었다.° 하지

만 포기하지 않았다. 남은 과제들이 있
었다. 구속된 선생님과 학부모가 석방
되어야 했다. 학교비리에 대해서도, 학
교가 폭력적으로 학생들을 대한 것에
대해서도 문제를 제기해야 했다. 학교
의 주인은 학생이고 대통령도 직선제
로 뽑는데, 우리 학생회도 직선으로 뽑
고 학생회칙 개정도 해야 했다.°° 학교
의 주인으로서 잘못된 것들을 바로잡
고, 후배들이 뜻을 이어갈 수 있는 조
건을 만들어야 했다. 특히 투쟁 과정에

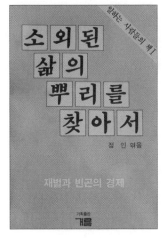

《소외된 삶의 뿌리를 찾아서》

서 간선제로 구성된 학생회가 일방적으로 투쟁을 접는 것을 보면서
학생들의 손으로 직접 뽑은 학생회였다면 일방적으로 결정하진 않
았을 것이라는 생각이 컸기에 직선제 학생회는 반드시 만들어야 한
다고 생각했다. 시사반, 독서토론반 등 꾸준히 소모임도 진행했다.
이 소모임에서 접한 책 중《소외된 삶의 뿌리를 찾아서》는 내게 큰
영향을 주었다. 가난은 개인의 문제가 아니라 구조적 문제고, 가난

°   1987년 11월 20일, 1988년 1월 15일에 교장이 바뀌었고, 투쟁의 주축이던 3학년
     이 졸업한 후 1989년 3월에 새 교장이 취임했다.

°° 학생회칙 개정의 주요 내용은 저항권, 학생회 임원 자격 요건, 취업의 공정성, 자
     문위원회 구성에 대한 것 등이었다. 학생이 부당한 침해나 탄압에 저항할 권리가
     있다는 것을 명시하고(저항권), 성적을 학생회 임원 자격 요건의 기준으로 삼았던
     기존의 방침을 없애고 학생이라면 누구나 임원이 될 수 있어야 한다는 것(학생회
     임원 자격 요건), 취업 추천을 교사 임의로 하면 편파성의 문제가 있으므로 공정하
     게 해야 한다는 것(취업 공정성), 자문위원회를 교사 중심으로 구성하던 것에서 교
     사, 학부모, 졸업생까지 포함해 더 민주적으로 운영할 수 있도록 바꾸자는 것 등
     이다.

은 창피한 일이 아니라는 것, 가난은 부모의 문제가 아니라는 것을 깨달았고 여기서 큰 힘을 얻었다.

3학년이 되어서도 끈질기게 이어진 투쟁

정대위는 1부 학생과 2부 학생이 함께 꾸려 운영했지만, 새로운 학기가 시작되면서 등하교 시간이 달라 일상 투쟁은 각각 하게 되었다. 1988년 새 학기가 시작되자, 우리는 신입생들에게 우리의 싸움 과정과 학교 문제를 알려야 한다고 생각했다. 매일 선전물을 제작해 전교생에게 배포했다. 교사들의 눈을 피해 꼭두새벽에 등교해서 교실 책상 서랍에 넣어 놓는 방식이었다.

하지만 좀 더 긴밀한 연결이 필요했다. 이 싸움을 후배들이 잘 이어갈 수 있도록 조직해야 한다는 고민이 컸다. 당시 우리 학교는 자율학습 시간에 주산·부기 2급 자격증을 소지한 선배 학년 학생이 후배 학년을 지도하는 프로그램을 진행했다. 3학년이 2학년 같은 반 후배 교실에, 2학년이 1학년 같은 반 후배 교실에 들어가는 방식이었다. 우리는 이를 활용하기로 했다. 3학년이 된 정대위 친구들이 후배를 조직하기 위해 참여할 수 있는 모두가 이 프로그램을 신청하자고 의견을 모았고 대부분 자율학습 담당자로 들어가게 되었다. 자율학습 지도를 하면서 이 싸움의 의미, 앞으로 해나가야 할 과제 등을 같이 이야기하는 시간을 만들었다. 우리가 자율학습 지도에 들어가는 걸 교사들은 불편해했지만 거부할 명분이 없었다. 결국엔 2학기가 되자 학교는 이 제도 자체를 없애버렸다.

학교는 투쟁의 주축이던 학생층을 분열시키기 위해 조기취업도 추진했다. 통상 3학년 겨울방학에 취업을 나갔는데 2학기부터 취업을 나가도록 한 것이다. 정대위와 학생회가 수업 결손과 노동착취의 부당함이 있다고 제기했지만, 학교는 이를 취업을 목표로 하는 것이므로 학생들을 위한 결정이라며 묵살했다. 하지만 결국 우리의 문제 제기로 《한겨레》에 조기취업의 부당성이 보도되는 등 학교 측의 결정이 사회적으로 물의가 되자 시교위는 조기취업 전면 중단 및 취업 학생의 복귀를 지시했다.°

이렇게 일상적으로 벌어지는 일에 즉각적으로 대응하며, 투쟁도 꾸준히 해나갔다. 투쟁 과정에서 구속되어 해직된 교사의 복직, 직선제 학생회 및 학생회칙 개정을 요구하며 2부 학생들은 전체 수업을 거부하고 농성을 했지만, 1부 학생들은 여의치 않아 부분적 농성을 했다. CA 시간(요즘은 '창의적 체험활동 시간'이라고 한다)엔 복도 앞뒤문을 걸어 잠그고 '떼창'과 구호를 외치며 농성을 하고, 학생 수백명이 수업을 거부하고 재판이 열리는 법원에 가서 구속된 선생님과 학부모님이 들을 수 있도록 〈스승의 은혜〉를 목 놓아 부르기도 했다. 당시 재판부에선 학생들이 흥분 상태가 될까 봐 선생님과 학부모님이 재판정에 나올 때 포승줄을 묶지 않고 입장을 시켰을 정도

° 이때부터 시작된 조기취업이 지금의 현장실습제도다. 조기취업을 아예 '현장실습'이라는 명목으로 제도화한 것이다. 현장실습제도는 1990년대 중후반에는 2+1제도, 즉 고등학교 1, 2학년은 학교에서 수업을 받고 3학년 1년 동안 내내 수업을 하지 않고 학생들이 현장에 나가 일하도록 되어 있었다. 이 제도는 저임금, 산업재해 등 사회적으로 문제가 제기되어 2017년에 폐지되었으나, 현장실습을 통해 취업률을 높인다는 이유로 2020년에 재개되었다. 2024년 기준 3학년 2학기 반년을 현장실습으로 운영 중인데 여전히 지속적으로 문제가 제기되고 있다. 학생의 수업권을 보장하지 않고 학생을 저임금과 위험한 일로 내몰기 때문이다. 그뿐만 아니라 학생 신분으로 현장에 나가 일하면 현장 관리자가 교사 지위에 있기 때문에 사회에 첫발을 떼는 학생들이 관리자들이 시키는 대로 일해야 하는 일방적 관계 형성이 되는 것도 심각한 문제다.

였다. 구속된 분들이 하루빨리 출소할 수 있도록 진보적 신문으로 보이는 《평화신문》, 《한겨레》에 찾아가 억울한 사연을 기사로 써 줄 것을 요청하고, 석방촉구 탄원서를 받아 법원에 제출했다.

정대위의 주요한 목표 중 하나는 직선제 학생회 구성과 학생회칙 개정이었는데, 학교에서 끝까지 저항권, 취업 공정성 등을 담기 어렵다고 버티고 있어 1부는 일단 직선제 학생회라도 먼저 구성하자는 의견을 모아 첫 직선제 학생회 선거를 치렀고 2부는 학생회칙 개정 투쟁을 이어갔다(1부와 2부는 그동안 각각 독자적 학생회를 구성해왔다). 1부 정대위는 선거관리위원회 역할을 주요하게 맡아, 끊임없이 학생주임 교사와 갈등하면서도 자주적·주체적 선거운동을 할 수 있도록 학생회 선거를 꾸려나갔다. 후보마다 특색이 넘치는 포스터를 직접 만들어 부착하고, 교실 계단에도 구호와 공약을 재치 있게 만들어 붙이기도 했다. 전교생을 모아놓고 합동유세 시간도 가졌다. 축제처럼 진행된 선거운동이 끝나고 첫 직선제 학생회가 선출되었다. 2부 학생들은 학교의 반대에도 학생총회를 소집해 학생회칙 개정안을 통과시켰고 학교는 일방적이라며 인정할 수 없다고 주장했다. 정대위는 직선제 학생회 쟁취를 넘어 학생회칙 개정 통과 및 자치권 보장을 요구하며 투쟁을 이어갔다.

투쟁 중인 타 학교 학생들과의 연대도 우리의 중요한 활동이었다. 우리 역시 전면적 농성투쟁을 하고 있을 때 파주여종고 학생들의 지지 방문에 힘을 얻었다.° 누가 시키지 않았지만, 동병상련처

° 1987년 7월 1일부터 3일까지 파주여종고에서 재단비리, 비민주적 학교 운영에 항의하는 교사, 학생의 학내민주화 시위가 벌어졌다. 그 과정에서 몇 학생이 교사에게 성폭행 피해를 당했다는 사실이 밝혀졌고, 농성은 이후 50여 일간 더 확대되어 이어졌다. 파주여종고 투쟁은 고등학교 내 성폭력에 대한 최초의 싸움으로 기록되어 있다.

럼 함께하면 힘이 된다는 것을 투쟁을 통해 알게 됐다. 고적대가 유명한 동두천여상에서도 학내투쟁이 벌어졌는데 °기막히게도 고적대가 투쟁하는 학생들을 탄압한다는 소식을 듣고《내가 두고 떠나온 아이들에게》20권을 짊어지고 직접 학교로 찾아가 전했다. 우리가 투쟁할 때 용기를 주었던 책이어서 힘겹게 투쟁하고 있는 친구들에게도 힘이 되길 바라는 마음이었다. 책을 전하며 동두천여상 상황을 듣고 우리 경험도 공유하며 서로 힘내자며 돌아왔다.

《내가 두고 떠나온 아이들에게》

1988년 12월엔 사학민주화투쟁을 하다 해직된 교사의 복직과 학생자치활동 보장을 위해 학생회칙 개정을 요구하며 사학민주화투쟁을 벌이고 있는 학생들과 연합해 시교위 로비 농성을 벌이기도 했다. 정화여상, 정희여상, 서고련이 참여했던 것으로 기억한다. 한겨울 추운 날이었는데 농성을 하지 못하게 하려고 시교위에서 에어컨을 켜는 파렴치한 행태도 기억한다.

°   동두천여상은 1988년 학내비리로 학생들이 50일간 투쟁을 전개했다. 학내비리의 내용은 정화여상과 매우 흡사했다. 당시 동두천여상은 고적대 학생을 이용해 투쟁하는 학생들을 공격하게 하는 등 학생 간의 갈등을 유발시켰다.

졸업, 졸업 이후

다양한 활동으로 가득했던 3학년 1년이 순식간에 지나갔다. 정대위 활동을 같이했던 친구들은 졸업하지 않고 계속 학교에 남아 활동해야 한다는 아쉬움이 너무도 컸다. 그 마음을 후배들에게 알리고 싶어 대자보를 붙였다. 많은 아쉬움을 남기고 학교를 떠나지만, 후배들이 학교 투쟁을 잊지 않고 학생이 주인, 주체가 되는 학교를 꼭 만들어가면 좋겠다는 바람을 담은 대자보였다.

학교는 졸업식 행사장 문을 일찍 개방해야 하는데 그렇게 하지 않고 졸업식 바로 직전에 문을 여는 치졸한 행태까지 벌였다. 졸업식에선 동문회장상 수여식이 있었는데, 수상하게 된 친구는 "후배들을 생각하지 않는, 비리로 점철된 동문회장상 수상을 거부합니다"라는 입장을 밝히고 수상을 거부하기도 했다. 정대위의 싸움에 참여한 친구도 아닌데 불의에 대한 마음은 참여 여부와 무관하게 한마음이었구나 싶어 감동적이면서도 너무나 통쾌했다.

학교를 졸업하고도 정대위 활동을 함께했던 친구들은 소모임을 이어갔다. 같이 책을 읽고, 토론하고, 집회도 갔다. 특히 직장 생활을 하게 된 친구들은 회사 내의 불합리, 성희롱, 성차별에 노출되어 있었고 후배들이 같은 고통을 겪지 않아야 한다는 고민도 컸다.

대부분 노동조합이 없는 사업장에서 일하고 있던 터라 힘들었지만 이 모임에서 우리는 억울했던 일, 예를 들면 담배나 커피 심부름을 시키거나, '○○○ 씨'가 아니라 '미스 ○' 하는 식으로 부르거나, 은근슬쩍 어깨를 감싸거나, 반말을 하는 등 사소해 보이지만 절대 사소하지 않은 일을 같이 이야기했다. 때론 직선적으로, 때론 에둘러서 문제를 제기하는 등 서로 응원하면서 대응해갔다. 우리 이야기의 마무리는 늘 노동조합이 필요하고 노동법 공부도 해야 한다는 것이었다.

정화여상 투쟁 당시 졸업생의 지지가 큰 힘이 되었기에, 졸업생의 역할이 중요하다고 생각했다. 투쟁 당시 아무런 역할도 하지 않고 학교 측 입장에 섰던 기존 동문회에 맞서 선배들과 함께 민주동문회를 만들었다(각자의 현장 일터의 상황 등으로 현재는 맥이 끊긴 상태다).

나는 학교 졸업 후 청량리정신병원 원무과에 입사했다가 3개월 만에 그만뒀다. 여자 선배조차 여성이 커피 타고 청소하는 것을 너무나 당연시하고, 부장은 친절히 잘 대해주는 척하며 담배 심부름을 시키고, 부당한 업무 처리를 하게 해서 참지 못하고 대판 싸우고 퇴사했다. 뭔가 도모해보고 싶은 마음도 있었지만 어렵다고 생각했다. 내가 입사하기 전 병원에서 노동조합을 세우려던 시도가 사측에 의해 와해된 상태였고, 간호과 사람이 다수인 조건이라 입사한 지 얼마 되지 않은 사회 초년생인 내가 무언가를 하기는 무리라는 판단이었다.

퇴사 후 일자리를 알아보던 중 전교조 해직교사들이 만든 잡지사 우리교육 창간 멤버로 독자관리 일을 제안받고 의미 있는 일이라 생각해 함께하게 되었다. 우리교육에선 3년 정도 일했다. 출판사에서 일하다 보니 학교 투쟁을 기록해둬야 하지 않을까 하는 생각이 들었고, 같이 소모임을 하는 정대위 친구들도 모두 공감했다. 어떤 책을 만들지 토론한 끝에 투쟁 경과와 투쟁에 대한 평가는 물론이고 후배들이 사회에 나왔을 때 최소한 알고 있어야 할 상식들(임금계산, 성희롱, 성차별 등)도 알리자고 의견을 모았다. 주말과 평일 저녁 시간을 이용해 자료를 모으고, 타이핑을 하고, 대지 작업을 했다(당시엔 편집을 컴퓨터로 하지 않고 대지 작업을 해서 인쇄했다). 투쟁했던 주체 모

사학민주화투쟁의 선봉

'87 정화학내 민주화 투쟁 자 료 집

《 '87 정화학내 민주화 투쟁 자료집》

자료집을 발간하며

사학 비리 척결에서 학내 민주화 투쟁으로 이어진 '87 정화 학내 민주화 투쟁이 어느새 많은 이들로 부터 잊혀져 가는 새 4주년을 맞이 했습니다.

현재 학교의 실정은 학교당국이 재학생들에게 11·4투쟁에 대해 일방적으로 왜곡 시키고 있으며, 이를 계기로 학생들의 자치활동단압등 기본적인 인격마저 박탈하고 있습니다. 이에 11·4투쟁의 진실을 밝힘으로써 잘못 인식된 것을 바로 잡고 또한 정화인의 평가와 분석을 위해 뒤늦게나마 자료집 발간에 들어섰습니다.

자료집 구성은 재학생들을 대상으로, 11·4투쟁이 왜 일어났으며 어떻게 전개되었는지에 초점을 맞추어 투쟁의 의의와 문제점을 중심으로 개별적인 평가회들을 가졌으나 그중 미흡한 점이 많지만 당시 농성 참가교사·학생들과 현 재학생이 함께 논의한 것을 실었으며, 재학생들의 학교근황 발표와 이에 대한 전망도 함께 실었습니다. 그리고 개인적인 감정이 삽입되어 객관적인 시각으로 바라보진 못했으나 당시 학생회활동이 잘 나타나 있는 농성일지를 싣고 '학생회건설과 활동방향'등 학내 활동에 도움이 될 수 있는 여러가지를 발췌하여 실었습니다. 또한 참고자료들은(유인물, 성명서등) 대부분 보기 쉽도록 시간흐름별로 정리했습니다. 자료집 발간 준비시 분실된 자료들을 수집하는데 많은 시간이 투여되고 4년이라는 시간이 지남으로 인해 기억들을 되살리는데 어려움이 있었습니다. 특히 편집인 모두가 자료집을 만들어본 경험이 없고 자신의 생활과 짧은 지식 때문에 고민하고 기대했던 만큼 알차고 풍성한 내용을 담아 내지 못했습니다.

자료집을 통해 고등학생의 교육 민주화 투쟁에 보탬이 되었으면 합니다. 더불어 11·4투쟁이 비단 정화만의 문제가 아닌 사학 전반의 문제, 더 나아가서 사회의 구조적 모순에서 발생됨을 자각하고 교육현실과 앞으로 우리가 서야할 사회에 대한 바른인식, 모순에 대한 서로의 의견을 교환하고 대안점을 찾을 수 있는 계기가 되었으면 합니다. ■

1992년 3월

두가 모이지 못하고 1부 정대위가 중심이 된 평가 토론만 담겨 반쪽에 불과한 자료집이지만 기록을 남기고 후배들에게 전하는 것이 중요하다고 생각했다. 그렇게 《'87 정화학내 민주화 투쟁 자료집》(1992년 3월 발행)을 발행해 후배들에게 배포했다.

구로공단 노동자가 되다

정대위 친구들과 꾸준히 소모임을 하며 새로운 활동을 모색해보자는 고민을 나눴다. 당시만 해도 세상을 바꿔보자고 활동하는 이들이 '현장 투신'이라는 이름으로 제조업 조직 활동을 하던 때다. 논의를 하던 중 몇몇 친구들이 구로공단에 취업했다. 나 역시 고민이 많아졌다. 우리교육은 사회과학출판사면서 영리를 목적으로 하지 않는 곳이라 서울지역출판노조 소속으로 분회 결성을 하고 활동하면서 재미도 있었지만, 한편으로 답답한 마음이 계속 있었다. 좀 더 많은 사람과 일하면서 노동조합 활동을 제대로 해보고 싶었다. 공장에서 일을 잘할 수 있을까 겁도 살짝 났지만, 용기를 내서 1992년 구로공단에 오게 되었다.

그때만 해도 가리봉역(현 가산디지털단지역)에 내리면 역사 부근 게시판, 담벼락 등에 구인광고가 빼곡히 붙어 있었다. 처음 면접 간 곳은 3교대 사업장이었다. '사람이 어떻게 밤에 잠자지 않고 일을 할 수 있지?' 두려운 마음이 훅 들어왔다. 면접은 봤지만, 두려운 마음이 커서 중소규모 사업장 중 주간근무만 하는 곳을 선택했다. 6개월 만에 여러 사정으로 그만두고 처음 면접을 봤던 3교대 사업장 갑일전자(후에 갑을전자로 사명 바뀜)에 입사했다.

막상 일해보니 야간노동도 그리 두려운 것은 아니라는 자신감이 생겼다. 조합원들의 의견을 수렴하지 않고 사측 편에 선 어용노조를 바꾸기 위한 노동조합민주화추진위원회(이하 '노민추')가 활동을 하고 있었고, 나도 참여해 활동하게 됐다. 하지만 얼마 후 노민추 성원들이 하나둘 퇴사하기 시작했다. '전망이 없다'는 것이 가장 큰 이유였다고 기억하고 있다. 일부는 대공장이나 공기업으로 가기도 하고, 지역을 옮겨가기도 하고, 대학에 입학한 이들도 있었다. 한때 40~50명 정도였던 노민추 성원이 3~4명가량 남아 있던 1997년, '조합원을 배신하지 않겠다' '노동조합은 해결사가 아니라 조합원들과 함께 싸워서 요구를 쟁취해야 한다'는 슬로건으로 사측에서 낸 후보를 제끼고 내가 위원장이 됐다.

위원장이 되자마자 임금교섭을 해야 했고, 교섭에서 사측은 임금인상을 해줄 수 없다고 버텼다. 조합원들의 집단행동이 아니면 돌파하기 어려운 상황이었다. 조합원들은 파업을 해본 적이 없어서 두려움이 큰 상황이었다. 하지만 이는 어용노조와 민주노조가 어떻게 다른지 보여주는 첫 시험대였다. 대의원들과 함께 전 조합원 간담회를 하면서 설득해 비록 한 시간으로 짧은 시간이지만 생산라인 전체를 세웠다. 그 힘으로 임금인상 잠정 합의안이 나왔고, 조합원 전체 찬반 투표를 통해 조인식을 했다. 함께 싸우면 할 수 있다는 승리의 여세를 몰아 조합원총회에서 한국노총에서 민주노총으로 조직변경 결의를 했다. 드디어 어용노조를 넘어 민주노조를 세웠고 바라고 바라던 민주노총 조합원이 되었다.

그런데 얼마 후 IMF 국가부도위기 사태가 터졌다. 당시 전국적으로 정리해고 광풍이 몰아치고 식당, 경비, 청소 업무를 외주화하는 상황에서 조합원들과 단결해 단체협약을 지켜내고, 고용안정협

약 등을 맺으며 버텨냈다. 하지만 갑을그룹 차원의 부도로 연쇄부도가 나고 결국 화의 신청, 휴업, 회사의 일방적 폐업으로 수개월을 거리에서 싸웠다. 155일간의 투쟁으로 2000년 11월 1일 합의가 도출되었다. 회사가 문을 닫은 상황이라 현장으로 복귀하진 못했지만, 회사를 망하게 해 노동자를 거리로 내몬 데 대해 최고경영진에게 최소한의 책임은 지게 했다.

기륭전자

2002년 파견회사 휴먼닷컴을 통해 기륭전자에서 일하게 되었다. 파견노동자가 뭔지도 잘 모르던 때였다. 똑같이 일해도 정규직 절반의 임금을 받고 일상적 해고가 일어났다. 급기야 '내일부터 출근하지 마시오'라는 핸드폰 문자 한마디로 해고되는 참담한 일이 발생했다. 기륭전자에 입사한 지 3년 만에 파견직, 계약직, 정규직이 함께 노동조합을 만들었다.

해고당하지 않기 위해 노동조합을 결성했는데 회사는 비정규직을 모두 해고하려 했다. 입사일이 돌아오면 비정규직은 해고 통보를 받아야 했다. 불법파견이 문제가 되자 도급회사를 임의로 만들어 전적할 것을 요구했고 전적하지 않은 비정규직 노동자는 모두 해고해버렸다. '우리는 차별받지 않고 해고되지 않고 일하고 싶다' 절규하며 55일간의 현장점거 파업농성, 구속, 고공농성, 90일이 넘는 단식농성 등 주체의 절박한 투쟁과 시민사회의 연대의 힘으로 2010년 11월 1일 1,895일 만에 정규직 복직을 합의했다. 2005년에 시작해 2010년에 얻어낸 합의안이었다.

다만 2년 유예기간 후 복직이어서 아쉬움은 있었지만 유예기간 동안 조합원 모두 생계활동을 하지 않고 비정규투쟁을 하기로 결의했다. 2012년 대통령 선거 국면에선 신자유주의에 맞서 싸웠던 비정규직·정리해고 당사자들이 노동자정치에 나서자며 선거투쟁을 결의했고, 나는 후보 역할을 맡았다. 야권 후보 단일화가 전제된 상황이라 선거 기간 끝까지 노동자 민중의 목소리를 낼 후보가 없어서 노동자 후보를 내자고 결의했고, 선거를 완주했다. 아래로부터 절박하게 투쟁한 노동자들이 정치의 주체로 활동했다는 데서 의미가 컸다.

이렇게 2년의 유예기간을 보내고 2013년 5월 2일 출근했다. 하지만 회사는 회의실에서 대기하라며 일감을 주지 않고 임금도 지급하지 않고 버티더니 2013년 12월 야반도주했다. 기막힌 현실에서 조합원들이 도망간 회사 사무실을 지키며 또다시 농성에 돌입했다. 2014년 12월, 10년을 싸웠지만 또다시 우리가 거리에 나설 수밖에 없는 것은 비정규직과 정리해고 법제도 때문이니 비정규직의 시작인 파견법과 정리해고법을 폐기하라고, 크리스마스를 앞둔 눈이 펄펄 내리던 날 온몸으로 외치며 4박 5일간 바닥을 기는 오체투지 행진을 했다. 이후 기륭전자 투쟁을 사회적 투쟁으로 전환하면서 사측에 끝까지 책임을 묻는 법률투쟁을 이어가고, 비정규직운동을 지속해가기 위해 비정규노동자들의 쉼터를 만들자고 의기투합했다.

노동조합의 질긴 투쟁으로 기륭전자 대표이사는 의도적으로 합의를 이행하지 않고 임금을 지급하지 않은 것이 인정되어 근로기준법 위반으로 구속됐다. 비정규노동자 쉼터는 2015년 7월 기륭전자 투쟁 10년 평가토론회 자리에서 '투쟁하는 노동자와 비정규노동자의 아지트'이자 '투쟁의 진지'가 되었으면 좋겠다는 바람으로 공식

적으로 제안됐다. 짧게는 5년, 길게는 10년 함께 싸운 투쟁 당사자
들의 연명으로 제안된 사안이다. 이에 시민사회·종교 등 여러 분야
의 많은 분이 손을 잡아주어 2017년 8월 비정규노동자의집 꿀잠이
문을 열었고, 지금까지 활동하고 있다.

삶을 바꾼 계기

온 힘을 다해 싸웠던 정화여상 투쟁은 이후 내가 살아가는 데 큰 힘
이 됐고, 내 삶이 바뀐 계기가 됐다. 당시 투쟁을 생각하면 흐뭇한
미소가 저절로 떠오른다. 나의 삶에서 제일 빛났던 시간이 아닌가
싶다.

내가 직접 싸웠던 당사자이지만, 돌이켜 보면 어떻게 고등학생이
노동조합 투쟁하는 것처럼 싸웠을까 신기할 정도다. 정화여상 투쟁
이 있기 전 6월항쟁과 7·8·9월 노동자대투쟁이 이어지는 정세에
학생들도 영향을 받았던 것 같다. 부당한 일에 저항해야 하고, 그러
면 바꿔 낼 수 있다는 것을 간접적으로 느꼈고, 그래서 평소 불만이
었던 일들이 재단비리와 연결되어 있었다는 것을 확인했을 때 분연
히 떨쳐 일어날 수 있었던 것이 아닐까 싶다. 시대의 정세와 흐름이
개인의 삶과 결코 무관하지 않다는, 그것은 연결된 것이라는 생각
을 확실하게 남겨준 것이 가장 큰 기억이다.

투쟁을 통해 아래로부터의 민주주의, 모두가 평등한 공동체적 관
점을 배웠다는 것이 두 번째다. 정화여상 투쟁은 학생회나 특정한
조직이 아닌 평학생들의 분투로 만들어진 투쟁이었고, 우리가 자율
적으로 학교를 운영할 때 스스로 1부와 2부의 차별과 불평등을 극

복하려 했다는 점 등은 이후 내가 노동조합 활동을 하는 데 하나의 원형적 원칙을 심어 주었다고 해도 과언이 아니다.

그동안 노동조합 활동을 하면서 내가 가장 중요하게 생각해온 원칙은 그게 무엇이든 조합원 전체와 토론하고 결정하고 집행하는 것이다. 전체의 의견을 모아 집행해가면 조금 더딜 수는 있다. 하지만 최선을 다해 활동한다면 탄탄하게 언젠가는 변화를 만들어낼 수 있다는 것이다.

갑을전자 노조위원장으로 첫 파업을 할 때 조합원들만 파업이 두려웠던 것은 아니다. '과연 우리가 할 수 있을까.' 혹시라도 참여율이 낮으면 타격이 크기 때문에 걱정이 많았지만, 조합원들과 충분히 토론해서 결정한다면 가능할 것이라고 판단했다. 기륭전자 투쟁 때도 마찬가지였다. 기륭전자 투쟁은 집행부만 토론해서 투쟁을 결정하지 않았다. 고강도 투쟁을 할 때 혹시라도 보안에 문제가 생겨서 이야기가 샐까 봐 조합원들과 충분히 소통하지 않는 경우도 있지만, 나는 단 한 번도 그렇게 해본 적이 없다. 어떤 투쟁을 하든 조합원 전체와 토론하고 결정하고 집행했다. 이러한 과정이 서로의 신뢰를 쌓고 함께 성장해가는 시간이었고, 10년 세월을 버티며 투쟁할 수 있었던 힘이라 생각한다.

주체에 대한 믿음을 챙긴 것이 정화여상 투쟁에서 내가 남긴 세 번째다. 우리는 치열하게 토론하고 결정했다. 평소에 해보지 못했던 일이지만, 상황이 생겼을 때 의견을 모으고 해결책을 모색하고, 공부하는 데는 나이가 적든 많든 차이가 있지 않았다. 내가 고등학생 때 어떻게 운동을 조직하고 투쟁할지 고민하고 실천했던 것이나, 성인 노동자가 되어 노동조합을 만들고 투쟁할 때 고민하고 실천했던 것이나 차이가 없다. 차이가 있다면 지금은 투쟁을 계획할 때 이후에 발생할 문제까지 걱정한다는 것이다. 오히려 학생일 때 이해득실을 따지지 않고 옳고 그름, 우리가 나아갈 방향을 향해 거침없이 직진했다. 그래서 포부도 당당했다. 당시에 우린 나이 들어서 '나도 한때 활동했던 사람이야'라는 말을 하면서 나이 먹지 말자고 목청 높여 이야기했던 기억이 난다. 변하지 말자는 마음과 혹 변하더라도 과거를 팔지 말자는 의미였다. 떠난 이들에 대한 원망 섞인 이야기였지만, 어쩌면 그때 그 마음이 지금까지 이어지고 있는 것은 아닌가 생각한다. 내가 변하지 않으면 세상이 변한다는 마음 말이다.

네 번째, 정화여상 투쟁은 재단비리로 시작한 싸움이지만, 학내 민주화로 확대되었고, 특히 사회구조적 모순을 깨닫게 된 계기였다. 투쟁이 투쟁을 밀고 가고 투쟁이 더 많은 삶을 가져다준다는 것을 알게 했다. 지금의 내가 있는 것도 그런 역동적 경험을 하게 해준 정화여상 투쟁 덕분이 아닐까 한다.

가난해서 상업고등학교를 선택했지만, 어떻게든 대학을 가야겠다고 생각했던 내가 열악한 조건에서 일하는 구로공단 생산직 노동자로, 현장의 노동조건만이 아닌 세상을 바꾸는 노동조합 활동을 해보고 싶다고 결심하고 지금까지 활동하고 있다.

정화여상 투쟁은 삶의 가치를 생각하고 인간답게 살아갈 수 있는 길을 터준 나의 삶을 바꾸고 결정한 큰 계기다.

부정선거 무효를 외치며 이 곳 명동성당에 모인지 오늘로써 3일을 맞이
2시에 가진 1차 집회로써 우리를 투쟁에 돌입한 서울 고등학교 연합회
되었고 아울러 애국학우의 동참또한 일부 선생님들의 화음의 모임 방해
적이었고 의지적이었다는 것을 민주학우 여러분께 알리는 바입니다.
게 피의 강물을 흐르게하며 집권한 전두환일당은 유례없는 고문과 살육을
정권을 연장시켜 왔음에도 이제 모다시 노패우를 앞세워 온갖 만행과 부정
기마는 사상 그 유례를 찾지못할 부정선거 조작선거의 부끄러운 작태를 연
진리를 외치는 우리 학우를 매도하는 반민주적 비민족적인 만행을 서슴
함 바위이기" 샌드위치 표다발" "무효용지 대각" 등을 용하여 표를 모
조작으로 진상요구를 계속조정했음에도 그 사실을 시인하지 않으며 오히려
만함을 개시하여 "광주,전주,목포,여수"등 전라도 지역과 "마산,부산" 등 경
럭에서는 투쟁을 전개하고 있으며 집권도망은 어마어마한 대모의 군을 이
기 시작했읍니다.

는 오히어 섬쌍함 정도입니다.기어코 길장을 보고아 물어나겠다는 악랄한

중한 경고를 내리는 바입니다.군부독재의 종식만이 우리 민주학우의 살아가
것임을 잊지맙시다.
서 우리는 어떻게 대처해 나가야 하겠읍니까?
한길 끝까지 불의와 폭력에게 타합하고 육인지압은 것이 우직 우리의 일
길입니다.그리하기에 우리 서울시 고등학교 연합회 회원들은 저들이 저지른
선거 무효화 진정한 민족,자주조국 건설을 이룩덕까지 무기한 장기농성에
족,자주조국 건설을 위하여 군부독재 종식을 위하여 끝까지 싸워나갈 것입
는 일이 없이 어떠한 협박과 폭력에 이겨내며 숭리의 그날을 위해 한길을
것입니다.

에 이룹시다.동참하여 우리의 단결과 의지를 보여줍시다.
리하는 그날까지 분연히 떨치고 나아 갑시다.~

본부 그그 43년 12월 20일
고등학교 연합회 외

2 사랑하라!
희망도 없이,
말도 없이……

전성원

- 1970년생, 서울
- 서울지역고등학생연합(서고련) ·
  동북고 민학
- 계간 《황해문화》 편집장 ·
  성공회대 문화대학원 겸임교수

고작 서른다섯 살에 죽은 남자에 대해 무슨 말을 할 수 있을까. 내 기억 속의 그는 시인 윤동주를 닮았다. 해맑게 잘 생겼고, 겸손했으며 누구보다 헌신적인 인간이었다. 그를 평생 잊을 수 없는 벗이자 동지로 여기지만, 나는 그가 바흐와 비틀즈 중 누구를 더 좋아했는지 알지 못한다. 그의 이름은 이창진, 닉네임은 이스크라(ISKRA)였다. 그와 처음 만났던 1987년, 우리는 고등학교 2학년생이었다.

대가리에 총 맞고 죽은 ×이 무슨 말을 해

나는 1970년생이다. 1979년 10월 27일 아침 신문에는 "박정희 대통령 서거, 전국에 비상계엄, 어제 저녁 7시 50분경 운명 차 경호실장 등 5명도 숨져"란 헤드라인과 함께 대통령의 영정 사진이 실려 있었다. 학교에 가기 위해선 기다란 실개천을 따라 걸어야 했는데, 늦가을에는 개천에서 물안개가 피어올랐다. 대통령이 죽은 직후의 일인지, 며칠 지난 후의 일이었는지 정확히 기억나지 않지만, 그날따라 아이들이 유난히 떠들었다. 평소 위인전을 열심히 읽었던 나는 대통령이라면 세상을 떠날 때조차 위인다운 한마디쯤은 유언으로 남겼으리라 생각해 "각하가 돌아가실 때도 우리 어린이들을 염려하셨는데 너희들이 이렇게 막 떠들면 되겠냐!"고 말했다. 그러자 평소 나를 싫어했음에 틀림없었을 한 녀석이 톡 튀어나와 얄밉게 한마디를 쏘아댔다.

"야! 대가리에 총 맞고 죽은 ×이 무슨 말을 해!"

그 순간, 아이들이 '와' 하고 웃었다. 이제는 얼굴도, 이름도 생각나지 않는 친구지만, 그때의 경험으로 아무리 좋은 의도여도 사실이 아닌 가르침은 금방 외면당한다는 사실을 깨우쳤다.

박정희에서 전두환으로 정권이 넘어가던 1979년 연말에서 1980년 1월 사이 할아버지와 아버지까지 연이어 돌아가셨다. 그 무렵 내가 살던 곳은 남한산성 자락이었다. 남한산성 아래 공수부대(특수전사령부)가 주둔해 있던 거여·마천동에서 국민학교 1학년이던 1977년부터 고등학교를 졸업한 1989년까지 살았다. 군부대 근처에 살았기 때문에 한밤중에도 시시때때로 콩 볶듯 하는 사격 연습소리가 심심찮게 들렸다. 10·26사건이 있던 해에 일어난 1979년 12·12쿠데타의 총성도 집에서 들었다. 내가 다니던 학교엔 공수부대에 근무하는 직업 군인 아버지를 둔 아이들이 많았다. 그들 덕분에 운동회 날에는 군부대 PX에서 궤짝으로 보내준 청량음료와 과자를 얻어먹었다. 집안 어른들은 부모 없는 내게 사관학교 진학이 살길이라는 조언을 자주 했고, 나 역시 그렇게 여겼다. 광주를 알기 전까지는.

너무 많은 걸 알려고 하지 마! 다쳐

1980년 5월 18일에 나는 국민학교 4학년 부반장이었다. 내 기억 속 첫 번째 광주는 1980년 5월의 어느 날, 한양대학교병원에서 만난 비상계엄으로 시작되었다. 입원한 담임교사의 병문안을 위해 학급 임원들과 함께 찾은 병원 입구에서 5·17비상계엄 확대조치°로 M-16 소총에 대검을 장착하고 서 있는 계엄군과 맞닥뜨렸다. 그리고 중학교 입학 직전 1982년부터 중·고등학생 교복과 두발 모양을 자율로 한다는 이른바 교복·두발 자율화 조치가 시행되었다. 교복·두발 자율화 조치는 광주학살 직후 국가보위비상대책위원회가 대학 졸업 정원제와 과외 전면 금지를 주요 내용으로 발표한 7·30 교육개혁조치에 이어 내려진 일종의 유화책이었다. 고등학교 2학년이던 1987년(1986년 2학기)부터 학교장 재량으로 결정하게 되어 이후 학년은 다시 교복을 입게 되었지만, 졸업까지 불과 1년 남았던 우리 학년은 교복을 입지 않았다. 우리는 교복이 감춰주었던 빈부격차를 숨길 수 없었던 세대이기도 했다.

내가 졸업한 보인중은 본래 종로구 내수동에 있다가 신흥 주거단지로 개발 중이던 현재의 송파구로 이전했다. 1980년대 초반만 하더라도 송파구 거여·마천동 일대는 비만 오면 진흙탕으로 변하는

° 전두환 신군부는 12·12쿠데타 성공 이후 1980년 5월 17일 24시를 기해 비상계엄을 전국으로 확대 실시했다. 계엄사령부는 모든 정치활동의 중지 및 옥내외 집회 시위의 금지, 언론 출판 보도 및 방송의 사전 검열, 각 대학의 휴교령, 직장 이탈 및 태업·파업의 금지 등의 조치를 취했다. 이로써 정치인의 손발을 묶고 학생과 기층 민중의 투쟁에 쐐기를 박은 데 이어 18일에는 김대중, 김종필 등 26명의 정치인을 학원·노사분규 선동과 권력형 부정축재 혐의로 연행하고 김영삼을 연금시키는 등 정치적 탄압을 감행했다. 2024년 12월 3일 윤석열 정권의 비상계엄 포고령 내용도 이와 흡사했다.

허허벌판이었다. 개발에 밀려난 사람들이 모여 살던 거친 곳이었기 때문인지, 당시 우리의 교육 현실이 그만큼 폭력적인 탓이었는지 몰라도 중학교에 진학해서는 거의 매일 맞았다. 교사마다 고유한 체벌 도구가 있었는데, 그중 최악은 축구부 감독을 겸한 체육 교사가 휘둘러대던 곡괭이 자루였다. 앞이 굵고 뒤로 갈수록 가늘어지는 곡괭이 자루는 체벌 도구가 아니라 살인 병기에 가까웠다. 중학교 3년 내내 반장에 학생회 간부까지 맡은 나름 모범생이었지만, 집단 체벌에는 예외가 없었다.

내 기억 속 두 번째 광주를 만난 것은 그 무렵이었다. 당시만 해도 주변에 고층 건물이 거의 없어서 학교 옥상에서 내려다보면 인근 가락동에 위치한 민정당 중앙정치연수원 건물 입구에 붙은 "이곳은 전두환 총재 각하의 구국의지와 평생 동지들의 애당심이 만나는 곳이다"라는 플래카드가 보였다. 1985년 11월 18일 월요일, 한 무리의 대학생들이 민정당 연수원을 점거했다. 그들은 "파쇼 헌법 철폐하고 군부독재 타도하자! 장기 집권 획책하는 전두환 일당 처단하자! 장기 집권 지원하는 미국 물러가라!"라는 구호를 외쳤다. 전투경찰과 백골단, 페퍼포그(pepper fog) 차량이 출동했고, 진압작전이 시작되자 화창한 가을바람을 타고, 지독한 최루탄 냄새가 교실까지 흘러들었다. 아이들은 쉬는 시간마다 옥상에 올라가 그날의 진귀한 풍경을 훔쳐보았다. 나도 그들 중 한 명이었지만, 도무지 이해할 수가 없었다. 우리는 대학 한번 가보겠다고 죽자고 공부를 하는데 정작 힘들게 대학에 가서 왜 저러는 걸까?

이 무렵엔 하루가 멀다고 각종 시국사건이 터졌고, 데모 뉴스가 신문과 방송을 채웠다. 어렴풋하게나마 그 모든 뉴스의 원인 중 하나가 광주, 어떤 이들에게는 '사태'이지만 어떤 이들에게는 '학살'이었던 '광주'가 있다는 사실을 알게 되었다. 누구도 가르쳐주지 않았지만, 느낄 수 있었다. 알고 싶었다. 어느 날 수업 직후 교실을 나가는 선생님을 뒤쫓아 광주에 대해 물었다. 대학을 갓 졸업하고 부임해온 사회 교사였다. 그는 잠시 고민을 하다가 고개를 낮추고 내 귀에 대고 작은 목소리로 말했다. 학교 근처 상가에 있는 중국음식점 이름을 알려주며 아무도 데려오지 말고, 이따가 너만 그리로 오라고. 간첩끼리 비밀스런 접선을 하듯 선생님 퇴근 시간에 맞추기 위해 한동안 학교 주변을 배회하다, 약속된 음식점으로 갔다. 선생님은 룸을 빌린 뒤 요리와 중국 술 한 병을 주문해 마시며 내게 광주에 대한 이야기와 충고를 해주었다. 충고의 내용은 '너무 많은 걸 알려고 하지 마! 다쳐'였을 것이다. 공교롭게도 그 무렵, 학교에는 광주에서 온 전라도 사투리를 쓰는 전학생이 있었다. 나는 그에게도 광주에 대해 물어봤다. 그는 내 손목을 잡아끌고 넓은 운동장을 가로질러 소각장 근처 그늘진 곳으로 데려갔다. 그는 자신이 겪었던 광주 이야기를 들려주며 눈물을 흘렸다. 쓰레기 태우는 연기 때문에 우는 것은 아니었다.

"네 가정환경, 잘 안다. 학교생활 잘하고 무사히 졸업하자"

광주만 문제가 된 것은 아니었다. 1986년 인근의 인문계 고등학교로 진학하면서 확연한 빈부격차와 내 처지를 새삼 자각할 만한 사건들이 연이어 벌어졌다. 내가 진학한 고등학교는 둔촌주공아파트와 1988년 서울 올림픽을 대비해 짓고 있던 올림픽선수촌아파트

인근의 동북고였다. 아침이면 올림픽선수촌아파트 신설 공사가 한창 진행 중인 모습을 바라보며 학교에 갔고, 저녁에는 올림픽 개막식이 열리는 잠실종합운동장에서 보일 수 있다는 이유로 철거되는 달동네를 바라보며 집에 갔다. 텔레비전을 켜면 매일 밤 아홉 시를 알리는 시보와 함께 "전두환 대통령은 오늘……"과 "88 올림픽"이란 말을 동시에 들을 수 있었다. 학교는 두 부류의 학생들로 명확히 구분되었다. 둔촌주공아파트에 살던 중산층 자녀들과 거여·마천동 출신으로 당시 표현을 빌리면 '거마골'이란 비하를 당하던 빈곤층 아이들이 한 반에서 공부했다. 교복이 없었기 때문에 학업 성적뿐만 아니라 입고 다니는 옷이나 신발, 도시락 반찬, 간식 등에서 두 그룹은 확연히 구분되었다.

고등학교에 진학하고 얼마 안 된 신학기 초 학생부장 교사가 교실로 찾아왔다. 수업이 한창 진행 중이었다. 교실 앞문이 드르륵 열렸다. 학생부장은 수업 중이던 동료 교사에게 가볍게 목례를 한 뒤 큰 소리로 "여기, 전성원이 누구야? 잠깐 나와 봐!"라고 말했다. 영문도 모른 채 복도로 끌려나간 내 어깨에 다정하게 손을 얹은 학생부장 교사가 말했다.

"네 가정환경, 잘 안다. 학교생활 조용히 잘하고 무사히 졸업하자."

그 말을 듣던 순간의 굴욕감은 지금도 생생하다. 중학교 시절 내내, 스스로 모범생이라 자부해왔지만, 학생 지도를 책임지는 교사 눈에 비친 나는 언제든 문제를 일으킬 수 있는 결손가정 출신 학생에 불과했다. 그가 생각했던 문제가 무엇이었는지 몰라도 이듬해부터 나는 실제로 문제아가 되었다.

중학생 때부터 백일장에서 곧잘 상을 받아 이웃 학교 문예반까지 글 좀 쓴다고 소문이 나 있었던 덕분인지, 학교 공부보다 문학이나 예술에 취미가 있는 조숙한 친구들이 주변에 모였다. 시나 음악을 좋아하는 친구들이었다. 그중 직접 기타를 연주하며 노래도 곧잘 부르던 이석연이라는 친구는 동대문 근처에 있는 교회를 다녔는데, 그 덕분에 학교 밖에서 벌어지는 시위 소식을 비롯해 나로서는 쉽게 접할 수 없었던 이슈들을 전해주곤 했다. 아마도 교회 선배들을 통해서 듣는 이야기를 옮기는 것 같았다. 우리는 쉬는 시간이면 가끔 학교 운동장 계단에 앉아 로트레아몽이나 랭보를 비롯해 온갖 잡스러운 이야기를 나누곤 했다.

2학년 무렵 음악 수업 시간에 수업 대신 정신교육을 실시한다며 평소엔 잘 쓰지도 않던 빔프로젝터를 켰다. 낯선 안보교육 강사가 들어와 난데없이 '삼민투의 이적성과 위험성'°이란 주제의 반공 안보교육을 실시했다. 사실 이 무렵 삼민투는 공안 당국의 압박을 받아 사실상 와해된 조직이었지만, 반공 드라마에 나오는 것처럼 그 강사는 조직도까지 보여주면서 대학에 가게 되거든 이런 조직의 포섭에 넘어가지 말라는 내용을 연설했다. 강연에 집중하는 학생들은 별로 없었다. 입시에 열중하는 아이들은 어두컴컴한 조명 아래 단어장을 펴놓고 있었고, 나와 그 주변 친구들은 강사 이야기보다 영상에 등장하는 "광주학살 책임지고 미국은 공개 사과하라"라는 현수막 내용에 주목했다. 이 무렵 나를 비롯한 몇몇 친구들은 국사 교

°　삼민투란 1985년 2월 총선에서 야당인 신한민주당이 승리하면서 전국학생연합(전학련)의 하부조직으로 출현한 '민족통일민주쟁취민중해방삼민투쟁위원회(삼민투)'를 말한다. 이들은 '민족통일, 민주쟁취, 민중해방'이란 이른바 삼민 이념을 앞세워 급진적 정치투쟁을 전개하는 한편 서울 미문화원을 점거하기도 했다.

과서 뒤에 《다시 쓰는 한국현대사》나 《한국민중사》 같은 책들을 펼쳐놓고 읽었다. 이런 책은 가지고 있는 것을 들키기만 해도 퇴학이란 흉흉한 소문이 돌았지만, 학교 근처 서점에서 누구나 쉽게 구할 수 있었다. 5·16을 쿠데타가 아닌 '혁명'이라고 가르치는 교과서에서는 더 이상 배울 것이 없다고 생각했다. 교사들은 감히 쿠데타라고 말하지 못했다.

반공 안보교육 강의를 받고 얼마 지나지 않아 내가 다니던 성당에서 롤랑 조페 감독의 영화 〈미션(The Mission)〉 상영회를 한다는 공지가 나붙었는데, 영화 상영은 명분이고 실은 천주교정의구현사제단 소속 주임신부님이 광주 비디오를 상영할 계획이란 소문이 돌았다. 영화가 끝나자 어른들이 아이들을 내보냈지만, 나는 나가지 않고 남아서 이른바 '광주 비디오'를 처음 봤다. 독일의 외신 기자 위르겐 힌츠페터가 목숨을 걸고 촬영한 영상을 중심으로 독일 ZDF, 일본 NHK 등 여러 해외 뉴스를 편집한 다큐멘터리였다. 도청 진압작전이 끝난 뒤 계엄군 병사가 양동이 물을 전남도청 계단에 뿌리자 붉은 핏물이 계단을 타고 흘러내려갔다. 한동안 꿈마다 광주 '학살'이 보였다. 안보강연과 광주 비디오를 본 뒤 석연과 함께 운동장 구석에 앉아 이야기를 나누던 중 '너도 봤냐'며 광주 이야기가 나왔다. 그가 갑자기 목소리를 낮추더니 전두환 정권을 타도하기 위해서는 무장봉기가 필요하다며 그날이 오면 나랑 예비군 무기고를 털자고 했다. 나는 "야, 이 미친놈, 한번 해볼까?"라고 답해놓고도 동시에 깔깔깔 웃었다. 그 무렵, 교련 시간에 우리는 노리쇠가 없는 M1 개런드 소총 분해결합으로 중간고사를 치렀다.

책상을 '탁' 치니 '억' 하고 죽었다

고등학교 2학년, 1987년의 봄은 벽두부터 심상치 않았다. 대학생 박종철이 불법 체포되어 서울 용산 남영동 대공분실로 끌려가 조사를 받던 중 "책상을 '탁' 치니 '억' 하고 죽었다"는 뉴스를 접했다.° 당시 정호용 내무부 장관은 "사람이 사람을 어떻게 때리느냐"라며 고문이 있었다는 사실 자체를 부인했다. 그는 광주민주화운동 당시 특전사령관으로 민중 학살의 책임자 중 하나였다. 이런 판국이니 정부 발표나 뉴스를 믿는 사람은 거의 없었다. 박종철 열사의 죽음 이전에도 전두환 정권의 '녹화사업'°° 같은 비인권적 행위로 인한 군 의문사 같은 사건들이 벌어졌다. 이런 사건들을 접하면서 무도한 군사독재 정권과 싸우기 위해서 어떤 일이라도 해야겠다는 생각이 들었다. 먼저 조직이 필요했다. 교내 조직은 공개조직과 비공개(언더)조직으로 구성되었다. 대외적으로 누가 보더라도 문제없는 동아리 모임 같은 활동을 하는 공개조직과 달리, 비공개(언더)조직은

° 전두환 정권 말기였던 1987년 1월 14일, 경찰은 서울대 언어학과 학생 박종철을 불법 체포해 고문하다가 사망케 했다. 대통령을 체육관이 아니라 국민이 직접 뽑는 직선제 개헌을 해야 한다는 국민적 요구가 거세게 분출되던 1987년 1월 16일, 치안본부장은 경찰에서 조사를 받던 서울대 학생 박종철의 죽음에 대해 이같이 설명했다. 이 사건은 공안 당국의 조직적인 은폐 시도에도 불구하고 그 진상이 폭로되어 1987년 6월항쟁의 주요 계기가 되었다.

°° 녹화사업은 1982년 9월부터 1984년 12월까지 학생운동 전력자 등을 대상으로 '순화(純化)' 업무를 강압적으로 실시하고 학원 동향 파악을 목적으로 프락치 활동을 강요한 행위이다. 강제징집된 학생운동 관련자뿐만 아니라 정상 입대자나 관련 민간인들까지도 조사 대상이 되었으며, 강제징집자 921명을 포함해 3,000여 명에 대해 녹화사업을 실시한 것으로 추정되며, 이 과정에서 6명이 사망했다. 김정우, 〈군사정권 '강제징집' 기밀자료 최초 공개〉, 《뉴스투데이》, 2023년 5월 16일, https://imnews.imbc.com/replay/2023/nwtoday/article/6484017_36207.html.

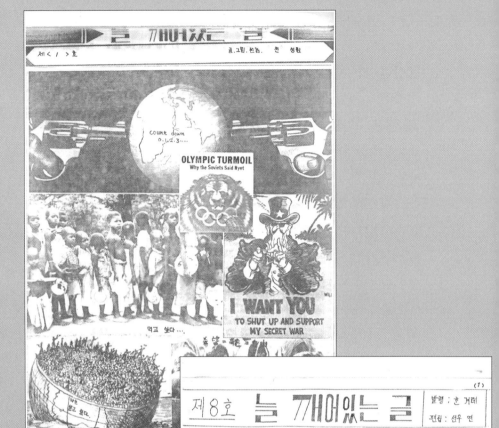

↑   《늘 깨어있는 글》1호

→   《늘 깨어있는 글》8호

탄압을 피하기 위해 활동 내용이나 조직 구성원을 비공개로 만들었다. 당시엔 나름 비장했지만, 돌아보면 어차피 활동을 하는 이들은 소수였기 때문에 공개조직이나 비공개조직에 있는 이들이나 모두 같은 인물들이었다.

교내 동아리로 정식 인가를 받지는 못했지만, 공개조직은 '한겨레°'란 이름으로 활동했다. 이 모임은 내가 개인적으로 만들던 《늘 깨어있는 글》이라는 언더잡지 발간에 뜻을 같이하는 후배들 몇몇이 모여서 만든 조직이었다. 한 달에 두 번, 첫째 주와 셋째 주 토요일마다 정기적으로 모여 주로 문학, 역사, 정치 관련 책을 읽고 토론을 했다. 이외에도 교회나 성당, 카페 같은 곳을 빌려 창작 시 발표회, 교내 대동제 기획 등 여러 행사를 했지만, 가장 두드러진 활동은 부정기 무크지인 《깨어있는 글》을 발간하는 것이었다. 전체 8쪽 내외의 간행물이었고, 주로 함께 읽고 토론했던 시(詩) 등의 작품 감상평, 창작 시나 소설, 학생회장 직선제 이슈 등 학내민주화와 관련한 내용 등을 다뤘다. 컴퓨터가 대중화되기 전이었기 때문에 일일이 손으로 글씨를 쓰거나, 그림을 그려 붙이는 형태로 원본을 만들어 학교 앞 문방구나 복사집에서 한 부씩 복사한 뒤 스테이플러로 일일이 중철 제본했다. 매호 제작비는 한 부에 몇백 원씩 돈을 받고 학생들에게 팔거나 선배, 교사를 찾아가 후원금을 거둬 충당했다. 나중에는 제법 규모가 커져서 한 호당 몇백 부씩 찍어 인근 학교까지 전달했는데, 이때 비용을 후원해준 교사 중 상당수가 전교조 문제로 해직되었다.

°   신문 《한겨레》는 내가 고등학교 3학년이던 1988년 5월 15일에 창간됐고, '한겨레 모임'은 1987년 6월에 만들어졌다.

당시엔 무크지 발행이 문제가 될 만한 행동이라 여기지 않았기 때문에 공개적으로 진행했지만, 나중에야 이것이 위험천만한 일이었다는 것을 알게 되었다. 불과 두 해 전이던 1985년 5월 《민중교육》 사건이 있었다. YMCA중등교육자협회 회원들과 문인 출신 교사들이 모여 당시 교육의 문제점에 대해 비판적으로 토론하고, 관련 글을 묶어 무크지 형태로 펴낸 것이 《민중교육》이었는데, 공안 당국이 이를 좌경용공의 이적표현물이라 하여 관련 교사 가운데 10명이 파면되고, 7명이 강제사직당했다. 이 가운데 교사 김진경, 윤재철을 비롯해 잡지를 출간한 실천문학사의 송기원 주간이 국가보안법 위반 혐의로 구속되었다. 이런 분위기에서 순진한(?) 고등학생들이 공개적으로 토론회를 개최하고, 잡지 형태의 발간물을 출간하는 겁 없는 짓을 1987년부터 1988년까지 여덟 차례 했다.

1987년 명동성당에서 열렸던 5·10교육민주화 선언 1주년 시위를 비롯해 이 시기부터 고등학생 일부가 시위에 결합하고 있다는 소식이 자연스럽게 들려오기 시작했다. 나 역시 일부 시위 현장에 참여했다. 그런 와중에 개별적으로 또는 소그룹으로 참여해 서로를 알아보고 마음을 맞춰가는 과정이 있었지만, 처음부터 조직화된 움직임이 아니라 현장에서 우연히 만나는 과정들이 쌓여가며 분위기가 자연스럽게 무르익고 있었다. 무엇보다 흥사단고등학생아카데미(이하 '홍고아'), 가톨릭학생회, 기독교학생회처럼 전국조직 형태의 단체들이 있었다. 특히 서울 대학로에 본부가 있던 홍고아에서는 서울 여러 지역의 고교생들이 풍물 연습이나 다양한 행사들을 통해 정기적인 만남을 이어갈 수 있었고, 이들 중 일부는 대학생 선배들을 통해 나름대로 의식화 학습이나 영향을 받을 수도 있었다. 그러나 나를 비롯한 학생 대부분은 그 같은 연고나 인맥이 없었고, 실제로 그런 단체에 속한 경우라도 대학생 선배가 고교 후배들을 적극적으로 끌어들이거나 학습으로 이끄는 경우는 드물었다. 당시 시대상황이나 학교 분위기가 누구라도 시국에 관심을 가지지 않을 수 없을 만큼 폭압적이었기 때문에 도리어 고교 후배들이 대학생 의식화 학습 커리큘럼을 확보해 스스로 의식화 학습의 길을 걸었다.

1987년 5월 18일, 광주민주화운동 7주기 추도미사 중 천주교정의구현전국사제단 소속 김승훈 신부가 박종철 고문치사 사건의 진상이 조작되었음을 만천하에 폭로하는 사건이 벌어졌다. 이를 계기로 전국의 대학가를 비롯해 여러 현장에서 대규모 시위가 전개되기 시작했다. 그 와중이던 6월 9일 연세대에서 이한열 열사가 경찰이 쏜 최루탄에 맞아 의식불명되는 사건이 벌어졌다. 1987년 6·10항쟁이 있던 날은 수요일이었는데, 우리는 교실에 갇혀 밤 10시까지 자율학습을 했다. 일부 아이들은 학교를 빠져나가 도심 시위에 함께 참여했다지만, 대부분 개인적 차원의 참여였을 뿐이었다. 4·19혁명은 학생들이 주체가 되어 이끌었다고 하는데, 우리는 어째서 이런 날 교실에 갇혀 있어야 하느냐고 울분을 토로하기도 했다. 이런 사건들을 경험 삼아 다시 한번 6·10항쟁과 같은 날이 온다면, 우리도 닫힌 교실 문을 열고 학생 대중을 앞장서 이끌 수 있는 전위조직이 필요하다는 생각을 품게 되었다. 이런 과정을 통해 자연스럽게 직선제 학생회 건설 등 학내민주화운동이 사회민주화와 긴밀하게 연결되어 있다고 생각하게 되었다.

한겨레 모임을 함께하는 친구들과 더불어 그런 고민 끝에 만들어진 교내 비공개조직이 민중학생민족동맹단이었는데, 이를 줄여 '민학'이라고 불렀다. 조직을 결성하면서 "힘은 힘을 지배할 수 있으되, 결단코 사람을 지배할 수 없음을 밝히노라. 힘 아래에 대다수 민중이 있고, 그 힘 위에 소수의 지배자가 힘을 갖지 못한 민중들을 억압하는 것이니 이에 우리는 힘으로써 민중해방을 선언하노라"라는 결성선언문을 작성했다. 민학이 가장 역점을 두어 추진했던 일은 1987년 학생회 직선제 쟁취였다. 87년 6월항쟁과 7·8·9월 노동자대투쟁 등 사회 여러 분야에서 민주화운동이 전개되었고, 이런 분위기 속에서 고등학교를 중심으로 학내민주화와 교육민주화를 목표로 활동하는 학생과 조직들이 생겨났다. 동북고의 경우에는 동아리연합회를 중심으로 이를 추진했다. 교내 분위기가 변하면서 1989년에 출범하는 전국교직원노동조합(이하 '전교조')의 전신인 민주교육추진 전국교사협의회(이하 '전교협')° 소속 교사들도 눈에 띄기 시작했다.

1987년 6월항쟁의 주된 요구가 '직선제 쟁취'였기 때문에 우리의 구호 역시 '대통령부터 학생회장까지 직선제로'였다. 6월항쟁 이전이었다면, 대뜸 학생의 따귀부터 갈겼을 폭력적 성향의 교사들도 바뀐 시대 분위기에 따라 주춤거렸다. 부천서 성고문 사건을 일으킨 문귀동이나 박종철 열사를 죽게 만든 경찰들이 더 이상 권력의 비호를 받을 수 없었고, 마침내 처벌받았다는 사실은 그런 의미에

° 훗날 내가 고교를 졸업하고 공장과 막노동판을 전전하던 시기였던 1989년 전교 조가 출범했지만, 전교협은 1987년 9월 27일 서울 한신대 도서관 앞 잔디밭에서 전국의 200여 명의 교사가 참여해 '교장·교감 임기제로 학교민주화 이룩하자' '학생교육 책임져서 민족장래 보장하자' '교육악법 철폐하고 민주교육법 쟁취하자' '교육회비 거부하여 교사권리 바로 찾자' '30만 교사 단결하여 교육민주화 이룩하자' 등의 슬로건을 내걸고 발족했다. 1989년 전교조 출범 당시 동북고는 신문과 방송에 나올 만큼 전교조 소속 교사가 많았고, 교사의 출근투쟁에 맞춰 학생의 호응도 뜨거웠다. 하지만 해직교사 명단을 보며 저분들도 그런 뜻을 가지고 있었던가 싶을 만큼 평소 교실에서는 도리어 보수적인 느낌이었던 교사들도 일부 있었다. 반대로 전교조에 참여하지 않은 교사 중에서도 학내민주화 문제에 호응해 학생회 직선제 선출에 우호적인 교사들도 있었다.

서도 매우 중요했다. 이제는 누구에게도 손쉽게 '빨갱이'라거나 '용 공좌경'이란 말만으로 입을 닫게 만들 수 없었고, 학생에게 함부로 손찌검하는 교사를 두고 학생들은 침묵하거나 참지 않았다. 학생들 의 계속되는 요구로 마침내 학생과 교사가 함께하는 학생회 직선제 논의를 위한 공청회가 개최되었지만, 교장과 교감은 물론 학생 주 임 같은 교사들은 아예 참여도 하지 않았다. 아마도 자리를 피하고 싶었거나 책임을 모면하고 싶었을 것이다. 학생부 소속 몇몇 젊은 교사들이 참여했지만, 워낙 집요하게 따지고 드는 학생들의 기세에 눌려 공청회는 파행되고 말았다. 그 와중에 교사가 학생을 손찌검 하는 폭력 사건이 벌어졌지만, 이전과 달리 교사가 폭력을 행사한 것에 대해 먼저 사과했다. 출마 자격에 성적 제한을 비롯한 여러 제 약 조건이 달렸지만, 결국 학생회 직선제 요구가 관철되었다. 우리 는 1987년 2학기부터 직선제 학생회를 출범시킬 수 있었다.

악이 드러내놓고 선을 가장하고, 선이 악에게 패배한 날

1987년 11월 5일 목요일, 학력고사 D-382일. 이날은 직선제 학생 회가 선출되면서 오랫동안 나오지 않았던 교지를 복간하기로 결정 하고 내가 교지편집위원회 일을 맡아보기로 한 날이었다. 전날 밤 나는 신일고 문예부장이란 친구에게 전화를 받았다. 11월 8일 일요 일, 한강 고수부지에서 신일고 문예부가 주최하고 서울 지역 여러 고등학교 문예부 학생이 참여하는 연합백일장 대회가 개최될 예정 이니 주변 친구들과 함께 참석해달라는 요청이었다. 학생회 직선제 같은 큰 사안을 진행한 직후라 함께 활동했던 친구들과 가벼운 소풍이라도 가자는 마음으로 나갔던 백일장에는 이미 여러 학교 학생들이 나와 있었다.

그날 신일고 문예부장 이창진을 처음 만났다. 당일 백일장 수상자까지 선정된 행사였는데 내가 산문부 장원을 해서, 송기숙 장편소설《자랏골의 비가》를 상품으로 받았다. 처음 만난 창진은 선한 인상에 부드러운 미소가 자연스러운 아이였지만, 한눈에도 심지가 굳은 사람이란 걸 느낄 수 있었다. 누군가를 보고 첫눈에 반한다는 것이 아마도 그런 느낌이었을까. 그는 나와 동갑내기란 사실이 믿기지 않을 만큼 겸손하고, 의젓했다. 당시 신일고에는 1989년 전교조 출범을 주도한 이수호 선생이 국어 교사로 일하고 있었다. 행사가 끝난 뒤 창진이를 비롯해 여러 친구와 당시 시국을 포함해 꽤 여러 이야기를 나눴고, 그날 이후 수차례 모임을 가졌다. 우리는 대선 정국에 맞춰 고등학생 중심의 시국행사를 치르기로 결정했다. 사실 이 행사는 서울지역고등학생연합(이하 '서고련')의 출범을 위한 일종의 예비 모임이었지만, 나는 그날의 일기 끄트머리에 "내일부터는 정신 차리고 공부에 몰두해야겠다"라고 썼다. 내일도, 모레도 앞으로 오랫동안 입시를 위한 공부는 할 수 없게 될 거란 사실을 그때는 미처 몰랐다.

1987년 12월 16일엔 10월 유신 이후 최초로 대통령 직선제 선거가 치러질 예정이었다. 우리는 12월 16일 대통령 선거를 전후하여 12월 24일 자체 해산할 때까지 명동성당 시위를 진행했다. 시위를 준비하기 위한 연합백일장 이후 한 달 남짓한 기간 동안 서울 시내의 몇몇 대학과 대학로 등에서 몇 차례 비밀회합이 열렸다. 12월 12일 동국대 학생회 사무실에서 열린 비밀회합에서 우리는 누가 대통령에 당선되든 서고련 이름으로 명동성당에서 '공정한 대통령 선거와 교육민주화'를 주장하는 농성시위를 하기로 결정했다. 당시 서고련에 참여한 이들은 대부분 당시 고등학교 2학년생들로, 의장을 맡은 서초고의 전운혁을 비롯해 계성여고, 동북고, 동성고, 면목고, 문일고, 성동고, 송곡여고, 신일고, 용산고, 진선여고, 청량고 등이 참여했다. 나는 명동성당 농성시위를 외곽에서 선전·지원하는 한편, 이들이 침탈당하면 이후 조직을 재건하고 지도하는 책임을 맡았다.

어느 날엔가 회합이 끝나고 거리에 나오자 한편에서는 평민당 김대중 후보, 다른 한편에서는 민중후보 백기완의 선거 유세가 있었다. 그 무렵엔 학교 안팎으로 사람들이 모이기만 하면, 비판적 지지, 후보 단일화, 민중후보 추대를 두고 토론을 벌이고 갈등했다. 우리 역시 교실에서 서로 지지하는 후보와 노선을 두고 다툼을 벌이고 토론했지만, 선거권이 없었다. 당시 우리는 틀림없이 부정선거가 획책될 것이고, 노태우 후보가 당선되면 민중의 거센 반발에 맞닥뜨리게 될 것이라 예측했다. 그렇게 되면 6월항쟁보다 더욱 거센 대규모 항쟁이 벌어질 것이고, 군부 세력은 어쩔 수 없이 계엄령 또는 최소한 위수령 정도의 비상대책으로 맞서게 될 것이라 전망했다. 서로를 개인적으로 잘 알지도 못한 채 급작스럽게 시작하게 된 시위였지만, 1980년 서울역 회군°이나 1987년 6·29선언°°을 반복할

° 서울역 회군이란 1980년 5월 15일 10만 명 이상의 시민과 대학생들이 계엄 철폐를 외치며 서울역 광장에서 시위를 이어가다 군부대 투입 및 유혈사태의 우려를 들어 스스로 해산한 사건을 말한다. 이들이 의도한 것은 아니었으나, 5·18 광주 시민들이 계엄군과 외롭게 맞서게 되는 결과를 빚었다.

°° 6·29선언은 1987년 6월 29일 대통령 후보였던 노태우 민주정의당 대표위원이 당시 국민들의 민주화와 직선제 개헌 요구를 받아들여 발표한 시국 수습을 위한

애국학우 여러분께 !

  학우 여러분 !
십여년을 받아 온 우리의 교육은 우리의 두눈을
가리는 일에 지나지 않았읍니다. 우리는 언제
까지 교실의 창을 가린 채 잠자고 있어야만
합니까?
  학우여. 이제는 잠을 깹시다.
6·29의 기만에 이은 부정선거를 이용하여 군
부를 연장하려는 전 - 노정권을 타도합시다. 우리
의 가슴에 피어나는 애국과 정의를 외칩시다.
우리의 힘을 모아 민주교육과 군부타도를 위해
명동성당으로 집결합시다.

  ○ 일시 : 분단조국 43년 12월 19일 토요일
            오후 2시

  ○ 장소 : 명동성당

  ○ 주최 : 서울지역 고등학생연합

   분단교육 철폐하고 해방교육 쟁취하자 !!!

서고련 명동성당 농성시위 전단

수 없다고 생각했다. 우리는 광주의 전남도청을 지킨 이들이 그러했던 것처럼 우리의 피로 그런 일이 재연되는 것을 막고, 이 땅의 민주주의를 위한 희생제물이 되겠다는 비장한 결심을 품었다.

대통령 선거일 직전부터 우리는 서고련 이름으로 '교육민주화와 공정한 대통령 선거'를 주장하며 명동성당 농성시위에 들어갔다. 4·19 이후 고등학생이 중심이 되어 벌인 최초의 민주화운동이었다. 그러나 아무도 주목하지 않았다. 선거 개표가 진행되던 날 밤, 나는 명동성당에 있었다. 그때 구로구청 개표장에서 왔다는 '국본'° 소속 청년이 눈물을 흘리며 "구로구청에서 부정선거가 자행되었고, 지금 경찰이 살인적인 폭력진압을 벌여서 사람들이 다 죽게 생겼다"며 울부짖었다. 구로구청 부정선거 항의 점거농성 사건이었다.°°

다음 날 신문에는 "노태우 후보 당선 확실시, 전국서 고른 득표

특별 선언이다. 이 선언은 국민들에게 승리감과 민주화에 대한 기대감을 북돋았으나, 12·12쿠데타 세력에게 합법적 정권 연장의 기회가 되었다.

° 민주헌법쟁취국민운동본부(이하 '국본')는 1987년 5월 27일, 민주통일민중운동연합(민통련)과 당시 야당인 통일민주당이 주축이 되어 각 사회운동 세력과 종교계, 학생운동 조직 등이 광범위하게 연합하여 결성한 정치·사회단체로 건국 이후 결성된 최대 규모의 반독재 연합전선이었다. 국본은 6월항쟁을 주도적으로 이끌었고 민주화 세력을 결집시키는 정치적 구심체 역할을 했다.

°° 구로구청 부정선거 항의점거농성 사건은 1987년 12월 16일 대한민국 제13대 대통령 선거가 진행되던 중, 구로구을 선거구에서 부정선거 정황 의혹을 감지한 시민과 학생 수천 명이 투표 장소인 구로구청을 점거하고 1987년 12월 20일까지 사흘간 항의 농성을 벌인 사건을 말한다. 12월 16일 선거 당일, 개표소로 옮겨지던 이 투표함을 일부 야당 지지자들이 부정투표 용지가 들어 있다며 의혹을 제기한 뒤 탈취했다. 사건이 벌어진 지 29년이 지난 2016년 7월 14일, 중앙선거관리위원회는 한국정치학회 소속 학자들이 참석한 가운데 당시 문제가 되었던 서울 구로구을 선거구 부재자 우편투표함을 개봉했다. 구로구 전체 개표결과와 현저한 차이를 보였지만, 선관위는 "투표 자체가 조작되거나 위조되지는 않았지만 13대 대선의 군부재자 투표가 온전히 민주적으로 시행되지 못했다"는 결론을 내렸다.

선 언 문

진리를 탐구하고 정의를 추구할 대한민국의 아들 딸들은 독재의 교육탄압과 왜곡된 역사의식 속에 길들여지고 있습니다. 나라를 사랑하고 민족의 역사를 역행하지 않으려는 젊은이의 혈기와 용기와 다짐은 오천년 유구한 역사가 군화발아래 짓밟히는 것을 원하지 않으며 자유로운 의지의 실현을 이루고자, 이에 우리 고고생들은 민주, 민족, 평화, 자유를 열망하는 대다수의 불이익을 감당해온 국민과 애국— 민주학우 앞에 군정에 대항하여 투쟁할 것을 선언합니다.

우리의 현실은 우리에게 실천과 행동을 요구하고 있읍니다. 개선이 아닌 근본적 개혁과 혁명이 필요합니다.

집권층의 도구로 휘둘러진 반공 이데올로기를 거부하며 진정한 교육의 민주화를 이룰 것을 또한 선언합니다. 이것은 보다 창조적 개척적인 정신과 행동으로 조국의 앞날을 밝혀갈 우리에게 꼭 필요하며 그렇기에 필히 쟁취해야 함 또한 주지의 사실이기 때문입니다.

분단 43년의 조국을 영원한 분단으로 고착시켜 부당한 이익을 얻고자 획책하는 집권층과 그들과 동조해온 미제와 그 아래 모든 동조세력들을 그들의죄과 대로 응징해야 하는 것은 우리 모두가 알고 있는 사실입니다. 그러므로 우리는 분단조국 43년 12월 19일 오늘을 기점으로 자발적이고도 지극히 민주적인 애국 고고생의 투쟁을 전개하는 것입니다.

3 1운동과 광주학생운동과 4 19혁명의 주체가 또한 불꽃이 우리 고등학생이었음을 극명하며 민족의 염원인 민주화의 횃불이 또 다시 꺼지려는 이때 우리는 다시 한번 굽히지않는 투쟁의 맥을 이어나갈 것을 군부와 그의 하수인들에게 고하며 온 국민과 민주학우 앞에 알리는 바입니다.

학우여 !

비민주적 교육제도 속에서 상실된 우리의 시간과 의지와 소망을 회복하고 진정한 주체로 서의 입장을 회복하기 위해서라도 우리는 기필코 승리하여야 할 것입니다.

진정코 죽으면 살리니 학우여, 끓는 가슴으로 이땅에 한줌 민주의 씨앗을 뿌리고 갑시다. 쓰러지지 않을 민주의 횃불을 환히 밝히고 갑시다.

학우여, 죽으면 살리라 !

노태우를 당선시킨 기성세대 각성하라 ! ! !
군부독재 타도하여 민주교육 쟁취하자 ! ! !
백만학도 단결했다 군부독재 각오하라 ! ! !

서 울 지 역 고 등 학 생 연 합 회

서고련 출범 선언문

시종 선두"란 기사가 실렸다. 16년 만에 부활한 대통령 직선제 선거에서 광주학살의 원흉이던 전두환의 동지이자 후계자였던 민정당 노태우 후보가 89.2퍼센트의 투표율 중 36.6퍼센트, 828만 2,738표를 얻어 대통령이 되었다. 소설가 조세희 선생은 1987년 12월의 그날을 "악이 드러내놓고 선을 가장하고, 선이 악에게 패배한 날"이라 했다. 우리는 서로 얼싸안고 울었다.

12월 19일 오후, 명동성당에 300여 명의 고등학생이 모여들었다. 그날 우리는 서고련 출범 선언문을 낭독했다.

"진리를 탐구하고 정의를 추구할 대한민국의 아들·딸들은 독재의 왜곡된 교육과 의식 속에 길들여 있습니다. 나라를 사랑하고 민족의 역사를 역행하지 않으려는 젊은이의 혈기와 다짐은 오천년 유구한 역사가 군홧발 아래 짓밟히는 것을 원치 않으며 (중략) 진정코 죽으면 살리니 학우여. 끓는 가슴으로 일어나 이 땅에 한줌 민주의 씨앗을 뿌리고 갑시다. 쓰러지지 않을 민주의 횃불을 환히 밝히고 갑시다. 학우여, 죽으면 살리라!"

선언문 낭독이 끝나고 비장한 목소리로 입을 맞춰 "노태우를 당선시킨 기성세대 각성하라! 군부독재 타도하여 민주교육 쟁취하자! 백만학도 단결했다 군부독재 각오하라!"를 외쳤다. 하지만 우리의 싸움은 언론에 단 한 줄도 보도되지 않았다. 당시 서고련 시위는 치밀하게 기획된 것도 아니었고, 참여자 간에 생각이나 의지의 차이도 있었다. 몇몇 아이들은 어떻게 소식을 듣고 왔는지 성당으로 달려온 부모님 손에 곧장 끌려나갔다.

그런 일들과 상관없이 나는 맡은 역할과 의무를 다하기 위해 노력했다. 도움을 받을 수 있을 것이라 생각한 선생님들을 만나 지원을 요청했다. 지원받은 후원금을 모아 농성조에게 먹을 것을 사서 전하거나, 전단 인쇄비를 충당했다. 당시 명동성당 일대에는 경찰병력이 상주하고 있었기 때문에 몰래 계성여고나 가톨릭회관 쪽으로 우회해 서울 곳곳에 전단을 뿌렸다. 버스 환기창에 전단을 올려놓고 버스가 출발하면 바람에 날려 흩날리게 하거나 인근 영락교회 같은 곳에 들어가 몰래 전단을 뿌렸다. 밤에 아무도 없는 학교 교실에 들어가 책상마다 전단을 두고 나오기도 했다. 그러나 다음 날이면 농성 중이던 아이들이 하나둘씩 사라지고 없었다. 12·12쿠데타의 주동자이자 광주학살의 원흉을 대통령으로 뽑아놓고도 아무렇지 않게 돌아가는 세상이 놀라웠다. 이토록 조용할 수가 있다니 우리가 대통령 선거나 한번 해보자고 그렇게 싸워왔던가 하는 마음이 들었다. 1987년 6월항쟁이, 7·8·9월 노동자대투쟁이 있었기에 더욱 놀라웠다. 남겨진 우리는 외로웠지만, 바깥의 일상은 평온했다.

12·12쿠데타를 성공시킨 뒤 그랬던 것처럼, 이번엔 군복 대신 양복으로 갈아입은 사람들이 떡시루에 막걸리잔을 돌리며 "위대한 보통사람들의 시대가 열렸다"며 자축했다. 크리스마스가 다가오면서 성당 측에서도 이제 나가줬으면 하는 눈치를 줬다. 12월 24일, 명동성당 농성을 풀면서 우리는 작은 양초 하나씩을 들고 입에는 엑스자를 붙인 마스크를 쓰고 명동성당을 나섰다. 채 100미터도 되지 않는 성당 계단을 내려오면서 우리는 비참했다. 때마침 하늘에선 눈이 내렸다. 크리스마스트리 알전구가 반짝이고, 목도리와 털장갑, 그리고 무관심으로 무장한 사람들이 다정하게 걸어갔다. 이곳저곳 구세군 자선냄비 종이 울렸다. 차가운 성당 마룻바닥에서 며칠 밤을 지새운 아이들은 성당을 벗어나자 촛불을 끄고 인파들

사이로 사라졌다가 충무로 인쇄골목 쪽에서 재집결하기로 했다. 크리스마스이브라 방을 구하기 어려웠지만, 뒷골목 허름한 여관 꼭대기 창고 방에 모여 앉아 어떤 아이는 술을 마셨고, 어떤 아이는 울었고, 어떤 아이들은 서로에게 화를 냈다.

운동은 짧고, 인생은 기니까

그로부터 오래 슬펐지만, 무엇보다 나는 차가워졌다. 명동성당 시위를 마무리 지으며 나는 인간이란 설령 그것이 유보된 정의이거나 파묻힌 진실이라도 자신에게 직접적인 이득이 되거나 해가 되지 않으면, 그걸 내 일처럼 생각하지 않는다는 깨달음을 얻었다. 세상은 비정한 것이었다. 다음 날 새벽, 여관을 나서며 우리는 훗날을 도모하지 않았다. 일단은 각자 몸을 피하기로 했다. 경찰에서 망원을 이용해 채증 촬영을 모두 마친 뒤였다. 나는 동북고 김진욱 선생님께 연락을 드렸다. 사전에 전화 통화를 할 일이 있으면, 가명으로 연락을 취하기로 했다. 선생님께 돈을 얻어 며칠간 연립 지하창고에 은신처를 마련해 지냈다. 좁다란 창문으로 바깥 상황을 살피며 고립되어 지내는 동안 죽고 싶었다. 깨어 있으면 매 순간이 괴로웠다. 변한 것은 아무것도 없는데, '책상을 탁 치니 억 하고 죽었다'는 거짓말을 일삼던 자들이 권력을 그대로 이어받았는데, 어떻게 아무 일도 일어나지 않을 수 있는지 가늠조차 할 수 없었다.

나는 산 자와 죽은 자 사이의 경계에 서 있는 느낌이었다. 저들이 살아서 이 세상을 즐기며 살아간다면 나는 이미 죽어 없어진 자였다. 저들 사이에서 나 같은 인간은 보이지도 않는 유령이었을 것이다. 살아도 산 것처럼 느껴지지 않았다. 아직 고등학교에 다니던 10대 소년에 불과했던 내 마음이 속절없이 무너졌다. 세상은 변화 가능하다는 혁명적 낙관주의는커녕 인간에 대한 믿음마저 설 자리가 없었다. 온통 허물어진 자리였다.

그때 창진이 나를 찾아왔다. 그와 무슨 이야기를 나눴는지 거의 기억나지 않지만, 그는 세상에 대한 혐오와 농성시위에 함께 참여한 아이들에 대해 가시 돋친 말들을 토해내던 내 이야기를 빠짐없이 들어주었다. 나는 서고련에 함께했던 같은 학교 친구들은 물론 그곳에서 처음 만난 이들에게도 많이 실망했다. 당시 열일곱에 불과했던 나로서는 감당하기 어려운 일들이었다. 고교생 특유의 허세와 과장이 있었고, 여러 학교가 참여했기 때문에 자기가 속한 학교, 조직, 친구들에 대한 특유의 애착으로 빚어지는 문제들도 있었다. 때로 당장 눈앞에서 해결해야만 하는 작은 일에 대해서는 회피하면서도 안전한 농성장 안에서 앞으로의 활동 방향이나 노선에 대해 거창하지만 알맹이 없는 논쟁을 즐기는 모습도 있었다. 그런가 하면 별 생각 없이 친구를 따라온 것인지 시위와 서고련 활동을 대놓고 부정하던 아이들도 있었다. 그는 내 말을 다 듣고 난 뒤에도 변함없는 자세와 태도로 나를 위로하며, 자신이 품고 있는 운동에 대한 전망을 들려주었다. 우리 두 사람은 해가 진 달동네 언덕에 올라 꽤 오래 대화를 나눴다. 분명 그의 속도 나만큼이나 쓰라렸을 텐데, 그는 내게 이런 말을 들려주었다.

"운동은 짧고, 인생은 기니까. 한 번의 싸움으로 모든 게 끝나는 건 아닐 거야. 대학생 운동권은 학교를 졸업하고 현장에서 노동운동을 하더라도 학력이란 자본이 있으니까 언제든 자신에게 예정된 지위나 삶으로 돌아갈 수 있지만, 고등학교만 졸업하고 운동가로 산다는 건 되돌아갈 다리를 스스로 끊고 평생 운동이 되는 삶을 살아갈 결심이 없으면 안 되는 게 아닐까. 그게 고등학생운동가의 길이라고 생각해. 나는 그렇게 살기로 했어."

고3과 함께 1988년 서울 올림픽이 시작되었다. 학교생활은 1년 남았지만, 이제 공부 같은 것은 별로 안중에 없었다. 서고련에 참여했다는 이유로 정학이나 제적을 당한 학생은 없었던 것으로 안다(실업계 고교 중에서 서울북공고 출신으로 참여했던 학생 중 몇몇이 이 일 때문인지, 다른 이유에서인지 명확하지 않지만, 제적당한 이가 있다는 이야기를 훗날 풍문으로 들었다. 어쩌면 인문계와 실업계 고교의 차별 때문이었을지 모르겠다). 다만, 학교로 명단이 넘어간 아이들은 교내에서 특별한 감시 대상이 되었다. 시위가 있다는 통보가 오면 아이들은 늦은 밤까지 수업도 받지 못하고 교실도 아닌 학생부실에 갇혀 지내야 했다. 불행 중 다행으로 나는 학교에서 그런 일을 경험하지 않았지만 고등학교를 졸업하고도 한동안 정보과 형사가 집까지 찾아와 나의 동정을 탐문하고 다녔다.

이후 서고련은 연세대에 모여 앞으로의 행보와 노선에 대한 논의를 벌였다. 서고련을 중심으로 고등학생운동의 전위집단을 조직해야 한다는 주장과 학내민주화와 자치권 확대를 위해 교내 대중사업에 주력해야 한다는 주장이 격렬하게 맞섰다. 그 시점에서 나는 고등학생운동에 대한 뜻을 접었다. 창진이와 나눴던 대화처럼 대학생운동이든, 고등학생운동이든 어느 한 시기 동안 제도권 교육현장에서 벌이는 운동만으로는 이미 고착화된 현실을 개선시킬 수 없으며, 결국 이 싸움은 평생을 바쳐야 하는 일이란 생각을 굳혔다. 먼저 내 현장을 찾는 것이 급선무라 여겼기 때문에, 그 자리에서 나는

"앞으로 누가 더 오래 운동하나 두고 보자"란 말을 선언처럼 남기고 미련 없이 떠났다.

　이후 나는 서고련 활동을 접었다. 당시 함께 활동했던 이들 중 일부는 학교 단위 동아리를 중심으로 비밀리에 후배들을 모아 활동을 지속했고, 일부는 대학에 진학했다. 창진과 나는 고등학교를 졸업하자마자 현장을 택했지만, 그와 달리 나는 오래 버티지 못했다. 조직과의 연계는커녕 자격증 하나 없는 인문계 출신 고졸자가 공장에서 할 수 있는 일은 없었다. 그렇다고 어디 가서 당장 용접기술을 배울 돈도 없었기 때문에 나는 아무 자격이 없어도 할 수 있는 막노동판을 전전하며 3년간 떠돌이로 살았다. 간혹 서울로 돌아오게 되면, 제일 먼저 창진의 집으로 전화를 걸어 녀석의 안부나 소식, 연락처를 물었지만 그의 가족들은 내게 아무것도 알려주지 않았다. 요즘 같으면 휴대폰이나 이메일 같은 것이라도 있어서 어떻게든 연락을 취할 수 있었을 테지만, 당시엔 집 전화를 제외하면 연락할 방법이 전혀 없었다. 막막했다. 그와 연락이라도 닿았다면 어떻게든 나의 갈 길을 찾을 수 있을 것 같았지만, 그와의 소식마저 영 끊겨버렸다. 기왕 이렇게 된 김에 막 살아버리고 싶다는 충동이 들기도 했다.

　그 와중에 1989년 전교조 사건이 일어났다. 동북고에서도 강상윤, 권오준, 김진욱, 도장식, 송형호, 이영미, 최균성, 한상대, 그리고 전교조 해직 기간 중 돌아가신 고(故) 이기주 선생님까지 여러 교사가 해직되었다. 전교조 사건을 전후해 학생회 간부 중 한 명이 교사에게 폭행당해 병원에 입원하는 사건이 일어났다. 이 사건을 민주 동문회 차원에서 학교 당국에 문제를 제기하자는 주장이 있어서 피해 당사자인 후배를 찾아갔다. 몸을 가눌 수 없을 정도로 얻어맞고 붕대를 감고 누워있는 후배가 우리 이야기를 듣더니 "나를 정치적으로 이용하지 말아요!"라고 외쳤다. 그의 어머니가 달려와 우리들을 밖으로 내몰았다. 후배가 어째서 그런 반응을 보였는지 정확히 알 수는 없었지만, 아마도 더 이상 일을 키우고 싶지 않았던 마음이었으리라. 내가 고등학교에 막 입학했을 때 학생주임 교사가 건넸던 "학교생활 조용히 잘하고 무사히 졸업하자"란 말이 떠올랐다. 그 일을 계기로 나는 그나마 학교와 연계된 활동도 자연스럽게 정리했다. 이제는 세상일에 마음을 끊고 자유로운 떠돌이로 살고 싶었다.

어느 날 반포의 신축 공사현장에 나가 일을 마치고 버스로 돌아오는 길이었다. 피곤한 몸으로 버스 창가에 머리를 기대고 창밖을 물끄러미 바라보다가 나도 모르게 눈물이 흘러내렸다. 어두컴컴한 창밖으로 아파트촌 불빛이 밝게 빛나고 있었다. 불현듯 '저렇게 밝게 불 밝혀진 집마다 한 집에 네댓 명의 식구가 살고 있을 텐데, 저 사람들의 삶과 마음이 변하지 않는 한 이 세상은 변하지 않겠구나. 우리는 그렇게 길고 긴 싸움을 해야 하는 거였어'란 깨달음이 들자 나도 모르게 창진의 말이 생각났다. 이 싸움은 내 평생을 바쳐도 도달할 수 없는 목표를 향한 것이었고, 어쩌면 인류가 존속하는 한 계속될 싸움일지도 몰랐다. 무서웠다. 평생을 바쳐도 도달할 수 없는 목적지를 향해 가는 길이 무서웠고, 그 길이 얼마나 외로울지 알기에 두려웠다.

지방의 공사장을 전전하다가 오랜만에 서울로 돌아와 중학교 동기를 만난 자리에서 충격적인 소식을 접했다. 1991년 5월, 내 고등학교 후배 천세용이 분신해 스스로 목숨을 끊었다는 소식이었다. 천세용 열사와 나 사이에 직접적인 만남은 없었지만, 후배들을 통해 고교 시절의 그가 모임에 참여하고 싶어 한다는 이야기를 들었다. 나는 성적이 괜찮은 친구냐고 물어본 뒤, 성적이 괜찮다면 고등학생운동에 참여시키지 말고 대학에 진학해서 운동을 시작해도 늦지 않으니까 받지 말고 돌려보내라고 했었다. 그는 동북고 3학년 재학시절 전교조 사건을 직접 경험했고, 경원대(현 가천대)에 진학한 뒤 민족사연구회 동아리 활동을 비롯해 총학생회 산하 횃불대 대원으로 시위에 앞장섰다. 명지대 강경대 열사의 죽음 이후 노태우 정권에 항거하기 위해 1991년 5월 3일 분신했다. 1991년 5월투쟁은 총 2,361회의 집회가 열리고 최대 40만 명이 참여하며 대규모로 전개되었지만, 노태우 정권은 국무총리 정원식 계란 투척 사건을 기화로 학생들을 스승에게 폭력을 가하는 패륜아로 몰아 공세를 퍼부었고, 검찰은 명확한 반증이 있었음에도 김기설 유서 대필 사건을 일으켜 1986년부터 꾸준히 제기되어온 '분신 배후설'을 정설처럼 여기게 만들었다. 1991년 5월, 정확히는 4월 26일부터 5월 25일까지 세 명이 타살되고 여덟 명이 분신자살했다. 사람들은 그 시기를 '분신정국' 또 누군가는 '91년 5월투쟁'이라고 불렀다. 이때 분신한 이들 가운데 천세용 열사를 비롯한 세 명의 대학생이 고운 출신이었고, 이들이 대학에 입학하기 직전이었던 1990년 충남 공주 한일고 정성묵, 대구 경화여고 김수경, 대전 충남고 심광보, 세 명의 고등학생이 각각 전교조 사수 투쟁 과정에서 음독과 투신, 분신으로 생을 마감했다.°

내가 세상을 외면하고 잊고 싶었던 시간에 누군가는 그 세상과 싸우기 위해 하나밖에 없는 목숨으로 저항했다. 큰 충격을 받았고, 한동안 말을 잇지 못했다. 여전히 어디선가 누군가는 죽어가고 있

°   임미리, 〈잊힌 열사들의 시대 응답하라 1991〉,《한겨레21》(1191호), 2016년 12월 16일, https://h21.hani.co.kr/arti/society/society/44607.html.

는데, 세상은 여전히 변함이 없었다. 같은 해 8월 19일 소련 모스크바에서 고르바초프의 개혁정책에 반발한 공산당의 군사쿠데타가 불발로 끝났다. 여전히 나는 갈피를 잡지 못하고 이곳저곳을 떠돌며 날품팔이로 살았지만, 마음속으로는 더 이상 이렇게 살아서는 안 되겠다는 생각을 굳히고 있었다. 그해 늦가을부터 12월까지 경상북도 왜관의 성 베네딕도 수도원 공사장에서 방수 일을 하는 동안, 후기대 입시 시험지 도난 사건°이 발생해 전문대학 시험도 덩달아 이듬해 2월로 미뤄졌다. 덕분에 나는 공사장에서 돌아와 한 달여간 입시를 준비할 수 있었고, 서울예대 문예창작과 92학번으로 입학했다.

마음의 빚이자 빛으로 남은 벗

고운 출신으로 대학에 진학한 이들 가운데 대학생운동에서 특별히 두각을 드러낸 이는 드물었다. 당시 대학에서 이루어지던 2학년 선배가 1학년 신입생의 학습을 지도하는 방식으로는 고운 시절 기초적인 의식화 학습을 완료한 이들을 감당하기 어려웠다. 조직의 위계가 중시되던 분위기상 이제 막 입학한 신입생에게 중요한 역할을 맡길 수도 없었을 테니 고운 출신으로 대학에 진학한 이들은 운동

° 1990년대 학력고사가 진행되던 시대에는 수험생들이 전기와 후기로 나누어 시험을 치렀는데, 1992년 1월 21일 서울신학대에 보관 중이던 후기 대입학력고사 시험지가 도난당하는 사건이 발생했다. 이 사건으로 후기 대입학력고사 날짜는 본래 예정되었던 날로부터 약 20일 후인 2월 10일에 치러졌고, 그에 따라 전문대 입학시험 일정도 함께 연기됐다.

권 틈바구니에서도 겉돌기 쉬웠다. 나는 남들보다 한참 늦게 대학에 입학했기 때문에 더욱 그랬다. 학교 단위 활동을 할 생각도 별로 없었지만, 생활도 어려워 장학금이라도 받을 욕심에 교지편집위원회 활동과 총학 지원 정도만 하면서 대학 생활을 마쳤다. 대학을 졸업하고 입사한 곳은 광고회사였는데, 몸에 맞지 않는 옷을 입고 있는 것처럼 힘들었다. 아무리 먹고살기 위해 하는 일이라고 하지만, 브로슈어에 실릴 삼성그룹의 이건희, 한보그룹의 정태수 회장의 사진 작업을 진행하거나 인사말을 쓰는 작업을 하면서 이게 내가 할 일이 맞는가 싶었다.

1987년 대선부터 이후 대통령 선거와 국회의원 선거가 몇 차례나 치러졌다. 이제 나는 선거권도 있었지만, 광고회사를 다니는 동안 한 번도 투표장에 나가지 않았다. 그 시절 명망가 중 상당수가 정치권에 참여하거나 볼썽사납게 변해갔지만, 가장 참을 수 없는 건 나 자신이었다. 직장을 그만두고 새로운 직장, 아니 새로운 현장을 알아보거나 소설을 써보기로 했다. 집에 들어앉아 머리카락을 면도기로 직접 밀어버리고 글을 쓰기로 했다지만 모아둔 돈도 없었고, 글은 뜻대로 잘 되지 않았다. 브레히트가 "나의 시대는 길들이 모두 늪으로 가게 되어 있었다"라고 했던 것처럼 온갖 노력을 해봐도 글이 되지 않았다. '후일담 문학' 같은 것은 쓰고 싶지 않았다. 그 무렵, 인천에서 발행되는 계간《황해문화》란 잡지가 있는데, 그곳에서 일해볼 생각이 없느냐 제안을 받았다. 우연이었지만, 내가 오랫동안 꿈꿔왔던 지역문화 운동 현장에서 발행하는 진보적인 계간지를 만들 수 있는 기회였다. 1996년 5월부터 2025년 현재까지 나는 인천의 시민들이 세운 새얼문화재단에서 계간《황해문화》를 만들고 있다.

그 사이 과거 함께 서고련 활동을 했던 이들의 소식을 알기 위해 백방으로 노력했지만, 연결이 쉽지 않았다. 무엇보다 창진과 다시 만나고 싶었다. 그는 지금 어떤 모습으로 살고 있는지 궁금했다. 1999년 11월 무렵 《한겨레》에 경제정의실천시민연합(이하 '경실련') 활동가로 일하던 성동고 출신 서고련 멤버였던 정원철의 기사가 실렸다. 그 기사를 읽고 경실련으로 전화를 했다. 처음으로 옛 서고련 멤버와 연결이 닿았다. 그를 통해 하나둘씩 연결이 이어지다 드디어 창진의 소식도 접할 수 있었다.

　서고련 활동을 마지막으로 헤어진 지 13년 만이던 2000년 초겨울, 싸라기눈이 내리던 날 인천 신포동의 한 허름한 술집에서 그를 다시 만났다. 그는 인천의 산업단지에서 활동했었다고 했다. 우리는 서로 지척에 있으면서도 만나지 못했다. 창진은 예전과 다를 바 없이 선량한 눈빛에 침착한 목소리였다. 그러나 그가 속했던 비합법조직이 깨지면서 몸과 마음을 다쳐 정신과 치료를 받았고, 경제적으로도 곤궁한 상황이 오랫동안 지속되어 고생하고 있었다. 그에 비하면 나는 한없이 편하게 살았던 것 같아 미안하고 부끄러웠다. 술잔을 기울이며 그는 과거에 그랬던 것처럼 도리어 날 위로했다. 우리는 앞으로 자주 만나자는 약속을 하고 헤어졌지만, 사는 일이 바빠 그 뒤로도 자주 만나지는 못했다. 창진은 내 홈페이지 '바람구두연방의 문화망명지'에 '이스크라'라는 닉네임으로 종종 글을 올렸고, 이를 통해 그와 대화를 나누곤 했다.

　2005년 7월 3일 오후 7시 57분, 일을 마치고 돌아가는 길에 모르는 사람에게 한 통의 문자메시지를 받았다. "이창진 씨를 아시는 분이면 연락주세요. 사고가 생겼습니다." 그분과 통화를 한 직후 나는 순간 운전대를 손에서 놓쳤다. 머릿속이 온통 하얗게 탈색된 느낌이었다. "중요한 것은 살았으나 죽은 자가 아니라 진정 살아 있는

자로 살아가는 것"이라고 말했던 그가 스스로 목숨을 끊었다.

그의 장례식장에서 만난 이들 중 어떤 이들은 너무 낯설어져 이제는 더 이상 벗이라거나, 동지라는 이름으로 부를 수 없는 이들이었다. 창진이를 보내고 돌아오는 길에 윤동주 시인의 〈쉽게 씌어진 시〉가 떠올랐다.

생각해보면 어린 때 동무를
하나, 둘, 죄다 잃어버리고
나는 무얼 바라
나는 다만, 홀로 침전하는 것일까?
인생은 살기 어렵다는데

인간은 서로 연대해야 살아갈 수 있다는 믿음 속에서 우리는 잠시 열린 1980년대의 하늘을 함께 엿보았지만, 그 대가치곤 너무 오랫동안 아팠고, 외로웠다. 앞서 이야기했던 열사들의 죽음도 잊히고 제대로 알려지지 않았지만, 창진의 죽음은 그들보다 더 무명의 것이었다. 그러나 나는 창진이가 꿈꾸었던 세상을 알고, 그와 같은 꿈을 꾼다. 누군가 내게 왜 그토록 오랫동안 하나의 잡지를 만드는 일에 자신을 불태우고 있냐고 묻는다면, 나는 지금 그 일마저 멈춘다면 도대체 무슨 일을 할 수 있겠느냐고 되묻고 싶다. 그때그때 최선을 다하고 시시한 후회 따위는 하지 않는 것, 어차피 사람은 그 정도 일밖에 할 수 없는 것이다. 여전히 인간의 발목을 잡는 것은 절망이 아니라 체념, 사람을 앞으로 나아가게 만드는 것은 희망이 아니라 의지라고 믿으며 말한다. 사랑하라! 희망도 없이, 말도 없이⋯⋯.

3 어느 '희생'의 기록

김대현

- 1971년생, 광주
- 광주지역고등학생연합(광고련) ·
  광주지역고등학생대표자협의회(광고협) ·
  광주전남 학원민주화투쟁위원회 · 김철수
  열사 장례위원회 참교육선봉대
- 위민연구원 원장 · 시사평론가

"다시는 전교조 행사에 초대하지 않으셨으면 합니다"

1999년 전국교직원노동조합(이하 '전교조') 창립 10주년 행사에 초대
받았다. 광주지역고등학생대표자협의회(이하 '광고협')에 수여하는
전교조 참교육상을 대표로 받게 됐기 때문이었다. 행사가 열리는
잠실 실내체육관은 전국에서 모인 8,000여 명의 교사들로 북새통이
었다. 흥겨운 음악과 율동, 구호로 가득한…… 말 그대로 잔칫집이
었다. 하지만 난 그 자리가 내내 불편했다. 전교조가 출범한 뒤 10년
동안 전교조라는 교원노조는 발전했는지 몰라도 우리 교육 현실은
과거보다 더 못한 상황으로 치닫고 있었다. 교복이 부활했고, 보충·
자율학습, 입시교육은 더욱 강화되었다. 우리가 무엇 때문에 고등
학생운동을 하고 전교조 창립을 지지했는지, 왜 그렇게 열심히 싸
우고 희생했는지 무척 복잡한 심경이었다.

행사가 시작되자 사회자는 전교조의 역사, 전교조 출범 당시 고
등학생들의 전교조 지지 시위를 읊었고, 잠시 후 호명되어 나는 참
교육상 수상자로 무대에 올랐다. 교사들은 환호하며 박수를 보냈다.
눈물을 흘리는 사람들도 있었다. 나는 마이크를 잡고 입을 뗐다.

우리가 전교조를 지지하고 선생님들의 해직에 반대한 건 교원노동조합의 건설을 위해서가 아니었습니다. 단순히 선생님들이 노동조합 만드는 것을 지지한 건 아니란 말입니다. '어린 고등학생들이 전교조 출범으로 학교에서 쫓겨난 선생님들을 사랑하고 지지했다는 것'으로만 우리를 규정하지 않으셨으면 합니다. 교육의 3주체는 학생, 교사, 학부모이고, 우리는 교육 주체로서 척박한 교육 환경을 바꾸고자 몸부림을 쳤다는 걸 잊지 말아주셨으면 합니다. 다시는 전교조 행사에, 이런 눈물 나는 신파극에 초대하지 않으셨으면 합니다.

순간 장내는 얼어붙었다. 조명이 눈부셔서 무대 앞 8,000명의 얼굴을 일일이 볼 수는 없었지만, 모두 당혹했다는 건 알 수 있었다. 하지만 당시 '희생'된 고등학생들이 느낀 감정을 대변하고 싶었다. 전교조가 출범하기 전부터 고등학생운동이 자리 잡고 있었으며 우리가 누구보다 치열하게 살아왔다는 걸 말해주고 싶었다. 전교조로 인해 당시 고등학생운동이 단순히 '어리고 철없는 아이들의 선생님 사랑'으로 치부되지 않길 바랐다. 10년간 서울에서 열린 수많은 전교조 행사에 초대되어 지역에서 올라와 눈물 나는 신파극에 들러리를 서다 그날 폭발한 셈이다.

1987년, 광주, 광고련의 탄생

"독재 타도! 호헌 철폐!" 거리에서는 구호가 계속 울려 퍼졌다. 대학생들의 행진에 광주 시민과 고등학생까지 가세한 시위가 연일 이어졌다. 최루탄 가스를 피해 골목 여기저기를 누비며 어느새 난 시위 군중 속 일원이 되어 있었다. 매일 수업을 마치고 광주 시내로 나와 고등학생들이 모여 있는 붉은 깃발을 향해 나아갔고 그곳에서 앳된 고등학생들을 만날 수 있었다. 학교는 달랐지만 같은 또래, 형, 누나 들이었다. 도시에는 매일 매캐한 최루탄 가스와 대학생들의 구호가 넘쳐났다. 1987년 광주의 풍경이다. 고등학교에 막 입학했던 그해 봄부터 이런 풍경들을 접했다. 6월항쟁이 시작되고 나서는 나 역시 항쟁의 한복판에 서 있었다. 내 인생의 사이클도 바뀌어버린 시기 이다.

1987년 6월 29일, 독재 종식을 발표하는 노태우의 6·29선언이 있었고, 그해 12월에 대통령 직선제를 쟁취했다. 1987년은 대한민국 근현대사의 변곡점이자, 민주화를 이룬 중요한 시기였다. 같은 해 7월부터 9월까지 노동자대투쟁이 있었다. 현대그룹 노동자들을 필두로 전국의 수많은 노동현장에서 노조 결성을 위한 투쟁이 시작되었다. 광주 지역 고등학생들은 노동자대투쟁 시기에는 6월항쟁 때만큼 거리에서 투쟁하지는 않았지만, 6월항쟁에서 만난 고등학생들이 여름방학을 맞이해 자주 만났고 교육 현실에 대해 고민을 토로하고 사회과학 서적을 탐독했다.

그해 12월, 6월항쟁 시위현장에서 결속을 다진 고등학생들이 광주 시내 무등서고 옥상에서 회합을 했다. 학교별 대표 1명, 1987년 이전부터 광주 지역 몇몇 고등학교에 있던 지하 소모임 조직들, 광주 지역 고등학생 문학 서클인 시동무를 포함한 동아리 여럿이 모두 참석해 고등학생 연합체 결성의 필요성과 향후 활동 방향을 진지하게 토론했다. 6월항쟁 이후 고등학생이 변혁의 주체로 나서려면 언더(비합조직)에서 탈피해 대중조직으로 가야 한다는 데로 의견이 모였다. 광주지역고등학생연합(이하 '광고련')의 탄생이었다. 이날 나는 광고련 의장으로 추천 및 선출되었다(나중에 알고 보니 광고련을 세우는 데 주도적이었던 광주 시내의 고등학생 서클 선배들이 정한 수순이었다).

1988년 학민투 출범

1988년 봄 광고련의 첫 사업은 고등학생 대상의 5·18 비디오 상영이었다. 내가 다니던 대동고 학생들을 중심으로 전남여상, 송원고, 광주고, 석산고 등에서 학생들을 모아 광주 YWCA 6층 대강당에서 비디오를 상영했다. 광주학살이 있던 1980년에 나는 국민학교 3학년이었다. 그해 5월 총소리도 들었고, 총알을 피해 집을 나서 윗동네로 대피하기도 했다. 다음 날 아버지를 따라나서다가 시체가 가마니에 덮여 있는 모습도 보았다. 동네 아주머니들이 한 집에 모여 주먹밥을 만들던 모습, 그 주먹밥을 시위대 버스로 올려보내는 것도 봤다. 그러나 5·18 비디오의 내용은 더 끔찍했고 충격적이었다. 숨죽여 비디오를 보던 학생들의 표정에서도 느낄 수 있었다. 몇몇이 훌쩍거리며 울기 시작했고 분위기는 전체적으로 침통한 상황이었다. 비디오 상영은 우리가 왜 모여야 하고 함께해야 하는지 결속의 의지를 다지게 되는 계기가 되었다.

광고련은 사회의 모순된 현실과 독재 정권을 타도하고 민주주의를 이루는 데 고등학생들이 앞장서는 것은 물론, 학내의 비민주적인 요소를 타파하고 인간화 교육을 실현하자는 것을 가장 중요한 목표로 삼고 출범했다. 당시 광주 지역 고등학교는 대부분 사립학교였는데 비리가 난무했다. 게다가 학생에게 가하는 체벌, 인격 모독 등 폭력의 정도가 심했고, 입시교육으로 인해 강제 자율학습과 보충수업도 있었다.

이런 배경에서 광고련 산하 조직으로 1988년 4월에는 광주전남학원민주화투쟁위원회(이하 '학민투')가 출범했다. 광고련은 현안별 위원회를 두기로 해, 학원민주화투쟁위원회를 출범시켰던 것인데, 초기에는 활동 공간을 광주 지역으로 한정했지만 담양, 장흥, 보성 등 전남 지역 고등학생들이 소식을 듣고 찾아와 함께하고 싶다는 의지를 밝혀와, 위원회 명칭을 광주전남학원민주화투쟁위원회로 변경했다.

학민투의 출범과 함께 나는 공안 당국의 주시 대상이 됐고, 학교에도 활동이 알려졌다. 학교로 형사들이 찾아오고 교장실, 교무실에 매일 불려 다니며 회유와 설득을 당했다. 급기야 부모님이 학교로 찾아오시고 어머니는 마치 죄인처럼 연신 고개를 숙이셨다. 그 와중에도 4월 학민투 출범식이 다가오고 있었기 때문에 나는 준비해야 할 일이 많았다. 장소 섭외, 성명서 작성, 유인물, 플래카드 제작부터 학교별 인원 동원 등 매일 밤 버스 막차가 끊길 때까지 회의의 연속이었다. 날밤을 새고 학교에 등교하기도 했다.

출범식 당일, 학교에 오전부터 형사들이 진을 치고 있었다. 형사들은 수업 시간 내내 밖에서 나를 지켜보다, 학교를 빠져나가려는 나를 붙잡았다. 평소에는 차량이 올라올 수 없는 학교 건물 출입구까지 차가 올라와 형사들이 강제로 나를 차에 태웠다. 그렇게 끌려가 당시 공무원이었던 작은아버지 집에 유폐되었다. 출범식은 오후 5시에 시작이고, 사회자는 나였다. 속이 까맣게 타들어갔다.

집 앞에 서너 명, 방 안에 두 명 정도의 형사가 있었다. 나는 배가 아프다며 당시 마당과 출입문 사이에 있던 화장실에 가서는 환기통을 뜯어내고 위로 뛰어 밖으로 나왔다. 나오자마자 택시를 잡아타고 출범식 장소인 YWCA를 향했다. 정확히 출범식 시간인 5시에 도착해 친구들의 걱정을 뒤로하고 사회를 봤고, 광고련 산하 학원민주화투쟁위원회가 출범했다. 출범식에 참여한 학생 수는 700여 명이었다. 출범식 소식은 다음 날 학생들 사이에 퍼져갔다.

학민투는 구체적으로 학교별 사학재단비리를 정리하려고 했는데, 학교 대부분이 사립이라 공감대는 쉬이 형성되었다. 당시 사립학교는 교사 임용 대가로 재단에 내는 기여금이 교사 1인당 2,000만 원 정도였다는 걸 교사들 증언으로 확보했다. 내가 다니던 대동고에서 이 문제를 먼저 공론화했고 학생들과 함께 재단 사무실이 있는 시내를 향했다. 피켓을 들고 머리띠를 두르고선 재단 이사장 면담을 요청했지만 이사장은 나타나지 않았다. 그렇게 며칠을 재단 사무실에서 시위하자, 재단은 기여금을 내고 교사로 들어온 교사들에게(대동고 8명) 돈을 돌려주는 것으로 합의를 봤다. 첫 승리였다. 재단으로부터 돈을 돌려받은 교사들이 우리에게 고마움을 표했다.

우리는 여세를 몰아 강제로 시행되는 보충·자율학습 철폐 투쟁으로 나아가기로 했다. 먼저 대동고와 석산고가 연합집회를 하는 것으로 하고, 뒤이어 학교별 집회를 계획했다. 대동고와 석산고는 지리적으로 가까웠고 백운동 로터리라는 큰 광장을 공유하고 있다. 석산고 대표에게 1주일 뒤 1교시가 끝나는 종이 울리면 학교를 나와 백운동 로터리에서 집결하자고 했다. 지금 생각해도 대단했던 건 그 1주일 동안 우리의 집회 계획이 학교에 전혀 새나가지 않았고 경찰 역시 몰랐다는 것이다. 이 집회를 알고 있는 사람이 많았지만, 모두 철저히 보안을 지켜냈다.

난 다시 성명서, 유인물, 피켓 등을 챙겼고, 매일 석산고와 대동고를 오가며 디데이를 준비했다. 집회 당일, 이른 아침부터 등교해 점검에 나섰다. 1, 2학년 각 12개 반의 반장과 대의원을 소집했다. 30명가량이 모였고 1교시 후 행동 지침을 자세히 설명했다. '1교시 후 종이 울리면 일제히 함성을 지르며 교실을 나와 운동장에 집결한 후 무조건 뛰어서 백운동 로타리까지 달릴 것.' 달릴 때는 교문 앞 6차선 도로를 모두 점거한 채 뛰기로 했다. 학교 정문에서 백운동 로터리까지는 300미터 정도인데, 무분별하게 뛰지 말고 어깨동무를 하고 뛰면서 '보충·자율학습 철폐' 구호를 외치기로 했다.

1교시 후 계획대로 백운동 로터리에 도착하니 저만치서 석산고 학생들이 뛰어오는 모습이 보였다. 벅찼다. 달려오는 시위대와 도착한 시위대는 하나가 되어 목청껏 외쳤다. "보충·자율학습 철폐하라!" 갑자기 도로가 통제되고 놀란 시민들은 신기한 듯 모여들기 시작했다. 이때를 놓치지 않고 준비한 유인물을 뿌리고 시민들에게 나눠줬다. 시위 중에 내가 마이크를 잡은 지 얼마 지나지 않아 경찰 병력이 버스에서 내리며 우르르 뛰어오는 게 보였다. 한손엔 방패, 한손엔 곤봉을 들고 뛰어오는 경찰들의 모습에 마치 전쟁이 난 듯 주위는 소란스러웠다. 난 침착하게 "학교로 뛰어!"라고 외쳤고 학생들은 학교 앞까지 뛰었다. 우린 학교 정문 앞에 드러누웠다. 다행히 경찰이 강제 진압을 시도하지 않아, 경찰과 대치한 상황에서 보충·자율학습 철폐 구호를 외치고 노래를 불렀다. "저 들에 푸르른 솔잎을 보라/돌보는 사람도 하나 없는데/비바람 불고 눈보라 쳐도."°

이날 집회 후 2~3일 후 다른 학교들도 시위에 나서기로 했는데,

°   양희은, 〈거치른 들판에 푸르른 솔잎처럼〉(《상록수》), 1979.

집회 바로 다음 날 문교부(현 교육부)에서 담화를 발표했다. 보충·자율학습을 전국적으로 폐지한다는 발표였다. 두 번째 승리였다. 정부 당국에서 신속하게 응답하리라고는 전혀 예상하지 못해, 신기하기도 했다. 하지만 나에 대한 정부 당국의 탄압과 감시는 더욱 심해졌다. 사복경찰들이 학교 곳곳에 보였다. 경찰들의 미행을 피해 학교 뒷산을 넘어 하교하곤 했다. 광고련 사무실도 이미 노출이 되어 장소를 수시로 바꾸면서 회의를 했다.

우리는 보충학습, 자율학습 철폐에 그치지 않고, 학교 내 비민주적 요소에 계속 맞섰다. 나는 수업 시간이든 아니든 수시로 교장실, 교감실, 교무실을 들락이며 학교 측에 우리의 입장을 계속 전했다. 먼저 학생에 대한 교사의 폭력·폭언 금지를 요구했다. 어느 날 복도를 지나는데 교사가 엎드린 학생의 몽둥이를 내리치는 장면을 본 순간 달려들어 교사의 몽둥이를 빼앗아 복도 벽에 세워두고 발로 부러뜨리기도 했다. 지금은 상상하기 어려운 장면일 수 있겠지만, 특히 내가 다니던 대동고는 학생조직이 강해 교사들도 함부로 대하지 못했기에 가능했던 장면일 것이다. 이 사건을 계기로 학내 폭력 금지를 내세웠다. 교사뿐 아니라 학생 간 폭행 금지도 선언했다. 학내 소위 '일진'들과는 화장실에서 폭행 금지 담판을 지었다. 교사를 대상으로는 교무실에서 선언 아닌 선언을 했다. 이 문제로 어떤 날은 학생주임 교사와 복도에서 몸싸움도 했다. 일부 보직 교사들은 나의 이런 행동에 심하게 화를 냈지만, 나 역시 교사의 폭행과 폭언 문제는 꼭 해결해야 하는 과제라고 계속 설득했다.

학교는 예민한 청소년 시기에 하루 대부분을 보내는 공간이다. 그런데 성적이 낮다는 이유로 누군가에게 학교라는 공간이 지옥 같은 곳이 된다는 건 분명 문제가 있다고 생각했다. 거기에 더해 학교

에 학생인권은 고사하고, 마치 죄지은 죄수처럼 교사들에게 다루어
지는 듯한 험한 분위기를 결코 묵과할 수 없었다. 결국 이 문제 역시
여러 날을 거쳐 해결했다.

1988년, 휴학

1988년 고등학교 2학년 1학기를 그렇게 열정적으로 뛰어다녔다.
그러나 공안정국이었고, 올 것이 왔다. 교장은 내게 자퇴를 요구
했다. 내게는 퇴학을 당하는 불명예와 스스로 학교를 그만두는 자
퇴라는 선택지뿐이었다. 교장도 어렵게 이야기를 꺼냈지만, 교감
은 마치 죄인처럼 눈물까지 보이며 사정을 해왔다. 정부 당국이 재
단에 압력을 가했을 것이고 재단은 교장과 교감에게 통보했을 것
이다.

시간을 좀 달라고 요청하고 이틀간 고민했다. 말해봐야 강력한
투쟁만을 외칠 것이 뻔해 친구들과 후배들에게도 말하지 않았다.
고민을 거듭하다 한 가지 방안을 떠올렸다. 교감을 찾아가 단둘이
조용히 이야기하고 싶다며 교무실을 함께 나왔고 교정을 걸으면서
내 의견을 전했다. 지금 내가 학교를 그만두면 학교가 시끄러워질
것이 뻔하고, 문교부의 목적은 내가 학교를 나오지 않는 것이니 내
가 휴학을 하는 건 어떻겠느냐고. 교감은 예상치 못한 방안에 놀라
더니 다음 날 밝은 표정으로 휴학으로 마무리가 되었다고 전했다.
그렇게 병가로 처리된 강제 휴학을 당했다. 부모님도 내가 학교에
서 사고를 치느니 잠시 쉬는 것도 괜찮다고 생각해 동의해주셨다.

실제로 몸 상태도 엉망이었다. 막상 휴학하고 나니 아프지 않은 곳

이 없었다. 돌아보니 지난 1년간 지워진 무게가 너무 무거웠다. 학교에서, 거리에서 매일같이 토론과 회의를 하고 공부까지 했다. 지금 생각해도 그 모든 걸 어떻게 해냈는지 의아하다. 그렇게 몸을 혹사하다 긴장이 풀려서 그런지 정말 몸이 아파, 결국 이모 댁으로 요양을 떠났다. 병가 휴학이니 당장 거리를 돌아다니는 것도 이치에 맞지 않았기에 한두 달 쉴 요량이었다. 꽃 농장을 하는 이모 댁에서 매일 꽃밭에 물을 주고 규칙적으로 식사도 하고 잠도 자니 몸이 좋아졌다.

그렇게 한 달 넘게 시간을 보내고 있던 어느 날 친구에게 편지가 왔다. 편지에 쓰인 내용은 꽤 심각했다. 광고련 내부의 분열이 있다며 광주에 언제쯤 올 수 있느냐는 것이었다. 편지를 확인하고 친구와 통화를 해보니, 내가 광주를 떠난 뒤 얼마 후부터 회의를 해도 다툼이 잦았고, 향후 투쟁 방향에 대한 명쾌한 결론이 나오지 않고 있다고 했다. 게다가 어느 때부턴가 삼삼오오 따로 모여 담배를 피우고 식사를 한다면서 조직이 예전같지 않다는 것이었다.

결국 대동고 일이든 광고련 내부 수습이든 내가 광주에 가야 했다. 한 달 조금 넘게 광주를 떠나 있었지만, 공백이 의외로 컸다. 여름방학이 지나고 가을이 무르익을 즈음 광고련 2기 의장 선출을 위한 절차가 진행 중이었다. 1기 선거에서 선배들이 나를 의장으로 선출했고, 2기 선거 역시 선배들이 주축이 되어 진행했지만 의장 후보 추천과 투표는 현역 고등학생만 할 수 있기 때문에 선배들이 후보를 추천하고 선택할 수는 없는 상황이었다. 친구들과 후배들은 나를 후보로 추천했고, 다른 한 명의 후보도 추천을 받았다. 투표 결과 내가 2기 의장으로 다시 당선됐다. 그런데 분위기가 냉랭했다. 표를 더 많이 받아 선출된 것인데 분위기가 의아했다. 선배들은 하나같이 고개를 숙이고 있었고, 몇몇은 자리를 박차고 나갔다.

난 당선되고도 마치 죄지은 사람처럼 멍한 채로 있는데, 후배가 나를 따로 불러 그간의 사정을 설명했다. 선배들은 내가 아닌 다른 사람이 의장이 되길 바랐고, 그 작업을 나름 열심히 했는데 막상 내가 당선되어 당혹스러운 것이라는 이야기였다. 의장 그게 뭐라고…… 가슴이 시렸다. 목숨까지 함께하자던 선후배, 친구들이 정파로 나뉜다는 게 도저히 이해되지 않았다. 광고련 내부에도 대학 운동권에서 불고 있는 노선투쟁이 시작되었던 것이었다.

한국 사회에 시급한 변혁운동에서 통일이 먼저냐, 노동해방이 먼저냐를 두고 크게 운동의 노선이 나뉜 것인데 고등학생운동에도 이런 흐름이 영향을 미치기 시작했다. 회의만 하면 알듯 모를 듯 이해하기 힘든 용어가 등장하고, 본류와는 다른 사안들로 회의가 진행되지 않는 일이 많았다. 다른 정파에 대해서는 무조건 반대하는 일도 벌어졌다. 상황이 이렇다 보니 향후 투쟁 방향도 제대로 정하기가 힘들었다. 심지어 나는 통일 관련 서적도 노동 관련 서적도 모두 읽고 거기에 동의하고 있었는데, 난 나도 모르게 한쪽 정파의 수장이 되어 있었다.

결국 선출된 지 1주일 만에 2기 의장직을 사퇴했다. 이 상태로 조직을 더 이끌 자신도 없었고 내가 가고자 하는 고등학생운동의 방향과는 너무 동떨어진 상황에서 의장으로 앉아 있는 게 의미가 없다고 판단했다. 학교 일에만 집중하겠다는 이유를 대고 학교로 돌아갔다. 휴학 중인 상태로 학내에 들어가지는 않은 채 전남대 내에서 주로 모임을 가졌다. 광고련 회의는 거의 참석하지 않았지만, 광고련 친구들, 후배들과는 교류했다.

몇 달 후면 새 학기가 시작되고, 학교별 학생회장 선거, 반장 선거, 대의원 선거 등 준비해야 할 일이 많았다. 선거에 나갈 후보자를 물색해야 했고, 후보자들이 정해지면 함께 사회과학 서적을 읽고 공부도 해야 했기에 촌각을 다투며 일들을 처리해갔다.

겨울방학이 시작되고서도 할 일이 많았다. 고등학생운동 활동가들에게 방학은 정말 많은 것을 함께할 수 있는 시간이었다. 광고련 산하 고등학교 학생들, 학원민주화 투쟁을 함께한 타 학교 학생들, 이제 막 학내 고등학생운동 조직을 건설하고 있던 학교의 학생들과 함께 학교별로 진행되는 고운 상황과 모범 사례를 공유했다. 학기 중에는 교류하지 못했던 타 학교 학생들, 특히 남고생과 여고생이 만나는 기회라는 점은 방학 중 전남대로 매일같이 모이는 원동력이기도 했다. 사회과학 서적을 함께 공부하고, 밥도 함께 먹으며 방학을 보냈다. 고운 조직들이 더 단단해지는 시간이었다.

1989년, 광고협, 전교조

1989년이 되어 고등학교 3학년이 되자 입시 준비를 하는 친구, 대학 진학 대신 노동현장으로 가겠다는 친구, 아예 재수를 하겠다며 여유롭게 시간을 보내겠다던 친구도 있었다. 그러나 당시 대학 진학은 조직 내에서 금기시된 분위기였다. 입시교육 자체를 비판해오던 우리가 모순된 교육 현실에 순응해 대학을 간다는 건 언행불일치로 비치기도 했으니까.

난 친구들이 3학년으로 진급할 때, 2학년으로 복학했다. 학교 측은 내가 휴학과 함께 학교로 돌아오지 않을 것이라고 안일하게 생각했는지 내 복학에 짐짓 당황했지만 나는 개의치 않고 등교했다. 반 배정이 되지 않았지만 아무 반이나 들어가 수업을 들었다. 표면상 휴학 후 복학이니 복학을 막을 명분이 없었고, 결국 반 배정을 받아 후배들과 함께 2학년을 다시 다녔다.

복학 후 바로 학생회장 선거와 반장, 대의원, 동아리연합회장 선거 준비에 돌입했다. 고운 조직에서 준비한 후보들의 당선은 대부분 어렵지 않아 보였는데, 문제는 학생회장 선거였다. 상대 후보가 인기 있는 모범생

광고협 후원 스티커

이었고 우리 쪽 후보는 인지도가 상대적으로 떨어졌다. 결국 조직 선거를 치러야 하는 상황이었다. 그런데 후보 등록 마감 1주일을 앞두고 갑자기 우리 쪽 후보가 집안의 거센 반대로 사퇴하게 되었다. 어떻게 대처를 해야 할지 갈팡질팡하는 상황에서 누군가 내게 출마를 권유했다. 하지만 당시에는 학생회장이 되는 데 성적 제한이 있었고, 내 성적으로는 후보자 등록이 불가능한 상황이었다. 후보자를 내려면 학칙을 개정해야 했다. 빠르게 학교 대의원 의장을 만나 학생회장 후보자 성적 제한을 철폐하는 학칙 개정을 안건으로 대의원 회의를 소집해달라고 요구했다(당시 대의원 의장은 우리 조직 내 핵심 인물이라 긴 설명이 필요하지 않았다). 물론 학교에서는 당연히 그 제안을 받지 않을 테니, 내 성적에 맞게 학칙을 개정하는 쪽으로 협상하려는 전략이었고 우리의 전략대로 합의가 됐다.

마감을 하루 앞두고 후보 등록을 한 후 바로 선거운동에 돌입했다. 선거 당일 대강당에 전교생 2,000명이 모두 모인 가운데 후보자

결 의 문

─참교육 실현 및 전교조 지지와 학생탄압 분쇄 결의─

힘찬 진군의 나팔소리와 함께 뙤약볕 아래서도 지칠줄 모르며 오직 참교육에 대한 열망하나로 투쟁해오신 광주지역 10만학도 여러분 !

여름에는 흐르는 땀을 닦기에 정신 없었고 겨울에는 난로하나 없는 썰렁한 교실에서 언손을 비벼가며 받았던 교육이 진정한 참교육이었고 민족민주인간화 교육이었다면 우린 결코 외롭지 않았을 것입니다. 옆의 친구가 쓰러져도 짓밟고 일어서는 것만이 훌륭한 사람이며, 이를 위해 무조건 일류대학에 들어가야만 한다고 강요 당하고 있는게 오늘날 우리 교육의 현실이었습니다.

이러한 교육의 현실속에서 조국의 앞날과 민족의 장래를 걱정하신 우리의 선생님들은 지난 5월 28일 전국 교직원 노동조합을 결성하여 교육악법개폐, 교육환경개선등의 구호를 내거시고 참교육에 대한 염원을 외치셨던 것입니다.

그러나, 이러한 선생님들의 열망을 공권력을 난무하여 하늘같은 우리의 선생님을 더러운 군화발로 짓밟고, 선생님을 지키겠다는 순수한 고교생에게까지 좌경·용공의식화로 몰고 있는 현정권과 문교당국에게 심한 분노를 느끼며 10만학도의 단결된 힘을 보여줄 것입니다. 진정한 인간교육과 참민주교육을 갈망하시는 광주지역 10만학도 여러분 !

이제 우리는 떨쳐 일어나 불의앞에 타협할 수 없다는 불굴의 신념으로 80년 5월의 자랑스런 광주의 청년학도로서 학원의 비민주적 요소를 척결하고 학생자치·학생민주·어용교장 및 어용교직원 퇴진투쟁 및 전교조지지와 합법성 쟁취, 해직선생님 전원복직, 수배학생·징계학생등 해제를 요구하며 광주지역 10만학도와 굳건히 연대하여 투쟁해 나갈것입니다.

이제 우리는 더이상 불의앞에 굴종할 수 없으며 영어 단어나 수학 공식만 외우고 있지는 않을 것입니다. 어떠한 불의와 장애앞에서도 결코 흔들림없이 저 어두운 광야의 햇새벽을 밝힐 등불이 되어 조국 한반도에 참교육이 민족·민주 인간화교육이 실현될 그날까지 광주지역 10만학도와 투쟁해 나갈것입니다.

학우여 ! 일어서자 어둠을 넘어 장벽을 넘어 승리의 그날까지 진군 총 진군합시다.

광·고·협의 강령

─. 우리는 분단된 조국의 현실앞에 올바른 가치관과 민주시민으로서 자질함양을 위해
    10만 학도와 굳건히 단결한다.
─. 우리는 교육의 주체로서 민주적 권리의 획득과 학원의 자율화와 민주화를 위해 모든
    노력을 기울인다.
─. 우리는 분단된 조국의 운명과 통일조국의 신새벽을 열어나갈 청년학도로서 어떠한
    불의와 장애앞에 꺽임없이 투쟁해 나갈것이다.
─. 우리는 이러한 모든 상황을 지지하는 국내의 여러단체와 연대한다.

참교육원년 9월 5일

광주지역 고등학생 대표자 협의회

광고협 결의문(1989년 9월 5일)

1989년 7월 20일, 전남대, 광고협 주최 전교조 지지 고등학생 연합집회

연설을 했고 곧바로 투표에 돌입했다. 3학년은 아무래도 내 동기들이니 내게 유리할 것이라고 판단해 1, 2학년 학생들에게 최대한 호소했다. 투표 결과 11표 차이로 내가 당선되었다. 당선 후 인사차 바로 교무실로 들어섰는데, 내가 당선되었다는 사실을 인정하기 싫었는지 교무실에선 교사들의 고성이 오가고 있었다. 그러다 내가 들어서자 교무실은 순간 조용해졌다. 난 교사들에게 일일이 인사를 했다. 나라는 개인의 승리가 아닌 대동고 조직원들의 힘이자 승리였다. 우리는 생각지도 못한 학생회장 자리를 거머쥐었다.

당선 다음 날 학생회실에서 각 학년 각 반 반장, 대의원 등 70명이 넘게 참석한 첫 회의를 열었다. 이 학생회실도 지난해 학원민주화투쟁 과정에서 획득한 것으로, 그전에는 학생회실이 따로 존재하지 않았다. 상견례와 첫 회의를 마치고 본격적으로 학생회장 활동을 시작했다.

대외로는 광주 지역 고등학교 학생회장들을 만났다. 광고련은 각 학교의 대표성이 없는 학생들이 모인 대중조직이다 보니, 실질적인 광주 지역의 학교별 학생회 대표들의 모임이 필요했다. 마침 그해 전교조 출범 준비 소식을 접했고, 학생들도 뭔가 준비가 필요하다는 판단하에 계획이 좀 더 빨라졌다. 나는 시내 풍년제과점에서 예술고 부회장 황호준과 만나 광주 지역 학생회장 모임을 만들자고 제안했다. 명칭은 광주지역고등학생대표자협의회. 둘이 의기투합한 후 광고협 결성에 박차를 가했다. 만난 학생 대표들은 모두 직선제 학생회장들로, 지난해부터 학교별 조직원들과 함께해왔던 터라 만나서 이야기하는 데 어려움은 없었다. 참여 의사를 전한 학교가 27곳이었고, 조선대에서 광고협 출범을 위한 첫 회의를 시작했다.

이날은 광고협 의장과 집행부를 선출하는 날로 난 이미 광고협 의장으로 내정된 상태였다. 그러나 강의실 하나를 빌려 회의를 하던 중 광고련과 몇 개 학교 대표들이 회의장을 밀고 들어왔다. 광고협 결성을 반대한다는 것이다. 광고협은 학생 대표자 기구이므로 광고협이 결성되면 광고련이 소외될 수 있다거나, 광고협이 광고련과 다른 정파의 조직이 될 수도 있다는 위기의식 때문이었을 것이다. 하지만 광고련과 상의하지 않은 것도 나의 실책이라고 판단해, 광고협 의장 추천을 반납하고 서석고 대의원을 의장으로 밀었다. 우여곡절 끝에 의장과 부의장 그리고 기획실장을 선출했다. 부의장은 동아여고 부회장이, 기획실장은 내가 맡았다. 본격적으로 광고협 출범식을 준비했다. 전남대 학생회관에 임시 사무실을 차려 매일 회의를 했다.

1989년 5월 28일 전교조가 출범했고, 출범과 동시에 정부 당국과 학교 측은 전교조에 참여한 교사들을 해직했다. 전교조 출범 직전에 출범한 광고협은 해직반대 시위를 주도했다. 전남대에서 1만 5,000명이 모인 대규모 고등학생 연합시위를 벌였고, 연이어 학교별로 수업 거부, 연좌농성, 삭발, 혈서 작성 등 투쟁을 이어갔다. 급기야 문교부는 6월 초 광주 지역 모든 고등학교에 조기방학을 발표했다. 학교마다 경찰 병력을 배치했고 학생 출입을 막았다. 광고협은 전남대 학생회관에서 이 모든 상황을 파악하고 매일 지침서를 내렸다. 북부 지역 고등학교는 오후 2시 무등경기장 앞으로 집결, 동부 지역은 오전 10시 도청 앞, 남부 지역 고등학교는 11시 백운광장…… 5월부터 시작된 고등학생 시위는 각 학교에서 시작해 거리에서 전남대로 7월까지 하루도 쉬지 않고 이어졌다.

7월 20일에 광고협이 주최한 두 번째 고등학생 연합집회에 광주 지역 고등학생 2만 5,000명이 모여들었다.° 집회 장소인 전남대에 놀랄 만큼 많은 고등학생이 참석했다. 경찰은 모든 병력을 동원해 그 넓은 전남대의 정문, 후문, 쪽문까지 막아 학생 출입을 저지했고, 고등학생들은 쇠파이프와 몽둥이로 그 길을 다 뚫으며 전남대로 진입했다. 광고협 상황실은 쉴 틈이 없었다. 고등학생 전령들이 들어와 '쪽문에서 학생들이 못 들어오고 있다' '농대에서 경찰과 대치하고 있으니 선봉대를 보내달라'는 등 여러 상황을 정신없이 전했다. 난 고등학생 선봉대에게 무조건 길을 내고 학생들을 안으로 들여보내라고 다독였고 실제 고등학생들은 물불 가리지 않고 전경들과 싸웠다. 그렇게 그 삼엄한 경찰의 포위망을 뚫고 2만 5,000명이 전남대로 집결했다.°°

난 이미 5월부터 연합집회를 주도한 혐의로 광고협 의장과 함께 수배가 내려져 집은 물론이고 갈 수 있는 곳이 없어서 주로 전남대 안에서 숙식을 해결하며 시위를 기획하고 다른 학교들을 방문해 시위를 독려했다. 학교 당국은 연합집회에 참석하고 학교 시위를 주도한 학생들을 찾아 퇴학과 자퇴로 위협했다. 실제로 학교와 부모님에 의해 강제 전학을 당하는 학생들도 많았다. 정부 당국은 어린 아이들의 철없는 행위로 우리의 모든 행위를 폄하하고 부모님을 동원해 학교 출입을 막았다. 그 '어린 학생'들은 울면서 다시 집을 나와 전남대로 집결했다. 전교조에 대한 지지를 넘어 더 이상 지금과 같은 교육 환경에 놓이고 싶지 않다는 의지 역시 컸다.

°   박화강, 〈광주 중고생 2만5천명 시위〉, 《한겨레》, 1989년 7월 21일, https://newslibrary.naver.com/viewer/index.naver?publishDate=1989-07-21&officeId=00028&pageNo=1.

°° 훗날 내가 검찰에서 조사를 받고 구속될 때, 검사는 그때 부상을 입은 전경들의 명단을 보여주며 내 뒤통수를 내리쳤다. 신고 있던 슬리퍼를 벗어서. 그때 정말 많은 전경들이 부상을 당했다. 그렇게 내 죄목에 특수공무집행방해치상이 추가됐다.

1990년, 구속, 복학

8월에 들어서며 고등학생들의 시위는 소강 상태에 들어갔다. 광고협 사무실이 있던 전남대 학생들이 추석이 다가오자 고향에 가느라 학교를 떠나고 있었기 때문이다. 부모님들이 찾아오고, 경찰들은 수배된 우리를 노리고 있었다. 전남대가 안전하지 않다는 판단 하에 추석 연휴에 서울로 피신했는데, 다시 광주로 내려오는 기차 안에서 형사들에게 체포됐다. 그 후 나는 9월에 광주교도소로 이송됐다. 나, 서석고 학생회장, 광고협 의장이 구속됐다. 연합집회는 없었지만 우리의 석방을 요구하는 시위가 학교별로 이어졌고, 광고협 2기 집행부가 구성됐다. 우리 셋은 다음 해 1990년 2월에 석방되었으나, 학교 측으로부터 모두 퇴학 처분을 당했다. 난 굴하지 않고 친구들, 후배들이 모두 졸업한 학교로 어머니와 함께 등교했다. 학교에 들어서자마자 방송실로 향했다. 수업 시간이었지만 방송을 했다. "여러분의 학생회장입니다. 교도소에서 출소했습니다. 보고 싶었습니다."

학생들의 환호성과 함성, 그리고 박수 소리가 들렸다. 방송 후 어머니와 함께 교무실에 들어섰다. 교감과 복학 문제로 실랑이를 하는데 수업이 끝났는지 교사들이 교무실로 들어섰다. 이때 학생주임이 누가 수업 시간에 방송을 하냐며 허공에 대고 소리를 질렀다. 내가 했다고 응수하자 갑자기 젊은 교사들이 달려들어 나를 번쩍 들쳐 메 교문 앞에 내동댕이치고 교문을 걸어 잠갔다. 전교조 해직교사들을 대신한 교사들이었다. 이 광경을 어머니가 모두 보셨다. 굴욕감과 맞물려 감당하기 힘든 마음이었다. 어떻게 할 수 없어 어머니를 택시에 태운 후 학교 옆 골목에서 한참을 울었다.

다음 날부터 홀로 등교투쟁을 벌였다. 3학년 아무 교실에 들어가 수업을 들었다. 내 자리를 없애기 위해 학교는 모든 반의 책걸상을 학생 정원수에 딱 맞게 됐다. 나는 그다음 날부터 새벽에 등교했다. 결국 내가 의자를 먼저 차지해 앉자 학생 한 명은 자리를 잡지 못하는 사태가 벌어지고 결국 학교는 다시 책걸상을 다시 가져다 놓았다. 수업은 들어갔지만, 교사들은 날 유령 취급했다. 출석 검사, 숙제 검사, 심지어 쪽지 시험에서도 나를 모두 배제했다. 그래도 난 매일 등교해 수업을 들었다. 그렇게 보름 정도 되자 교장이 나를 불렀다. 난 퇴학의 부당성을 이야기했지만, 교장은 학칙상 교도소를 다녀오면 퇴학하게 되어 있다는 이야기를 반복했다. 평행선이 이어지자 교장은 지금은 시국이 복잡하니 2학기에 복학을 하면 어떻겠느냐는 제안을 했다. 다시 휴학을 하고 2학기에 또다시 2학년 2학기로 복학했다. 2학년만 세 번째였다. 나는 5년 만에 대동고를 졸업했다. 졸업장을 받는 날 많은 친구들, 후배들과 전교조 교사들에게 축하를 받았다.

1991년, 고운 열사 김철수

1989년 전교조 관련 투쟁을 끝으로 광주 지역 고등학생들의 집단 시위나 연합집회는 사라졌다. 광고협 역시 해체 수순이었고 학내 조직들은 시위를 주도했던 이들이 모두 졸업한 후 소모임 형태로 이어졌다. 광주 시내에서는 다시 몇몇 소모임이 만들어지고 조직화되는 중이었다. 의식 있는 선생님들이 모두 학교에서 해직되고 가열찬 투쟁을 전개했던 고등학생들은 모두 졸업을 한 후라 학교현장에서 고등학생운동의 지속성은 현격히 떨어지고 있었다.

난 한참 어린 후배 고등학생들과 다시 활동을 이어갔다. 어찌 됐든 난 그때도 현역 고등학생이었기 때문이다. 난 주로 전교조 투쟁 당시 희생된 친구들, 그러니까 졸업을 하지 못했거나 원치 않는 전학을 가게 됐거나, 징계를 받았거나, 학교 당국과 부모님에게 압박을 받았던 친구들을 찾았다. 그들의 사연을 듣고 함께 울며 서로를 다독였다. 대학 진학을 하지 못한 친구들은 재수 학원에 들어갔고 대학 대신 노동현장에 들어간 친구들도 있었다. 한바탕 전쟁을 치른 후 부상병을 치유하듯, 몸과 마음에 상처를 입은 친구들에게 난 빚진 심정으로 그들과 함께하고자 했다. 이들의 희생이 결코 헛되지 않길 바라는 마음으로 학교와 시내를 오가며 고등학생운동 조직 재건에 나섰다.

정부 당국은 전교조 출범 이후 교복을 부활시키고 보충·자율학습을 재개하면서 학생들을 옭아맸다. 그러던 중 1990년 6월 대구 경화여고에 재학 중이던 김수경 열사가 투신해 운명하는 사건이 발생했다. 경화여고 학생회 간부였었던 김수경 열사는 전교조 출범 당시 학생회 대의원으로 전교조 지지 시위 활동을 했는데, 고운 활동으로 학교 당국의 심한 모욕과 괴롭힘을 당하다 투신했다. 다음해 '분신정국'인 1991년에는 공안 당국에 항거하며 열 명이 분신했고, 그 와중에 전남 보성군의 보성고 김철수 학생회장이 노태우 정권 퇴진을 외치며 분신했다. 유언장에 입시 위주의 교육을 거부한다는 말, 교육의 주체는 학생이라는 말을 남겼다.

김철수 열사의 분신 소식을 듣고, 나는 그의 시신이 안치된 전남대학교병원 영안실로 달려갔다. 현장에 도착하니 보성고 학생들과 광주 지역 고등학생들이 모여 있었다. 밤이 되니 그 숫자는 더욱 많

1991년 김철수 열사 노제

1991년 김철수 열사 장례 행렬

아져 대략 500명 정도의 시민과 고등학생이 영안실을 지켰다.

분신정국에서 대개 대학생 열사의 장례는 대학 학생회와 시민사회에서 맡았는데, 난 이때 김철수 열사는 고등학생 신분으로 분신했으니 장례는 고등학생들이 직접 치르겠다며 광주·전남 시민사회단체의 책임자들과 시민사회 원로들을 설득했다. 장례위원 구성을 위해 영안실을 지키고 있는 고등학생 300여 명에게 장례위원으로 참여할 것을 제안했다. 또 경찰들의 시신 탈취를 막기 위해 고등학생 장례위원들에게 참교육선봉대(이하 '참선대') 조직화도 함께 제안했다. 고등학생들은 장례식장을 지키며 장례 절차를 준비했다. 참선대는 보성고 교정까지 김철수 열사의 시신을 운구해 노제를 치렀고 열사를 광주 망월동 묘지에 안치했다. 이후 참선대와 자주적학생회건설회 등 광주 지역 소모임 조직들이 건설되고 다시 학원민주화 투쟁을 해나갔다. 하지만 과거의 광고련이나 광고협처럼 힘을 발휘하지는 못했다. 고운을 주도했던 이들이 학교를 졸업하면서 명맥을 유지하기가 힘들어졌고, 시대가 바뀌며 고운의 활동 역시 점차 사그라들었다.

고운은 고운

광주 지역의 고등학생운동은 내가 고등학생이 되던 1987년부터 1994년까지 이어졌다. 1987년 이전에는 고운이 언더그룹으로 학교별, 시내 동아리 형태로 유지되다 6월항쟁을 기점으로 대중운동으로 전환되었다. 가두투쟁은 물론이고 학내에서도 잦은 시위를 이어왔다. 광주 지역 고운을 1989년에 창립한 전교조 투쟁의 일시적인 현상이라고 단정하곤 하지만, 고운은 그 전에도 그 후에도 끊임없이 자생적인 조직으로 성장해왔다. 전교조 출범으로 인해 고운이 더 대중적인 조직으로 성장했던 건 부인할 수 없다. 당시 전교조 교사들이 학교별로 해직을 당하면서 고등학생들이 집단으로 분노했고 그 분노를 고운이 조직화했기 때문이다.

1929년 11월 3일 일제강점기 당시 광주학생의거, 1960년 4·19혁명, 1950년 6·25 학도병, 1980년 광주민주화운동…… 시대별로 고등학생이 역사의 정면에 앞장선 것만 보더라도 고등학생들의 역사의식은 단순히 혈기와 치기로만 이루어진 게 아니다. 가장 순수하고 혈기왕성한 나이에 불의에 대한 분노와 정의를 추구하는 가치가 가장 선명하게 드러났다.

내가 기술한 시기는 1987년 6월항쟁으로 민주화의 열기가 국민적 항쟁으로 이어지는 때로, 자연스럽게 고등학생들에게도 그 열기가 스며들었고, 그들이 처한 학교현장에서부터 민주화를 요구하게 된 것이 광주 지역 고운의 또 다른 역사다. 분단이라는 민족모순, 사회모순, 계급모순 등 당시 고등학생이지만 수많은 독서와 토론을 통해 현실을 깨닫고, 사회의 변혁을 몸소 실천한 것이다. 당시 광주 지역 고운은 과거 4·19 학생의거가 그러했듯 혁명적인 세상의 변화를 추구했다. 다소 과격했고 희생이 따르더라도 물불 가리지 않고 투쟁했다.

고등학교를 졸업한 이후 20대의 나는 정신적·육체적으로 많이 힘들었다. 공황장애로 절에서 2년여 생활하기도 했다. 30대 후반 다시 발병한 공황장애와 수면장애는 아직도 내게 남아 있다. 내 삶은 고등학생운동을 했던 10대 후반에 갇혀 있었다. 행동 하나하나 자기검열에 시달렸다. 살아오며 당연히 실수도 있었고 스스로 부끄러운 행동도 했지만, 누구보다 정의로워야 했고 불의에는 타협하지 않는 일상을 살려 했다. 당시 함께했던 친구들과 후배들도 정기적으로 만날 때마다 30년도 더 지난 당시 고등학생운동의 역사를 이야기하는데, 이는 그만큼 그 시간이 이후의 삶을 살아가는 데 큰 영향을 미쳤고 트라우마로 남았다는 방증이기도 하다. 개인적으로 힘들었던 이야기를 나누며 서로 위로하고 다독이지만 미처 챙기지 못한 수많은 친구와 후배의 억울함과 희생은 여전히 내게 남겨진 과제다.

"우리는 기계가 아니다!" "인간화 교육 실현하라!" "참교육 실현!" 우리는 구호를 외치며 학생의 자율성을 억압하는 입시교육에 문제를 제기하고, 학생인권의 보장을 주장하고, 차별에 맞서기 위해 싸웠다. 하지만 아직도 대한민국의 교육은 입시제도의 형식만 바뀔 뿐 근본적인 변화가 없다는 점에 자괴감이 들 때도 있다. 독재정권은 사라졌지만, 근본적인 교육개혁은 없었다. 고운을 했던 많은 이들이 학교, 사회, 가정에서 탄압을 받았고, 고등학교 졸업 이후 인생의 사이클이 바뀐 경우도 많다. 이들이 받은 상처와 트라우마는 현재 대한민국의 교육이 혁신적으로 변화되어야 풀 수 있는 멍울이 아닐까. 그렇게라도 젊은 날 우리의 정당성이 인정되고 보상받을 수 있다면, 상처를 치유할 수 있지 않을까.

4 어떤 행운

정경화

- 1971년생, 서울
- 흥고아 · 동명여고 동지단
- 나우정밀노조 · 민주노총 서울본부
- 서울노동권익센터 노동안전팀장

의문의 편지와 ET

1985년 중학교 2학년 어느 날 아침이었다. 아빠와 함께 마당을 청소하다 바닥에 떨어진 편지 한 장을 발견했다. 봉투에는 우리 집 주소와 함께 "부모님께"라고 적혀 있었고, 보내는 사람을 쓰는 칸은 비어 있었다. 아빠와 함께 봉투를 열어보니 또박또박 쓴 정갈한 글씨로 편지지 두 장이 빼곡하게 채워져 있었다. "잘못된 역사를 바로 잡기 위해 제가 해야 할 일이 있어요. 저는 건강하게 잘 있으니 걱정하지 마세요. 부모님께 불효해서 마음이 괴롭지만, 이 나라를 사랑하는 마음을 이해해주세요"라는 내용이었다. 당시 뉴스에서 언급되던 '운동권 대학생이 가출을 한 후 부모님께 자신의 안부를 알리는 편지'였고, 그게 왜 우리 집에 배송되었는지는 지금도 알 수 없다.

편지를 다 읽은 아빠는 혀를 끌끌 차면서 "부모들이 뼛골 빠지게 일해서 대학 보내놨더니 기껏 데모나 하는 한심한 애들"이라고 운동권 대학생들을 싸잡아 욕하셨고, 낙엽과 함께 태우라고 그 편지를 부정 탄 물건처럼 취급하셨다. 그런데 나는 구구절절한 문장에 감동한 것이었는지, 단순한 호기심이었는지 편지봉투만 태우고 아빠 몰래 내용물은 뒷주머니에 찔러 넣고선 등교 후 영어 선생님께 찾아가서 아침의 그 편지를 보여드렸다.

당시 내가 제일 좋아했던 사람은 영어 선생님이었다. 영어 교사 (English Teacher)여서 별명이 'ET'였던 그는 다른 교사들과 달리 권위를 내세우지 않고, 학생을 많이 이해하려는 교사였다. 그 선생님께 고민도 털어놓고, 읽은 책의 감상도 나누고, 종종 편지도 주고받았기에 의문의 그 편지를 보여드린 게 아닌가 싶다. 소위 말하는 '의식화 편지'°를 읽고 난 ET는 아빠와 달리 우리 사회의 부조리가 무엇인지, 그 부조리를 고치려고 헌신하는 대학생들을 긍정적으로 이야기했다. 나중에 알고 보니 ET도 한때 운동권 학생이었다.

《말》, 부천서 성고문 사건

은희는 서로의 집을 오가며 밤늦도록 고민과 웃음을 나누는 중학교 시절 단짝 친구였다. 중학교 3학년이었던 1986년 어느 날, 은희네서 그날도 여느 때처럼 라면을 끓여 먹고 숙제를 하다 우연히 책꽂이에 꽂혀있는 잡지 《말》을 꺼냈다.°° 이름도 생소한 그 잡지를 이리저리 뒤적이다가 '부천서 성고문 사건' 기사를 읽게 되었다.°°° 그

°   '행운의 편지'처럼 내가 왜, 무엇을 위해 학생운동을 하는지 적어 무작위로 배포하던 운동권 대학생들의 실천 활동 중 하나였다.

°°   《말》은 1985년 해직기자들이 만든 민주언론운동협의회의 기관지로 창간되어 1989년 정기간행물로 정식등록된 진보 성향의 시사 월간지다.

°°°   1986년 당시 부천 경찰서 형사 문귀동이 위장취업을 했던 대학생 권인숙을 조사하는 과정에서 성추행을 가했고, 피해자 권인숙이 강제추행 혐의로 문귀동을 고소하면서 해당 사건이 밝혀졌다. 여성인권 유린뿐 아니라 이후 언론에 이 사건의

경찰서내서 소름끼치는 「성고문」

지난 6월 초 경찰서 내에서 여성노동운동가가 경찰관으로부터 「성고문」을 당하는 충격적인 사건이 일어났다.

고영구, 김상철, 이돈명 변호사 등 변호인단 9명이 지난 7월 5일 인천지방검찰청에 제출한 고발장에 의하면 권모양(23세. 서울대 의류학과 4년 재적) 이 부천경찰서에 연행되어 조사를 받던 중 6월 7일 밤 수사과 조사계 소속 문귀동(39세)형사로부터 수갑에 채인 채 옷을 벗기우고 폭행과 강제추행을 당했다는 것이다. 문형사는 그 전날인 6월 6일 새벽에도 권양의 옷을 벗기고 가슴을 만지는 등 추행을 저질렀다.

권양은 금년 봄 서울대에서 제적당한 후 지난 5월 주식회사 성신(경기도 부천 소재)에 입사, 부천의 모아파트에서 자취를 해오다 6월 4일 밤 9시경 부천 경찰서에 연행됐었다.

「성고문」 사실은 권양이 인천 소년교도소에 수감된 후 5·3 인천사태관련 구속자 가족을 통해 알려졌으며, 권양은 문씨를 강간혐의로 고소했으나 고소장은 인천 교도소측에 의해 찢겨졌다고 한다. 권양은 7월 4일 문형사를 다시 인천지검에 고소했다.

한편 진상조사에 나선 변호인단은 권양을 통해 「성고문」 사실을 확인한 후 "이 사건은 변태성욕에 사로잡힌 한 개인이 우발적인 충동으로 저지른 단독범행이 아니라 경찰권력조직 내부에서 성이 고문의 도구로 악용되어 계획적으로 자행된 조직범죄라는 점에서 더욱 충격적이라고 지적하고 최고학부까지 다닌 미혼의 피해당사자가 "여성으로서의 앞길을 희생하더라도 그같은 끔찍한 일이 재발하지 않도록 끝까지 싸우겠다"는 결의를 밝힌 만큼 「성고문」진상을 철저히 규명하는데 전략을 기울이겠다고 말했다.

「성고문」이 큰 파문을 일으키자 뒤늦게 수사에 나선 인천지방 검찰청은 7월 17일 「수사결과」 발표를 통해 "재킷을 벗게 한후 T셔츠를 입은 가슴부위를 손으로 서너차례 폭행한 사실은 인정되나 성적모욕을 가한 사실은 인정할 수 없다"고 말하고 "성적모욕을 당했다고 허위사실을 주장한 것은 급진세력들이 수사기관의 위신을 실추시키고 국가공권력을 무력화 시키려는 상습적 수법이었다"고 발표했다.

검찰의 발표에 접한 변호인단은 18일 일부진 기자회견을 통해 「검찰은 진상을 알고도 사실을 왜곡, 은폐했으며 국민을 기만하고 있다」고 반박하고 재수사를 요구했다.

한편 신민당·재야단체는 19일 하오 2시 서울 명동성당에서 「성고문·용공조작 범국민 폭로대회」를 개최할 예정이었으나 1천 5백여 경찰병력에 의해 제지당하여 40여 명이 연행되었으며 이중 3명이 구속되었다.■

변호인단 고발장

다음은 경찰에 의해 저질러진 추악한 「성폭행고문」에 대한 변호사 9명의 고발장전문이다. 고영구, 김상철, 박원순, 이돈명, 이상수, 조영래, 조준희, 홍성우, 황인철변호사등 피해당사자의 변호인 9명은 「인간의 존엄성을 최고의이념으로 삼고 있는 법치국가에서 야만적이고 비인간적인 만행이 제도적으로 자행」됨을 묵과할 수 없어 문귀동(부천경찰서 수사과형사), 옥봉환(부천 경찰서서장), 성명을 알 수 없는 1인(부천경찰서 수사과장), 역시 성명을 알 수 없는 3인(부천경찰서 수사과형사들, 성고문시 입회자)등 6명의 경찰관을 7월 5일 인천지방검찰청에 고발했다.

본지는 고발내용의 핵심부분인 문귀동경장의 「성고문행위」가 활자화 하기는 물론이고 입에 담기조차 어려운 내용임을 잘알고 있으나 변호인들의 지적처럼 「최고학부까지 다닌 미혼의 피해당사자가 몇차례나 자살하고 싶은 충동을 간신히 극복하고 여성으로서의 앞길을 희생하더라도 그같은 끔찍한 일이 재발하지 않도록 끝까지 싸우겠다」는 결의를 밝힌 점에 숙연한 마음으로 공감하면서 전문을 게재하기로 했다.

〈경찰서내서 소름끼치는 「성고문」〉, 《말》 7호, 1986

기사는 나에게 충격과 공포 그 자체였다. '영어 선생님께 들었던 정
의로운 사람들이 데모하면 성고문까지 당할 수 있는 곳이 우리나라
구나'라는 무서운 자각에 휘청거리며 집으로 돌아왔다.

한편 학교에서는 어렴풋이 우리 교육의 모순을 자각하기 시작했
다. 나는 중3 때 반 친구들의 투표로 학급 반장이 되었지만 담임교
사는 전교 1등을 도맡아 하던 육성회장 딸과 나를 비교하고 그 친
구를 반장으로 대우했다. 담임교사의 차별이 부당하다는 걸 느꼈다.
사춘기가 되며 어떻게 살지, 왜 살아야 하는지 고민이 많아지기 시
작하던 시기이기도 했다.

흥사단고등학생아카데미

《말》을 정기구독하던 은희의 큰언니는 흥사단청년아카데미의 회
원이었고, 은희와 내가 사회문제에 관심을 가지니 자연스럽게 흥사
단고등학생아카데미(이하 '흥고아')를 소개해줬다. 나는 은희와 함께
서울 대학로에 있는 흥사단을 찾아가보기로 했다.

흥사단은 1913년 도산 안창호 선생이 자주독립과 번영을 위해
창립한 민족운동 단체로, 1970~1980년대에는 흥사단학생아카데미
를 중심으로 민주화운동의 중추적 역할을 했다. 흥사단학생아카데
미는 군부독재 시절, 합법적인 공개단체로서 지역별, 대학별로 활
발하게 활동했다. 흥고아는 흥사단학생아카데미의 고등학생 조직
으로 KSCM(한국고등학생기독교운동총연맹)과 함께 1980년대 고등학

보도지침이 하달되었다는 것이 드러났다.

생운동의 양대 산맥이었다. 공개단체로서 대중적 행사를 기획하고, 언론을 통해 고등학생들의 입장을 밝히는 것이 두 공개단체의 역할 이었다.°

교과서에 등장하는 데다 일제강점기에도 활동했던 흥사단을 찾 아가는 내 마음은 결연하고 비장했다. 비밀결사, 무장투쟁 조직에 가입하는 심정이었다. 그런데 대학로에는 활기찬 인파가 넘쳤고, 흥사단 지하 강당에도 깔깔깔 웃음이 흘러넘쳤다. '희락회'라는 이 름으로 고등학생들이 둘러서서 악수하고, 노래하고, 율동을 했다. '뭐지? 이렇게 즐거워도 되는 건가? 잘못 찾아왔나?' 혼란스러웠 다. 그때 고등학생 언니, 오빠 중 일부가 우리를 환대하며 단체 소개 와 공간 안내를 해주었다. 친절한 선배들 덕분에 우리는 중3이지만, 곧 고등학생이 될 것이니 흥사단고등학생아카데미에 가입하기로 했다.

흥사단에서는 회원을 '단우'라고 칭했고, 서로의 호칭을 '○○군' 이라고 불렀다. 안창호 선생이 주창한 정의돈수(情誼頓修)에 입각 해 선후배, 동기간 친목 도모에도 열심이었다. 토론회나 본행사 후 뒤풀이를 '희락회'라고 명명한 것도 특이했다. 무실역행(務實力行), 충의용감(忠義勇敢)을 실천하는 흥사단의 색다른 조직문화를 배워 갔다.

이념이란 사람을 참 무섭게 만든다. 그 이념을 위해 분신자살을 할 수 있을 정도로. 그렇지만 그것이 두려워서 생각을 않는다면 그건

° 반면 비공개단체는 직선제 학생회 건설, 해직교사 복직 투쟁 지원 등 교육민주화 를 위한 학내의 구체적 실천을 기획하고, 사회 현안에 대한 입장글 발표, 변혁에 대한 사상학습을 통해 활동가를 양산하는 데 더 집중했다고 볼 수 있다.

비겁한 인간이다. 비판받아야 마땅하다. 아직 아무런 사상의 기반도 세워지지 않은 상태에 서 있는 나로서는 조금 망설여진다. 어떻게 살아야 만족할 수 있을까? 어느 길이 참되고 바른 길일까? 절실히 독서의 필요성과 내가 주변인이라는 걸 깨닫고 있다. 도산사상을 깊이 공부해보고 싶다.

-1987년 6월 21일 일기 중

홍고아에서는 매주 토요일 정기 모임이 있었다. 도산 안창호 선생이 평양에 세운 학교 이름인 '대성'과 평안남도 강서에 세운 학교 이름인 '점진'으로 모임 이름을 정해서 반을 나눴다. 함께 책을 읽고, 토론을 하고, 발표를 했다. 토론이 끝나면 두 모임이 모여 희락회를 가졌다. 때맞춰 3·1만세운동과 4·19혁명에 대한 연구 발표를 하고, 안창호 전기나 도산 사상에 대한 책을 선배들에게 추천받기도 했다.

여름방학에는 일영, 대성리에서 3박 4일간 수련회가 있었다. 교육 문제를 다룬 마당극을 연습해서 교통이 통제된 주말의 대학로 거리에서 선보이고, 탈춤, 풍물, 민요를 배웠다. 일요일 아침마다 남산도서관 앞에 모여 팔각정까지 올라가며 쓰레기를 줍고 빗자루로 길을 쓸었다. 매년 9월에는 '샘물제'라는 축제를 진행했고, 추석 즈음에는 사회에 진출한 선배들을 초청해서 달맞이 행사를 했다. '만민공동회'라는 행사를 기획하기도 했다. 대학 학생운동권이었던 지도선배들의 기획도 있었고, 1963년 홍고아 창설 이래 연례행사로 이어진 행사들도 있었다.

1987년 고1 여름방학에는 세종대 재단인 대양학원과 싸우고 있던 평택의 한 마을로 농촌활동을 갔다.˚ 투쟁이 계속되는 곳이다 보니 동네 아이들을 모아놓고 〈농민가〉와 민요를 가르치려는데 아이들이 이미 투쟁가로 불리던 〈농민가〉를 다 알고 있었던 기억도 있다. 밤마다 하루하루를 평가하며 자아비판을 하는 시간도 가졌다. 조정래의 《태백산맥》, 김주영의 《객주》를 읽으며 책에서 배웠던 민중의 삶을 구체적으로 접할 수 있는 기회가 농촌활동이라는 평가를 하기도 했다. 대학 운동권의 농활과 다를 바 없었다.

홍고아 25기였던 나는 동기들과 열심히 토론하고, 각종 행사와 수련회를 진행하면서 빠르게 성장했다. 철학적 고민도 깊어지고, 실천의 폭도 넓어졌다. 흥사단 대전고등학생아카데미, 평택고등학생아카데미에서 활동하는 친구들과 직접 만나 홍고아 활동과 학내 활동에 대한 이야기를 나누며 전국적이고 체계적인 네트워크도 경험했다. 운동과 활동의 시야가 넓어진 계기였다. 이후 노동운동을 할 때도 단위사업장 활동에 갇히지 않고 지역, 더 나아가 전국적 연대활동을 하는 데 도움이 되었던 경험이다.

《죽음을 넘어 시대의 어둠을 넘어》

자연스럽게 근현대사를 통한 역사의식도 형성됐다. 고1이었던

° 평택에는 오랫동안 세종대 재단인 대양학원을 상대로 토지투쟁을 했던 신대리, 도두리 벌판이 있다. 신대리, 도두리 주민들은 1987년 민주화 과정에서 지주의 횡포에 맞서 싸웠다. 대양학원이 소유한 땅을 관리하지 않은 상태로 두다가 농민들이 그 땅을 번듯한 농지로 바꾼 후에야 소유권을 주장했던 것이 문제의 시작이었다. 농민들은 1987년 11월 대양학원 이사장실을 점거하는 등 강경하게 투쟁했다. 간척 농지 현지에서도 농성을 전개해 1996년까지 투쟁이 지속됐다. 10년 넘게 집단행동이 이어졌고, 결국 농민들은 간척을 허가한 경기도에 책임을 묻게 됐다.

1987년, 홍고아 24기 용산고 홍기표 선배가 조심스럽게 아카데미 사무실 안에 있는 서류 캐비닛 맨 위 칸에 인쇄물이 있으니 아무에게도 말하지 말고 집에 가서 혼자 읽어보라고 했다. 비밀스러운 지령을 내리는 분위기였다.

시꺼멓게 등사된 종이 뭉치를 가방에 넣고 집에 돌아와 방문을 잠그고 이불 속에서 손전등을 켜고 읽기 시작했다. 1980년 5월 광주의 실상을 알린《죽음을 넘어 시대의 어둠을 넘어》를 윤전식으로 등사한 인쇄물이었다. 당시 '넘어, 넘어'라는 약칭으로 불리던 금서였다. 책을 읽는 동안 전율이란 게 뭔지 온몸으로 실감했다.

그때 부엌에서 엄마가 나를 불렀다. "경화야, 가게 가서 콩나물 좀 사와라." 깜짝 놀라 후다닥 손전등을 끄고 아무 일 없었다는 듯 엄마에게 돈을 받아 심부름을 하러 밤 골목으로 나섰다. 50미터 거리도 채 안 되는 구멍가게를 오가는 동안 식은땀을 줄줄 흘렸다. 집마다 대문 옆에 튀어나온, 시멘트로 만든 쓰레기통이 마치 공수부대원들이 총검을 들고 웅크리고 있는 것처럼 보였고 하늘의 달이 쫓아오는 것조차 두려웠다.

그날, 그 밤, 그 골목이 나에게는 1980년 광주였다. 5·18 광주를 알고부터 소위 '의식화' 과정이 더욱 활성화되었다. 1987년 사학비리를 고발한 파주여종고 농성장°에 갔고, 정화여상 투쟁°°에 연대하기 위해 집회에 참석했다. 서울 삼양사 투쟁°°° 현장도 직접 방문했다.

성균관대에서 열린 시국집회에 참석해 교육민주화 요구가 적힌 손수건을 팔며 모금도 했다. 그때 집회 사회자가 자유발언대 순서라며 누구든 나와서 의견을 말하라고 했다. 나는 앞으로 나가 마이크를 잡았다.

"저는 고등학생입니다. 제가 세상에서 제일 존경하는 사람은 우리 아빠입니다. 아빠는 법 없이도 살 수 있는 정직하고 성실한 분입니다. 아빠는 1년 365일 하루도 쉬지 못하고 일을 합니다. 그런데 왜 우리 집은 이렇게 항상 가난한 것일까요? 우리 아빠 같은 노동자들이 정당한 노동의 대가를 받고 행복하게 살 수 있는 나라가 되었으면 좋겠습니다."

그 자리에 모인 대학생 언니, 오빠들에게 큰 박수를 받았고, 그 덕분에 손수건도 많이 팔 수 있었다. 1987년 6월항쟁의 한가운데를 관통하면서 나는 분노한 민중의 힘이 역사의 흐름을 바꿀 수 있다는 것을 배웠다.

도서반, 교지편집반

1987년 내가 입학한 동명여고는 동아리 활동이 활발했다. 나는 도서반에 가입했는데 우리 학교의 도서관 서고는 고등학교치고는 수

˚ 재단비리에 맞서 학원 민주화와 학생의 권리 보장을 요구하며 파주여종고 학생들이 100여 일 이상 시교위 농성을 벌였고, 정당 농성 등을 진행했다. 공권력까지 투입된 사건이었다. 이 투쟁 과정에서 남성 체육교사가 그간 학생들을 성폭행했다는 사실이 피해자들의 고발로 밝혀졌고 가해 교사의 퇴출도 함께 요구하는 싸움으로 발전했다.

˚˚ 고질적인 사학비리와 학원민주화를 요구하며 2,000여 명의 정화여상 학생이 수업 거부에 들어갔고, 후에 명동 가두시위, 시교육위원회 농성 등으로 확대되었다.

˚˚˚ 고창군 심원·해리의 삼양사 소작농민 270여 명이 토지 무상 양도를 요구하며 서울 종로5가 삼양사 본사를 기습 점거해 무기한 농성에 돌입했던 사건이다.

준이 있는 편이었다. 도서반원들은 책 관리, 대출카드 관리, 신규도서 구입, 정기적인 독서토론회를 담당했고, 회보《가문비》를 발행했다. 이문열의 〈우리들의 일그러진 영웅〉, 최인훈의 〈광장〉 등을 읽고 토론회를 진행했고, 학교 축제 기간에는 인근의 대성고, 경복고 도서반과 연합토론회도 개최했다. 2학년 때 나는 도서반 반장이 되었고, 교내 활동은 물론 다른 학교 독서 동아리와의 연합 활동에 앞장섰다. 독서와 토론회, 학교 외부 활동으로 사고의 폭이 넓어졌다.

교내 백일장에서 장원을 한 덕분에 교지편집반에 차출되기도 했다. 교지편집반은 두세 명 소수 정예 인원으로 구성되었는데 1학년 때는 타블로이드판형 신문을 만들었고, 2학년 때는 책자 형태의 교지를 만들었다. 1학년 때 만든 학교 신문 맨 앞장에는 내가 그린 만평이 남아 있다. 최루탄과 깃발, 집회 인파와 함성 소리가 와글와글 둘러싼 담장 안쪽에서 머리에 왕관을 쓰고 교복을 입은 학생이 눈을 감고 룰루랄라 휘파람을 불고 있는 그림이었다. 그림 아래에는 "궁궐 안 공주님들?"이라고 적혀 있다. 내가 경험한 학교 밖 6월항쟁의 뜨거운 현실과 조용히 공부만 강요당하고 있는 학교 담장 안이 너무 달랐다.

도서반, 교지편집반은 내가 선택한 공식적인 실천의 장이었다. 내가 홍고아에서 지도선배들과 학습하며 배운 민주적 의식을 실천하기 위해 목적의식적으로 비밀리에 만든 동지단이라는 학내 소모임 활동이 그 밑바탕에 있었다. 학생회 직선제를 쟁취하는 사전 과정에서 학내 동아리연합회를 만들고, 동아리연합회장을 선출했다. 동지단 단원들 중 학내 동아리 반장이 많아 수월했다. 도서반과 교지편집반 구성원 가운데 뜻을 같이하는 후배들을 동지단에 가입시키기도 했다.

학내 소모임 '동지단'

동명여고에서 '파라다이스'라고 불리던 교정의 잔디밭 안쪽 독채 건물에는 연극반 교실이 있었다. 1988년 5월 23일 햇빛이 거의 들지 않던 연극반 교실에서 나는 하얀 분필로 칠판 가득 〈동지가〉의 가사를 적었다.

휘몰아치는 거센 바람에도 부딪쳐오는 거센 억압에도.

'동지'라는 이름으로 만난 친구들에게 홍고아에서 배운 〈동지가〉를 한 줄 한 줄 가르쳐주었다. 절도 있는 손동작과 함께. 그렇게 첫 모임을 가진 이유로 우리들의 소모임 이름은 '동지단'이 되었다.

동지 1호였던 은희와 소모임을 하나씩 만들고 통합하기로 했다. 홍고아 지도선배들과 함께하던 야채목장이라는 소모임에서 학교 외부 활동보다는 학내 소모임을 만들어서 활동해야 학내민주화가 가능하다고 판단했기 때문이었다. 은희가 주도해서 만든 소모임은 '한울타리'라고 이름 붙였다. 동아리 반장, 학생회 간부, 지도부(선도부) 등 여론 주도층(?)이거나 도서 대출카드를 검색해서 철학이나 역사, 사회비판적인 책을 자주 빌려가는 친구들을 모임 구성원으로 점찍었다. 그렇게 우리 학년의 열 명이 모여 통합 동지단이 결성되었고, 곧이어 1학년 후배들도 모집했다.

우리는 《꽃들에게 희망을》, 《갈매기의 꿈》, 《아무도 미워하지 않는 자의 죽음》 같은 책을 읽고 토론하거나 주제를 정해 발표를 했다. 4·19혁명에 관한 자료를 읽고, 수유동에 있는 4·19묘소에 가서 참배하며 기념식을 열고, 세미나를 했다. 친구나 후배네 집에 몰려다니고,

《스스로를 비둘기라고 믿는
까치에게》

분식점에서 간식을 먹고, '대조독서실'이라는 간판이 달린 만화방에 가고(부모님께 독서실 다녀온다고 정직하게 말할 수 있는 곳이었다!), 어린이 놀이터에 모여 게임도 하고 신나게 놀기도 했지만 항상 인생에 대해, 올바르게 사는 것에 대해 고민이 많았다.

1987년 학교 밖에서는 민주교육추진 전국교사협의회(이하 '전교협')가 결성되어 교육민주화를 외치고 있었다. 해직교사들이 청소년들을 위해 발간한 《내가 두고 떠나온 아이들에게》,《스스로를 비둘기라고 믿는 까치에게》라는 책을 동지단 단원들과 돌려 읽었고, 학교현장의 문제점에 대해 공감했고, 교육민주화에 대한 의지를 불태웠다.

1987년 6월항쟁의 성과로 6·29선언이 발표되고 대통령 직선제가 실현되자, 우리는 학교에서도 반장들이 모여 학생회장을 뽑던 간선제를 전교생이 직접 투표하는 직선제로 바꾸자고 요구했다. 교장과 면담을 통해 학생회 직선제를 실시 약속을 받아내고, 민주적인 학생회장 후보를 물색하고, 포스터를 만들어 선거운동을 하고, 전교생이 모인 운동장에서 후보별로 유세를 펼쳤다. 이 모든 과정을 물밑에서 논의하고, 앞장섰던 이들이 동지단 단원이었다. 동지단 단원들은 동아리연합회장과 대의원의장 등 요직을 맡았다. 후보 지지 유세를 펼치고, 풍물패를 꾸려 운동장에서 길놀이를 하며 요소요소에서 활약했다. 하교 후에 흥고아, KSCM, 터울림° 등에서 활동하는 동지단원들도 생겼다. 다른 고등학교에도 소모임이 활발하게 만들어지던 때라 가까이 있는 명지고나 대신고 소모임과 긴밀한 교류도 가졌다.

은희, 란희를 비롯해 뜻 맞는 친구들끼리 최루탄에 맞아 피 흘리는 이한열 열사 사진을 복사해서 학생들 책상 서랍에 넣고, 화장실에 "학생을 위한 학교인가, 학생부를 위한 학교인가!" "학생회 직선제 실시하라!" 등의 낙서를 하고, 대자보를 써 붙이고, 유인물을 만들어 배포했다. 심증은 가는데 물증이 없으니 우리를 잡기 위해 일부 교사들은 '잠복근무'를 하기도 했다. 우리는 수위 아저씨 근무 시간 전에 학교에 가서 유인물을 뿌리고서는 화장실이나 도서실 등에 숨어 있곤 했는데, 한번은 학생들이 등교하기 전에 유인물이 발각되어 수위 아저씨와 일부 교사들이 학교 전체를 수색했다. 동지단 친구 하나가 화장실에 숨어 문을 잠갔는데 수위 아저씨가 밖에서 여러 번 문을 당기다가 그냥 돌아갔다. 심장이 쫄깃해진 순간이었다. 그렇게 무사히 수색을 피하고 아침 자율학습 시간에 교실 책상에 앉으니 그의 짝꿍이 하는 말. "너한테 이상한 냄새 나~."

1989년 전교조 출범 후 총 1,500여 명의 교사들이 해직되었다. 우리 학교에는 두 명의 해직교사가 생겼는데, 이를 규탄하는 종이비행기 시위 역시 동지단이 기획하고 주도했다. 동지단원들은 종이비행기에 "민족, 민주, 인간화 교육 만세" "선생님 사랑해요" "선생님을 우리 품으로" "전교조 합법화 쟁취!" 등을 적어 학교측 몰래 학생들에게 나눠줬고, 점심시간에 교실 창문에서 운동장을 향해 일제히 날렸다. 교정 가득 날던 색색의 종이비행기는 학생들의 마음을 동요시키기에 충분했다. 그중 종이비행기 하나가 2층의 교장실 창

° 1984년 창립되어 풍물 강습, 공연을 진행해온 민족문화예술단체다.

문 안쪽으로 날아 들어갔다. 놀란 교장이 그 종이비행기를 얼른 주워 창문 밖으로 내던졌고, 우리는 "교장선생님도 종이비행기 시위에 동참했다!"라고 떠들며 웃었다. 수위 아저씨들은 교정에 떨어진 종이비행기를 빗자루로 쓸어 담기 바빴다.

해직교사 두 분은 동지단원들과 사전에 협의한 대로 시간에 맞춰 교문에 도착했다. 해직된 선생님들이 오셨다는 소식에 학생들은 너나 할 것 없이 교문으로 쏟아져 나왔다. 수위 아저씨들은 해직교사들의 출근을 저지하며 교문을 닫았고, 자연스럽게 학생들의 대열이 형성되었다. 이 투쟁 계획은 동지단의 독자적 계획이었다. 해직교사들과는 '연대'의 관점에서 사전에 논의했고, 점심시간에 맞춰서 교문으로 와달라고 부탁을 드렸다. 동지단은 시위 날짜와 시간, 방식, 역할 분담을 사전에 논의하고 준비했다.

교문을 사이에 두고 선생님과 학생들이 〈아침이슬〉을 함께 불렀다. 동지단원의 진행하에 열린 교문 집회에서 앞에 나온 학생들은 해직교사들에 대한 절절한 마음과 해직의 부당함을 성토했다. 1992년 장산곶매가 제작한 영화 〈닫힌 교문을 열며〉[o]의 모티브 같은 장면들이 연출되었다. 그날의 종이비행기 시위 경험은 우리들에게, 선생님들에게 오래도록 기억되었다. 종이비행기 시위 이후 전교조 미가입 교사 중 전교조 가입을 고민하고, 갈등하고, 동요하는 분위기도 조성되었다. 한편 시위를 진행했던 친구들은 가정과 학교에서의 감시가 더 심해졌다.

[o] 인문계 고등학교 취업반 학생들의 좌절과 참교육을 실천하려는 해직교사들의 이야기를 담은 영화로, 닫힌 교문으로 상징되는 폐쇄적인 교육 현실에 대한 아픔과 참교육에 대한 열망을 감동적으로 전했다. 1987년 민족영화를 제작, 상영, 배급해 사회운동을 실천하기 위해 결성한 영화단체 장산곶매에서 제작한 영화다.

나비가 되는 길

홍고아에는 지도선배들이 있었다. 대개 흥사단 단우이자 연세대 운동권 학생들이었다. 그 지도선배들의 주도로 1988년 홍고아 회장, 부회장 등 임원진이 주축이 된 비공식 모임이 만들어졌다. 사회과학 서적을 읽고 토론하고, 진로 고민을 나누는 모임이었다. 홍고아 평회원들이 이질감을 느끼지 않도록 배려하려는 차원도 있었고, 사회운동적 관점에서 진로 고민을 풀어가려니 학교, 가족, 경찰 등 정보기관의 감시를 의식할 수밖에 없었기 때문이다. 그동안 학내에서, 외부 단체에서 고등학생운동을 해온 친구들은 앞으로 사회진출을 어떻게 할 것인지가 가장 큰 고민이었고, 같은 맥락에서 지도선배들의 경험과 의견을 소중하게 받아들였다.

당시 롯데삼강에서 야채목장이라는 음료가 시판되었는데, '맛은 없지만 몸에는 좋다'는 홍보 맥락대로 '재미는 없지만 내 인생에는 좋다'는 뜻으로 이 모임의 이름을 정했고, 줄여서 '야목'이라고 불렀다. 나는 홍고아 부회장으로서 비밀 모임인 야채목장에 참여했다. '어떤 사람이 되고 싶은가? 어떤 직업을 선택할 것인가? 대학을 갈 것인가? 노동현장, 즉 생산 공장을 갈 것인가? 대학을 간다면 어떤 과를 선택할 것인가?' 이런 구체적인 진로 고민을 나누면서 나는 언론노동자가 되고 싶다고 했다. 그러기 위해서는 대학을 가야 하니, 신문방송학과 진학 정도를 생각했다.

> 대학에 가고 싶다. 나의 성장을 도모하고 싶다. 그리고 후배들에게 끼칠 영향도 무시할 순 없다. 무슨 과를 갈 것인가? 신문방송과를 간다고 하면 직업은 무엇을 선택할 것인가? 기자가 되겠다. 그리

고 열심히 살겠다.

-1988년 8월 21일 일기 중

기자가 되더라도 올바른 기자가 되려면 노동자의 삶을 직접 체험해봐야겠다는 생각을 했다. 당시 대학생 운동권 중에는 '공장활동'이라는 이름으로 기득권을 포기하고 노동현장에 취업하는 경우가 꽤 있었다. 나는 고등학생 운동권으로서 흔하지 않았던 공장 활동을 하기로 결심했다. 구로공단을 다니면서 전봇대에 붙은 구인공고를 보고 공장에 전화를 해 공장에서 면접을 봤다. "고2지만 가정형편이 어려워서 여름방학 동안 돈을 벌려고 왔다"라고 말하고 취업을 했다. 학교장, 교사, 부모 확인 같은 절차는 없었다.

그렇게 1988년 고2 여름방학에 구로공단의 소규모 부품조립 공장에 들어갔다. 매일 가장 일찍 출근해서 청소를 했고, 열심히 일해서 공장 아주머니들과 언니, 오빠들에게 칭찬을 들었다. 하루하루 공장 활동 일지도 빠짐없이 적었다. 퇴근 후 친해진 언니의 단칸방에 놀러가서 방의 3분의 1을 차지하던 비키니옷장°을 처음 봤고, 언니가 시골에서 상경할 수밖에 없었던 사연을 들었다. 한 달을 일하고 월급봉투에 담긴 돈을 처음 받아보았다. 퇴사하는 날, 공장 사람들과 모두 아쉬운 작별인사를 했다. 포장반 오빠가 이별의 악수를 청했다. 손을 잡았는데, '이게 노동자의 손이구나' 실감했다. 손바닥 전체에 딱딱한 굳은살이 박인 손. 지문이 없어질 정도로 일하는 아빠의 손도 떠올랐고 한참 동안 그 손의 감각이 머리를 떠나지 않았다.

° 숙소도 좁고 이불장, 옷장 등 가구를 마련할 수 없을 정도로 가난한 노동자들이 사용하던 천으로 만든 커버형 옷장.

그즈음《어느 청년노동자의 삶과 죽음》°을 읽고 전태일 열사를 알게 되었다. 전태일 열사의 일기를 필사하며 열악한 노동 현실을 알게 되었고, 이를 개선하기 위해 불꽃으로 산화해간 그 마음을 닮고 싶었다. 어느 날 지하철을 타고 대학로를 나가는데 '예수천국, 불신지옥'이라고 적힌 어깨띠를 두른 아저씨가 다가와 "예수그리스도가 누군지 아세요? 우리를 위해 십자가에 못 박히신 분입니다"라고 하기에, 나는 그 아저

《어느 청년노동자의 삶과 죽음》

씨에게 "혹시 전태일이 누군지 아세요? 노동자를 위해 자기 몸에 불을 붙인 분이에요"라고 답해줬다. '예수천국 불신지옥' 아저씨는 어이없다는 표정으로 아무 말 없이 다른 칸으로 얼른 옮겨 갔다.

홍고아 지도선배, 야채목장 친구들과 진로 고민을 지속해서 나누고, 여름방학 동안의 공장활동을 평가하면서 기자가 아니라 공장 생산직 노동자가 되겠다고 진로를 바꿨다. 당시 어떤 사회과학 서적에서 "노동자는 계급투쟁의 최전선에 있다"라는 문장을 읽었고, "계급투쟁의 최전선"이라는 말에 곧바로 매료되었다. 어차피 싸울 거라면 나는 최전선에 있고 싶었고, 전태일 열사의 일기 한 구절 한 구절과 짧았지만 강렬했던 공장활동의 자장 안에서 진로를 고민하게 되었다. 1988년 11월 야채목장 친구들과 함께 마석 모란공원의

°   지금은 세 번째 개정을 거쳐《전태일평전》(아름다운전태일, 2020)으로 유통되고 있다.

전태일 열사 무덤에 찾아가 소주잔에 술을 따르고 '노동자로 살겠다'는 결심을 밝혔다. 고등학교 2학년 겨울, 흐린 회색 하늘 아래에서 〈그날이 오면〉을 친구들과 함께 부르던 그때의 결심이 이후 내 삶의 지표가 되었다.

> 대학을 포기했음에도 문득문득 가슴이 저릴 때가 있다. 도서반 영주 언니가 자기가 쓰던 고3 참고서랑 문제집을 건네줄 때, 국민학교 친구인 선이에게 나를 이해시킬 때, "이제 고3이니 바쁘겠네", "힘들겠네" 라는 말을 들을 때……
>
> −1989년 2월 23일 일기 중

많은 고민과 갈등의 흔적이 일기에 쓰여 있지만, 투쟁하는 생산직 노동자로 살겠다는 진로를 선택한 후 내 얼굴에는 '나는 행복합니다'라는 말이 적혀 있는 듯했다. 내 삶을 내가 결정하고 선택했다는 사실이 뿌듯하고 가슴 벅찼다. 다른 친구들이 모두 한 방향으로 몰려가는 대입 시험을 나 스스로 거부했고, 《꽃들에게 희망을》에 나오는 자유롭게 날아다니는 나비가 된 애벌레의 기분을 알 것 같았다. 주체적인 인간이 되었다는 자부심 덕분이었다.

모두 대입 시험을 보던 날 아침, 나처럼 노동현장으로 가겠다고 결심한 동지단 친구 란희와 함께 KBS 아침 대담 생방송 프로그램에 출연했다. 동지단 친구의 가족이 방송국 관계자였는데, 대학이 아닌 길을 선택한 학생들을 섭외하고 있던 터였다. 인문계 고등학교에서 대학 진학을 포기하고 자기 길을 가는 학생들을 주제로 교육 전문가, 학부모단체 대표 등 어른들 네댓 명이 둘러앉아 이야기를 나누었다. 출연자 모두 "대학이 인생의 전부가 아니다"라고 카메라 앞에서는 입을 모았지만, 방송이 끝나고 나니 교수님도, 학부모 단체 대표도 나와 란희를 걱정스럽게 바라보며 "너희들 대단하다" 라고 말씀하셨던 게 기억난다.

깊어지고 넓어지는 운동

1988년 KSCM 지도선배였던 강주성 선배와 뜻있는 친구들이 모여 푸른나무 출판사 공간을 활용해 청소년 무크지《푸른나무》발행을 기획했고, 나는 그 책에 "정말 사랑의 매인가?"라는 제목으로 학교 체벌에 관한 특집 원고를 실었다. 청소년이 직접 기획하고, 취재하고, 원고를 써서 만든 책이라는 세간의 평가 덕분에 배종옥 씨가 진행하던 〈가위바위보〉, 이문세 씨가 진행하던 〈별이 빛나는 밤에〉 등 청소년에게 인

《푸른나무》 창간호

기 있는 라디오 프로그램에 몇 차례 출연했다. 어른들이 우리 목소리에 관심을 가져주고, 우리가 주장하는 바가 무엇인지 알릴 수 있다는 사실이 기뻤다. 이후 마포 용강동에 위치했던 푸른나무 출판사 공간에서 무크지 내용을 중심으로 푸른나무이야기모임을 결성했고, 지역별 모임도 진행했다. 노동현장으로 가겠다고 결심한 후 고3이었던 1989년에는 푸른나무이야기모임에서 '지도위원'이란 호칭으로 불리며 후배들, 즉《푸른나무》와 같은 청소년 언론을 만들

어갈 청소년 기자, 청소년 활동가를 양성하는 역할을 맡았다.

1988년 7월에는 자살학우 추모제가 서울지역고등학생연합(이하 '서고련') 차원에서 대규모로 기획되었는데, 그 추모제를 열심히 준비했다(1987년 명동성당에서 결성된 서고련에는 홍고아 24기 선배들이 다수 결합되어 있었고, 홍고아 25기였던 나는 그 선배들의 영향으로 자연스럽게 서고련 활동을 알게 되었다. 직접 가입하지는 않았지만 서고련 선배들 결정이나 실천 내용에는 동의할 때 가 많았다). 당시 자율학습, 보충수업 등 입시 경쟁에 시달려 자살하는 학생이 많았는데, "행복은 성적순이 아니잖아요"라고 쓴 여학생의 유서가 사회적 이슈가 되어 이를 계기로 기획된 추모제였다.

이 추모제가 열린 1988년은 한국 사회 모든 영역에 민주화의 바람이 강하게 불었던 1987년 이후였고, 교육 영역 역시 마찬가지였다. 1986년 민주교육실천협의회(이하 '민교협') 결성 이후, 전교조의 전신인 전교협이 1987년 창립되는 등 교육 영역 역시 이 흐름 속에 있었다. 자살학우 추모제는 이런 사회적 분위기 속에서 교육모순의 직접적이고 구체적인 피해자인 청소년들이 스스로 '더 이상 우리를 죽음으로 내몰지 말라'는 주체적인 목소리를 내는 집회였기에 많은 관심을 모을 수 있었다. 청소년 자살과 교육민주화에 대한 사회적 인 공감이 컸기에 교사, 학생 다수가 참석했고, 이 행사는 최대 규모 의 고등학생 집회가 되었다.

나는 홍익대 체육관에서 진행된 자살학우 추모제 집회를 위해 밤을 새워가며 준비했다. 얼굴 없는 하얀 영정을 수없이 만들고, 마당극을 위해 전투경찰 방패와 헬멧을 실어 나르고, 살풀이춤 공연을 위해 긴 광목천을 잘랐다. 그런데 행사 당일 사회를 맡았던 서초고 전운혁 선배가 경찰의 정보로 집에서 억류되었고, 행사 한 시간 전, 신일고 이창진 선배가 나를 조용히 불러내서 상황을 설명했다. 차

내 짝은 어디에

언 제 : 7월 17일 오후 1시
어디서 : 홍익대학교 체육관
누 가 : 대회 준비 고등학생 위원회
　　　 (흥사단 고등학생 아카데미 서울 연합회,
　　　 한국 고등학생 기독교 운동 총연맹 서울지부
　　　 푸른나무 그 외 여러 고등학생들)

행복은 성적순이 아니잖아요

난 1등 같은 것은 싫은데…
앉아서 공부만 하는 그런 학생은 싫은데
난 꿈이 따로 있는데, 난 친구가 필요한데…
…행복은 성적순이 아니잖아…
난 나의 죽음이 결코 남에게 슬픔만 주리라고는 생각지 않아.
그것만 주는 헛된 것이라면, 난 가지 않을거야…

우리의 친구들이 죽어가고 있습니다.
왜 우리의 친구들이 죽어야만, 끝끝내 스스로 목숨을 끊어야만 했을까요?
누가, 누가 우리의 친구들을 빼앗아 갔나요?
우리는 언제까지 닫혀진 창 속에서 형광등 불빛 아래 앉아있어야만 하나요?
이제, 우리의 친구들을 더이상 보낼 수는 없습니다.
여기, 나의 모습, 내 짝의 고통, 바로 우리의 아픔을 함께 나누는 장을 마련했읍니다.
모두 모여서 우리의 아픔을 함께 나누고 또한 친구들을 죽게 한 현 교육의 정상화를 위하여 우리 모두의 마음을 하나로 모아봅시다.

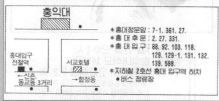

홍익대

* 홍대정문앞 : 7-1, 361, 27.
* 홍 대 후 문 : 2, 27, 331.
* 홍 대 입 구 : 88, 92, 103, 118,
　129, 129-1, 131, 132,
　139, 588.
* 지하철 2호선 홍대 입구역 하차
* 버스 정류장

홍대입구 전철역
서교호텔
신촌 동교동 3거리
→ 합정동

자살학우 추모제 리플릿

1988년, 홍익대, 자살학우 추모제

분한 목소리로 "경화야, 네가 사회를 좀 봐줘야겠다"라고 말했고 나는 그 차분함에 전염되어 선배와 같은 차분한 톤으로 "네. 그럴게요"라고 대답해버렸다.

자살학우 추모제에서는 입시 경쟁 때문에 스스로 목숨을 버린 많은 영혼을 위로했고, 교사와 학생이 1,000명 넘게 참석해 한마음이 되어 잘못된 교육 현실을 바꿔내자는 결의를 다졌다. 추모제가 끝나고 며칠 뒤 나의 중학교 영어 선생님이었던 ET에게 전화가 왔다. "홍대에 자살학우 추모제 갔다가 네가 사회를 봐서 깜짝 놀랐다"라며, 나도 ET가 그 자리에 함께했다는 사실에 깜짝 놀랐다.

서울지역 고등학생 1천여 명은 17일 오후1시 홍익대 대강당에서 「자살학우 추모제 및 교육정상화를 위한 고등학생 결의대회」를 갖고 ▲학생회 직선제와 독립▲보충수업·자율학습폐지▲전인교육과 민주교육쟁취 등 3개항을 결의했다.

고교생들은 『입시위주의 비인간적인 교육 때문에 어린 친구들이 죽어가야만 했다』고 주장, 『참된 학교와 참다운 교육의 성취를 위해 단결하는 것이 참된 고교생의 길이고 자살한 친구들의 죽음에 보답하는 것』이라고 밝혔다.

홍익대 학생회 후원으로 열린 이날 대회는 신일고·정릉여상 등 서울시내 1백여 개 고교생들이 참가, 추모제와 추모연극·토론회순으로 5시간 동안 열렸다.°

–《중앙일보》, 1988년 7월 18일

°   중앙일보, 〈서울지역 고교생 천명 교육 정상화 촉구대회〉, 《중앙일보》, 1988년 7월 18일, http://www.joongang.co.kr/article/2259794.

11월 3일은 학생의 날이다. 학생의 날은 일제강점기인 1929년 11월 3일과 12일 광주에서 연이어 일어난 대규모 항일학생시위가 전국으로 확산되어 전개된 광주학생운동을 기념하기 위해 1953년 제2대 국회에서 기념일로 제정되었다. 이후 1973년 박정희 정권이 각종 기념일을 53개에서 26개로 줄이면서 없어졌다가 1984년 전두환 정권의 유화정책에 의해 다시 부활했다.

1987년 홍고아는 KSCM 등과 함께 학생의 날 기념행사를 대중집회로 기획했다. 대학로에서 열린 그날 행사에는 중고생, 교사 등 1,000여 명이 모였고 나는 그날의 실내 기념식 진행, 야외 행사 길놀이 사회를 맡았다. 이후 해마다 학생의 날은 직선제 학생회 요구, 학생 자율권 존중, 교육민주화를 외치는 고등학생운동의 중요한 기념일로 정립되었다.

나는 공개단체인 홍고아 활동을 중심으로 대외 활동을 했지만, 반합법조직·비합법조직을 넘나들면서 활동하는 고등학생 선배, 친구들도 있었다. 1988년 민족모순이 우선이냐, 계급모순이 우선이냐를 따지는 사회구성체 논쟁이 고등학생운동 내부까지 번졌는데, 서고련 활동을 했던 서준섭 선배에 따르면 교육 문제에 집중하자는 입장과 정치적인 문제를 우선하자는 입장으로 나뉘기도 했다고 한다. 서고련 선배들 사이에서 사회구성체 논쟁, 활동 방식의 차이, 인간적인 친소 관계 등으로 정파 갈등과 반목이 발생하는 걸 지켜보면서 나는 동명여고 소모임 동지단 활동을 기본으로 대중 노선을 지지했다. 고등학생운동의 방향성을 놓고 자기주장을 강하게 하는 선배들이나 친구들은 대체로 남자들이었는데, 겉멋 부리는 것 같았고 설익은 이론으로 서로를 구분 짓고 분열시키는 것 같아서 내 속마음은 좋지 않았다.

비합법조직과 관련한 사건이 내게도 하나 있었다. 동지단 친구 란희가 당시 고등학생운동 비합법조직의 한 갈래였던 바른학생회쟁취고등학생연합에 가입되어 있었다. 나는 그 조직의 회원이 아니었는데 그 조직을 만든 선배가 경찰조사를 받았고, 그 선배의 수첩에 동명여고 동지단원 네 명의 이름이 적혀 있어 안기부 수사선상에 같이 올랐다. 학교 학생부는 나와 란희를 포함한 우리 넷을 부르더니, 안기부에서 비합법조직인 바른학생회쟁취고등학생연합에 가입되었다고 연락이 와서 학칙에 의해 징계위원회를 열겠다고 했다.

부모님들이 모두 학교에 불려왔다. 교장과 학생주임 앞에서 우리 아버지는 아이들이 이렇게 된 게 아이들 탓만은 아니다, 학교는 뭐 하고 있었느냐며 항의했고, 란희 어머니는 이런 일 없도록 하겠다, 선처를 바란다고 사정했다. 한 친구의 아버지가 전직 국회의원이셨는데, 그 덕분이었는지 학교 측은 우리에게 반성문을 제출하면 징계는 하지 않겠다고 했다. 우리 넷은 며칠 동안 수업을 못 받고 학생부실에 끌려가 하얀 백지를 앞에 두고 반성문을 쓰라고 강요당했다. 우리는 잘못한 게 없는데 왜 반성문을 써야 하느냐며 버텼다. 그럼 퇴학, 최소한 정학은 각오하라는 학생주임 교사의 협박에 한 친구는 대학을 가야 하니 반성문을 쓰겠다며 혼자 반성문을 제출했다. 하지만 나머지 셋은 끝까지 반성문을 거부했다. 결국 모두 징계를 받지 않았는데, 그때 깨달았다. 이런 상황에서는 무조건 버티는 게 좋다는 것을.

구로공단 나우정밀노조, 그 이후

운동권 대학생들을 뜻하는 '학출', '위장취업자'가 아니라 고졸의 장점을 살려 삼성 등 대기업 생산 공장에 들어가고 싶었다. 대학생은 학력을 속이고 신분을 세탁(?)해야만 공장에 들어갈 수 있지만, 고졸은 그런 제약이 없어 공장 취업이 상대적으로 쉬웠고, 대공장에 들어가서 노조를 만들거나 노조 활동을 해야 사회적 영향력이 클 것이라고 생각했다.

그런데 문제가 생겼다. 빈민촌인 난곡과 부촌인 평창동을 직접 가서 빈부차를 확인하고, 토론하며 계급의식을 학습하는 데 주도적 역할을 했던 지도선배가 있었다. 연세대 학생이었던 그 선배가 이후 어떤 사업장을 가야 할지 어디로 갈지, 현장활동은 어떻게 할지 진로를 함께 고민해주었는데, 군 복무를 해야 하는 바람에 나는 끈 떨어진 연 신세가 된 것이다.

그때 친구 란희에게 연락이 왔다. 자신은 지금 구로3공단에 있는 나우정밀이란 곳에 입사했는데, 노조가 아주 세고, 계속 사람을 뽑고 있으니 일단 여기 와서 좀 배우다가 큰 공장으로 가라는 것이었다. 그렇게 나는 1990년 2월 동지단 후배들의 눈물과 꽃다발 속에 동명여고를 졸업하고 3월부터 바텔 무선전화기를 만드는 나우정밀에 출근하게 되었다. 당시 나우정밀노조는 임금인상 투쟁 중이었는데, 노조 간부 언니들을 보고 있으면 괜히 눈물이 났다. '저렇게 당당한 노동자로 조합원들 앞에 서기까지 얼마나 많은 고뇌와 고통이 있었을까.' 저절로 존경의 마음이 생겨났다.

나우정밀노조는 민주노조의 정석대로 활동했다. '조합원이 주인'이라는 원칙에서 한 치도 벗어나지 않았다. 1987년 노동자대투쟁으로 한 발 물러났던 자본과 정권이 1990년에는 전열을 정비하고 반격을 가해왔다. 그런 정세 속에서 나는 입사 첫 해에 파업에 돌입해 70일간의 직장폐쇄를 당했고, 투쟁하는 노동자의 삶을 제대로 겪었다.

닫힌 공장 문 앞에서 출근집회를 하다가 '닭장차(전경차)'에 실려서 난지도, 미사리에 수시로 버려졌고, 구사대에게 폭행당했다. 그와중에 1990년 MBC 파업과 현대중공업 노동자들의 파업투쟁인 골리앗 투쟁에 연대하러 갔다가 여의도에서 청재킷을 입은 백골단들에게 생전 처음 심한 욕을 듣기도 했다. 배를 발로 차이고 백골단 두 명에게 양쪽 팔을 잡혀 전경차에 던져졌다. 그 차는 청계산으로 내달렸고, 계곡물이 콸콸 쏟아져 내리는 산길에서 집회에 참석한 우리를 한 명씩 내려줬다. 다시 모이지 못하게 하려는 의도였다. "이런 산길에서 여자를 한 명씩 내려주면 위험하다!"라고 큰소리로 항의하는 나에게 돌아온 건 발길질이었다. 순간 발길질을 하는 전경의 군화 한 짝을 벗겨 계곡 아래로 던져버렸다. 나이스! 그날 하필 흰색 티를 입고 나갔는데, 등에 선명하게 군홧발 자국을 새긴 채 터덜터덜 산길을 걸어 내려와 재집결 장소인 서울역으로 향했다. 중간에 명동 롯데백화점 화장실에 들어가 세수를 했는데 사람들이 힐끔힐끔 쳐다봤다. 화사하고 평화롭고 고급스러운 서울에서 나는 이물질 같았다.

파업 기간 동안 적(?)들에게 물리적으로 당하는 게 너무 속상했던 란희와 나는 파업이 끝나자마자 쿵푸 도장에 등록을 했다. 새벽마다 도장에서 쿵푸를 배우고 구로공단으로 출근하는 피곤한 나날을 보냈다. 서울지역노동조합협의회 선봉대에 가입해서 24반 무예도 배우고, 선동훈련도 진행했다. 그때 배운 무술로 백골단과 대결하지는 못했지만 싸움에서 물러서지 않는 기백은 충분히 배울 수 있었다.

나는 고등학교 시절처럼 일기 쓰기를 통해 활동 점검을 하면서 노조 간부로 잔뼈가 굵어갔다. 구로 지역의 선진적 활동가들과 1997년 국가보안법으로 구속되어 서울구치소 생활을 마치고 나왔을 때 공장 이전 투쟁을 하던 나우정밀노조는 해산되었다. 1998년 출소 후 민주노총 서울본부에서 활동했고, 2004년 민주노동당 총선 후보로 출마해서 '정당 기호 12번'을 목이 쉬도록 외쳤다. 기꺼이 희생번트가 되어 열 명의 진보정당 국회의원이 만들어지는 감격스러운 과정을 함께했다.

나는 지금 서울노동권익센터에서 일하고 있다. 서울 지역의 미조직 취약노동자를 대상으로 법률 상담, 노동 교육, 노동안전 서비스, 쉼터를 제공하는 곳이다. 고등학생 시절 전태일 열사 묘소 앞에서 다짐했던 대로 노동자가 되어 노동자를 위해 일할 수 있어 감사하고 행복하다.

> 성인식은 고통이 따르는 의식이다. 아이들은 대학이란 목표를 향해 깔려 있는 정신적, 육체적 고통을 감수하는 것을 성인식이라고 말한다. 그렇다면 나의 성인식이란 노동운동을 결의했던 그 순간일까?
>
> —1989년 3월 22일 일기 중

얼마 전 "청소년기의 특징은 영장류에게만 나타난다"라는 뇌과학자의 이야기를 들었다. 청소년기는 인간의 발달과정 중에서 신체, 정서, 사회적, 인지적 측면에서 많은 변화가 일어나는 시기이다. 사회적, 생물학적, 문화적 측면에서 자아 정체성을 형성해가던 고등학생 정경화는 사회적 자아가 유난히 비대했고, 1987~1989년은 그것을 요구받던 혹은 요구했던 시대였다.

돌이켜 보면 청소년 시절의 기억과 학습, 경험이 지금의 나를 만든 8할이다. 인간과 노동의 존엄성, 관계의 소중함을 체득한 그 푸른 시절 덕분에 지금까지의 삶도 겁 없이 주체적으로 살아올 수 있었다. 만약 타임머신을 타고 돌아가더라도 다시 그렇게 살고 싶은 고등학생 시절을 보낸 행운을 누렸다.

그 행운에 대해 은혜를 갚아야 한다는 마음의 빚이 있다. 그런데 현재 고등학생운동에 대해 나는 아는 게 거의 없다. 청소년 노동인권교육, 세월호 참사, 청소년 쉼터, 대안교육 등 '청소년', '고등학생'을 키워드로 한 사회현상에 저절로 관심이 가는 건 사실이지만 소소한 실천밖에 하지 못했다. 지금도 경쟁의 장으로 내모는 교육 현실을 보면 깊은 한숨이 나온다. 학생인권이 축소되고, 다양성이 부정 당하는 뉴스에도 화가 난다.

이렇게 어려운 조건 속에서 고등학생운동을 이어가는 후배들 소식은 눈밭에서 매화꽃을 만나는 듯 반갑다. 고등학생운동을 기록하는 이번 작업이 주머니 속 핫팩 정도의 온기라도 전해주기를 바라는 마음으로 글을 적었다. 글을 적고 보니 현재의 고등학생운동을 어떻게 응원할 것인가에 대한 숙제가 내 앞에 놓여 있다.

5   '91년 세대'의 꿈

김성윤(정소인)

- 1972년생, 서울 · 목포
- 비합조직 · 흥사단고등학교아카데미(흥고아)
- 공장 취업 · 민주노총 서울본부
  남부지구협의장 · 금속노조
  경기금속지역지회 지회장
- 마을공동체운동 활동가

마음의 지도

국민학교 6학년, 전교회장 후보 추천을 받는 날이었다. 나와 반 친구 한 명이 후보로 추천을 받았다. 그날 담임교사는 방과 후에 교무실로 나를 따로 불러 출마를 포기하라고 했다. 나는 친구들에게 인기도 많았고 공부도 잘해 국민학교를 다니던 6년 동안 여러 번 반장을 했지만, 우리 부모님은 부모가 학교에 찾아가는 것이 아이에게 좋은 일이 아니라고 생각하셨기 때문에 한 번도 학교에 오지 않으셨다. 그런데 나와 같이 추천받은 친구의 부모님은 학교에 자주 오셨고, 학교 화단 공사를 하는 데 힘을 많이 보탰다는 소문도 파다했다. 그 친구의 아버지가 운영하는 술집에 6학년 교사들이 드나들었다는 것은 한참 뒤에 알았지만, 담임교사가 나에게 출마를 포기하라는 것이 그 친구의 아버지와 무관해 보이지 않았다. 집에 돌아와 아버지께 말씀드렸더니 선생이 뭐라 하든 추천해준 친구들을 믿고 선거 준비를 잘하라고 하셨다. 선거는 나도 그 친구도 아닌 다른 반 친구가 전교회장으로 선출되는 것으로 끝났다.

선거 후, 학교는 선명하지 않았다. 선생님은 더 이상 공정하지 않았다. 담임교사에게 반감이 생겼고 학교는 시시한 곳이 되었다. 종종 수업 시간에 학교 담을 넘어 놀러가기도 했다. 공정하고 희망찼던 학교가 교사와 학부모 사이에 촌지가 오가고 돈 많은 집 아이들만 인정하는 곳이라는 사실에 엄청 화가 났다. 내 친구들이 받아왔던 차별을 내 일로 겪고 나서야 알게 된 것에 더더욱 화가 났다. 아마도 부끄럼이 더해졌기 때문이었던 같다. 이후 난 반 친구들이 선생님에게 이유 없이 혼이 날 때 아이들 편을 들다가 혼이 나기도 했다. 학교는 내게 무척 혼란스러운 곳이 되었다. 일련의 사건을 겪으면서 누구든 자유롭고 평등해야 한다는 마음의 지도가 그려졌다.

목포 사람이면 누구나

5월이 되면 우리 가족은 자신들이 경험했던 1980년 5월을 이야기했다. 목포소방서에 근무했던 아버지는 소방차를 가져가겠다고 칼빈총을 들고 소방서로 찾아왔던 광주시민군 이야기를 하셨다. 아버지는 그들에게 소방차는 불이 나면 불을 끄라고 있는 것이고 시민들의 안전을 지키기 위해 있는 것이니 내어줄 수 없다고 했다고 한다. 아버지의 말을 듣고 광주시민군들은 한참을 의논하더니 순순히 소방서를 떠났다고 한다. 엄마는 한 손은 나를 잡고, 또 한 손은 광주리를 이고 길을 가다가 군인들을 만난 이야기를 하셨다. 군인들이 엄마를 멈춰 세우고 대검으로 광주리를 푹푹 찔렀다고 한다. 큰형은 광주시민군 트럭에 빵을 실어줬던 일을 자랑삼아 이야기했다. 이야기 말미에 아버지는 꼭 전두환 독재 정권을 타도하고 민주주의를 실현해야 한다는 이야기를 하셨다.

내가 다니던 교회도 집과 별반 다르지 않았다. 어느 날은 학교를 마치고 교회에 가니 교회 청년부 형들이 교회를 관리하는 권사님에게 등짝을 맞고 있었다. 최루탄을 뒤집어쓰고 와서 웃통을 벗고 등목을 하던 형들의 등짝을 때리면서 조심하라는 잔소리를 하는 것도 들렸다. 데모하지 말라는 이야기는 없었다. 목포는 그렇게 광주항쟁을 함께 겪은 곳이다. 전두환 정권의 폭력과 억압에 맞서 싸워야 한다는 목소리가 높았고 민주화의 열망이 강한 지역이었다. 그때 목포 사람들은 모두 그랬다.

중학교에서는 류훈영 도덕 선생님이 음악 시간도 아닌데 백묵 가루가 끼어 뿌예진 칠판에 〈타는 목마름으로〉의 가사를 적고 선창했다. 우리에게 한 소절씩 따라 부르게 했고, 〈죽창가〉와 〈오월의 노래〉도 가르쳐주었다. 국어 교사는 '4·19', '5·16', '5·18'이라는 숫자를 칠판에 적었다. 박정희 독재와 광주에서 벌어진 전두환의 만행을, 분단 이데올로기가 국민을 우민화하고 있다는 것을 설명해줬다. 4·19혁명 때 조국의 통일과 민주주의를 위해 중고등학생들이 맨 앞에 서서 싸웠다는 이야기도 들려줬다. '4·19', '5·16', '5·18'. 책 속에 있던 이 숫자들이 살아나 마음속에 각인되었다.

문예반 담당 교사이기도 했던 조명준 국어 선생님은 는 내가 글짓기대회 준비를 하며 1주일에 두 편씩 시를 제출할 때마다 민중문학 이야기를 해주셨다. 이 시대를 살아가는 민중의 삶이 담긴 글이 진정한 글이라고.

1991년 5월 26일, 그러니까 중학교를 졸업한 지 3년이 되던 해, 연세대 노천극장에서 열린 공안통치 종식과 교육자치 실현 및 전교조 합법성 쟁취를 위한 전국교사대회에서 그 중학교 도덕 선생님을 만났다. 경찰의 원천 봉쇄로 집회 장소가 갑자기 연세대로 옮겨진

데다 많은 사람이 모인 가운데 경찰의 침탈이 우려되는 상황이었기에 인사만 간단히 나누고 헤어질 수밖에 없었다. 이후에도 저 두 선생님이 목포 지역 전교조 활동에서 중요한 역할을 맡았다는 소식을 들었다. 그때 나는 서울에서 지낼 때라 활동 지역은 달랐지만 내가 선생님들과 동지로서 여전히 참교육과 전교조 합법성 쟁취를 위해 함께 투쟁하고 있다는 사실에 감회가 새로웠고 만감이 교차했다.

1987년 6월

1987년 5월부터 교회에서는 청년부 주도로 학생부 기도 모임을 열었다. 성경 공부를 마치면 우리는 한국의 역사와 정치 상황에 대해 자연스럽게 이야기를 주고받았다. 6월에는 서울에서 대학을 다니던 큰형이 기도 모임에 참석했다. 서울에서 일어났던 10·28건국대 항쟁° 등 대학생들의 투쟁 이야기도 들려주었고 대학생 박종철이 물고문으로 사망한 사건의 진실도 들려주었다. 나는 전두환 정권의 독재가 국민의 삶을 망가뜨리고 있다는 형의 이야기를 들으면서 민주주의가 무엇이기에 학생들이 싸우고 있는지 더욱 궁금해졌다.

그러던 중 청년부 형들을 따라 목포 가톨릭회관에서 열린 5·18 광주 민주항쟁 전시회에 갔다. 강당에서 본 5·18 비디오와 사진에서 광주 사람들은 계속 울고 있었다. 태극기를 흔들면서 울고, 애국

° 1986년 10월 28일 건국대에서 열린 전국반외세반독재애국학생투쟁연합 결성식에 2,500여 명의 대학생이 모였다. 전경의 무리한 진압으로 인해 4일간 학생들이 학교 건물로 대피하면서 점거농성을 벌이게 되었는데, 경찰 병력 8,000여 명을 투입해 학생 1,500여 명을 연행했다.

가를 부르면서 울고, 관을 붙잡고 울고, 시체를 붙잡고 울고, 트럭에 실려 가면서 울고, 땅바닥에 고개를 처박은 채로 울고, 군인들에게 끌려가는 사람들을 보며 울고 있었다. 모두가 울고 있었다. 영상이 상영되는 동안 강당 안 여기저기서 한숨과 탄식, 울음이 터져 나왔다. 로비에 전시된 사진 속에는 한쪽 얼굴이 없거나 총상으로 인해 피가 흥건한 시체들이 즐비했다. 젊은 아버지의 영정사진을 턱에 괴고 물끄러미 무언가를 바라보는 아이도 있었다. 7년이라는 시간이 지났지만 진실이 제대로 알려지지 않은 광주의 비참함이 내게 다가왔다. 죽은 아버지의 영정을 끌어안은 아이의 눈빛이 마음에 무겁게 내려앉았다. 비무장한 광주 시민을 곤봉으로 내리치던 공수부대가 지금 막 골목에서 튀어나와 내 목덜미를 잡는다면 나는 무엇을 할 수 있을까 생각하고 또 생각했다.

교회나 학교에서 들었던 전두환 정권의 만행과 5·18 광주항쟁의 이야기들 때문에 머릿속이 혼란스러웠다. 학교의 민낯을 보게 된 국민학교 때와 유사한 감정이 일었다. 누구든 자유롭고 평등해야 하며 그것을 위해 무언인가를 해야 한다는 생각은 분명했다. 민주주의를 지켜내기 위해 목숨을 잃은 사람들의 억울함을 풀어주어야 한다고 생각했다. 4·19혁명의 학생들처럼 진실이 밝혀질 때까지 나도 싸워야 한다고 결심했다. 그해 5월은 내게 그런 결심을 하게 했다.

1987년 6월 10일, 교회 청년부 형들과 박종철 고문살인 은폐 규탄 및 호헌철폐·민주헌법 쟁취를 위한 목포시민대회가 열리는 목포역 광장으로 갔다. 광장은 이미 봉쇄되어 진입이 어려웠지만 사람들은 "박종철 고문치사 은폐조작 규탄" "호헌 철폐 독재 타도"를 외치며 광장을 막은 경찰들에게 항의하고 있었다. 내 또래의 학생들도 많이 보였다. 혼자가 아니라는 것에 조금 안심했다. 경찰들이 대학생들을 연행하려고 하면 어른들이 우르르 몰려가 경찰 앞을 막아섰다. 최루탄이 터져 숨 막히는 상황에서도 물러서지 않고 싸우면서 서로를 격려하고 지지하는 대학생들의 모습을 보면서 거대한 민주화의 물결에 함께하고 있다는 자부심에 뿌듯했다. 나의 선택이 틀리지 않았다는 확신이 생겼다.

6월 20일에는 전날 있었던 제1차 목포시민궐기대회로 시위가 가열되자 목포 시내 학교들이 단축 수업을 하는 바람에 일찍 하교한 학생들이 거리에 나올 수 있게 되었고 그 숫자가 500명 가까이 되었다. 중고생들은 제2차 목포시민궐기대회가 열리기 전까지 목포청년연합회 소속 청년들의 도움을 받아 중앙시장 등 주요 거점에서 산발적으로 시위를 진행했다. 중고생들의 노력으로 밤늦게 시민회관 앞에 2,000여 명의 시민이 모여 제2차 목포시민궐기대회가 열렸다. 이날 이후 시위가 연이었고 중고생의 참여도 더욱 늘어났다.°

나는 6·29선언 전까지 '독재 타도'와 '호헌 철폐'를 외치며 목포역 광장과 목포오거리를 뒤덮었던 사람들의 거대한 행진에 함께했다. 1987년 6월의 거리에서 사람들의 분노와 민주주의에 대한 열망을 온몸으로 느꼈다. 어린 나이였기에 집회현장에서 듣게 된 이야기들을 모두 이해할 수 없었지만 학교 선생님들에게 들었던 역사의 진실이 더 생생하게 느껴지는 순간들이었다. 목포역광장과 목포오거리는 나에게 또 다른 민주주의 학교였다.

뜨거웠던 6월이 지나고 나서도 나는 형이 가져온 책들을 읽으며

° 류용철, 〈6월 민주항쟁 30주년···목포 민주화운동을 돌아본다: 5〉,《목포시민신문》, 2017년 7월 11일, http://www.mokposm.co.kr/news/articleView.html?idxno=11629.

내가 다시 알게 된 역사와 사회현상에 대해 배워갔다. 노동조합 활동을 하는 교회 청년부 형과 노동계급 투쟁의 역사와 노동 문제에 대한 이야기도 많이 나누었다. 그 형이 준《어느 청년노동자의 삶과 죽음》을 밤새도록 읽으며 눈이 퉁퉁 붓도록 울기도 했다. 그해 10월에는 '전두환 노태우에게 패배를 민중에게 승리를!'이라는 슬로건을 내걸고 당시 목포에서 만들어진 대통령 선거 부정 감시단인 '민주정부 쟁취를 위한 공정선거 감시단' 활동을 하는 청년부 형들과 함께했고, 대통령 선거 투표 당일에는 목포시청 앞에서 모닥불을 피워놓고 감시 활동을 함께했다.

　그 어린 나이에 왜 그렇게 열심히 투쟁에 몰두했는지 정확히 기억나지 않는다. 어린 시절 목격했던 학교에서 일어났던 차별과 폭력, 엄마의 광주리를 대검으로 푹푹 찔러대던 군인, 5·18, 문예반 선생님, 교회 청년부 형들, 사회과학 서적을 가져다준 형, 노동운동을 하던 형…… 한 가지만 꼽을 순 없지만 내가 목포에 살았기 때문일지도 모른다. 그때 그 시절 목포는 그랬다. 물론 내 또래 친구들이 모두 그런 것은 아니었지만.

학교는 변하지 않았다

1987년 6월항쟁 이후에 목포 시내 중고등학교에서는 두발 자유화, 보충·자율학습 철폐 요구가 종종 일어났다. 자율적 학생회 활동을 요구하며 데모를 했다는 다른 학교 이야기가 들렸지만 내가 다니던 중학교에는 학내 소모임도 없었던 것으로 기억한다. 학생회 활동도 활발하지 않았다.

나는 자율학습을 거부했다. 자신도 5·18 광주항쟁의 피해자라고 말하는 담임교사 때문이었다. 그는 시험이 끝난 후 틀린 문제 개수만큼 다리에 피멍이 들도록 학생을 때렸다. 그는 광주에 사는 여성과 결혼을 전제로 교제하던 중 광주에 계엄령이 내려진 후 연락이 끊겼다고 했다. 그 이후 식사를 죽으로밖에 할 수 없을 정도로 몸이 망가졌다고 했다. 마음 아픈 사연이었지만 나는 그의 교육 방식에 의문이 들었다. 자신도 국가의 폭력으로 인해 생긴 상처를 치유하지 못하고 살면서 학생들에게 폭력을 행사하는 것은 앞뒤가 맞지 않았다.

《민중교육》2호

난 자율학습 거부라는 소극적인 행동으로 담임교사의 교육 방식을 거부했다. 처음에는 매를 맞기도 하고 훈계도 들어야 했지만 비인간적인 교육에 순응하는 충실한 개가 되고 싶진 않았다.

비인간적인 방식으로 교육을 하는 교사들을 이해할 수 없었지만 그렇다고 해서 이에 대해 내가 무엇을 해야 하는지 정리되지 않았고 방법도 알 수 없었다. 1988년 푸른나무에서 출간한 《민중교육》(2호)은 이런 나에게 큰 도움이 되었다. 8·15해방 이후 학교 교육의 과제와 교사운동의 과제를 제시한 〈전환기의 민족교육〉°이라는 글과 1980년대 교육운동을 중심으로 교육법과 교육자치제, 교사운동, 지역민주화운동

° 　김진경, 〈전환기의 민족교육〉, 《민중교육》 2호, 푸른나무, 1988.

과 교육운동, 고교학생운동, 민중교육 등을 정리해놓은 글들은 비인 간적인 교육제도에 숨 막혀 있던 나의 사고에 새로운 세계를 열어주 었다. 특히 서울 석관고의 학내민주화 사례와 내 또래 학생들이 쓴 글을 보면서 나의 고민이 혼자만의 고민이 아니라 교육현장의 부조 리가 낳은 폐해이며 사회적 문제라는 것을 알게 되었다. 그리고 내 가 목포에서 다니던 중학교 안에서도 교육현장을 개혁하고 학생들 의 의견을 존중해주려 애쓰는 교사들이 있다는 사실을 다시금 깨달 았다.

그 시절, 우리가 지키려고 했던
전국교직원노동조합

1989년에 목포마리아회고등학교에 입학했다. 첫 윤리 수업 시간, 김 귀식 선생님은 대뜸 1987년 이야기를 꺼내시면서 세상은 더디지만 더 나은 방향으로 변하고 있으니 이제 의미 있는 삶이 무엇인지 생 각하는 시간을 만들라고 말씀하시는데 덜컥 심장이 멎는 느낌이었 다. 나는 문예반에 들어갈 마음이었지만 풍물반 담당 교사가 그 윤 리 선생님이라는 말을 듣고는 가입을 안 하고는 배길 수가 없었다.

첫 모임에 참석해보니 북 하나, 장구 하나, 꽹과리 하나가 악기의 전부였다. 악기는 모인 학생 수에 비해 턱없이 부족했다. 애초에 악 기를 가르칠 생각이 없었는지는 모르겠지만 우리는 악기를 배우는 일보다 사회 이슈로 담당 교사와 대화하는 시간이 더욱 즐거웠다.

풍물반 활동으로 학교생활에 재미가 붙어갈 때쯤 나는 풍물반 선 배의 권유로 마리아회고등학교민주학생연합(이하 '마고련')에도 가입하게 되었는데 마르크스주의, 변증법적 유물론, 사적 유물론을 다룬 사회과학서가 귀했던 때라 책도 돌려보고, 대학교에서 나오는 유인물 같은 것을 구해서 함께 읽고 토론도 했다. 갯돌(목포 지역의 문화운동단체)과 같은 운동단체에 가서 풍물도 함께 치고 대학교 집회에도 가끔 참여했다. 모임을 주도했던 풍물반 선배가 자신의 진로에 대한 고민을 이야기하며 각자 어떤 삶을 살 것인지 물은 적이 있었다. 대학에 진학해서 교사가 되겠다는 친구도 있었고, 대학에 진학하지 않고 사회운동을 하겠다는 친구도 있었다. 사회주의 활동을 위해 일본에 가겠다는 친구도 있었는데 나는 공장에 들어가 노동운동을 하겠다고 했다. 제각각 고민이 많았지만 척박한 현실에서 좋은 쓰임이 되기 위해 노력하는 서로를 우리는 동지라고 불렀다.

마고련은 목포지역고등학교학생회연합회(이하 '목고련')와 함께 활동했는데 1989년 전국교직원노동조합(이하 '전교조')이 창립되었다는 소식을 접하고 회의를 통해 전교조 지지를 결의했다. 1987년 6월항쟁 이후 학생회 활동이나 비밀 소모임 등을 만들어 비인간적 구조와 주입식 교육을 거부하고 두발 자유화, 자율학습 폐지 등을 요구했던 학생들이 '민족, 민주, 인간화 교육'을 이념으로 참교육을 주창하는 전교조를 지지하는 것은 당연한 일이었기에 목고련이 주도한 전교조 목포지회 사수를 위한 연합집회에 참여했다.

"목고련 선봉에서 참교육을 쟁취하자!" "목고련 깃발 아래 참교육 쟁취하자!" "전교조 사수하여 참교육을 실현하자!" "우리는 입시 기계가 아니다!" "참교육을 우리 손으로 쟁취해야 한다!" 외치고 또 외쳤다. 우리 스스로 결정하고 우리 스스로 만들어가는 교육이 필요하다고 생각해왔던 나는 전교조의 출범이 우리 사회와 교육현장에 엄청난 변화를 가져올 것이라고 믿었기에 길가에 서 있는 시민들을 향해 당당한 목소리로 외쳤다. 전경들과 사복형사들이 개떼처럼 달려들었다. 대열은 삽시간 흩어지면서 욕설과 비명이 터져 나왔다. 그때 목고련 활동을 주도했던 영홍고 학생이 경찰에게 끌려가면서도 현수막을 온몸에 휘감고 참교육을 실현하자고 외치는 모습은 거룩하고 자유로워 보였다. 학교 교장과 교감, 전교조에 가입하지 않은 교사들이 지켜보고 있었지만 더욱 큰 목소리로 전교조 선생님들에 대한 탄압을 멈출 것을 요구했다.

전교조 목포지회의 창립 이후, 학교 분위기는 전과 달라졌다. 수업 시간에 교감이 전교조에 가입한 교사들을 교실 밖으로 불러내서 수업이 중단되기 일쑤였다. 학생과장은 집회에 참여한 학생들을 찾아내는 데 여념이 없었다. 당시 중고생들은 "철없는 것들이 빨갱이 선생들 손에 놀아난다"라는 말을 가장 많이 들었다. 하지만 입시 경쟁에 내몰려 매일 체벌에 시달리는 등 비인간적인 학교생활을 해야 했던 나와 마고련 동지들은 우리 손으로 학교를 바꿔야 한다는 열망이 컸다. 당시 고등학생들은 1987년 조국의 민주화를 위해 함께 투쟁했고 그 투쟁을 통해 성장한 당당한 시민이었다. 6월항쟁을 경험한 학생들은 전교조 출범 이전부터 사회의 부조리함과 교육현장의 문제를 해결하기 위해 부단히 노력했다. 결코 전교조 교사에게 놀아나는 철없는 세대가 아니었다.

1989년 7월 노태우 정부는 전교조를 대대적으로 탄압하기 시작했고, 전교조에 가입한 교사들이 학교에서 쫓겨났다. 전교조 지지 시위에 참여했던 학생들도 탄압받았다. 이 탄압은 학생을 퇴학 처분하고 교사를 해임하는 문제가 아니라, 답답한 학교생활에서 유일했던 숨구멍을 막는 것이었다. 나와 마고련 동지들이 전교조 사수 투쟁에 집중할 수밖에 없었던 건 우리의 삶을 지키기 위해서였다.

전교조가 선언한 참교육은 우리의 삶과 맞닿아 있었다.

서울이라는 새로운 기회

공부 머리가 있으니 서울에서 공부해보라는 집안 어른들의 권유로 서울 숭문고로 전학을 하게 되었다. 대학에 진학하지 않고 노동자가 되겠다는 결심이 굳어진 나는 서울에 가는 것이 더 좋은 기회라고 생각했다.

서울 생활과 학교생활에 적응하느라 정신이 없었을 때 풍물반 지도교사였던 윤리 선생님을 비롯한 네 분의 교사가 해직되었다는 소식을 마고련 친구에게 듣게 되었다. 전교조 탄압을 저지하고 선생님들을 지키기 위해 목포에서 자주적인고등학생연합회(자고련)가 결성되었다는 소식도 함께 들었다. 함께하지 못하는 아쉬움이 컸지만 그만큼 투쟁에 대한 나의 다짐은 더욱 커져갔다.

그럭저럭 서울 학교생활에 적응해갈 무렵 수업 시간에 사회주의에 대한 설전을 벌인 적이 있었다. 윤리 시간으로 기억하는데, '빨갱이' 운운하며 마르크스주의를 비하하는 교사가 답답했던 나는 조목조목 따지고 항의했다. 마르크스의 변증법적 유물론과 사적 유물론을 공부한 경험이 있었기에 부족하지만 내 소신을 굽히지 않았다. 이 모습을 본 같은 반 친구가 학교 내 비밀 소모임을 주도하고 있던 선배를 만나는 자리를 마련해주었다. 당시 숭문고에는 전교조 활동을 공개적으로 하는 교사도 없었고 학생회 활동도 활발하지 않았기에 비밀 소모임이 있다는 사실이 참 반가웠다. 선배의 가입 제안도 흔쾌히 받아들였다.

내가 가입한 비밀 소모임은 한 운동 조직의 고등학생 조직이었는데 보안이 철저한 점조직 방식으로 활동하고 있었다. 대학생, 노동자의 연대투쟁으로 세상을 바꾸고 고등학생 정치세력화를 통해 교육제도를 개혁하겠다는 목표를 가진 곳이었다. 비밀 소모임의 학습 방식은 체계적이었고 목포에서는 구하기 힘들었던 책들도 좀 더 쉽게 접할 수 있었다. 선배가 정해준 책을 읽고 학습모임을 진행했다. 노동운동을 하겠다고 결심을 굳힌 뒤로 나는 신촌의 알서림이나 성균관대 근처에 있던 풀무질 등 사회과학 서점을 문턱이 닳도록 드나들었다. 노동조합에 관련한 책을 보며 시간을 보냈고, 꼭 필요한 책은 용돈을 아껴서 구입했다. 풀무질에서는 대학가에서 나오는 문건들을 많이 접할 수 있었고, 광산노동자를 다룬 소설인《활화산》이나《대중활동가론》등 노동운동에 관한 여러 책을 볼 수 있었다.

《활화산》

《대중활동가론》

고등학교 2학년 때, 비밀 소모임에는 조직원 확대를 위해 비밀 소모임을 학내 담당과 대외 활동 담당으로 역할을 나누라는 조직의 지침이 내려왔다. 나는 대외 활동 담당이 되었다. 대학 진학을 하지 않고 노동운동과 노동자의 삶을 택하겠다고 한 내가 학교 밖 활동을 하는 것이 가장 적당했기 때문이었을 것이다. 고등학생을 조직에 가입시키기 위한 활동을 전개하려면 어떤 거점에서 활동하는 것이 좋을지 여러 차례 회의를 거친 끝에 흥사단고등학생아카데미(이하 '흥고아')에 가입하는 것으로 정해졌다.

학교 밖 활동을 할 때는 가명을 쓰기로 했는데 난 '정소인'이라는 이름을 지었다. 당시 전태일 열사의 삶과 투쟁의 역사를 정리한《어느 청년노동자의 삶과 죽음》을 읽고 전태일 열사가 이야기한 '인간해방'을 삶의 신념으로 갖게 되어, 가명을 '인간해방을 바란다'라는 뜻의 소인(所人)이라고 지었다.

흥고아는 신입 단원 모임인 띠앗아카데미, 글쓰기 수업을 하는 글빛촌아카데미, 풍물을 배우는 소리짓아카데미, 역사아카데미, 철학아카데미 등으로 구성되었는데 나는 27기로 가입했고 매주 토요일에 정기모임을 하는 철학아카데미를 선택해서 활동을 시작했다. 서울 시내의 여러 고등학교 학생들이 모이다 보니 다양한 생각들이 공유되었고, 각 학교의 상황도 자연스럽게 전해들을 수 있었다. 대학을 졸업한 청년들이 자문위원으로 활동하면서 각 아카데미를 담당해 지도했는데 학교에서 벗어나 새로운 대안을 찾는 학생들에게 좋은 길잡이가 되기 위해 많은 노력을 했던 것으로 기억한다. 하지만 고등학생 정치세력화 문제에 대해서는 부정적이거나 소극적인 태도를 보여 아쉬웠다.

조직이 부여한 역할을 성실히 수행하기 위해 7월에는 농촌활동 대장을 맡고, 9월에는 아카데미 활동의 발표회 격인 샘물제 기획을 맡았다. 쌀 수입 개방을 강요하는 우루과이라운드에 반대하는 농민들의 이야기를 담은 연극의 공연 연출을 맡으면서 신뢰를 쌓아갔다. 동시에 흥고아 27기 동기들을 우리 조직에 가입시키기 위한 노력도 기울였는데, 운동 목적보다는 흥사단이 운영하는 학교아카데미(각 학교 서클) 활동을 통해 가입한 학생들이 다수였고 목표와 지향이 서로 달라 뜻대로 되지 않았다. 전교조 지지, 참교육에 대한 의견에서는 크게 다른 점이 없었으나 당시 정세에 대한 투쟁 방식이나 고등학생 정치세력화 등에 대해서는 의견이 엇갈렸다.

그때 나는 또 다른 이유로 흥고아 활동과 비밀조직 활동을 동시에 하는 것이 많이 버거웠다. 흥고아 27기 동기들과 친해질수록 가명을 쓰는 것에 대한 죄책감이 커졌고 내가 생각하는 고등학생운동의 방향에 대해 동기들과 대화할 때마다 언쟁이 벌어지면서 쌓였던 신뢰관계가 소원해지는 것도 느꼈기 때문이다. 그러던 중 흥고아 자문위원이 NL 계열 대학생운동 출신들로 대거 교체되는 일이 있었다. 내가 속한 조직에서는 NL 계열 출신들이 흥고아의 자문위원으로 활동하는 것에 대해 반감과 우려를 동시에 가지고 있었기에 나 또한 경계심을 갖게 되었다. 그들은 이전 자문위원들보다 통일 문제나 정치적인 문제에 대한 발언의 수위도 높았고 27기나 28기와 개별 면담도 자주 가졌다.

내가 속한 철학아카데미에는 대학을 졸업하고 공장을 다닌 경험이 있는 청년이 자문위원으로 배치되었는데 처음 만났을 때부터 대화가 불편했다. 아카데미 모임에서도 논쟁이 벌어지곤 했다. 개별 면담을 하자며 학교생활, 가족관계, 친구관계, 개인적인 성격을 꼬치꼬치 캐묻는 것이 보통 불편한 게 아니었다. 하지만 자문위원이라는 위치가 주는 권위 때문이었는지 쉽게 자리를 박차고 일어날 수도 없었고 흥고아를 그만둘 계획이 아니었기에 관계를 악화시킬 수도 없었다. 특히 왜 자문위원에게 경계심을 갖느냐는 질문을 받았을 때는 솔직하게 대답하기도 어려웠고 당황했던 기억이 있다.

나 스스로 느끼는 죄책감과 새로 온 자문위원들로 인해 홍고아 활동이 여러 가지로 힘든 상황이 되었다.

한편으론 새로 온 자문위원들은 기회가 있을 때마다 공장에 취업해서 노동운동을 했던 이야기를 했는데 노동현장에 하루라도 빨리 가고 싶었던 나는 부러운 마음이었는지, 호기심이었는지 그 이야기가 좋았다. 그들은 27기 몇몇에게 공장에 가서 노동자, 민중의 삶을 살라고 권유했고 거기에 동의하는 친구들과 모임을 따로 만들어서 운영하기도 했다. 그때 나는 이미 노동운동을 하는 것으로 진로를 정하기도 했고, 내가 속한 조직의 도움을 받아 공장에 취업하면 되었기에 그 모임에 관심을 두지 않았지만 대학을 휴학하거나 졸업한 뒤에 짧게 경험한 노동현장을 마치 세상의 전부인 양 이야기하는 그들에게 왜 노동현장을 나왔는지, 왜 노동운동을 그만두었는지 질문하지 못했던 것은 지금도 아쉽다. 내가 그들에게 한 인간으로 존중받았는지, 그들이 나를 함께 투쟁하는 동지로 여겼는지 알 수는 없다. 그들 눈에는 그저 노동자의 삶도 모르면서 노동운동을 하겠다고 떠벌리는 치기 어린 고등학생으로 보였을지도 모른다.

그 당시 내가 그토록 갈망했던 삶은 "대학생 친구 한 명이라도 있었으면 원이 없겠다"라던 전태일의 친구가 되는 삶이었다. 근로기준법을 구해서 읽고 노동운동 관련 책을 구해 열심히 공부했던 이유는 또 다른 전태일들의 친구가 되고 싶었기 때문이었다.

노동자계급이 주도하는 프롤레타리아혁명을 통한 사회주의국가 건설이 한국 사회 노동자, 민중의 삶을 해방시키고 세상을 바꾸는 방법이라고 믿었던 나는 대학을 가는 것이 그저 안락한 인생을 쫓는 것이라고 생각했다. 노동현장에 투신해 노동자와 함께 투쟁하는 삶을 살고 싶었다. 대학생 신분으로는 공장 취업이 어려울 것이고,

노동운동에 방해가 될 것이라고, 대학 졸업장은 거추장스러운 장식품일 뿐이고 위장취업으로 찍히는 족쇄일 뿐이라고 생각했다.

내가 속한 조직에서는 자문위원들과 가깝게 지내는 것을 반대했지만 나는 흥고아 활동에 큰 반감이 없었기에 적당한 거리를 유지하면서 그들과 불편한 동거를 했다. 다음 해 고등학교 졸업을 앞두고 공장에 취업하려고 할 때 이들의 도움을 받게 될 줄은 그때는 꿈에도 몰랐다.

1990년 나는 뜻이 맞는 흥고아 27기 친구들, 28기 후배들과 함께 민자당 해체와 노태우 퇴진 촉구를 위한 국민대회(5월 9일)와 전교조 1주년 기념 전국교사대회(5월 27일)에 참여했고, 8월에는 제1차 범민족대회(8월 13일), 11월에는 전태일열사 20주기 추모 '90전국노동자대회(11월 11일)에 참여했다. 경찰의 침탈을 막아 대회장에 사람들이 들어올 수 있도록 진입로를 확보하는 선봉대로 서거나, 대회가 무사히 성사될 수 있도록 정문과 대회장 주변을 지키는 사수대에 자원했는데 집회에 참여하는 고등학생들은 꽤 있었지만 화염병을 다루는 선봉대에 자원하는 고등학생은 드물었기에 대학생들과 노동자들은 나를 신기하게 여기기도 했다.

그해에는 고등학생 심광보의 죽음도 있었다. 1990년 9월 7일, 고등학생 심광보가 충주 시내 한복판 3층 건물 옥상에서 온몸에 시너를 뿌리고 "농민이여, 농민의 깃발을! 노동자여, 노동의 횃불을! 전교조여, 참교육의 함성을!"을 외치며 분신 후 투신자살한 사건이 발생했다. 그가 참교육을 위한 고등학생 모임인 사람사랑을 조직해 활동하다가 가난으로 인해 학교를 휴학하는 과정에서 "휴학계를 내면 다른 학생이 올 수 있는 자리가 생기지 않으니 자퇴를 해라", "가난해서 못 다닌다는 것은 이유가 안 된다"는 등의 폭언을 들었다는 사실을 알게 된 나는 그가 가는 길이 외롭지 않기를 바랐다. 나는 홍고아와 KSCM 등 고등학생 공개단체들이 주축이 된 학생의 날 기념식 준비회의에 참석한 자리에서 그의 죽음이 우리도 겪을 수밖에 없는 문제라고 참가자들을 설득했고 투쟁의 한 방식으로 그의 삶을 연극으로 만들어 서울 시내 청소년단체와 학교 학생들에게 알리자고 제안했다. 연극은 KSCM과 홍고아에서 준비하기로 했고, 나는 연극 연출과 대본 제작을 맡았다. 하지만 11월 3일 보라매 공원에서 열리기로 했던 학생의 날 행사는 경찰과 교육청의 방해로 열리지 못했고 장소를 중앙대로 옮겼으나 역시 불발되었다. 결국 11월 중순에서야 KSCM 대강당에서 심광보를 기리는 〈불어라 참교육의 바람이여〉 공연을 할 수 있게 되었다. 연극의 마지막에 심광보 역을 맡은 KSCM의 재문이가 유서를 담담히 읽어 내려갈 때는 분노를 꾹꾹 누르며 서러운 울음을 참는 학생들의 소리가 강당 안을 가득 메웠다.

1991년 5월 25일, 김귀정

내가 고3이 되던 1991년, 4월 26일에 등록금 인상 반대 투쟁을 하다 전격 구속된 명지대 총학생회장의 석방을 요구하는 시위 도중 백골단이 휘두른 쇠파이프에 의해 강경대 학생이 사망한 사건이 발생했다. 다음 날 고(故) 강경대열사 폭력살인 규탄 및 공안통치 종식을 위한 범국민대책회의가 주도한 강경대 치사사건 규탄집회에 참여했는데 그 집회에서 범국민대책회의는 노태우 정권 퇴진운동을 천명했다. 며칠 뒤 홍고아, KSCM, 푸른소나무, 새물결 등 고등학생운동단체들이 모여 강경대 열사 사망사고에 대한 대책회의를 진행했다. 회의에 참석한 학생들은 각 학교에 이 소식을 알리고 고등학생들이 집회에 참여하는 방법을 구체적으로 계획했다.

1991년 4월 29일부터 매주 열리는 시국집회에 고등학생들이 대열을 지어 참여했다. 5월 18일 집회에는 집회 참여를 주도했던 청소년단체 회원들과 학교 학생회, 소모임 친구들이 각자의 깃발을 들고 참여했는데 그 숫자가 1,000명에 가까웠다. 나는 이날 집회에서 고등학생 대오의 선봉대장을 맡았다.

1991년 5월 25일 아침 일찍 나는 여느 때와 다름없이 서둘러 공안통치 민생파탄 노태우 정권 퇴진을 위한 제3차 범국민대회가 예정된 대학로로 갔다. 혜화역에 도착했을 때는 이미 경찰에 의해 모든 지하철 출구가 막혀 있었다. 혜화역에서 만난 홍고아 친구들과 함께 새로운 '택°'을 받아 충무로역 대한극장에 도착해보니 이미 많은 시민이 모여 "해체 민자당! 타도 노태우!"를 외치며 동국대 방향으로 행진하고 있었다.

갑자기 페퍼포그 소리가 귀를 따갑게 울렸다. 백골단의 군홧발 소리가 대열 앞쪽과 뒤쪽에서 들리기 시작하더니 엄청난 양의 최루탄이 터지기 시작했다. 경찰들은 시위대를 포위하면서 골목으로 사람들을 떠밀었다. 나는 몰려오는 사람들 틈에 끼는 바람에 신발이 벗겨졌다. 두 발은 땅에 닿지 못한 채 허공을 헤매더니 내 몸은 좁은 골목으로 빨려들어가듯 떠밀려 들어가는데 골목 앞이 막혔는지 갑자기 사람들이 우르르 넘어졌다. 사람들에게 깔린 나는 가슴이 답답하고 숨이 막혀 고통스러웠다.

°   '택'은 'tactics'의 줄임말로, 가두투쟁 집결 장소를 뜻한다.

골목 안을 막고 있던 백골단은 넘어진 사람들을 방패와 곤봉으로 마구 때렸다. 백골단은 또 내 머리를 밟고 올라서서는 "해체 민자당! 타도 노태우!"를 외치는 사람들을 진압봉으로 때렸고 사과탄°을 내 어깨에 던졌다. 어깨에서 피가 나기 시작했지만 사람들 틈에 끼어 있어 몸을 움직일 수 없었다. 아래에서는 최루탄 연기가 올라오고 내 밑에 있는 사람은 숨을 안 쉬는 듯 움직임이 없었다. 아비규환의 생지옥이었다.

몸을 움직일 수 없는 사람들은 "사람 죽겠어요" "살려줘요. 숨 막혀요" 하며 비명을 질러댔다. 내 밑에서 움직임이 없던 남자를 전경과 백골단이 급하게 끌어냈고 그 틈에 나도 빠르게 뛰쳐나왔다. 문이 열린 가게에 들어가서 보니 여기저기 사람들이 널브러져 있었고 의사로 보이는 사람들이 호흡 곤란을 호소하는 사람들과 타박상이 심한 사람들에게 응급처치를 하고 있었다. 정신을 차린 나는 상처를 치료받고 가게를 나와 충무로역으로 향하는데 하늘에서 장대비가 쏟아졌다.

충무로역 계단을 내려가는데 한 남자가 "사람이 죽었어요. 지금 백병원 응급실로 와주십시오. 함께 지켜주세요"라고 울먹이며 외치고 있었다. 나는 대학생들과 함께 백병원을 둘러싼 경찰과 싸우다가 병원 뒤쪽 창고 슬레이트 지붕을 깨고 들어가 백병원 안으로 진입하는 데 성공했다. 그곳에는 집회 때 헤어졌던 홍고아 친구들도 있었다. 성균관대 학생 김귀정의 죽음이었다.

비가 억수같이 쏟아지는 백병원 응급실 앞을 지키면서 나는 낮에

° 최루수류탄, KM25라는 이름으로 대한민국에서 생산된 미군의 폭동진압용 무기 중 하나다.

있었던 일을 떠올렸다. 백골단의 폭력에 의해 누가 죽어도 이상하지 않은 상황이었다. 나 대신 김귀정 씨가 죽었는지도 모른다고 생각했다. 하루 종일 참았던 눈물이 터져 나와 엉엉 울고 말았었다.

나는 김귀정 열사 사망 진상규명을 위한 대책위원회에 방문해 당시 상황을 증언하기도 했다. 성균관대에서 증언을 마치고 돌아온 날 나는, 자신의 일기장에 "몸이 열 개라도 도저히 따라갈 수 없는 대학 생활과 아르바이트 생활의 연속, 공부를 하기 위해 대학에 들어왔는데 그 대학을 다니기 위해서 나는 공부를 제쳐두고 돈을 벌러 다닌다"라고 쓴 그녀의 삶을 대신 살아야 한다고 마음먹었다. 이 세상을 변화시키지 않으면 억울한 죽음은 계속될 것이고 누군가의 죽음으로 이루어지는 변화는 달갑지 않았기에 나는 투쟁을 멈출 수 없다고 다짐했다.

그해 4월부터 5월까지 13명의 학생, 노동자가 분신하거나 공권력의 폭력으로 인해 사망했지만 투쟁은 멈췄고 세상은 아무 일 없었다는 듯이 시간이 흐르고 있었다. 그해 4월 말부터 5월 말까지 난 매일 울었다. 그리고 매일 종로 거리에 나갔다. 1991년 5월 25일의 기억은 지금까지도 뚜렷하다. 심지어 그날을 떠올리면 지금도 김귀정 열사의 죽음을 막지 못했다는 후회 때문에 온몸이 아프다. 오랜 역사 속에서 자신의 목숨을 바친 모든 이들의 희생 덕분에 역사가 진보하고 인간의 삶이 나아지고 있다고 생각했지만 1991년 5월의 상황은 쉽게 받아들이기 어려웠고 죽어간 열사들에 대해 미안한 마음이 들어 가슴이 아리고 아팠다.

김귀정 열사가 죽었고, 박창수 한진중공업 노조위원장이 전노협(전국노동조합협의회) 탈퇴 협박에도 굴하지 않다가 구속된 뒤 의문의 죽음을 당하기도 했다. 노조를 지키려면 목숨을 내놓아야 하는 시절이었다. 1990년에 출범한 전노협이 이 시기에 시한부 파업과 잔업 거부를 했다는 소식도 들었다. 하루빨리 노동현장에 들어가 노동해방을 위해 인생을 바치겠다는 결심이 단단해졌다.

종이비행기

고3이 되기 한 해 전에, 내가 활동했던 조직과 연결이 끊어지고 학내 비밀 소모임도 해체되었다. 소모임을 주도한 선배가 졸업을 앞두고 학교에 나오지 않아 사태를 파악하기가 어려웠고, 함께했던 친구들도 하나둘 모임에서 빠져나갔다. 혼자 남게 되었지만, 학내 민주화 투쟁은 멈출 수 없었기에 흥고아 활동을 줄이고 학교에서 새로운 방식의 활동을 모색했다. 3학년이 되어서는 알고 지내던 친구들과 자주적 학생회 건설을 위한 숭문고 학생모임(이하 '숭문모임')을 만들었고 한 달에 한 번씩 소식지를 만들어 학교에 배포하는 활동을 했다.

그러던 중 1991년 8월에 가을 축제를 준비하는 과정에서 학생회장이 학생과장에게 뺨을 맞는 일이 벌어졌다. 학교 축제인 숭문제를 학생들의 자율에 맡겨달라는 학생회 임원들에게 "공부나 해라" "어린 것들이 버르장머리가 없다"라는 발언을 한 학생과장에게 사과를 요구했다. 하지만 이 과정에서 학생회장이 학생과장에게 폭행을 당했다. 학생회장은 숭문모임 구성원이기도 했다.

숭문모임은 "학생회장의 폭행에 대해 사과하라!" "자주적 학생회 건설하자!" "학생의 자율성을 보장하라"라는 요구와 "12시 30분 숭문방송이 시작되는 때에 맞추어서 종이비행기를 운동장에 날리

190

자!"는 공동행동 제안이 담긴 유인물을 학교에 배포하기로 결정했다. 학생들에게 구체적인 행동을 요청한 것은 이때가 처음이었다.

숭문모임 친구들 몇몇과 새벽 4시쯤 유인물 배포를 위해 담을 넘어 쥐죽은 듯 조용한 교실에 들어가 책상 서랍마다 유인물을 넣었다. 다음 날 제안한 시간이 되자 긴장이 몰려왔다. 도시락도 먹을 수 없었다. 12시 30분, 방송반 시그널뮤직이 교정이 울려 퍼졌다. 종이비행기가 없을까 봐 긴장해서 창문도 열지 못하다가, 친구 광선이 비행기를 던지려다 멈췄다. 멍하니 창문 아래를 보더니 탄성을 질렀다. 이미 건물 화단에 형형색색의 비행기가 가득하게 깔렸고, 여기저기 창문에서 종이비행기들이 날아오르고 있었다. "사과해라! 사과해라!" 종이비행기를 날리면서 아이들은 소리를 질렀다. 우리는 음악실 창문 앞에 서서 교정을 가로지르는 종이비행기들을 바라보며 우리가 옳았다는 기쁨에 서로의 손을 잡았다.

하지만 학교 측의 사과도 없었고, 우리 역시 별다른 대책이 없었다. 축제 반대 투쟁도 제대로 준비되지 않았다. 축제 반대 유인물도 교사들과 수위가 모두 치웠고, 핸드마이크도 빌리지 못했다. 우리끼리도 의견이 갈렸다. 대입과 졸업이 코앞에 있는 상황이었고, 지난 1년간의 활동에 학생들과 학교도 별 반응이 없었기 때문이다. 나와 달리 대학 진학을 진로로 삼은 친구들에게 공개적 투쟁을 요구할 수도 없었고, 그런 부담을 주고 싶지 않았다. 하지만 후배들이 좀더 나은 학교생활을 할 수 있도록 나 혼자서라도 학교에 경고하고 싶었다.

그래서 축제 당일 교장이 인사말을 시작하자 큰소리로 "축제를 거부한다!", "자주적 학생회를 건설하자!", "학생과장 사과하라!"를 외쳤다. 학생과장과 학생주임이 빠르게 뛰어와 내 입을 막았고, 음악 소리 때문에 학생들은 내 말을 잘 듣지도 못했다. 난 학생부실로 끌려갔고, 아무 일 없었던 듯 축제도 계획대로 진행됐다.

나는 이날의 사건을 실패라고 생각하지 않았다. 졸업 후 지하철 안에서 낯익은 얼굴을 보게 되었는데 고등학교 때 방송반 반장을 하던 후배였다. 구로공단에서 공장 생활을 할 때라 작업복 잠바 차림이었던 나에게 다가와서는 아까부터 한참을 쳐다봤다고 하면서 고등학교 시절 교실 책상 서랍에 감추어져 있던 숭문모임의 소식지, 축제 즈음에 있었던 종이비행기 사건과 축제 반대를 외치던 나를 기억한다고 했다. 그날 풍물반, 연극반 친구들과 함께 학생부실 앞에서 꽤 오랫동안 내가 나오기를 기다렸다고 했다. 그리고 대학생이 된 지금은 학생회 활동을 하고 있고 나를 언젠가는 다시 만나서 고맙다고 이야기하고 싶었다고 했다. 그때 그 소식지 한 장 그리고 종이비행기가 유일한 숨구멍이었다고 이야기해주었다.

엄마

축제 개회식이 끝났는지 운동장은 조용해졌다. 해가 뉘엿뉘엿 저물어가는 학생부실 창문 아래에서 꾸벅꾸벅 졸고 있는데 교감이 문을 열고 들어와서는 나를 데리고 학교에서 가장 오래된 빨간색 벽돌 건물로 갔다. 한국전쟁 때 좌익인사를 총살한 총알 자국이 있다는 소문이 있는 건물이었다. 교감이 나를 벽에 거칠게 밀어붙이더니 경찰서로 가자고 윽박질렀다.

"너도 죽고 싶냐? 너 빨갱이냐? 너 같은 빨갱이는 사회에 쓸모없는 새끼야! 너 부모님 뭐하시냐?"

"빨갱이면 어때서요? 선생님이 학생대표인 회장을 때렸는데 가만 두고 볼 수 있어요?"

그렇게 실랑이가 오가는데 교감은 막무가내로 우리집에 함께 가자고 했다.

"이 새끼 안 되겠네. 넌 퇴학이야! 너 집이 어디야? 앞장서."

경찰이 오기 전에 자신이 먼저 확인할 게 있다는 것이었다.

집까지 따라온 교감은 신발도 벗지 않고 방에 들어와 내 책상을 뒤지기 시작했다.

"너 여기 사냐? 집 꼬라지하고는."

방바닥은 엉망이 되었다.

"부모님이 시골에서 돈 보내주면 말 잘 듣고 공부나 할 것이지. 애들 꼬셔서 공부 못 하게 하고, 학교를 망치려고 해! 너 그동안 뿌린 삐라 다 모아놨어. 그거 가지고 경찰서 가자! 이 빨갱이 새끼야."

좁은 방 안에서 나를 몰아붙이는 교감의 협박 때문에 숨이 막혔다. 그 순간 교감이 방바닥을 손으로 눌러보더니 장판을 들추려고 했다. 장판 밑에 숨겨놓은 책과 문건들이 발각될 상황이었다.

그때 "성윤아!" 하는 낯익은 목소리가 들렸다.

"이게 뭐다냐? 아저씨 누구예요?"

문 앞에 서서 보따리를 들고 있는 엄마의 모습이 눈에 보였다. 교감은 방에 그대로 서서 엄마에게 낮에 있었던 일과 그동안 있었던 일을 전했다.

"그란다고 애 혼자 있는 집에 어른이 와서 방을 뒤진다요? 애가 사람을 죽였어요? 물건을 훔쳤어요?"

"아니, 아이가 학교에서 물을 흐리고 사고를 치니까 단속 차원에서 나온 거 아닙니까?"

"사고 뭐시깽이는 나도 모르겠고 일단 나오쇼. 아니 왜 구두를 신고 들어가서 방을 난장판을 만들어. 내가 이놈 잘되라고 시골서 올려 보내고 공부시켰지. 선생님한테 이 꼴 당하라고 올려 보낸 건 아니지."

나는 엄마를 보니 갑자기 긴장이 풀려서 눈물이 날 것 같았다. 하지만 눈물을 보이기 싫어 손바닥에 손톱자국이 선명해지도록 주먹을 쥐었던 손을 더 꽉 쥐었다. 엄마 앞에서 울 수는 없는 노릇이었다.

"그 잘난 학교 안 보내면 그만잉께, 가쇼. 가시라고요."

교감이 집을 나서고 한동안 말이 없었다. 주인집 아주머니도 엄마랑 몇 마디 나누고 제 방으로 들어가고 바닥이 책으로 뒤죽박죽인 내 방에 어둠이 가득했다.

"성윤아! 밥 묵자! 얼릉 나와야!"

엄마는 별일 아니라는 듯 부엌에서 곤로에 불을 붙여 국을 끓이고 있었다.

엄마에게 대학을 가지 않고 공장에 가겠다고 기회가 있을 때마다 이야기했지만 대학을 나와야 사람 구실한다는 엄마를 더 이상 놀라게 하고 싶지 않았다. 함께 늦은 저녁을 먹으면서 대학시험은 보겠다고 약속했다. 며칠 뒤 부모님이 함께 학교에 찾아가서 교장을 수차례 설득해 징계 없이 일이 마무리되었다. 나중에 들었지만 아버지는 만약에 나한테 문제가 생기면 학교 앞에서 기도회를 열겠다고 으름장을 놓았다고 한다.

1991년 12월, 마석 모란공원

1991년 대학입학 학력고사가 있는 날, 서울 지역 고운 활동을 하던 여러 조직의 고등학생들이 마석에서 마지막 모임을 갖기로 했다고 전해 들었다. 노동현장으로 가기로 한 학생들이었다. 나는 그날까지도 갈 공장을 정하지 못했고 연락이 끊긴 조직과도 오랫동안 교류가 없었기에 노동현장에서 활동할 수 있는 방법은 알 수 없는 불안한 상태였다. 나는 마석에 가면 노동현장에 간 선배들을 다시 만날지 모른다는 기대와, 현장을 준비하는 다른 학교 학생들의 소식이 궁금해서 마석에 가기로 했다.

모란공원에 도착하니 미리 온 학생들이 모여 있었다. 함께 활동했던 홍고아, KSCM, 푸른소나무 친구들이 보였고 낯이 익지 않은 친구들도 있었지만 지난 몇 년간 단체 행사나 집회 현장에서 만났던 친구들이기에 어색하지는 않았다. 모임 구성원 없이 혼자 참여한 사람은 나뿐이었다.

전태일 열사 묘소 앞으로 이동한 일행들은 다 함께 〈임을 위한 행진곡〉을 부르고 참배했는데 내 머릿속은 공장 취업에 대해 도움을 받고 싶다는 말을 어떻게 해야 하나 고민이 가득했다.

참배를 마치고 이동한 뒤 서로 소개하고 결의를 밝히는 시간이 있었다. 공장에 취업해서 하루 휴가를 내고 나왔다는 친구도 있었고 지역을 밝힐 수 없지만 취업이 확정되었다는 친구도 있었다. 모두 나처럼 고등학생운동을 하며 학교와 사회를 변화시키기 위해 고군분투했고 노동운동에 투신하겠다는 친구들이었기에 말 한마디, 행동 하나하나가 멋졌고 부럽기까지 했다.

내 차례가 되었는데 무언지 모를 복잡한 감정 때문에 눈시울이

젖었다. 부모님의 기대를 저버리고 공장으로 가게 될 아들이 갖는 죄책감 때문이었을까. 이제 노동자가 되어 노동해방 그 뜨거운 순간을 내 손으로 이룰 수 있겠구나 하는 벅찬 설렘 때문이었을까. 아니면 지도선(조직)을 잃어버려 정작 공장에 취업할 방법을 찾지 못하고 있는 속상함 때문이었을까. 그날 나는 전태일 열사처럼 살고 싶다는 말 한마디밖에 하지 못했다. 공장에 가서 전태일 당신이 그토록 안타까워했던 노동자들과 함께하기 위해 진짜 노동자가 되겠다고, 노동자가 인간답게 살 수 있는 세상을 만들겠다고 32명의 고등학생이 결의를 다지는 시간이었지만 정작 나는 진로가 결정되지 않은 상황이라 마음이 복잡했다.

마석에서 돌아온 뒤 몇 달 동안 혼자서 공장 취업을 알아보다가 다행히 홍고아 자문위원의 소개로 성수동에 있는 대륭에 입사했다. 내가 첫 번째 해고를 당한 사업장이기도 하다. 그때 마석에 모였던 친구들이 대부분 구로공단에 있는 회사에 취업했다는 소식을 들었을 때는 대수롭지 않게 생각했다. 내가 서울에 올라와서 가입한 조직이 와해된 이후에는 어떤 조직에 가입해서 활동하지 않았고 그 친구들과 같은 조직 구성원도 아니었기에 외떨어져서 지내는 것이 당연하다고 생각했기 때문이었다. 하지만 첫 해고를 당했을 때 참 많이 외로웠고 그 친구들이 보고 싶었다. 같은 조직은 아니었지만 몇 년간 투쟁 현장에서 함께했던 친구들이고, 개인적으로도 친분이 두터웠던 친구들이었다. 당시 투쟁의 방법을 몰라 의지할 곳도 필요했다.

성수동 대륙

공장 생활은 생각처럼 쉽지 않았다. 스테인리스 판금을 절단하고 구부러뜨려 싱크대와 영업용 냉장고를 만드는 곳이라 프레스와 전단기 등 위험한 기계가 많았다. 난 용접공 보조로 일했는데 가끔 전단기 작업을 맡아 스테인리스 판금을 하루에 200~300개 정도 절단하는 작업을 했다. 하루는 몸이 피곤해서 졸다가 전단기에 손목이 잘릴 뻔했다. 매일 반복되는 노동에 몸도 마음도 많이 지쳤다. 공장 생활이 길어지면 손가락 하나씩 없어진다는 농담을 주고받을 정도로 작업환경이 위험하고 열악했다. 당시 내 나이가 열아홉이었으니 '공포스러웠다'고 표현하는 것이 더 정확한 표현일지도 모른다. 판금 벤딩 기계를 다루다가 양손을 다쳐서 엄지손가락만 남아 있던 재춘 형과 마주 앉아 점심 식사를 했던 일은 지금도 또렷이 떠오른다.

"야! 내 손 보기 싫지?" 형의 양손이 거북해 고개를 처박고 밥을 먹는데 "내 손 보기 흉하지? 내 손 보고 밥 편하게 먹어야 공장 생활할 수 있어"라고 말을 꺼냈다. 옆에서 듣고 있던 냉장고 제조반 큰형님도 한마디를 얹었다. 그 형님도 오른손 손가락이 두 개나 없다.

내가 다닌 첫 공장은 내가 책으로 보고 상상했던 노동현장이 아니었다. 첫 한 달은 일이 너무 고되 몸이 힘들었는데도 머릿속에서 꽝꽝대는 프레스 소리가 사라지지 않아서 잠을 잘 수가 없었다. 쇳가루와 금속이 타는 연기로 뿌연 공장 안에서 마스크도 장갑도 부족해서 마스크도 제대로 하지 못한 채 맨손으로 일하기도 했다.

나는 꿈속에서 프레스공이 되기도 하고 벤딩공이 되기도 했는데 그런 꿈을 꿀 때면 재춘 형의 손이 함께 보였다. 너무 지쳐 있고, 힘들어 보이는 노동자들이 손가락도 없이 숟가락을 들고 밥 먹는 걸 보면서 '정말 비참하다'란 생각이 들었다. 꿈에서 깨어 기숙사 방을 둘러볼 때마다 눈물이 났다. 그만두고 싶었다. 노동계급, 노동조합, 노동해방은 엄두도 못 내고 하루하루를 버티는 것만으로 벅찼다. 공장 생활을 하며 친해진 형들과 시간을 보내고 공장 생활에 대한 불만과 불안을 나누면서 조금씩 버틸 힘이 생겼다.

그러다 더 이상 형편없는 음식이 나오는 구내식당을 이용할 수 없으니 거부 투쟁을 하자는 형들의 제안이 있었다. 식당에 들어가지 않고 회사 밖 매점에서 모이기로 했는데 나는 상황을 미리 알고 있던 용접반 반장한테 붙들려서 식당에 들어갈 수밖에 없었다. 거기서 아무 말 없이 밥을 먹고 있는 재춘 형의 모습을 봤다. 다 같이 점심을 거부하기로 했는데 동참하지 않은 것도 이해가 안 됐지만 젓가락질을 못해서 포크로 반찬을 먹고 있는 재춘 형의 손이 너무 안쓰러워 화가 가라앉지 않았다. 제대로 된 밥 한 끼도 요구하지 못하고, 프레스에 손가락이 잘려도 다시 기계 앞에서 서야 하는 노동자의 삶이 서글퍼서 내 손에 들고 있던 식판을 잔반통에 엎고 나와 버렸다. 마침 그 모습을 본 사장이 버릇없는 놈은 필요 없다며 공장장에게 해고를 지시해서 그날부로 난 해고자 신세가 되었다. 1주일 동안 아침 일찍 나와 회사 마당을 청소하고 용접 작업 다이를 닦았지만 말 걸어주는 사람이 하나도 없었다.

"내 다이 건드리지 마! 건드리기만 해봐!"

나는 망치를 들고 용접 다이 위에서 다가오는 경찰들과 관리자들을 향해 악다구니를 해댔다. 해고된 지 1주일 만에 출근하는 나를 내쫓겠다고 회사가 경찰을 부른 것이었다. 프레스 돌아가는 소리가 가득한 공장에는 나와 경찰만이 마주보는 것 같았다.

198

경찰 손에 붙들려 끌려나올 때까지 공장의 기계 소리는 멈추질 않았다. 저녁이 되어서야 파출소에서 나올 수 있었다. 붙잡아 놓을 특별한 이유가 없었는지 경찰도 몇 마디 하더니 유치장 문을 열어 줬다.

회사로 돌아오는 길에 퇴근하는 사람들과 마주쳤다.

"성윤아!" 나보다 한 살 많은 정식이 형이었다. "야, 진짜 오늘 대단했다. 냉동고 만드는 병휘 형이 네 다이가 올라가더니 '다 기계 꺼!' 하고 소리치는 거야. 그러고는 '니들은 사람도 아니다. 어린애가 살아보겠다고 며칠을 저렇게 전전긍긍하고 경찰서를 드나드는데 그렇게 기계 돌리고 모른 척하면 다냐?' 그러는 거야."

"그래도 기계 스위치 내가 제일 먼저 껐다." 규호 형이 한마디 거들었다.

"내 기계는 끄면 다시 예열하는 데 한참 걸려. 다시 켜서 예열시키는데 졸지에 나만 일 안 하고 멀뚱멀뚱 있었잖아. 눈치 보여 죽을 뻔했다." 재춘 형도 눈만 껌뻑이며 이야기한다.

현장에 일하던 형들이 모두 기계를 끄고 사장실에 올라가서 나를 그만 괴롭히고 일할 수 있게 해달라고 요구했다고 했다. "32년 만의 처음이란다. 우리 회사에서 일하는 중에 기계 꺼진 게."

그날 식당에서 식판을 팽개치고 나올 때도, 경찰이 공장 안으로 들어와 날 잡아갈 때도 난 혼자라고 생각했다. 하지만 아니었다. 어린놈이 애쓰는 게 안쓰러워서 형들은 공장장을 만나서 설득하고, 기계를 끄고 사장에게 항의하면서 나 하나를 위해 각자의 방식대로 자기 목소리를 내고 있었다. 노동계급, 노동조합이 중요한 것이 아니라 한솥밥 먹던 동생이 어려움에 처하면 기꺼이 자신의 것을 내어놓고라도 먼저 구하는 게 더 인간적인 것이라는 감정이 몸에 밴

형들이었다.

한 달 가까운 시간 동안 경찰서 유치장으로 오가며 끈질기게 복직을 위해 싸웠지만, 비밀리에 노조를 준비하던 학생운동 출신 형들은 자신들의 존재가 드러나는 것에 대한 위험 때문이었는지 나에게 복직투쟁을 하지 말고 다른 공장에 취업하라고 요구했다.

그 말을 듣는 순간 그들이 현장에서 나를 위해 애써주는 형들을 믿지 못하는 것은 아닌가 하는 의구심도 들었다. 하지만 중요한 순간에 쉽게 흥분해서 경거망동한 것이 마음에 걸렸기에 그들의 요구에 반기를 들지 못했다. 나는 나의 경솔함이 나이가 어려서 벌어진 상황이라고 생각했고 좀 더 시간이 지나 어른이 되면 내 마음과 행동도 다듬어지고 내 결정을 존중받을 수 있을 거라고 생각하고 군에 입대했다.

다시 노동운동

1992년에 입대해서 1994년에 제대한 후 1995년, 다시 노동운동을 하려고 구로공단으로 이사를 했고 공장에 있는 친구들과 연락을 시도했다. 하지만 마석 모란공원에서 만났던 친구들은 이미 현장을 나왔거나 대학에 진학했다. 그나마 남은 몇몇 친구들은 노동단체를 시민운동단체로 전환하는 데 참여해 활동하고 있었다. 얼마 되지 않아 친구들 대부분 노동현장을 떠났다. 구로공단에서 공장 취업을 준비하던 중 알게 된 구로 지역의 노동단체 사람들도 나에게 대학 진학을 권유하거나 시민운동단체활동을 권유했다.

1991년 겨울 마석 모란공원에서 함께 결의했던 친구들이 하나둘 현장을 떠날 때마다 나의 선택이 올바른 것인가 자문하고 또 자문했다. 그들이 떠날 때마다 사실 외롭고 무서웠다. 그리고 이러한 상황을 받아들이지 못하고 고민하고 방황하던 친구들의 모습도 보았다. 노동현장을 떠나는 것은 자신의 신념을 버리는 것이고 노동계급을 저버리는 것이라고 생각하는 친구들도 있었다. 나 또한 그랬다.

광주에서 고등학생운동을 하다가 구로공단에 올라온 친구가 있었다. 내가 구로공단에서 세 번의 해고를 당하며 어려움을 겪던 시기에 많이 의지했던 친구였다. 늘 노동운동을 갈망했던 그 친구는 원치 않는 임신과 결혼으로 인해 방황하다가 스스로 목숨을 끊었다. 2년이 지난 1997년 여름에 그 친구의 첫 공장에서 같이 일했던 고운 출신 친구 서현정과 함께 죽은 친구의 묘지를 찾았다. 돌아오는 차에서 동행한 친구가 말했다.

"만약에 1989년과 1991년이 우리 인생에 없었다면 애는 안 죽었을지도 몰라……"

1987년부터 1995년, 그 시절 내가 사랑했던 것은 무엇이었을까. 그리고 그 시절을 지나 오랜 시간 노동현장에서 버티게 한 힘은 어디서 나온 것일까.

부모님의 기대를 저버린 자식이었고, 사랑했던 친구가 있었으나 성수동 공장에 취업했을 때 연락이 끊겼다. 그리운 친구들은 만날 수도 없었다. 나는 고등학생운동을 마치고 공장노동자가 되어 노동운동을 하기 위해 애썼지만 대학에 가지 못해 공장에 취업한 '공돌이' 취급을 당했던 시절이었다. 그 말을 들을 때마다 스스로를 비하하는 노동자들이 답답하고 화가 났다. 세 번의 해고를 당하는 동안 그 좋은 머리로 대학이나 가라는 소리를 하도 들어서, 1996년 겨울까지 세 번의 해고를 당하는 동안 나는 공돌이라고 무시하는 사람들에게 공돌이도 노동조합을 만들 수 있다는 걸 보여주고 싶어서 고등학생운동 출신이라는 말을 해본 적이 없다.

2008년 노동운동을 그만둘 때까지 나는 고등학생운동을 했던 시절에 다짐했던 생각들을 놓치지 않으려고 애썼다. 지금도 사람들에게 "그렇게 어린 나이에 그게 가능해?"라는 질문을 많이 받는다. 하지만 그 시절에는 누구나 투쟁했고 누구나 민주주의를 갈망했으며 인간다운 삶을 꿈꾸었다. 좁은 교실에 갇혀 공부하는 기계가 되고 싶지 않았고, 권력에 순응하는 삶을 살고 싶지 않았기 때문에 스스로 책을 찾아 공부했고 제 발로 투쟁 현장을 찾아다녔다.

1987년 6월항쟁부터 1991년 5월투쟁까지 어른들 틈에 끼여 누구보다 치열하게 조국의 통일과 민주주의, 노동계급의 해방, '민족, 민주, 인간화 교육'이라고 전교조가 천명했던 참교육을 위해 고민하고 투쟁하던 중고생들이 있었다. '고등학생운동 세력', '고등학생운동 세대'라고 부르기보다는 '91년 세대'라고 이름 짓고 싶다. 1991년 시민들의 투쟁과 열사들의 투쟁이 미완이었듯이 내가 고등학생운동을 통해 이루고 싶었던 인간해방도 여전히 미완이다.

그 당시 나는 고등학생운동에서 노동운동으로 옮겨가는 과정이 당사자성이 완성되는 과정이라고 생각했다. 인간은 누구나 자유롭고 평등하게 살기 원하고 인간다운 삶을 영위하기 위해 노동자가 된다. 고등학교 시절 경험을 통해 나는 내 삶의 주인이 되었다. 내 스스로 민중의 역사를 더 나은 방향으로 변화시키기 위해 노동자가 되기로 결심했다.

1999년 구로공단의 한 사업장에서 노조위원장이 되었지만 그것으로 만족하지 않고 구로 지역의 미조직 영세노동자들의 노조 설립

202

을 도왔고 지역의 정규직 노조를 설득해 최저임금 인상을 위해 투쟁했다. IMF 금융위기 이후에는 비정규직 철폐를 위해 투쟁했고 경기금속지역지회를 만들어 노동조합 설립을 돕는 일을 했다. 더 낮은 곳에서 더 어려운 사람들과 함께하기 위해 대학 진학을 포기하고 선택한 노동운동이었기에 가능한 일이었다. 고등학생운동 기간 동안 경험했던 모든 일들이 내 삶과 투쟁의 자양분이었다. 나는 여전히 고등학생운동 시절에 이루고 싶었던 '인간해방'이라는 꿈속에서 살고 있다.

6   나의 불온한
      사춘기

이형신

- 1973년생, 서울
- KSCM
- 구로공단 공장활동 · 대학생운동 · 민노당
  및 정의당 당직자 · 공공정책 컨설팅
- 화장품 유통업

나의 불온한 사춘기

유년의 시기를 벗어나며 세상사가 눈에 보이기 시작했다. 주변에는 '불온한 사건'이 많이 일어났다. 중학교 1학년이던 1986년 나는 인천에 살았다. 5·3인천민중항쟁°이 있던 인천시민회관이 학교 주변이다. 친구들이 말 순서를 다퉈가며 주말에 보고 들은 이야기들을 했다. 늘 다니던 거리에 온종일 경찰과 시위대가 격렬하게 충돌했고, 텔레비전에 대대적으로 나오니 흥분할 만한 뉴스였다.

중학교 2학년이었던 1987년부터 연세대 정문 바로 앞에 살았다. 우리 집은 하숙집이었다. 6월항쟁 시기라 봄부터 연일 시위가 있었다. 6·10대회가 있던 날은 학생들이 모두 시위에 나가 집 안이 텅 비었다. 나도 공부를 열심히 해서 대학생이 되어 정의를 외쳐야겠

° 대통령 직선제 개헌 요구가 거세지기 시작하는 국면에서 전두환 정권과 야당이 타협하고 민주화 세력을 배제할 조짐을 보였다. 민주화운동 세력은 이에 반발해 5월 3일 인천시민회관에서 개최될 예정이었던 신민당 인천 개헌추진위원회 경기인천지부 결성대회를 앞두고 행사장 주변에서 대규모 시위를 벌였다. 이 과정에서 경찰과 시위대의 물리적 충돌이 있었다.

다는 막연한 생각을 했다. 기말고사 즈음 아침 일찍 도서관에 가느라 집을 나서는데 거리는 한적했고, 골목 사이사이 빽빽하게 줄지어 선 전경들 사이를 지나 연세대 앞 버스 정거장으로 향했다. 이한열 열사가 숨진 날이다. 저녁에 막내 누나를 따라 연세대 학생회관에 마련된 이한열 열사 빈소에 긴 줄을 기다려 헌화를 했다. 간간이 중년의 어른들과 부모를 따라온 중고생들도 보였다. 학생회관 앞에서 집회가 이어졌고, 연사들은 애통해하며 연설을 했다. 내가 다니던 한성중에서는 시청으로 향하는 아현 굴레방다리가 보인다. 장례식날, 쉬는 시간마다 나가보면 장례 행렬이 끊이지 않았다.

누나들은 부평공단 봉제공장의 미싱사와 시다(조수)로 일했다. 주말이면 어머니가 싸주신 김치며, 반찬거리를 들고 누나들이 사는 부평공단에 가곤 했다. 공장 곳곳에 파업 현수막이 내걸려 있었다. 후에 '87년 7·8·9월 노동자대투쟁'으로 불리던 시기다. 누나를 따라간 백마교회°에서 노동자들의 노래극을 보았다. 연극은 선동적이었고, 빨랫줄에 나풀나풀 걸린 민중미술 판화들이 흑백의 강렬한 이미지로 남았다. 소박한 옷차림에 앳되지만 맑고 강렬한 눈빛을 가진 '공돌이', '공순이'들이 판화처럼 무채색의 이미지로 남아 있다. 신촌 대학가의 형형색색의 화려함과 많이 달랐다.

1980년 광주학살은 큰 충격이었다. 화보와 비디오로 생생한 이미지가 각인되자, 배경과 전개 과정의 세세함이나 광주시민들의 용

° 1950년대 외국인 선교사들의 주도로 설립된 도시산업선교회는 1970년대 전태일 분신 사건이 계기가 되어 민중교회로 발전했다. 박정희, 전두환 군사 정권 시기에 산업선교를 하다 도시빈민과 노동자의 복지·인권보호 활동을 하게 된 것이다. 백마교회(조화순 목사)도 부평공단에서 노동기본권조차 보장되지 않던 때 노동조합 활동을 지원하고, 지도자를 육성하는 역할을 했다.

기 있는 항거 이야기는 잔인한 죽음이 가져온 두려움에 덮였다. 두려웠다. 국민학교 시절의 기억이 떠올랐다. 하나는 전북 익산역 앞에 살던 1985년엔가 기습시위를 벌이던 원광대생들이 큰 방패를 든 투석복의 전투경찰에게 순식간에 해산되던 장면이다. 웃통이 벗겨진 채 어느 대학생이 끌려갔다. 다른 하나는 방학 때 가서 지내던 전남 장성 큰집에서 사촌누나가 주변에 아무도 없는데도 소리 죽여 "광주에서 사람이 많이 죽었대" 하고 말하던 장면이다. 그 어둡고, 무겁고, 엄숙했던 분위기가 떠올랐다. 유년의 끝자락에 접한 '불온한 사건'들은 한편은 동경으로, 한편은 두려움으로 나에게 스며들었다.

나는 형제가 많은 집안의 나이 터울이 있는 막내다. 형제들은 하나둘 고향 익산에서 서울과 인천으로 떠나갔다. 부모님은 집안 살림이 어려워지자, 아직 고등학교를 마치지 못한 막내 누나와 국민학교를 갓 졸업한 나를 데리고 누나들이 있던 인천으로 올라왔다. 빚쟁이에 쫓긴 야반도주였다. 가족 모두 노동을 했다. 대학을 다니던 형과 나는 신문 배달을 했고, 누나들은 공장에 다녔다. 다시 또 서울 신촌으로 집을 옮겨 어머니는 하숙집을, 아버지는 노점상을 했다. 중3 가정환경 상담 때 아버지 직업을 노점상이라고 했더니, 담임교사는 부끄럽지 않느냐고 핀잔을 주듯 물었다. 나는 부모님의 가난과 노동이 부끄럽지 않았다. 무식자에 노동으로 자식들을 뒷바라지해온 부모님의 삶을 긍정했다.

'불온한 기운'은 집안에서 느껴졌다. 오랜만에 만난 형과 누나들은 낯설고, 전보다 성숙해 보였다. 어린 나를 대하는 태도와 말에도 전에 느껴지지 않던 격조가 있었다. 집에는 낯선 사람들이 드나들고, 은밀한 대화가 오갔다. 마치 첩보영화처럼 누나가 정해준 시간과 장소에 나가 인상착의로 사람을 구분해 메시지를 전달했다. 어느 날 누나들 자취방에 혼자 가서 복사물과 책을 가지고 나오기도 했다. 형사들의 잠복에 대비해 어린 내가 의심을 덜 받을 거라 여겼을 것이다. 인천으로, 서울로 전학을 두 번이나 가게 되면서 친구가 없던 나는 집에 굴러다니던 책들을 손에 잡히는 대로 읽었다. 문고본 단편소설과 문학 전집류도 있었지만,《어느 청년노동자의 삶과 죽음》,《들어라 역사의 외침을》,《한국민중사》,《동소산의 머슴새》와 같은 민중문학이나 쉬운 사회과학 서적을 읽었고,《말》에 실린 기사로 시국사건을 접했다. 불온한 사춘기였고, 친구들과의 어울림은 줄었다.

1987년 대통령 선거 후 누나가 명동에 놀러 가자고 했다. 구로구청 부정선거 항의 점거농성 사건과 강제진압이 벌어졌고, '부정선거 대선 무효'를 주장하며 명동성당에서 농성이 벌어졌다. 누나는 당시 귀했던 수입 과일인 바나나를 사준다고 꾀며, 고등학생들이 농성을 하고 있다는 말을 흘렸다. '바나나'보다 '고등학생'에 홀렸다. 당시 중2에 불과해 도심의 혼잡과 어수선한 농성장 풍경 정도만 흐릿하게 기억에 남아 있지만, 고등학생운동의 상징적 이름 중 하나였던 서울지역고등학생연합(이하 '서고련')의 실체를 마주한 순간이었다. 명동성당에 모인 고등학생들이 외친 '노태우 당선시킨 기성세대 각성하라'는 구호는 1987년 대통령 선거의 결과와 1980년대 고등학생운동의 역사적 출발을 알리는 울림이었다. 6월항쟁으로 성취한 대통령 직선제가 야당과 민주화운동 세력의 분열로 군부독재의 연장이라는 좌절스러운 결과로 이어진 데 대해 투표권조차 없는 익명의 고등학생들이 어른들의 성찰을 요구한 것이다. 그리고 한국 현대사와 사회운동의 한편에 고등학생이 짊어져야 할 몫이 있음을 당당하게 선언한 것이다.

불온한 우리를 바라보는
긍정과 우려의 눈빛

1988년 3월의 봄날, 종로5가 기독교회관에서 강주성° 선배를 만났다. 누나가 소개해준 고등학생 기독교 선교단체 KSCM(한국고등학생기독교운동총연맹)의 지도교사였다. 중3인 나는 조기입학을 한 셈이다. 나와 같은 중3 한 명, 고1 한 명까지 우리 셋은 신입반으로 묶여 강주성 선배에게 매주 교육을 받았다. 독서량이 꽤 많았다. 정해진 책을 읽고 토론하고, 또 숙제처럼 다른 책을 권했다. 《교과서와 친일문학》, 《내가 두고 떠나온 아이들에게》, 《스스로를 비둘기라고 믿는 까치에게》 같은 교육 문제를 다룬 책들이 많았다.

교육 문제를 다룬 책들을 읽어가며, 어린 나이에도 이상한 일이라고 생각했던 부조리한 학교현장의 배경을 알게 되었다. 학교에선 토요일 마지막 시간이면, 매번 나눠주는 체크리스트에 한 주의 바른 생활 여부를 체크해 제출했다. 인사 예절, 공중도덕, 태극기와 국가원수에 대한 예절을 지켰는지가 항목에 포함되어 있었다. 내용도 우스웠는데, 대통령을 '각하'라는 호칭으로 불렀는지를 묻는 내용도 있었다. 중1 때는 북한을 규탄하는 구호가 들어간 어깨띠를 손수 만들어 두르고, 운동장에 모여서 피켓을 들썩이는 금강산댐 규탄대회를 했던 적도 있다.°° 학교는 반공·반북 이데올로기와 국가주

° 강주성은 사회운동으로 고등학생운동에 '투신'했다. KSCM 지도교사를 했고, 민주교육실천협의회(이하 '민교협')와 도서출판 푸른나무에 근무하면서, 서울 지역 고등학생운동 활동가들과 폭넓게 관계하고 큰 영향을 끼친 인물이다. 2000년대 이후 백혈병 투병 중 글리벡 약값 인하 투쟁을 하며 글로벌 제약사 노바티스, 보건 당국에 맞섰다. 한국백혈병환우회, 건강세상네트워크 설립을 주도했다.

°° 당시 전두환 정권은 국면 전환을 위해 북한 금강산댐이 남한 수공용 댐이라고 주

의 규율을 몸에 익히는 곳이었다. 교사들의 폭력은 일상이었다. 하루도 맞지 않는 날이 없었다. 몽둥이는 기본이고, 50센티미터 뿔자로 뺨을 때리거나 구둣주걱으로 손바닥을 때려 학생 손바닥이 찢어지기도 했다. 1등은 1대, 꼴찌는 60대를 넘게 맞으며 서로의 석차를 확인했다. 온갖 잡부금이 흔했고, 촌지가 자연스러웠다. 수업료를 내지 못하면 공개적 창피를 당했다. 학교는 사회적, 경제적 차별의 구조화된 모순을 감추고, 눈부신 경제발전은 역대 정부의 업적이며 가난한 삶은 개인의 무능력 탓이라고 받아들이도록 하는 곳이었다.

1989년 전교조 교사 대량해직 사건 이전에도 교육민주화운동 관련 해직교사들이 있었다. 《민중교육》 사건°이 대표적인 경우로, 이들이 주도해 만든 단체가 민교협이고, 여러 교사단체가 연합한 민주교육추진 전국교사협의회(이하 '전교협')가 있었다. KSCM 활동을 하면서 만나게 된, 해직교사들이 말하는 민중교육, 통일교육, 민주교육에 격하게 공감했다. 해직교사들이 말하는 '참교육'은 교육의 한 주체인 우리가 앞장서서 해결해야 할 실천 과제로 다가왔다. KSCM에서 기독교 신앙도 새롭게 정립되었다. 예수님은 민중과 허물없이 어울리며, 약자의 고통을 외면하면서 개인 구원만을 쫓는 위선적 신앙에 단호하게 맞선 분이었다.

이렇듯 세상사의 구조적인 모순에 눈떠가던 우리는 소위 일찍부터 '빨간 물'이 든, 누가 봐도 튀는 존재들이었다. 우리와 사회에 대

장하는 반공 사기극을 벌였다. 뉴스에서는 북한이 이 댐을 폭파하면 63빌딩 허리가 물에 잠길 수 있다는 이미지를 보여주었고, 북한의 수공에 대비해 평화의 댐 건립 모금 운동까지 벌였다.

° 1985년도에 있었던 필화사건으로 주로 교사 문인들이 교육민주화 활동으로 만든 무크지 《민중교육》의 기획자와 필자를 구속·해직시켰다.

한 인식을 공유하지 않는 어른들에게 우리는 '문제학생', 일반에서 일탈한 '비행청소년'일 뿐이었다. 하지만 우리의 인식을 긍정하는 어른들에게서도 다른 우려의 시선을 느낄 수 있었다. 또래끼리 어울려 술과 담배나 하는 어설픈 어른 행세를 하고, 고등학생운동을 한다며 학교와 대립하고 부모님과 갈등했다. 학교 친구들과는 관심도, 일상생활도 달랐다. 활동가로서의 서툰 자질과 역량도 많이 거슬렸을 것이다. 어른으로서도 활동가의 삶이 쉽지 않은데, 미성년의 학생이 맞닥뜨리는 사회적 편견과 고달픈 삶이 안쓰럽기도 했을 것이다. 세상을 향해 일찍 껍데기를 깨고 속살을 드러낸 우리는 여러모로 거칠었다.

나도 KSCM 활동을 하며 귀가가 늦어지는 일이 많았고, 학교 생활은 뒷전이라 부모님 걱정이 커졌다. 그래도 내가 잘못된 길을 가는 건 아니라고 봤고, 믿음을 가지고 인정해주었다.

우리는 대학부(KSCF, 한국기독학생회총연맹)와 같은 사무실을 사용했는데 매년 새로 구성되는 중앙 상근 임원들과 사무국 간사, 목사님들과도 가깝게 지냈다. 그들도 우리를 대견해 하면서도 "너네는 그러고도 대학은 갈 수 있냐"는 말들을 농담처럼 던졌다. 선배를 따라 나간 시위에서 내가 전경에게 돌을 던지자, 한 대학생이 내 손을 거칠게 붙잡으며 "너의 행동은 옳지만, 저들을 미워하면 안 된다!"라며 나를 바라보았다. 긍정과 우려가 교차하는 눈빛, 이것이 이후 우리가 고등학생운동을 하며 받게 될 뭇시선이었다.

모이고, 조직하고, 점점 많아지는 '우리'

1987년 이후 통일운동, 민중생존권 투쟁 등 각 분야의 사회운동이 활발해졌다. 우리가 열심히 하면, 큰 변화를 만들어낼 수 있을 것 같았다. 고등학생운동도 여러모로 활발해졌다. 사회적 이슈로는 사학비리 해결, 교내 민주화, 입시 위주 교육 철폐 등을 본격적으로 주장했다. 조직적으로는 단체활동도 활발해지고, 활동가들의 수나 모임도 많아졌다.

중고생들의 모임이 서울 지역 곳곳에서 생겨났다. 민중교회, 전교조 서울지부의 지회 사무실, 지역의 청년단체, 문화단체 등이 거점 공간의 역할을 했다. 별도의 단체명을 붙이기도 하고, 해당 단체의 중고생 모임 형태를 띠기도 했다. 동대문청년회 중고생모임, 면목동의 늘푸른소리, 신촌의 우리마당 얼무리, 풍물단체 터울림 등이다. 도서출판 푸른나무에서 나오던 청소년 무크지 《푸른나무》를 함께 읽던 푸른나무이야기모임은 후에 우리소리라는 단체로 발전했다. 관악 지역에서는 사회과학 서점에도 중고생들의 작은 소모임이 생길 정도였다.

내 주변에도 나와 비슷한 친구들이 늘어갔다. 당시 고등학생 활동가들은 크게 부모 또는 형제 등 가족의 영향을 받았거나, 교육민주화 운동을 하는 교사에게 영향을 받았거나, 친구의 영향을 받은 경우로 나뉘었는데, 친구의 영향을 받아 활동하게 되는 경우가 점점 더 많아졌다. 20명 정도의 중학생이 모였다. 그리고 벗사랑이라는 모임을 만들었다. KSCM에 중등부는 없었지만 공간을 빌려 모임 장소로 사용했다. 매주 정기적인 모임을 갖고, 문집을 만들어 우리들의 생각과 정서를 공유했다. 고등학생이 되어서도 각자의 학교와 단체 등에서 활동을 이어갔다.

고등학생운동 활동가들의 학교 활동 조직화의 출발점은 다양한 소모임을 만드는 것이다. KSCM은 학내에서 소모임을 만들고 운영하는 방법을 담은 《소모임 활동 자료집》을 제작해 배포했다. 문예반, 시사토론, 독서토론, 풍물패 등 여러 모임이 학내에 만들어졌다. 학내 소모임은 '불법 서클'로 규정되어 징계를 각오해야 하는 경우가 많았는데, 징계 위협이나 처분으로 크고 작은 분쟁이 있었다.

KSCM 주최 '고교생을 위한 월례마당'에서 배포한 《소모임 활동 자료집》

활동가들끼리는 학교별로, 지역별로 활동가조직을 만들었다. 서로의 활동을 격려하고 선배가 후배를 지도하는 방식으로 경험을 계승하고 학교에서의 활동을 기획하고 실행했다. '학내민주화투쟁'이라고 불리는 활동이 전국 곳곳에서 산발적으로 일어났다. 직선제 학생회가 구성되는 학교도 점점 늘어갔다. 서클활동 보장, 강제 보충수업·자율학습 폐지, 두발·복장 자유화, 폭력교사 처벌, 사학비리 척결 등을 요구하는 투쟁을 벌였다. 유인물을 뿌리고, 종이비행기를 날리고, 운동장 집회와 농성을 벌였다.

중고생을 위한 학교 밖 행사들이 서울에서 여럿 개최되었다. 1987년에서 1988년으로 가는 봄, 중고생들의 자살이 급증했다. 〈행복은 성적순이 아니잖아요〉(1989)라는 영화가 제작될 정도로 중고

고등학생 자주학교

스스로 주인되는 삶을 위하여!

우리 모두 함께 모여 강강수월래

고등학생 운동과 교육현실 배움터

860865(3)

＊ 배움터소개

- 우리문학 배움터
  문학에 대한 올바른 이해와 한국현대 문학에 대해 공부하는 배움터
- 우리역사 배움터
  역사란 무엇이며, 교과서에서 배운 역사와 우리의 현실을 연결시켜 공부하는 배움터
- 우리문화 배움터
  우리의 삶에 있어서 문화가 갖는 의미와, 전통문화, 외래문화에 대한 올바른 이해를 위한 배움터
- 우리현실 배움터
  해방이후 우리민족의 역사와 우리 이웃들의 삶의 모습, 그리고 학교에서의 여러 문제들에 대해 함께 이야기해 보는 배움터
- 고등학생운동과 교육현실 배움터
  한국 고등학생운동의 전통과 한국의 교육문제에 대해 토론해 보는 배움터

＊ 공통과목 ＊

- **학생회 및 학내활동에 관하여**
  민주적 학생회의 건설과 운영, 그리고 올바른 학생활동을 위해 이야기하는 시간.
- **여성과 인간화**
  올바른 남성관과 여성관을 확립하기 위하여 여성에 대한 잘못된 시각과 인식을 깨우쳐 나가는 시간
- **80년대의 인식**
  우리의 삶속에서 알려지지 못한 혹은 왜곡되게 배워왔던 주변의 삶들을 새롭게 올바르게 알아가는 시간

＊ 자주학교에는 다섯개의 배움터가 있읍니다.
   그 중 관심있는 배움터 하나를 선택하여 주시기 바랍니다.

＊ 교재는 각 배움터별로 각 1권과, 공통과목 1권을 포함하여 총 6권으로 되어 있지만 사정상 고등학생 운동과 교육현실 배움터만 다시 재 편집하여 배포 합니다. 그간 성원에 감사 드립니다.

1989년 1월
서울지역 사범대 학생회 협의회

고등학생 자주학교 교재

일 정

과 목 차

첫째날
주제: 고등학생운동이란 무엇인가 ·········· 3
진행: 배움터 소개 . 자기 소개 및 조별모임

둘째날
주제: 우리교육이 걸어온 길 (16연) ···· 7
진행: 우리학교 이야기 (인문계. 실업계). 조별 토의

셋째날
주제: 고등학생 운동의 전통 (강연, 슬라이드)···25
진행: 조별 토의
발표 해봅시다 (고등학생 운동의 전통을 엮볼 수 있는 시 또는 글)
4.19 기념탑을 향하여

넷째날
주제: 80년 이후의 고등학생운동 - 38
진행: 사례 발표
조별 토의

다섯째날
주제: 89년의 전망 ···· 44
진행: 조별 토의 ➜ 가상극

마지막날
주제: 올바른 학교 생활 ···· 61
진행: 조별 토의 및 대동제 준비

부록 ···· 77   타 배움터 일정표 ··· 92 ~

생들의 자살과 교육 문제가 큰 사회적 이슈였다. 1988년 7월 자살 학우 추모제가 홍익대에서 열렸다. 민교협은 중고생 대상 통일백일 장을 주최했다. 그때 모인 글로《감자씨와 볍씨의 통일이야기》라는 책이 출판되었다. 내가 쓴 시도 한 편 실렸다. 서울지역사범대학생 회협의회(서사협)는 고등학생운동을 활성화하는 데 도움을 주고자 방학 때마다 자주학교를 주최했다. 대학 공간을 빌려 풍물반, 시사 반, 역사반, 고등학생운동반 등 분반 활동과 강연, 참가 학생자치활 동의 프로그램을 운영했다. 그 외에도 서울의 여러 지역 사회단체, 문화단체에서 개최하는 행사에 중고생들의 참여가 흔했다. 한편 이 러한 행사를 계기로 활동가들이 모이고 교류하며, 고등학생운동의 방향을 논의하기도 했다.

고등학생운동이 1989년 전교조 교사 대량해직에 맞섰던, '선생님 사랑해요'로 상징되는 전국적인 시위나 항의로 크게 알려진 것은 사실이다. 고등학생운동이 전교조운동의 '부록'처럼 여겨져온 이유 가 여기에 있다. 당시 정권은 고운이 전교조의 좌경 의식화에 영향 을 받은 것이라며 교육민주화운동을 공격하는 빌미로 삼았다. 사회 적 인식 역시 고운을 해직교사에 대한 제자들의 안타까움에서 비롯 한 일시적이고 감정적인 행동으로 치부했다.

하지만 실제는 달랐다. 고등학생운동은 1987년 6월항쟁 시기 사 회 각 분야의 민주화운동의 흐름과 성장과 함께 활발하게 일어났 다. 제도교육과 학교현장의 문제점을 사회적 문제로 제기하고 개선 을 요구했다. 자발적이며 목적의식적이고 조직적인 운동이었고, 미 성년과 학생 신분에서 각자가 처한 제약을 극복해가며 점차 대중운 동으로 발전해갔다. 고등학생운동은 활동가와 대중이 자신의 문제 를 해결해가는 사회적 계층운동의 한 영역이었다.

KSCM

내가 활동했던 KSCM 사무실이 있던 서울 종로5가 기독교회관은 한국 민주화운동에서 특별한 공간이다. 기독교회관에는 교회일치운동(에큐메니칼운동)° 관련 교회연합기구 여럿이 모여 있었다. KSCM은 NCCK(한국교회협의회) 소속 교단으로부터 학원선교를 위임받은 단체다.

당시 한국 개신교 안에는 군사 정권 시기 재야인사로 활동하던 문익환, 박형규 목사 등 유명 원로목사뿐 아니라, 종로5가 기독교회관을 중심으로 민주화운동, 소외된 약자를 돕는 데 적극적인 젊은 목사, 평신도가 많았다. 이러한 활동을 기독교 사회운동 또는 사회선교라고 했다. 이는 해방신학, 민중신학, 통일신학을 신학적 배경으로 하는 것으로, 제국주의 왕정국가를 찬양했던 서구교회에 대한 반성, 나치독일에 항거했던 본회퍼의 활동,°° 3·1운동 등 일제강점기 민족운동, 민중운동에 참여해온 한국 교회의 역사적 전통과 정신을 계승하는 흐름이다. 국제적인 연대와 지원 활동도 활발해, WCC(세계교회협의회) 등은 군사독재 국가의 정치적 탄압에 대해 국제적 인권 여론을 형성해 압력을 가하고, 사회선교 활동에 필요한 재정을 지원했다.°°°

° 교회일치운동(에큐메니즘)은 기독교의 다양한 교파를 초월하여 보편적 일치 결속을 도모하는 신학적 운동이다.

°° 디트리히 본회퍼는 나치에 저항해 히틀러를 암살하려는 계획이 발각되어 처형되었다. 그의 유명한 말은 이것이었다. "미친 운전자가 운전하는 차로 사람들을 치여 죽일 때, 목회자가 할 일은 죽은 자들의 장례를 주관하는 것이 아니라 그 미친 운전사를 차에서 끌어내리는 것이다."

°°° 그럼에도 불구하고 KSCM의 활동은 공안기관과 학교 당국의 탄압을 받았다.

1980년대 후반 고등학생운동에서는 KSCM과 흥사단고등학생
아카데미(이하 '흥고아')°를 비공개 고등학생운동 활동가 모임과 구분
해 '공개단체'라고 불렀다. 1987년 겨울 명동성당에서 있었던 서고
련의 농성 이후, 고등학생운동 활동가들이 KSCM과 흥고아에서 지
도교사와 회원으로 본격적으로 활동을 시작했다. 훨씬 더 많은 활
동가가 조직적으로 활동하면서, 지역별로, 학교별로 조직을 확대해
갔다.

이런 고등학생운동 활동가들 사이에는 운동의 방향에 대해 몇 가
지 입장의 차이가 있었다. 여타의 계층별 사회운동처럼 사회민주화
운동에 더 선명하게 나서야 한다는 입장, 학내자치활동 보장과 교
육 문제 등 자신의 문제를 해결하는 것에 중점을 둬야 한다는 입장,
민중운동의 활동가를 발굴하고 훈련해 성장해가는 것이 중요하다
는 입장 등이었다. 하지만 당시 '자살학생' 문제 등 점점 심화되던
입시 위주 교육으로 인한 폐해를 해결하고, 곳곳에서 터져 나오는
학내민주화 투쟁, 사학비리 투쟁 등 교육민주화운동을 더 확산시켜
가야 한다는 데는 큰 이견이 없었다.

KSCM과 흥고아에 참여한 고등학생운동 활동가들은 회원들의
내부적인 활동 외에, 현재의 시민사회단체처럼 대외적으로 고등학
생 문제를 사회적 이슈로 제기하고 확산하는 활동을 강화해갔다.
사소한 활동조차 공안 당국과 교육 당국의 감시와 탄압이 심할 때

1980년대까지도 교내 서클활동 자체가 금지되어 있어, 학교별 기독학생회 활동
이 불가능해 전국 5개 도시에 지부연맹으로 명맥을 유지했으며, 1991년에는 9개
도시까지 조직이 확대되었다

° 도산 안창호 선생이 설립한 흥사단도 일제하 독립운동부터 이어져온 민족운동
단체로 민주화운동 시기 시민사회단체로서 종로5가 기독교단체들과 비슷한 역
할을 했다.

여서, 어느 정도 사회적 보호막을 가지고 있는 KSCM과 홍고아가 고등학생운동에서 대외적으로 대표 역할을 맡는 것이 필요했다.

민주화운동이 점차 성장해가는 만큼 서울 지역에서 공개적으로 활동하는 고등학생 단체도 많아졌다. 1989년에는 학생의 날 준비위원회에 KSCM과 홍고아만 참여했지만, 매년 참여 단체가 늘었다. 직선제 학생회도 점차 늘어, 학교 내의 활동도 활발해졌다. 활동가들의 연결 관계에 따라 단위학교별 활동과 지역별 공개단체 활동도 다양하게 연결되고 활동의 영역도 상당히 넓어졌다. 지역의 청년단체, 문화단체를 매개로 활동하거나, 참배움일꾼청소년회와 같이 독립적 공개단체로 발전하기도 했다. 학교 단위 활동가들이 모여 '단위학교'라는 명칭으로 시국집회에 참여하기도 했고. 정치활동을 강조하는 공실위(고등학생 정치활동 쟁취를 위한 공동실천위원회)도 있었다.

고등학생운동의 씨실을 짜다

KSCM과 홍고아 같은 공개단체의 중요한 역할은 중고생들이 모이는 '기회'와 '공간'을 만들어내는 것이었다. 고운의 중점적 방향에 대한 의제를 제안하고, 구체화하며, 사회적으로 이슈화하는 스피커 역할을 했다. 단위학교 활동가들의 학교현장에서의 활동을 지원한다는 의미가 있었다. 그러다 보니 공개단체는 실무적 역할도 많이 맡게 되었는데, 내가 KSCM 서울연맹 회장을 하던 1990년에만 대외행사를 11번 개최했다.

4·19 학생혁명 기념행사와 11·3 광주학생운동(학생의 날) 기념행

사는 고등학생운동의 중요 행사다. 고등학생운동의 역사성과 정체성을 되새겨보는 행사였고, 봄·가을 학기의 중간에 고등학생운동 세력이 한 차례씩 대규모로 모였다.

1부 기념식, 2부 문화행사 형식에 당시의 교육 관련한 이슈를 담아, 결의문을 채택하는 형태로 우리들의 목소리를 담았다. 1989년 4·19 기념행사 때는 교육 문제를 주제로 '노래가사 바꿔 부르기 대회(노가바대회)'를 열었다. 단체, 학교, 지역 학생별 팀이 출연한 경연 형식의 행사였다. 보통은 각 단체가 세부 프로그램을 분담하거나 연합해서 공연 프로그램을 준비했고, 개별 학교의 활동 사례와 투쟁 사례를 발표했다. 서울의 경우 500명에서 많을 때는 1,500여 명까지 모였다. 언론사에 취재요청을 하고, 행사 비용은 주최단체 분담금, 교육단체와 출판사 후원금, 기념품 판매로 마련하곤 했다.

하지만 중고생 행사는 늘 원만하게 치르기가 어려웠다. 1989년 11월 학생의 날 기념행사를 시작으로 크고 작은 모든 행사가 경찰과 시교육위원회(현재 교육청)에 의해 노골적이고, 치밀한 방해를 받았다. 여느 시국집회처럼 '원천봉쇄'를 당했다. 행사장에 참여자가 들어가지 못하도록 경찰 병력으로 봉쇄하고, 주변부터 검문한다. 1990년 학생의 날 기념행사 때는 보라매공원에 설치하고 있던 행사 장비를 모두 빼앗겼다. 대학로 교회에서 열리는 행사조차 전투경찰을 배치하고 검문을 했다. 단체 임원들이 행사에 가지 못하도록 당일 학교에서부터 단속했다. 매번의 행사를 숨바꼭질하듯 치렀다. 이러한 방해와 탄압이 없었다면 당시 고등학생운동의 활동 역량으로 보았을 때 행사의 규모는 훨씬 컸을 것이다.

KSCM은 '월례마당'이라는 이름으로 강연, 주제 발표 행사를 열었다. 직선제 학생회나 자주적 학생회 운영 등을 주제로 삼고, 가령

1990년, 학생의 날 기념행사 팸플릿

1990년, 4·19 기념행사

학생회 운영을 위한 회칙과 회비 사용 등 구체적인 내용을 다뤘다. 홍고아와 함께 정다운교실만들기운동처럼 학교문화 개선을 위한 캠페인을 벌이면서도, 학내민주화를 위해 싸우고 있는 단위학교에 연대하기도 했다.

고등학생운동이라는 그림을 그리기 위한 조직화라는 화폭을 짜 들어갔다. 공개단체는 '씨실'의 역할을 하려고 했다. KSCM은 시기 별로 고등학생운동에 대한 평가와 방향에 대해서 깊이 있게 논의하고, 공개단체로서 해야 할 역할을 고민했다. 의제 설정과 행사를 기획했다. 정보와 자료를 모아 연구하고 결과물을 자료집으로 배포했다. 학교현장에서 날실이 채워지기를 기대했다.

전국을 뒤덮은 참교육의 함성

1989년은 중고생운동이 전교조 사건을 계기로 절정을 이룬 해다. 1980년대 교육민주화운동 과정에서 활동하던 민교협, 전교협, 종교계 교사단체 등 여러 교사단체가 모태가 되어 전교조 결성을 추진했다. 1960년 4·19 직후에 결성해 1961년 5·16 쿠데타로 강제해산당한 한국교원노동조합총연합회(교원노조)를 잇는 조직의 출범이었다. '중고생을 대상으로 좌경 의식화를 한다'느니 '선생님이 무슨 노동자냐'라느니 하는 이념적 공격이 거셌다. 1987년 6월 민주항쟁 이후 유화국면을 거친 노태우 정부는 정권 2년 차인 1989년에 문익환 목사 방북 사건을 계기로 공안정국을 조성했다. 결성도 되기 전부터 전교조에 대한 강력한 탄압을 예고했다. KSCM을 포함한 몇몇 학생단체가 제자들로서 전교조에 대한 지지를 표명하고, 스승의 날을 맞아 15만 장의 성명서를 인쇄해 배포했다.

전교조는 30만 명의 조합원이 대중적으로 참여하는 것을 과시하며 《한겨레》에 조합원의 명단 일부를 공개했다. 정부는 탈퇴 요구를 거부한 명단 공개 교사를 전원 해직하겠다는 방침을 발표했다. 1,500여 명의 교사가 하루아침에 학교에서 쫓겨났다. 교사들의 출근투쟁, 중고생들의 시위와 농성으로 학교현장은 아수라장이 되었다. 전국 250여 개 학교에서 항의시위에 참여한 고교생이 연인원 47만 명에 이른다는 통계도 있다.°

당시의 투쟁은 '중고생들의 참교육 교사 지키기 교육민주화운동'으로 보는 것이 정확한 표현이라고 생각한다. 실업계 차별, 강제 자율학습과 보충수업, 성적 공개 등 입시 위주의 교육, 학생 체벌, 두발과 복장 규제 단속 등 학생인권 문제, 촌지와 잡부금 등 교육계 부조리가 일상에 만연했다. 우리가 지키고자 했던 교사들은 이런 일상의 교육모순과 다른 모습을 보여주신 분들이었다. 그분들이 참교육을 실천하기 위해서 만들었다는 전교조에 대한 지지는 당연했다. 해직교사가 있던 학교에서는 대부분 크고 작은 충돌이 있었다. 고등학생운동 활동가들과 이들이 조직했던 소모임, 학생회가 있는 경우에는 더 지속적이고 조직적으로 완강하게 투쟁했다.

투쟁의 형태와 전개는 창의적이고 다양했다. 서명, 성명서 발표, 총회, 농성, 리본 패용 등 데모의 일반적 형식은 기본이다. 당시 중고생만 할 수 있는 투쟁들도 있었다. 집에서 싸온 도시락을 한군데 쌓아놓는 동조 단식, 철야농성과 같은 밤샘 공부, 단체로 무릎 꿇기

° 이오성, 〈열병같던 '고등학생 운동'의 추억〉, 《시사인》 461호, 2016년 7월 21일 입력, https://www.sisain.co.kr/news/articleView.html?idxno=26484.

1989년 평민당사에서 농성 중인 고등학생 대표자들

로 처절함을 나타냈다. 시험을 거부하거나 같은 답안지를 작성하기
도 하고, 침묵 수업이나 수업 거부를 하기도 했다. 교사 징계 일정
에 맞춘 조기방학에 반발해 자율학습 등교나 방학 보충수업을 요구
했다. 수업 종과 함께 한꺼번에 날리는 '종이비행기 투쟁'은 중고생
투쟁의 상징이 되었다. 더 완강한 투쟁도 있었다. 등록금 납부 거부,
등교 거부, 교장실 또는 재단 사무실 점거 농성을 하기도 했다. 학교
안에서뿐 아니라 교문 밖으로 진출해 가두시위를 벌이기도 했다.
광주에서는 고등학교 학생회 연합조직인 광주지역고등학생대표자
협의회(광고협) 결성식이 있었고, 경찰과의 투석전까지 벌였다.

　방학을 전후해 해직교사 징계 절차가 마무리되었지만, 2학기에
도 투쟁이 이어졌다. 해직교사 출근투쟁을 함께하고, 빈자리를 대
체한 교사의 수업을 거부했다. 여름방학에 해직교사들은 명동성당
에 모여 농성을 벌였다. KSCM에서는 학생들의 투쟁을 백서로 제

작해 배포했다. 신문 기사를 스크랩하고, 유인물과 자료를 모으고, 일지를 정리했다.

1989년의 가을은 우울했다. 선생님들의 해직이 마무리될 즈음 시위를 주도했던 학생들에게 본격적인 징계가 시작되었다. 구속, 퇴학, 정학, 근신. 학생자치활동에 대한 탄압도 거세졌다. 그러다 대구 경화여고에서 학생회 활동을 했던 김수경 학생이 자살하는 일이 발생했다. 공개단체들은 학생 탄압의 실상을 알리고 항의하는 행사를 개최했다. 기독교회관과 흥사단 강당에서 항의 기도회와 규탄집회를 열었다. 정치권에 청원하고 사회적 관심을 끌기 위해 평민당사에서 부산지역고등학생대표자협의회(부고협) 의장, 마산·창원지역고등학생대표자협의회(마창고협) 의장, 남서울상고 학생회장 등이 단식농성을 했다. 광고협 의장은 구속 중이었다. 지역에서 여러 학생이 평민당사를 방문해 지지농성에 참여했다.

지금껏 나는 해직교사와 그 주변의 고등학생운동 활동가에 대한 이야기를 적지 않게 들어왔다. 1989년의 전국적인 중고생 시위는 우리 세대의 정치적 각성과 민주주의 경험의 특질을 형성하는 데 중요한 경험적 바탕이 되었다고 생각한다. 1973년생인 나는 1989년에 고등학교 1학년이었는데, 우리 세대가 대학에 진학한 1990년대 초반은 대학생운동이 대중화되었던 시기로 특히 전·노(전두환·노태우) 학살자 처벌이 이루어진 1995년은 1990년대 학생운동의 절정기였다. 노동운동 영역에서 보자면 이 세대가 노동현장에 자리 잡은 1990~2000년대는 민주노총(전국민주노동조합총연맹)이 결성되고, 노동조합의 현장 영향력이 가장 컸을 시기다. 이명박 정부의 정책 기조, 미국산 쇠고기 수입이 촉발한 대규모 촛불시위가 벌어진 2008년 역시 이 세대가 아이를 낳아 키우던 시점으로, 유아차를 끌고 자녀를 동반하며 가족 단위로 집회에 대규모로 참여했던 세대가 바로 이 세대다. 이들은 20대 이후 대선과 총선에서 항상 진보적 연령층을 차지해온 세대이기도 하다.

한국 사회의 가장 진보적인 세대의 출현은 1989년 전교조·참교육 세대에서 시작했다. 그리고 이 1989년 중고생들의 투쟁은 정든 선생님이 떠나간다는 아쉬움에서 촉발된 감정적·우연적 사건이 아니다. 꾸준히 씨실과 날실로 엮어가던 고등학생운동이 밑바탕을 만들어낸 조직적 운동이었다. 우리 세대의 이 사회운동은 유명 인사를 중심으로 정치세력화한 선배 세대와 같은 '서사'를 만들지는 못했지만, 민주화에 대한 대중적 투쟁 경험을 체화한 민주주의 세대의 '서정'은 공유했다고 생각한다.

치열하고 고단했지만 행복한 기억

고등학생 시절의 생활과 활동은 매우 고단했다. 꼬박꼬박 학교와 집을 오가며, 아침에 신문 배달을 했고, 밤에는 아버지 노점 걷는 일을 도왔다. 고운 활동가로서도 충실히 생활했다. 학교를 마치면 집 반대쪽 버스를 타고 종로5가 기독교회관에 갔다. 매일 회의와 모임, 개별 약속이 있었다. 주말과 방학은 대내외 행사로 더 바빴다.

학업은 자연스럽게 뒷전이었다. 강제였던 방과 후 자율학습과 방학 보충수업은 참여한 적이 없다. 한창 활동에 몰두할 때에는 급기야 꼴찌 성적으로 담임교사에게 불려갔다. 운동부보다는 성적이 좋아야 하지 않겠냐는 핀잔을 들었다. 학급 친구들은 입시에 빨려들어가고, 나는 점점 멀어졌다. 고3 가을엔 대학에 가지 않을 것이라

지원 대학이 없고, 학력고사도 보지 않겠다고 했다. 담임교사는 아무런 토를 달지 않았다.

고등학교 1학년 때 KSCM에서 주최한 '학생회 운영을 위한 공청회'에서 세션 하나를 발표했는데,《한겨레》에서 이를 상세하게 보도하며 내 이름과 소속 학교가 같이 소개되었다.° 이 일로 어머니가 학교에 불려왔던 일은 있었다. 하지만 후배들과 함께 교실 서랍마다 직선제 학생회 요구 유인물, 시국 관련 유인물을 배포했을 때 내가 유력한 용의자였음에도 별 대응이 없는 등 정학과 근신 등 징계를 반복해서 받던 다른 학교 친구들에 비하면 비교적 무난하게 고등학교를 졸업했다.

KSCM 모임과 회의를 마치고 뒤풀이를 한다며 종로와 대학로 주변을 함께 떠돌던 일상, 야유회와 MT, 한강변에서 말뚝박기를 하며 천진난만하게 놀던 기억, 여름 농활, KSCM 전국대회에서 어울리고 부대낀 기억, 기독교회관 계단에서 자잘한 고민을 소소하게 주고받던 일들이 추억의 장면으로 남아 있다. 단체활동은 학교에서 배울 수 없는 소중한 것들을 남겼다. 정서적 교감과 대등한 인간관계, 주체적인 단체 운영, 일에 대한 책임감과 해결 능력, 다양한 지식의 습득, 인생의 가치관을 주도적으로 세우고 진로를 설정했던 것은 모두 단체활동에서 배운 것들이다.

KSCM에서의 단체활동과 학교활동을 구분하지 않았다. 공개단체 활동가도 학교활동에 의무감이 있었다. KSCM 회원 안에서도 활동의 중심을 어디에 둘 것인지에 따라 역할을 나누었다. 학내활동을 중심에 둔다면 단체활동의 역할을 줄이고, 학내활동을 더 적

° 하성봉,〈학생 중심의 자율조직돼야〉,《한겨레》, 1989년 3월 30일.

1990년, KSCM 전국대회

극적으로 할 필요가 있는 경우에는 단체활동을 중단하기도 했다. 학교생활과 단절된 채 학교 밖에서 우리끼리 자족하고 부유하는 생활을 스스로 경계했다.

고등학생운동은 전략적으로 대중활동의 영역을 넓혀갔다. 직선제 학생회와 서클활동의 보장이 어느 정도 진전되면서, 학교활동 조직화의 방법론으로 '반(학급)학생회 활동'이 새롭게 제기되었다. 직선제 학생회의 유무와 상관없이 일상생활을 하는 학급활동을 대중활동으로 만들어보자는 취지였다. 분반을 만들고, 학급문집이나 학급행사를 기획하고 반 티셔츠를 제작하는 등 활동 기회를 많이 만들어가면서 조직화하는 전략이었다.

KSCM은 회원 수도 조금씩 늘어갔고, 대외적 행사 개최에 비해 봉사활동, 교육 프로그램, 관심사별 분과활동 등 단체 내부 활동 프로그램의 비중이 늘었다. 고등학생운동의 단위학교별 활동이 활발해지면서 공개단체에 대한 역할 비중은 상대적으로 작아졌다. 나 역시 학교 모임에 관심을 더 기울였다.

　고운 활동가는 고3이 되면 설정한 진로에 따라 활동 형태가 바뀌었다. 대학 진학을 준비하는 수험생이 되면 활동을 줄인다. 사회에 진출하기로 결정한 경우에는 졸업 후 1~2년 정도 후배들의 활동을 지도하는 경우와 사회운동으로 바로 진출하는 경우로 나뉜다. 그러면서도 3학년은 최고 학년이니, 주로 자기가 소속된 학교나 지역의 활동공간에서 책임 있는 역할을 유지한다. 나는 KSCM에서 임원으로서의 직책과 역할을 마무리했다.

'민족의 양심 고등학생'

"민족의 양심 고등학생." 1991년 5월 4일 서울 을지로입구 거리에 내걸린 깃발에 쓰인 문구다. 시청 앞 광장으로 진출하려는 시위대를 막아서는 경찰 저지선 바로 앞 낚싯대 끝 작은 깃발이다. 물대포가 뿌려대는 뿌연 물보라 사이에 몇 개의 큰 깃발 사이로 그 깃발이 가느다랗게 폴락거린다. 알고 지내던 용산고 친구가 홀로 깃발을 들고 물대포로 맞은 최루액에 힘겨워하며 버티고 서 있었다. 같이 깃발을 들었다.

　그해 5월, 나는 거리에 있었다. 매일 아침, 신문을 보는 것이 두려웠다. 정권에 대한 분노가 가득했고, 분신 소식이 연달았다. 5월 4일은 '백골단 해체의 날'이었다. 권역별로 집회를 하고 도심에 모이는 날이다. 나는 홀가분하게 움직이고 싶었고, 혼자서 신촌로터리로 나갔다.

그때까지는 전교조 관련 집회 외에는 시국 관련 집회와 시위에 KSCM이 단체활동으로 참여하는 경우는 없었다. 경찰과의 물리적 충돌이 잦아 위험했고, 연행되는 경우 고등학생 신분으로 곤란해질 수 있어 몇몇이 개인적으로 참여했다.

1991년 5월, 많은 수의 고등학생들이 거리로 나왔다. 지난 몇 년 간 억눌려왔던 것에 대한 분노, 서러운 감정이 있었다. 매 주말 이어진 집회에 잡을 수 있는 모든 손을 붙잡고 시내로 나왔다. 고등학생 깃발이 하나둘 늘고 깃발을 따르는 무리도 늘어갔다. 도심의 거리에 깃발을 따르는 군중들이 물줄기처럼 흘렀다. 그 사이를 따라 간간이 흐르던 고등학생 무리는 누가 기획한 것도, 약속한 것도 아니었지만 어느덧 하나의 대열을 만들었다. 누군가는 그 대열을 이끌어야 했기에, 얼굴이 조금 알려져 있었고 공개단체의 대표를 맡고 있던 내가 앞에 섰다.

강경대 열사의 장례가 있던 5월 18일은 도심 시위가 절정에 달한 날이다. 시위를 마무리하며, 명동성당에 들어선 고등학생의 수가 1,500명에 달했다. 우리는 '쟁취 참교육', '타도 노태우'를 외쳤다. 그날 전남 보성의 보성고에서는 교내 운동장에서 열린 5·18 광주민중항쟁 기념식에서 고등학교 3학년 김철수가 노태우 정권에 항의하며 분신했다. 마무리 집회에서 자유발언의 형식으로 몇몇 단체의 대표와 직선제 학교 학생회장 등이 연설을 했다. 고등학생이 더 적극적으로 정치적 투쟁과 활동을 해야 한다는 주장과 이에 대한 배척으로 작은 소동도 있었다.

고등학생의 분신 소식에 격앙되고, 꽤 많은 수의 고등학생 대열에 고무되어 있었지만, 기획도 없고, 통제도 어려운 중구난방의 상황이었다. 그러다 누군가의 제안으로 5월 21일 석가탄신일에 주관자 없는 회의가 소집되었다. 한 대학 강의실에 30여 명이 모였다. 전국적인 연대를 시도하자든가, 이후 투쟁을 이어갈 회의체를 만들자든가 하는 제안이 있었지만, 구체적인 합의를 끌어내지 못했다. 이후를 누구도 예측하기 어려웠고, 무엇을 할 수 있는지도 알 수 없었다. 5월 정국도 6월 들어 점차 소강 상태에 접어들었다.

1987년 겨울 명동성당에서 서고련 결성식이 있었다. 바로 흐지부지된 조직이지만, 고등학생운동의 시작점을 알린 '상징적 사건'이었고, 고등학생들의 조직적인 민주화운동의 참여로 사회운동 측면에서 주목받았다. 3년 6개월 남짓한 시간이 지나 다시 그 자리에서 우리는 '타도 노태우'를 외쳤다. 그때와 같은 상징적인 선언은 없었지만, 꽤 많은 수의 고등학생들이 모인 것이다. 무엇보다 우리는 지난 몇 년간 학교에서, 지역에서 열심히 조직을 만들었다. 직선제 학생회를 쟁취했고, 학교에서 소모임과 서클을 만들고, 인권을 확장하는 학내민주화 투쟁을 벌였다. '전교조 지키기'로 전국적인 대중투쟁도 벌였다. 시국에 편승해 조직 역량으로 감당할 수 없는 '전고련(전국고등학생운동연합)'이나 활동가들이 사회민주화를 위한 투쟁조직을 만들자는 조급한 선언적 판단 정도는 자연스럽게 거를 수 있는 운동 노선의 건강함을 갖춰왔다.

5월의 거리에서 우리가 '타도 노태우' 못지않게 많이 외친 말은 기자들을 향한 '사진 찍지 마세요'였다. 우리는 아직 '호명'될 만큼 성장하지 못했다. 경찰의 진압만큼, 학교에서의 징계와 후과에 대한 걱정도 컸다. 실제로 고척고에서는 학급문집에 실린 시국 관련 내용으로 고등학교 3학년 학생이 퇴학당하고, 몇 개월간 징계철회 투쟁을 해야 했다. 고등학생운동은 사회변혁운동의 정치적 주체로서는 아직 '익명의 깃발'과 '무명의 활동가'로 남아 있어야 했다.

민중의 삶으로,
대중활동가로 살아가기

내가 다닌 인문계 고등학교의 4년제 대학 진학률은 절반 정도였다. 실업계 고등학교를 포함해, 나머지는 고졸로 직업을 구한다. 입시 위주의 교육은 대학, 특히 인지도 있는 대학에 진학하는 경우를 뺀 모두를 '실패자'로 만든다. 이들은 노력하지 않은 '낙오자'이므로, 이후의 사회적 차별을 당연한 것으로 받아들이도록 했다. 가난한 부모의 신분을 대물림하지 않기 위해서는 더욱더 노력해야 한다. 학교현장은 한국 사회의 모순을 인식할 수 없도록 마비시키는 지배 이데올로기를 체화시키고, 굴종의식을 심어내는 공간이었다고 생각한다. 나를 비롯한 고운 활동가들은 이를 인정하지 않았고, 극복하려 했다.

우리는 대학에 '못' 가는 것이 아니라 '안' 가는 것이었다. 또는 통계적으로 어차피 대학에 못 가는 '나머지 절반'이 살아가는 현재의 삶과 미래의 꿈도 존중받아야 한다고 생각했다. 당시 널리 읽힌《친구야 세상이 희망차 보인다》에는 〈형은 대학에 안 가요〉라는 글이 실려 있다. 사회가 만든 입시를 통과하는 것만이 당연한 과정이고 성공한 인생이 아니라는 글이었다. 대입 외의 진로 선택과 준비도 충분히 존중받을 '절반의 인생'이다.

당시 고등학생운동 활동가들이 학교에 몰래 유인물을 뿌릴 때, 자주 사용하던 우화가 있다. '사막을 건너는 낙타' 이야기다. 정해진 방향으로 오아시스에 대한 희망을 품고 고통을 참아가며 사막을 건너는 것만 당연한 것이 아니다. 몇 명은 성공해 오아시스에 도달하고 몇 명은 실패에 사막을 헤매는 것이 아니라, 모두가 힘을 모아 사막을 가꾸고 오아시스를 만들자는 이야기였다.

노동자, 농민, 노점상(도시빈민)······ 대부분 고등학생의 부모, 또는 자신의 미래다. 우리는 이러한 직업과 신분에 있는 사람들을 '민중'이라고 불렀다. 학교에서 배우는 왕조들의 전쟁사가 아니라, 민중들의 지배계층에 대한 투쟁사를 많이 읽었다. 한국 민중사와 사회주의 국가인 러시아와 중국의 혁명사를 담은 책을 읽었다. 사회적 모순과 지배 이데올로기의 본질을 깨닫지 못하는 '즉자적 민중'이 자신이 처한 현실을 인식하고 각성해 사회변혁의 주체인 '대자적 민중'이 되는 것을 이론적으로 학습했다. 노동자·민중을 의식화하고 조직화하는 사회운동, 노동운동을 하며 살겠다고 결심했다.

대학 학생운동 출신 선배들은 '학출'° 활동가로 노동현장에 '투신'했다. 애써 버릴 기득권(대학 졸업장)도 없고, 신분을 위장할 필요도 없는 고등학생운동 활동가들은 투신할 필요가 없었다. 사막을 건너는 낙타가 '학교'를 오아시스로 바꾸던 것에서, '공장'을 오아시스로 바꾸는 것으로 변하는 것뿐이다.

1990년 울산 현대중공업노동조합의 파업이 있었다. 심각한 물리적 충돌이 연일 언론에 보도되었다.°° 대공장 노동조합의 사회적 영향력과 노동운동의 성장을 상징적으로 보여준 사건이다. 나는 점차 현장노동자의 삶을 동경했다. 사회적 기득권을 스스로 거세하고 고

° 대학생운동 출신 활동가(학출)들은 노동현장에 가기 위해 신분을 위장하고 취업을 한다. 당시에 기득권을 버리고 민중운동 활동가로 사회진출 하는 것을 '투신'이라 표현했다. 참고로 고등학생운동 출신 활동가들은 '고출'로 불렸고 노동자 출신은 '노출'로 불렸다.

°° '1990년 골리앗 투쟁'으로도 불린다. 현대중공업 노동자들의 파업에 정부가 1만 명 이상의 대규모 경찰 병력과 해경 경비정, 헬기까지 동원한 진압에 나서자 100여 명의 조합원이 조선소의 대형 크레인에 올라가 목숨을 건 농성을 벌였다. 130여 개 사업장의 연대파업을 이끌어냈고, 대기업 민주노조를 확산시킨 상징적 사건으로 평가받는다.

졸 학력으로 살아가는 것, 노동자가 되더라도 기술 없는 하층노동자로 저임금, 중노동을 감수하는 것을 참된 새내기 노동자의 자세로 여겼다.

'혁명'은 노래로, 소설과 시로, 역사로, 영화로 켜켜이 자라난 깃털처럼 익숙하게 우리 일상을 감쌌다. 백색 아오자이를 입고 경찰의 감시를 피해 한 다발의 '삐라'를 뿌리던 소설 속《사이공의 흰옷》°의 주인공, 전사의 서슬 퍼런 칼날의 사유로 노래한 김남주의 시가 차갑고 뜨겁게 내면을 엮어냈다. 외세의 간섭을 배격하고 완전한 독립을 이룬 나라와 그들의 혁명을 부러워했다. 모진 핍박과 굴곡의 역사로 지나온 우리 역사가 안타까웠고, 학살당한 수많은 생명에 아파했다. 불과 10여 년에 일어난 광주학살, 생존권과 인권의 문제로 고문당하고 감옥에 가야 하는 국가폭력, 구조화된 약탈에 분개했다. 그리고 이 모순을 뒤엎기 위해 자신의 것을 온전히 바친 소소한 삶들을 동경했다.

고운 활동가들은 비밀을 유지하는 조직활동을 했다. 규율을 정하고 각자의 활동을 평가하고 선배가 후배의, 서로 각자의 활동을 지도했다. 나태해지는 것을 경계하며 우리가 다수가 되도록 대중을 조직하는 활동을 독려했다. 고등학생운동의 현황을 분석하고 방향을 제시하는 몇 종류의 '문건'이 돌았다. 누군가 조용한 주말 사무실 문 밑으로 밀어 놓은 것도 있고, 손에서 손으로 전달되는 것도 있다. 내용을 보고 타당해 보이면, 함께 토의하고 방향을 설정하는 데 참고한다. 구성원 중에 카페에서 모임을 하다가 토론 내용을 들은 옆자리 손님의 신고로 경찰에게 잡혀가는 일도 있었다. 모임 장소와

°   원제를 반영해《하얀 아오자이》(동녘, 2006)로 복간되었다.

동선, 연락 관계에 더 주의를 기울였다.

조직 구성원들은 단단한 자세와 대중활동가의 넉넉한 풍모를 갖추려 부단히 노력했다. 혁명을 노래한 시인 김남주의 〈전사〉에 묘사되는 그 전사가 되기 위해 내면을 단단하게 가다듬으면서 동시에 감성에 대한 깊은 이해와 따뜻한 품성을 갖추기 위해 노력했다. 어찌 보면 가장 풍성하게 읽고, 생각하고, 이야기하며 살았던 시기가 아닐까 싶다.

우리는 충분히 어렸고,
충분히 성숙했다

1991년 대학입학 시험 날, 대학으로 진로를 정한 친구의 시험장에 찾아가 응원을 보내고 마석을 향했다. 대학에 가지 않기로 진작에 마음먹은 친구들이 모였다. 벌써 공장에 들어간 친구들도 있다. 대성리 민박집에 하나둘 모이자 20명이 훌쩍 넘었다. 처음 보는 사이도 있지만, 금세 어우러졌다. 노동자로 살기로 한 각자의 각오를 이야기하며, 동질감에 뿌듯한 마음을 나누었다. 마석 모란공원 전태일 열사의 묘소를 참배하며, 고등학생운동의 '학교 밖 졸업식'을 마쳤다.

곤충은 성체로 성장하며 알, 애벌레, 번데기의 단계를 거친다. 과정을 건너뛰면 불완전변태로 성체가 된다. 올챙이를 갓 벗어난 개구리가 꼬리도 채 사라지지 않은 채, 뒷다리가 나온 채 헤엄을 쳤다. 살아가야 할 삶과 살고 싶은 삶, 해야 할 일과 하고 싶은 일, 할 수 있는 일의 타래 더미를 어린 나이에 쥐어진 작은 칼자루를 들고 갈라냈다. 당시의 우리는 '이제 거의 어른'이라고 생각했지만, 건너뛴 결핍과

돋아난 돌기, 잘라낸 타래는 청년기에 많은 우여곡절로 되돌아왔다.

되돌아보면 당시의 우리는 '현장(생산직)노동자'에 과도하게 집착했다. 평생의 삶을 그려갈 사회진출에, 현실에 발을 내디디는 생활인으로서의 계획과 준비가 부족했다. 준비 없이 의지만 가지고 맨몸으로 사회에 던져지는 것은 옳지 못한 선택이었다. 노동자 민중의 삶에 철저하게 동화되고 집중하기 위해 이전의 것들과 단절했다. 집에서 나와 가족과 연락을 끊고, 과거의 사람들을 만나지 않았다. 노동과 공장 생활에 적응하기 위해 생활을 단순화했다. 애써 머리를 텅 비우려 문자를 멀리했다.

이미 1989년 동구 사회주의권 몰락이 시작되면서 전통적 사회주의 혁명에 대한 회의와 대안 모색이 한창이었다. 군사독재체제도 점차 해체되고, 재야와 제도권 정치에서 사회변화의 동력을 만들어 내는 것도 본격화되었다. 산업변화에 따라 화이트칼라노동자들의 노동운동도 활발해지고, 노동운동도 노조연맹체 상급조직으로 발전해갔다. 이 와중에 우리는 관성에 따라 뾰족한 화살로 날아가 꽂혔다. 세상의 변화를 적극적으로 해석하고 방향을 세심하게 가다듬는 것을 하지 않았다.

졸업 후 얼마 지나지 않아 많이들 현실의 벽에 부딪혔다. 당시 서울 지역 활동가들이 많이 들어갔던 구로공단부터 산업구조 개편에 따른 업종 전환이나 공장 부지 이전이 많았다. 어느 선배는 들어간 회사 세 곳이 전부 업종 전환에 따른 구조조정을 하면서 회사가 사라졌다. 노동현장활동을 지도하던 학출 선배들이 다시 원래의 신분으로 돌아갔다. 군 미필, 인문고 출신 비숙련 노동자는 임금도 낮다. 활동까지 병행하면서 곧 생활고에 맞닥뜨린다.

졸업 후 얼마 지나지 않아 나를 포함해 적지 않은 친구들이 진로를 새롭게 모색했다. 나는 1년의 짧은 공장 생활을 하고 입시 학원을 거쳐 대학에 들어가 또 학생운동을 했다. 나의 전환기는 비교적 짧았지만, 다수는 몇 년의 기간을 거쳤다. 선택지는 다양했다. 현장 활동을 견지하기도 했고, 민중문화 예술활동, 지역 시민운동, 교육운동, 진보정당, 공기업 노조 등 다양한 영역으로 이전하기도 했다. 많은 경우는 생활인으로 살아갔다.

3년, 짧지만 강렬했다. 그보다 몇 배의 세월을 살아가며, 잘라낸 파편을 기억의 저편으로 밀어냈다. 그 시절을 되새겨보아도, 기억으로 떠오르지 않는 것이 많았다. 스스로 봉인한 기억이 많았다는 걸 알았다. 지금의 나는 그때의 나에게 뭐라고 할 수 있을까? 나는 그때의 내가 그려둔 각도의 범위를 벗어나지 않았다. 한 점 한 점 찍으며, 때로는 부유(浮遊)하는 곡선을 그리다가도, 묵묵하게 맡은 역할에 충실했다. 가혹한 경쟁 사회를 살아내고 있는 생활인이어도, 대부분 그때의 성숙한 선택의 각도에서 벗어나지는 않는다.

그 시절을 함께한 친구들에게 뭐라고 말할 수 있을까? 청춘의 어린 선택으로 패인 결핍을 메우고, 돌출을 갈아내는 데 다들 한고생씩 했을 터다. 에둘러 간 방황의 조각들도 켜켜이 쌓아두었을 것이다. 두 번째 사춘기로 보낸 청년기의 불안도, 우리 또래의 자녀를 둔 중년의 고단함도, 그때 다져놓은 단단한 근육이 있어 여전히 성큼성큼 걷고 있다. '고등학생운동'이 사회적으로 잊혔고, 자신의 기억에서도 잊어냈지만, 운동장에 날린 종이비행기, 삭막한 교실의 낙타들이 도리어 '희망찬 세상'°을 만들어왔다.

°   박명균, 〈친구야, 도리어 세상이 희망차 보인다〉, 《친구야 세상이 희망차 보인다》, 동녘, 1990.

7   우리의 뜨락

생인권우라 광지와 자주적 학생회동 보장을 위한

생·학부모 결의대회

안수찬

- 1972년생, 대구
- 대구민주고등학생모임 뜨락
- 《한겨레》기자 · 《한겨레21》 편집장
- 세명대 저널리즘대학원 교수

위인의 기원

일이 어디서 비롯했는지 되짚어보면, 엎드려 책 읽는 아이를 만난다. 그 시절 부모들은 전집을 할부로 사서 아이 방에 들여놓았다. 휴대폰이나 컬러텔레비전이 없던 시절이었다. 달리 할 일이 없었다. 처음엔 문학 전집을 읽었다. 선하고 용감한 이들의 이야기였다. 나중엔 위인 전집을 읽었다. 나라를 위해 헌신한 군인, 정치인, 과학자들의 이야기였다.

 헌신하는 삶을 국민학교에서도 배웠다. 입학 뒤 처음 외운 것은 〈국기에 대한 맹세〉였다. "나는 조국과 민족의 무궁한 영광을 위하여 몸과 마음을 바쳐 충성을 다할 것을 굳게 다짐합니다"라고 조무래기 1학년들이 말했다. 아침 등굣길 교문에서 우뚝 솟은 태극기를 보며 맹세했고, 조회 시간엔 비장한 트럼펫 녹음 곡을 교실 스피커로 들으며 맹세했다. 석양의 거리마다 국기 하강식의 사이렌이 울리면, 가던 길을 멈추고 맹세했다. 몸과 마음을 바치겠다는 어린 결심이 뭉클하게 솟았다.

국민학교 2학년이 되었을 때, 새로 암기할 것이 생겼다. 터무니없이 어려웠지만, 첫 문장은 생생하다. "우리는 민족중흥의 역사적 사명을 띠고 이 땅에 태어났다." 교실 칠판 옆에 〈국민교육헌장〉이 적혀 있었다. 민족을 일으킬 역사적 사명이 우리에게 있다는 건 놀랍고도 무서운 이야기였지만, 아이들은 그 운명도 받아들였다. 한 학급 60여 명 가운데 대다수의 장래희망은 대통령 아니면 군인 아니면 과학자였다. 지금은 콧물 닦느라 바쁘지만, 언젠가 조국을 위해 헌신하겠다고 우리 국민학생들은 다짐했다.

자율학습

중학교 3학년이던 1987년 여름방학이었다. 방학이었어도 학교에 나갔다. 타의에 의한 자율학습이 매일 이어졌다. 나는 학생 동아리인 독서토론회 회장이었다. 그 자격으로 교실 대신 서고에 틀어박힐 수 있는 특권을 누렸다. 그날 오후, 서고를 가득 채운 낡은 종이가 무더위에 절여져 있었던 것을 냄새로 기억한다. 독서토론회 총무였던 단짝 친구가 헤르만 헤세를 뒤지다가 말했다. "우리, 시원한 데 가서 책 읽자."

시내 대형 서점에는 에어컨이 있었다. 서고를 감시하는 눈이 없었으므로 우리는 우아하게 학교에서 탈출했다. 서점의 어느 코너를 갈지 고민할 필요는 없었다. 베스트셀러 대부분이 시집이었다. 구체를 쓸 수 없으니, 추상의 언어만 정교하게 발달한 시절이었다. 이해인의 《민들레의 영토》, 장정일의 《햄버거에 대한 명상》, 도종환의《접시꽃 당신》, 서정윤의《홀로서기》따위는 중학교 1학년들이나 읽는 것이므로 우리는 문학 코너의 구석에서 낯선 시집을 파고들었다. 돈 주고 살 형편은 아니었다. 서점 바닥에 퍼질러 앉아 독파했다. 어차피 시집은 얇았다.

그날 오후, 우리의 자율학습에 뜻밖의 과목이 추가됐다. 서점을 나오는데, 사람들이 반대편 인도에 길게 줄지어 있었다. 대구 YMCA 건물 앞이었다. 뭘 기다리는지 물었더니, "무료 사진전"이라고 누군가 말했다. 지역 도시에서 사진전 같은 고상한 이벤트를 만나긴 쉽지 않았다. 게다가 무료라지 않는가.

입구에 나붙은 크고 하얀 종이에 '광주항쟁 사진전'이라 적혀 있었다. 무슨 뜻인지 알 수 없었지만, 모범생은 기이하고 일탈적인 것을 피해야 했다. 나는 친구의 손을 잡아끌었다. "들어가지 말자." 독실한 기독교 신자라서 별명이 '목사'인 친구는 반대했다. "뭐, 어때. 시원하고 공짜인데." YMCA 건물에는 에어컨이 있었다.

서늘한 건물 안에서 본 것은 시체였다. 몇 년 전 돌아가신 증조할아버지가 수의를 입고 꽃상여에 누우셨던 모습과 완전히 달랐다. 깨진 수박처럼, 어떤 이의 머리가 터져 있었다. 다른 이는 깊고 붉은 칼의 흔적을 옆구리에 품었다. 그런 시체가 트럭에 쌓여 더미를 이뤘다. 도로에 널브러진 시체는 더 많았다. 그들을 수습한 관에 태극기가 덮여 있었다. 관 앞에서 몸부림치는 아주머니가 있었고, 영정에 턱 괴고 먼 곳을 보는 소년도 있었다. 그리고 교련복을 입고 전투경찰의 헬멧을 쓰고 군인의 총을 든 젊은이가 사진 속에 있었다. 그는 총을 들고 우는 듯 웃었다.

나는 몹시 얼굴을 찌푸렸다. 돌아 나오는 길, 모금함에 1,000원 지폐를 넣는 친구를 찌푸린 표정으로 쳐다보았다. 시집도 사지 않는 놈이 이런 데 돈을 쓰느냐고 레이저 눈빛을 친구에게 퍼부었지만, 독실한 기독교 신자인 그는 선량한 표정으로 어깨만 으쓱했다.

여름 해가 기우는 거리에서 내 마음은 엉망진창이었다. 놀랐고, 무서웠고, 끔찍했다. 강렬한 감정이 뒤엉킨 마음 한복판에서 수치심도 일었다. 누가 죽고 죽였는지, 왜 그랬는지, 사연과 이유가 있을 텐데, 내가 아는 건 아무것도 없었다. 찌푸린 얼굴을 풀지 않은 채, 버스를 타고 동네로 돌아왔다. 나는 친구에게 딱 한 마디 했다. "무슨 일인지 알아봐야겠어."

다만 악으로부터 구하소서

1987년 민주화운동으로 새로운 정치적 시공간이 열린 덕분에 보수의 아성인 대구에서도 광주항쟁 사진전이 열렸던 것임을 당시의 나는 알지 못했다. 다만, 분명히 아는 것이 있었다. 세상에는 위험한 책이 있다. 읽으면 안 되고, 지녀도 안 된다. 누구나 알지만 말하지 않는 섭리였다.

섭리를 거스르기 시작했다. 방 책장, 학교 서고, 대형 서점에서 책 고르는 일을 멈췄다. 부드럽고 여린 언어로 채워진 시집은 물론, 헤세, 카뮈, 카프카와도 작별했다. 그들의 소설은 안전했지만, 먼 나라의 알쏭달쏭한 이야기만 늘어놓을 뿐이었다. 그렇다고 대학가 서점에 가긴 싫었다. 그곳의 책은 너무 위험했다.

"분도서점에 가봐." 당시 고등학생이었던, 독서토론 동아리의 선배가 말해주었다. 그는 책을 많이 읽은 사람이었다. 광주의 일을 물었더니, 선배는 책상 서랍 깊이 숨겨둔 《말》을 꺼냈다. 해직기자들이 (정부 허가 없이) 만든 잡지였다. 자신의 방 밖으로《말》을 가져가면 안 된다고 선배는 단호하게 말했다. 그 앞에서 펼쳐 읽었지만 이해할 수 없었다. 알 수 없는 이름, 숫자, 명사가 많았다.

이런 식으론 안 되겠으니, 내 방에서 찬찬히 읽을 책을 어디서 구하면 되느냐고 물었다. 하얀 얼굴의 선배가 주문을 외우듯 서점 이름을 알려줬다. 그 이름이 '성 베네딕토'에서 비롯했다는 것을 나중에 알게 됐다. 성 베네딕토는 고난에 처한 이들을 악마로부터 구원하는 성인이다. 누가 악마인지 알고 싶었던 나는 성 베네딕토 수도회가 운영하는 분도서점을 찾아갔다. 서점 매대에서 십자가와 묵주를 팔고 있었다. 안전한 곳이라는 뜻이었다. 서점은 크지 않았다. 사면에 진열된 책의 제목을 일일이 살펴보는 데 한 시간이면 됐다.

신중하게 가려 뽑은 두 권의 책 제목이 기억에 또렷하다.《한국민족주의론》 1권과 2권. 역사학자 강만길과 해직 기자 송건호 등이 함께 쓴 책이었다. 한자로 적힌 '민족'이라는 단어가 나를 안심시켰던 것 같다. 민족은 군인 대통령도 좋아하는 말이었다. 우리에겐 민족중흥의 역사적 사명이 있지 않은가 말이다.

그 책은 카프카의 소설만큼 어려웠지만, 알고 싶었던 역사의 형체를 어렴풋이 알려줬다. 그때부터 분도서점을 들락거렸다.《해방전후사의 인식》이나《한국민중사》같은 역사책을 주로 읽었다. 철학도 안전했다. 저 유명한《철학 에세이》는 어디를 보아도 순진무구한 철학책이었다. 철학책을 읽으면, 세상의 일을 어찌 분석할지 훈련하는 기분이 들었다. 다만 몹시 어려웠다. 채소보다 고기반찬에 젓가락을 얹는 아이처럼, '아무래도 철학을 읽어야지' 생각하며 역사책을 뒤적였다.

그러다, 역사와 철학을 함께 담은 책을 만났다.《아리랑》이었다.

《아리랑》(1984년 초판)

독립과 혁명을 위해 무장투쟁을 이끌다 요절한 한국인 혁명가 김산의 이야기였다. 그는 나의 새로운 위인이 되었다. 고뇌하여 헌신했고, 헌신했지만 배신당한 김산은 사춘기의 마음에 성큼 들어와 오래 머물렀다. 혁명가를 직업으로 삼을 수 있을까. 엉뚱하고 대담한 질문도 품게 됐다.

김산을 비롯하여 새로 만난 위인 가운데는 비천한 이력을 가진 이들이 많았다. 그들은 부와 명예를 고민하지 않았다. 오직 정의를 위해, 낮은 곳에서 묵묵히 싸우다 쓸쓸히 죽었다. 그 삶이 너무 숭고했으므로, 어린 시절 위인 전집에서 만난 이들을 나는 빠르게 잊었다.

옛 세계가 무너지고 새로운 세계가 시작됐다. 〈국민교육헌장〉을 맹세했던 어린이의 모래성이 붕괴했다. 예전 모래성에 새 모래를 덧올렸던 것일 수도 있다. 나는 여전히 위인전에서 길을 찾고 있었다. 따라 배울 사람을 찾고 있었다. 희뿌연 겨울 복판으로 고등학생의 봄이 달려왔다.

게슈타포

그들은 어디에나 있었다. 학년이 바뀔 때마다 나타났다. 중학교에는 당연히 있고, 고등학교에도 물론 있었다. 우리는 그들을 '게슈타포'라고 불렀다. 그렇게 불리는 게 쉬운 일은 아니었다. 학생을 때리지 않는 교사는 희귀했다. 교사는 원래 학생을 때리는 사람인 것으로 우리는 알았다. 게슈타포는 여느 교사와 달랐다. 그들은 오직 매질로 수업을 대신했다. 평소엔 회초리나 몽둥이를 썼다. 화나면, 손에 잡히는 대걸레나 의자를 활용했다. 격분하면, 손과 발을 썼다. 그럴 때 게슈타포는 눈을 희번덕거렸다. 분노 또는 희열의 정념에 취하여 폭행에 몰두했다. 그렇게 몰두하는 능력을 갖춘 교사들만 게슈타포의 별칭을 얻었다.

중학교 3학년 때 만난 영어 교사는 영어 시간에 영어 단어를 말하지 않았다. 한국말조차 거의 하지 않았다. 수업 종이 울리면, 숙제 안 한 학생들을 앞으로 불러 몽둥이로 때렸다. 수업 시작 의례였다. 이윽고 첫 줄 학생부터 일어나 교과서를 읽고 해석했다. 발음이나 번역이 틀리면 또 때렸다. 무엇이 틀렸는지 게슈타포는 말해주지 않았다. 다음 학생이 저 혼자 궁리하여 읽고 해석했다. 실패하면, 그도 두들겨 맞았다. 그 정도는 아무 일도 아니었다. 중간·기말고사 성적이 나오는 날, 학생들은 수업 시간 내내 맞았다. 틀린 문항만큼 맞았다. 열 대, 스무 대를 맞는 학생이 수두룩했다. 게슈타포는 모든 반을 다니며 하루종일 수백 명을 때렸다.

고등학교 1학년 때 만난 수학 교사는 수학이 얼마나 중요한지 말하지 않았다. 그 대신, 자신이 고등학교 시절 유도 선수였다는 점을 첫 수업에서 분명히 알렸다. "이 손을 보라"며 두껍고 넓은 손바닥을 우리에게 보여줬다. 그 손으로 뺨을 때렸다. 어느 날엔 몇 대로 끝나지 않았다. 따귀를 쳐올리는 힘에 학생이 뒷걸음질했다. 교단에서 맞다가 교실 뒤까지 밀려갔다. 학생의 등이 벽에 닿자, 게슈타포는 손아귀를 그러모은 주먹으로 배를 쳤다. 건물이 붕괴하듯 학생은 주저앉았고, 지켜보던 우리는 명치에서 숨을 멈췄다. 분했지만, 박차고 일어나 친구를 부축할 용기가 없었다. 게슈타포를 제외한, 그 교실에 있던 모든 이들이 하나의 생각을 했다고 나는 믿는다. 복수였다. 한참 뒤에야 나는 그 게슈타포에게 복수했다. 그 이야긴 나중에 적겠다.

역사와 철학을 읽자, 곳곳에서 폭력이 감지됐다. 시집 읽으며 잘난 체하던 시절엔 보이지 않던 것이 눈에 들어왔다. 세상은 폭력으로 가득했다. 새로 돋아난 더듬이가 파르르 떨었다. 수시로 감전당하는 느낌이었다. 폭력이 전이된다는 점도 알게 됐다. 학생들은 서로 때렸다. 하루 종일 교사에게 맞은 학생들이 더욱 그랬다. 가만 살펴보니, 살겠다고 그러는 것이었다. 어딘가에 분노를 풀어야 아비규환을 견딜 수 있는 것이다.

고등학교 입학 직후, 3학년 선배들이 봄 소풍 길에 다른 학교 학생들과 시비가 붙었다. 버스 종점에 숨어 있다가 상대 학생들이 올라타기를 기다려, 버스를 통째로 깨부수었다. 그들은 이른바 '2차 학교' 시절 입학한 마지막 세대였다. 2차 학교는 일반고 입학에 실패했거나, 일반고에서 퇴학당한 학생이 다니는 곳이었다. 나를 비롯한 1, 2학년은 고교 평준화 지역에 편입된 뒤에 입학했다. 교사들은 3학년이 1, 2학년과 교류하지 못하도록 막았다. 최고 학년인 그들은 최저 학력자로 취급됐다. 그들의 분노에는 필사적인 면이 있었다.

고등학교 1학년 때, 같은 반 친구가 어느 학생을 때렸다. 몰랐던 사실이 나중에 밝혀졌다. 얻어맞은 학생은 학교 핸드볼 대표 선수였다. 다음 날 아침, 운동부원들이 교실에 몰려와 친구를 불러냈다. 눈두덩이 시퍼렇게 변색한 몰골로 친구는 교실에 돌아왔다. 뜻밖의 폭력은 거기서 그치지 않았다. 며칠 뒤, 학생회 간부인 3학년들이 나를 학교 강당으로 불렀다. 반장으로서 그 일을 제어하지 못한 잘못이 있다고 했다. 운동부가 설치는 일을 학생회가 통제해야 한다는 것이었다. 학생회장을 비롯한 세 명의 간부는 야구방망이, 각목, 유리창 새시를 들고, 엎드려뻗친 1학년 반장의 엉덩이를 때렸다. 집에 돌아와 몸을 비틀어 거울을 보니, 피멍이 들어 있었다.

고등학교에는 '학년장'이라는 것도 있었다. 그게 왜 필요한지는 1학년 초여름에 알게 됐다. 교련 수업의 학기 말 행사가 열렸다. 얼룩말 무늬 교련복을 입은 전교생이 운동장에 모여 군대식 사열을 받았다. 반장은 소대장이고, 학년장은 대대장이며, 학생회장은 연대장이었다. 나는 대대장의 알루미늄 칼을 허리에 찼다. 친구들은 칼을 부러워했지만, 군사 조직의 위계에 편입된 나는 창피했다. 그 여름, 고등학생으로 구성된 군대는 차렷 자세로 움직이지 않았다.

학교는 그저 때리고 맞는 곳이었다. 폭력과 연관된 모든 일에 정나미가 떨어졌다. 대장 노릇이 우스워졌고, 그런 자의식으로 지탱한 시간도 수치스러웠다. 책이나 읽으며 조용히 지내야겠다고 생각했다. 거대한 물결에 휩쓸릴 거라는 예감은 전혀 없었다.

지금 이곳의 그들

광주의 학살은 먼 도시의 예전 일이었다. 반면, 대구 학교의 체벌은 지금 이곳의 일이었다. 광주의 젊은이라면 무엇을 했을까, 가끔 생각하던 1988년 봄의 하굣길, 시내 사거리에 줄지어 선 무리를 마주쳤다. 이번엔 혼자 줄의 끝에 섰다. 새 신문을 만든다고, 주주가 되어달라고 〈한겨레신문 소식지〉를 나눠주고 있었다. 광주항쟁 사진

소식 제8호
국민모금·국민주식으로
만드는 세계 최초의 신문입니다.

발행인·편집인 : 임재경/인쇄인 : 정태기

1988년 3월 23일 (수)

발행처 : 한겨레신문사·서울시 종로구 안국동 175-87 한국빌딩 801호 (110-240) / 전화 : 서울 733-5035, 730-817

창간일정 조정 진통

국민기대 외면 등록증발급 늦춰
편집진용·제작체제 완비 불구

등록증 조속 발급 촉구
총리실대표, 문공부 방문

강화도서 사원연수회
2백여명 일제히 다져

사업자 등록증 나와
3월 12일 신청3개월만에

윤전기 1·2호기 첫 가동

양평동 1공장서 소식지 쏟아져 나오자 환호성

발행의 자유 회복되는가

독소조항 새법에 그대로 이어져
기본권 막는 행정권남용 버릴때

윤전기 1·2호기 첫 가동
양평동 1공장서 소식지 쏟아져 나오자 환호성

제2차 주권 교부
출자문의 잇따라 창간전후 증자 검토

한겨레당과는 관련없어
본사, 국민들에게 오해 없도록 당부

"조금만 더 기다려 주십시오"
─일간지 등록증이 나오는 대로 정확한 창간일정을 보고드리겠습니다─

한겨레신문사

전의 모금함에 돈을 보태지 않았던 일이 생각 났다. 주머니를 뒤져 용돈 전부를 꺼내놓았다. 양복 차림의 아저씨가 웃었다. 돈이 많지 않으니, 주주 말고 독자가 되지 않겠느냐고 그는 제안했다. 신문 구독을 미리 신청할 수 있다고 했다.

1988년 5월 15일 새벽 5시, 나는 현관 앞에 쪼그려 앉았다. 과연 배달될지 의심스러웠다. 20분쯤 지나자, 시커멓고 두툼한 신문이 문 아래로 쓱 들어왔다. 백두산 사진을 1면 머리에 내건 《한겨레》 창간호였다. 몇 주 지나지 않아, 아버지는 신문 지사에 연락해 배달을 중지시켰다. 상관없었다. 아침마다 가판대에 들러 신문 두 개를 샀다. 하나는 내가 읽고, 다른 하나는 교실 책상 아무 곳에나 뒀다. 반 친구들이 돌려 읽었다. "학교에 이상한 거 들고 오는 놈이 있다"라고 담임 교사가 조회 시간에 경고했다. 나는 영문을 모르겠다는 표정으로 가만히 있었다.

그 신문에는 학교 이야기가 기사로 나왔다. 우리 학교의 게슈타포는 등장하지 않았지만, 전국 학교에 산재한 다른 게슈타포들이 보도됐다. 자살하는 중고등학생의 이야기도 있었다. 다른 신문이나 방송에는 전혀 등장하지 않는 '입시 지옥'이라는 낱말이 크고 새카만 제목으로 적혀 있었다. 그렇지, 여기가 지옥이지, 속으로 맞장구쳤다. 먼 곳의 예전을 담은 책 말고, 이곳의 지금을 전하는 신문에 매혹됐다.

이윽고 지금 여기에 관한 글을 찾아다녔다. 분도서점에서 《민중교육》이라는 두꺼운 책을 발견했다. 여러 글을 묶은 무크지였다. '교육의 민주화'라는 특집 제목이 불덩이처럼 마음에 박혔다. 사회과학의 글이었다. 문학, 역사, 철학과 달랐다. 감상적이거나 추상적이지 않았다. 바짝 마른 문장을 읽으면, 촉촉하고 뜨거운 덩이가 가

《민중교육》1호

습에서 뭉클거렸다.

(당시로부터 3년 전인) 1985년 발행된 책의 표지에 '1호'라고 적혀 있었다. '2호'와 '3호'는 어디서 볼 수 있나 궁금했는데, 글을 쓴 교사들이 해직됐고, 뒤이어 잡지 발행이 중단되고, 출판사까지 문 닫았다는 걸 알게 됐다. '위험한 책'이었던 것이다. 학교에서 쫓겨난 그들이 민주교육추진 전국교사협의회(이하 '전교협')라는 단체를 결성했다는 것도 알게 됐다. 글을 쓰고, 쫓겨나고, 단체까지 만든 이유가 놀라웠다. 진짜 교육, '참교육'을 펼치고 싶다는 것이었다. 그럴 리가. 그런 교사가 있을 리가. 게슈타포들만 접했던 나는 믿기지 않았다.

예기치 않은 곳에서 그 실존을 확인했다. 그 무렵, 폭력의 반대편에서 종교를 살펴보다가 어느 재가불자단체에 가입했다. 이끄는 스님 없이 신자들끼리 수행하는 '불교식 프로테스탄트' 단체였다. 경북 어느 도시에서 사회 과목을 가르치는 현직 교사가 그 단체의 고등부를 지도했다. 무엇을 물으면, 그는 빙그레 웃으며 존댓말로 말했다. 사회학을 전공한 그의 지식은 넓고 깊었다. 그는 전교협 교사였다.

내가 다니는 고등학교에도 전교협 교사가 있다는 사실을 그 뒤에 알았다. 직접 배운 적은 없지만, 껄렁하게 걸으면서 쉰 목소리로 말하는, 실없는 농담으로 학생을 잘 웃기는, 절대로 학생을 때리지 않는 교사였다. 이듬해인 1989년 봄, 전국교직원노동조합(이하 '전교조')이 출범했을 때, 그는 우리 학교의 전교조 지회장을 맡았다. 물론,

미소를 잃지 않는, 재가 불자단체의 고등부 지도교사도 그 학교의 전교조 지회장이 되었다.

전교조나 참교육이 무엇인지 이해하는 건 어렵지 않았다. 두 선생님을 보면 되었다. 전교조 교사는 학생을 때리지 않는, 때리지 않고도 잘 가르치는, 성적이 나빠도 학생을 존중하는 선생님이었다. 그런 선생님들이 우리를 가르치면, 그게 참교육이었다. 함부로 침 뱉고 짓밟아 지금처럼 일개 시쳇말로 오염되기 전, 참교육은 지옥의 폭력을 견디는 학생을 눈물 나게 하는 말이었다.

1988년 겨울과 1989년 봄에 걸쳐 전교조가 결성되는 동안 전국 곳곳의 중고등학교에서 오만가지 일이 벌어지고 있다는 기사를 《한겨레》에서 읽었다. 정부는 해직하겠다고 협박했고, 교사들은 감수하겠다며 물러서지 않았다. 학생들은 응원했다. 어느 학교의 학생들은 한날한시에 종이비행기를 접어 교실 창밖으로 날렸다.

다만, 우리 학교는 고요했다. 교사와 학생 모두 가만히 있었다. 전교조 가입 교사를 일일이 설득하느라 교장과 교감이 동분서주한다는 소문만 들렸다. 학생주임이니, 진학주임이니 하는 직책을 가진 교사들이 가끔 그 일을 수업 시간에 말했다. 이른바 '2차 학교'에서 '1차 학교'로 갓 바뀐 상황에서 너희들을 최대한 많이 서울대에 보내려는 선생님들이 있으니, 걱정 말고, 신경 끄고, 공부나 열심히 하라고 우리에게 말했다. 쉬는 시간에 반 친구들이 내게 물었다. "뭣을 신경 쓰지 말라 카는 거야? 먼 일이 있나? 니는 아나?"

1989년 여름이 되자, 우리 학교의 전교조 지회에는 한 명의 선생님만 남았다. 껄렁하고 웃기는, 절대로 학생을 때리지 않는, 그래서 지회장을 맡은 그 선생님이었다. 여름방학 동안 선생님이 해직됐다는 소식을 들었다. 학교는 일부러 그 시기를 골랐을 것이다. 정의를 읽고 생각만 했던 나는 뭘 어째야 하는지 알지 못했다.

불자단체 고등부를 지도하던 선생님도 해직됐다. 방학 기간에도 법회가 열렸다. 해직된 선생님을 그 자리에서 보았다. 뭐라 말할지 떠오르지 않았다. 선생님이 웃으며 먼저 말했다. "괜찮아요, 곧 복직할 거예요." 우리는 미소 짓는 부처에게 108배를 올리고 《반야심경》을 외우고 관세음보살을 찾았다. 세상의 모든 고통을 보고 듣고 치유한다는 관세음은 그날 법당에 오지 않았다.

그것은 놀랍고도 창피한 일이었다. 정의를 위해 헌신하는 인물이 책이 아니라 눈앞에 있었다. 그 실존을 확인하여 놀라웠다. 그들을 위해 무엇을 할까. 뭐라도 할 수 있긴 한가. 대답에 닿을 수 없어 부끄러웠다. 그 여름, 딱 하나의 일을 했다. 해직교사의 생계를 돕겠다며 마련된 '참교육 문구점'이 있었다. 고운 가르마 아래 새카만 눈동자의 아이가 함박 웃는 '참교육 로고'가 새겨진 학용품을 샀다. 전교조 지회 사무실을 겸한 문구점에서 젊은 해직교사가 볼펜과 수첩을 포장해주었다. 그날도 선생님은 빙그레 웃기만 했다.

좋은 세상 오면 공부할게요

게다가 여기는 대구였다. 그 도시는 깊고 넓은 분지에 있다. 사방의 산이 높아, 공기 흐름조차 변하지 않았다. 세상을 설명하는 하나의 섭리가 도시를 지배했다. 출세가 전부였다. 박정희, 전두환, 노태우는 출세한 사람이었다. 그것이면 됐다고 대구 사람들은 생각했다. 분지 바닥에 엎드려 입신양명에 매달린 누구도 꿈쩍하지 않는다고, 여기선 아무것도 변하지 않을 거라고 나는 생각했다.

그렇지 않다고 이야기하는 녀석을 고등학교 2학년의 초가을에 만났다. 한번 보면 잊을 수 없는 인상의 소유자였다. 검은 피부에 찡그린 눈썹이 짙었다. 팔뚝과 종아리는 짧고 굵었다. 오가며 마주쳤으나 통성명한 적은 없었다. 그가 교실로 찾아와 나를 불렀다. 소란한 복도의 창턱에 앉더니, 어느 곳에 같이 가자고 제안했다. 무슨 마당극을 한다는 것이었다. 난데없이 찾아와 다짜고짜 던진 말에 나도 길게 묻지 않았다. "그게 뭔데?" 그는 뭐라 더 설명할지 모르겠다는 표정을 지었다. 그 대신 목소리를 낮춰 다른 말을 꺼냈다. "니, 전교조 쌤들한테 관심 있다매. 거기 가면, 다 만날 수 있다."

만나러 가지 않았다면, 창피한 마음만 품고 조용히 혼자 지냈을 것이다. 거기 갔으므로 모든 것이 바뀌었다. 전교조 대구·경북지부와 경북대 사범대 학생회가 주최한 문화 행사였다. 지금은 사라졌지만, 그 시절 경북대 사범대 앞에는 작은 노천극장이 있었다. 극장 무대에 늦여름 석양이 드리웠다. 해직교사를 다룬 마당극이 열렸다. 우리는 웃고 울었다.

연극 마지막에 100여 명의 관객이 함께 노래를 불렀다. "참교육의 함성으로 전, 교, 조"라고 먼저 외치고 부르는 노래였다. 해직교사 몇 명, 대학생 수십 명, 그리고 고등학생 수십 명이 주먹을 흔들며 불렀다. 마당극이 끝나자, 짧고 굵은 종아리를 가져 '망치'라고 불리던 녀석이 나를 또래들에게 소개했다. 처음 만난 그들은 모든 것을 알고 있다는 듯 씽긋 웃었다. 그들은 내가 모르는 노래를 알았고, 주먹을 하늘로 뻗치는 팔뚝질을 멋지게 해냈으며, 세상일을 다 치른 어른의 표정을 짓고 있었다.

그날 이후, 망치와 붙어 다녔다. 험악한 인상과 달리 녀석은 학교 문예부에서 시를 썼다. 대구 최고의 시인이 장정일인지 안도현인지 우리는 가끔 논쟁했다. 그도 나를 예전에 봤다고 했다. 버스 안에서 혼자 책 읽는 꼴을 보아하니, '재수 없는 놈이 틀림없다'고 생각했다는 것이다. 해직된 선생님이 "가서 만나보라"고 권하지 않았다면, 영영 재수 없는 놈으로 여겼을 것이라고 망치는 말했다.

나도 그를 새로 보았다. 그의 방에 가면 '위험한 책'이 널브러져 있었다. 그의 아버지는 공사장에서 일했다. 그의 어머니도 잡다한 일로 생계를 도왔다. 고단하게 일하는 부모 덕분에 그는 자유로웠다. 아들이 대학에 갈지 어떨지 염려할 여유가 그의 부모에겐 없었다. 그 삶은 나에게 낯설었다.

"계란 후라이로 만날 밥 비벼 먹을 수 있으면 참 좋겠다." 친구를 대접한다면서, 잡곡밥에 계란 후라이를 올려 건네며 녀석이 말했다. 이해할 수 없었다. 계란 후라이를 못 먹을 이유가 뭐지? 그 집에선 매일 아침, 찬장에 있는 달걀 숫자를 헤아린다는 걸 나중에 알았다. 정해둔 만큼 하나씩 먹어야 하는 것이다.

가난하고, 잘나지 않고, 공부를 못해도, 그의 세계는 넓었다. 책을 많이 읽었고, 매사에 담대했다. 그해 겨울, 대구 시내에서 집회가 열렸다. 전경에 쫓긴 우리는 어느 시장으로 몰렸다. 장사도 엉망이 돼버렸다. 물건을 걷어 들이던 어느 상인이 삿대질했다. "공부나 하지, 너거뜰이 머한다꼬 지랄이고?" 나는 주눅 들어 가만히 있었다. 망치는 가만있지 않았다. 상인에게 바싹 다가가 소리쳤다. "좋은 세상 오면, 그때 공부할 끼구만!"

그래, 좋은 세상 오면 공부하자, 좋은 세상부터 만들자, 최루탄에 눈물과 콧물을 흘리며 나는 생각했다. 그때부터 싫어하는 말이 생겼다. '세상 바꾸고 싶으면 대학 가서 출세하라'는 말이었다. 정말 좋아하는 말도 생겼다. '지체된 정의는 정의가 아니다'라는 말이었다.

새 친구들도 생겼다. 망치처럼 가난한 이가 있었고, 나처럼 중산층에서 자란 이도 있었다. 공부 잘하는 친구가 있었고, 그것과 담쌓은 친구도 있었다. 그랬어도 그들은 서로 닮아 있었다. 해직교사를 응원했다. 항상 책을 읽었다. 무엇이건 토론했다.

망치를 따라 그들을 하나씩 만났다. 신문을 교실 책상에 올려놓는 것 말고, 그들과 함께할 일이 생겼다. 정의를 위해 지금 여기서 무엇을 할 수 있게 됐다. 삶이 빛의 속도로 내달리기 시작했다.

새 벗과 새 일상

온갖 민중가요를 알고, 팔뚝질이 자연스럽고, 세상 다 겪은 표정을 짓던 또래들이 애초 어디서 뭉치게 된 것인지 얼마 지나지 않아 알게 됐다. 시내 허름한 건물의 2층에 두 칸짜리 방을 터서 만든 도서대여점, 새벗도서원에서 그들은 서로를 만났다. 1980년대 중반 대학을 졸업한 여성 두 명이 마련한 곳이었다. 한 사람은 서울의 사립대에서 학생회 활동을 했고, 또 한 사람은 대구의 국립대에서 학생운동을 했다. 둘을 돕는 또 다른 여성 대학생이 두엇 더 있었다. 그들을 우리는 '누님'이라고 불렀다.

당시 20대 초중반이었던 누님들이 허름한 책방을 마련하게 된 사연을 온전히 들은 적은 없다. 짐작해보면, 학생운동 세대였던 그들이 '브나로드(민중 속으로)'의 마음으로 고등학생을 만났지 싶다. 1987년 민주화 이후, 대학생들이 공장이나 농촌에 들어가 이른바 '투신'하던 시기였다. 도서원 누님들은 다른 대학생의 관심이 가닿지 않은, 지역 도시의 10대에게 에너지를 던진 것이다. 그렇다고 대단한 조직사업을 펼친 건 아니었다. 그들은 그저 책방을 열었고, 그 책을 중고등학생에게 빌려줬다.

우리에게 새벗도서원은 사랑방이었다. 책 읽고, 그러다 졸고, 또래와 인사 나누고, 힘들 때 공연히 들러보는 곳이었다. 그곳에서 나는 '안전한 책'의 경계를 넘었다. 정부가 판매를 금지한 책은 진실의 다른 말이었다. 새벗도서원에는 분도서점에서도 찾기 힘든 책이 많았다. 닥치는 대로 읽었다. 역사, 철학, 사회과학은 물론 문학도 다시 읽었다. 김지하와 김남주와 박노해의 시를 읽었고, 《임꺽정》과 《장길산》과 《태백산맥》을 읽었다.

《사이공의 흰옷》은 특별히 기억에 남는다. 베트남전쟁 당시, 민족해방전선에서 활약한 베트남 고등학생들에 관한 자전적 소설이었다. 그들처럼 살고 싶었다. 뜻대로 의지대로 사는 고등학생이 되고 싶었다.

그들처럼 전투적으로 살지는 못했지만, 일상은 통째로 바뀌었다. 그해 가을과 겨울에 걸쳐, 매달 경북대 또는 계명대에서 집회가 열렸다. 정태춘이나 김민기 또는 노래패가 찾아오는 문화 행사가 없지 않았지만, 대부분 '국민대회'라 불리는 연합집회였다. 전국노동조합협의회(이하 '전노협'), 전교조, 전국농민회총연맹(이하 '전농'), 전국대학생대표자협의회(이하 '전대협')의 대구·경북지부 회원들이 거대한 깃발을 펄럭이며 광장에 모였다. 대표자가 차례로 나서 사자후를 토했다. 광장에는 격문이 뿌려졌다. 듣고 읽는 순간마다 소름이 돋았다.

수백 명, 많게는 수천 명이 모인 광장의 구석에 나를 비롯한 수십 명의 고등학생이 자리 잡았다. 누가 이끌거나 모으지 않았다. 각자 마음 내키는 대로 광장에 오면, 서로 인사하며 한곳에 모였다. 깃발을 내걸진 못했다. 깃발로 내걸 조직이 없었다. 그 대신 집회 사회자가 "고등학생들도 왔다"라고 소개해주었다. 노동자와 농민과 교사와 대학생이 함성을 지르며 우리를 반겼다. 때로는 매주, 적어도 격주에 한 번 열리는 그런 자리에 나는 빠짐없이 나갔다.

난생처음 화염병을 던진 것도 그 가을 언저리였다. 대학 교내로 진입한 경찰에 쫓겨 도망가는 와중에 저마다 화염병을 들었다. 난리 중에 나도 하나를 집었다. 보고 들은 대로, 천에 불을 붙이고 천천히 돌리다 비스듬한 각도로 던졌다. 포물선으로 날아간 불꽃이 지면에 닿아 화르르 번지는 장면이 또렷하다. 마음에도 뜨거운 열기가 번졌다. 쾌감과 죄책감이었다. 그 폭력이 정당한지 어떤지, 오랫동안 번민했다.

폭력에 저항하는 폭력은 그 뒤로도 이어졌다. 고등학생들이 주도한 항일운동의 정신을 제대로 기념하자고, 경북대 강당을 빌려 11월 3일, 학생의 날 기념식을 준비했다. 이를 막으려고, 각 학교 학생주임 10여 명이 대학 정문과 후문에 늘어섰다. 행사에 참여하려던 학생들은 제 학교의 학생주임을 발견하고는 발길을 돌렸다. 대책이 필요했다. 행사를 준비한 우리는 모자를 눌러 쓰고, 눈 아래부터 턱까지 복면으로 덮고, 쇠 파이프를 들고, 누구인지 알아차릴 틈도 주지 않고, "와아아" 소리 지르며 학생주임들을 향해 돌진했다. 당황한 그들은 뒤뚱거리며 도망갔다. 그 가운데 내가 다니는 고등학교의 학생주임도 있었다. 그의 눈이 나의 눈을 보았다. 며칠 뒤 학교에서 마주쳤으나, 그도 나도 아무 말 하지 않았다.

극단의 시절이었다. 앞뒤와 경우를 가리지 않았다. 정권과 학교의 폭력이 노골적이었으므로 우리의 저항도 노골적이었다. 정권이 금지한 것에 진실이 있다고 믿었기에 판매 금지된 책만 골라 읽었다. 학교가 금지한 것에 정의가 있다고 믿었기에 교사들이 하지 말라는 일을 기필코 치르려 했다. 그 가운데는 술과 담배도 있었다.

격주에 한 번 정도 우리는 '이모집'에 모였다. 뒷골목 슬레이트 지붕 아래 방 한 칸짜리, 간판도 내걸지 않은 막걸릿집이었다. 이 지경의 술집을 찾는 이는 고등학생뿐이었다. 돈이 없는 우리는 막걸리를 주문했다. 사정이 괜찮으면, 주전자에 환타와 소주를 부어 마셨다. 안주는 종잇장처럼 얇은 파전이었고, 배고프면 라면을 시켜 나눠 먹었다. 그리고 노래 불렀다. 서정적인 노래를 독창으로 부르고, 전투적인 노래를 합창했다. 누군가 꺽꺽대며 울면, 술자리가 끝났다. 학교의 폭력, 대입의 압박, 부모의 간섭, 그리고 누가 시키지 않은 저항을 감당하기에 아직 어린 나이였다.

그늘의 티가 났는지, 학교 친구들이 기이한 행사를 준비했다. 10월 말의 생일날이었다. 그 시절엔 밤 10시까지 교실에 남아 야간 자율학습을 했다. 저녁 도시락을 먹는 나에게 친구들이 다가와 귀띔했다. "오늘 밤에 같이 튀자." 아침엔 지각하고, 수업 시간에 엎드려 자고, 저녁엔 도망치고, 다음 날 두들겨 맞는 무리였다. 그들이 왜 그런 제안을 하는지 알 수 없었지만, 마침 난생처음 화염병을 던진 마음이 새카맣게 그을려 가던 중이었다.

복도를 오가며 감시하는 교사의 눈을 피해, 가방을 창밖으로 떨어뜨렸다. 이윽고 낮은 포복으로 기어 교실을 빠져나갔다. 던져 놓은 책가방을 챙겨, 담장 낮은 곳을 골라 넘었다. 나와보니, 다른 반 아이들을 더해 10여 명을 이뤘다. 그들은 가까운 대학 캠퍼스로 나를 데리고 갔다. 잔디밭에 둘러앉아 종이컵에 소주를 부어주었다. 안주는 양파링과 새우깡이었다. 선생한테 우리 대신 대든다는 것을 예전부터 알았다, 요즘 힘들어하던데 기운 내라고 녀석들이 말했다.

감격하여 그들 모두와 일대일로 건배하며 마셨다. 집으로 가는 길, 아스팔트 도로가 이마를 자꾸 쳤다. 몇 번이고 속을 게워 아스팔트에 뿌렸다.

다음 날 조회 시간, 우리는 나란히 엎드려 몽둥이를 맞았다. 맞으면서 알게 됐다. 망치와 내가 왜 단짝이 됐는지, 대입을 포기한 이들이 왜 나를 걱정했는지 알 것 같았다. 억압을 겪은 사람은 억압을 치르는 사람을 알아본다. 생존의 방식은 다르지만, 신음하며 견뎌내는 처지는 같았다. 그 동질감이 고등학생운동의 바탕이었다. 극단적 폭력이 기적적 연대를 낳았다.

대구민주고등학생모임, 뜨락

종이에 그림을 그렸다. 택시 운전하는 아버지 아래서 가난하게 자란, 그러나 공부를 참 잘했던 어느 친구의 작은 방에 모여 앉은 날이었다. 누군가 공책을 찢어 몇 개의 동심원을 그렸다. "이렇게 만들면 어떻노." 작은 방에서 소곤대던 대여섯 명의 눈빛이 반짝였다.

그들은 망치를 닮은 새 친구들이었다. 책방과 술집과 대학 광장에서 만난 여러 친구 가운데 특히 열성인 이들이 있었다. 굳이 공통점을 꼽으라면, 그들에겐 형이나 누나가 있었다. 그들로부터 학생운동의 영향을 받았거나, 적어도 그들이 (부모의 간섭을 차단하는) 바람막이 역할을 해줬다. 그들에겐 거칠 게 없어 보였다. 형이나 누나가 없는 나는 늘 그들이 부러웠다.

몰려다니면서, 우리는 기사나 소문을 주고받았다. 전교조 결성과 대량해직 사태를 전후한 1988~1989년에 걸쳐, 서울과 광주와 부산에서 '고등학생협의회'가 속속 만들어졌다는 깃을 우리는 알고 있었다. 내가 친구들을 부러워하는 동안, 친구들은 서고협(서울), 광고협(광주), 부교협(부산)을 부러워했다. 고협 깃발 아래 뭉쳐 어떤 일을 벌였는지 친구들은 신나게 떠들었다. 그러다 풀 죽은 표정을 지었다. 대구에는 고등학생 조직이 없었다.

용기를 준 것은 '열린 교실'이었다. 방학 기간에 전교조 대구·경북지부와 경북대 사범대 학생회가 중고등학생을 초대하는 행사를 열었다. 해직교사들이 강의하면, 학생들은 토론했다. 노래, 탈춤, 풍물을 배우는 프로그램도 있었다. 100여 명의 학생이 참가했다. 이들이 결집할 수 있다면, 우리도 대구에서 고등학생 조직을 만들 수 있겠다고 생각했다.

모임 결성을 이끈 핵심은 예닐곱 명이었다. 우리 학교에선 나와 망치가 참여했고, 그 밖에도 네다섯 학교의 대표자로 각 한두 명이 회의에 참여했다. 보는 눈이 많은 카페나 식당은 피했다. 대신 누군가의 방에서 만났다. 어떤 친구의 방은 본채와 떨어진 마당 구석에 있어, 담배 피우며 몇 시간씩 회의해도 괜찮았다. 이불을 무릎에 덮고 둘러앉아 "여기가 아지트"라며 우리는 좋아했다.

가장 먼저 합의한 게 있었다. '대구고등학생협의회'는 시기상조였다. 대학 총학생회장으로 구성된 전대협을 보아도 알 수 있듯이, 협의회는 각 학교의 공식 대표가 참가하는 조직이다. 다른 도시의 고협이 어땠는지 몰라도, 민주적으로 선출된 학생회장 10여 명이 결집하는 시기가 오면, 그제야 '대구고등학생협의회'를 출범할 수 있을 것이다. 이를 준비하는 조직은 그저 '모임'이라 불러야 한다고 우리는 생각했다. '대구민주고등학생모임'이라고 스스로 이름 지었다.

다음으로 도출한 원칙이 있었다. 학생회 또는 협의회 같은 조직적 배경이 없는 우리는 임의로운 개인에 불과했다. 각자를 지켜줄 대중적 기반이 없다는 뜻이었다. 스스로 보호하려면 비밀조직이어야 했다. 비밀과 보안의 체계를 오랫동안 궁리했다.

우선 조직을 이끄는 의장 한 명을 두고, 의장과 함께 주요 사항을 결정하는 소수의 중앙위원을 둔다. 이들 대여섯 명의 중앙위원만이 조직의 실체를 온전히 파악한다. 각 중앙위원은 고유의 임무에 따라 세포원 대여섯 명을 둔다. 중앙위원의 지도를 받는 세포원은 자신이 속한 학교에서 비밀 모임을 만들어 활동한다. 세포원은 자신을 지도하는 한 명의 중앙위원만 인지할 뿐, 다른 중앙위원이나 의장의 실체를 묻지 않고, 우리도 확인해주지 않는다. 세포원은 다른 중앙위원이 맡은 세포원의 정체도 알지 못한다. 세포원이 맡은 학교 모임의 구성원은 이런 조직이 있다는 것 자체를 알지 못한다. '중앙위원-세포원-학교 모임'으로 이어지는 동심원을 그리며, 우리는 소리쳤다. "딱 됐네. 됐어!"

중앙위원의 임무도 나눴다. 우선, 대구의 모든 고등학교를 분류했다. 그 시절 대구의 인문계 고등학교는 대략 30여 곳이었던 것으로 기억한다. 실업계 고등학교(오늘의 특성화고)를 더하면 40여 곳이었다. 이를 네 유형으로 구분했다.

우선, 참교육 행사에 참여하는 학생이 전혀 없는 학교가 있었다. 이들 학교의 누군가를 참교육운동에 끌어들이는 사업을 전담할 중앙위원 A를 뒀다. 그보다 사정이 낫지만, 그래봐야 서너 명 정도의 '참교육 학생'만 있는 학교가 있었다. 그들이 학교별로 소모임을 만들고 모임원을 확충하는 사업을 돕는 중앙위원 B도 뒀다. 문학, 독서토론, 방송, 풍물 등 동아리 차원에서 참교육 행사에 집단으로 참석하는 학교도 있었다. 중앙위원 C는 이들 동아리의 조직적 기반을 학생회로 전환하는 임무를 맡았다.

마지막으로 학생회장이 될 만한 이들을 모아 세포원으로 두고, 학생회 사업을 준비하는 중앙위원 D를 뒀다. 학생회장 선거에 출마할 조건을 갖춘 학교는 네다섯 곳 정도였다. 이 사업을 잘 치러야, 1년 뒤 대구고등학생협의회를 만들 수 있을 것이다. 그게 나의 일이었다. 나는 대구의 여러 학교에서 '자주적·민주적 학생회'가 결성되도록 조직하는 중앙위원이었다.

마지막으로 이름을 궁리했다. 대구민주고등학생모임을 평소 어떻게 부를 것인가. 가장 즐거운 안건이었다. 격론을 벌였다. 많은 후보작이 제출됐다가 사라진 뒤, 누군가 말했다. "뜨락은 어떻노." 평범한 이름이었다. 누가 들어도 10대의 문학 동아리로 여길 이름이었다. 중요한 장점이었다. 또한, 뜻이 깊었다. 담장으로 둘러친 안전한 마당, 풀과 꽃이 어울린 화단, 온 천지를 향해 씨앗을 날리는 정원. 그게 우리였다. 뜨락이었다.

탄압의 삼각관계

'뜨락'이라는 별칭에서 위안을 얻을 만큼, 우리에겐 안정감이 절실했다. 비밀을 지키는 것 말고는 스스로 보호할 방법이 없었다. 함께 있으면, 내 마음이 침착해졌다. 모임이 끝나면 달랐다. 학교 또는 집으로 향하는 길을 걸으면, 혼자 감당할 일이 떠올라 외롭고 두려웠다.

고등학교 2학년 초겨울 무렵, 담임교사가 나를 불렀다. 하늘이 무너지는 표정으로 한숨 쉬더니, "블랙리스트에 네 이름이 올라 있다"

라고 말했다. 가지 말라, 어울리지 말라고도 했다. 어떤 기관이 만든 무슨 명단인지, 가서 어울리면 어찌 되는지 말하진 않았다. 얼마 뒤, 아버지가 나를 불렀다. 각서를 쓰게 했다. 가지 않겠고, 어울리지 않겠다는 약속을 손으로 적었다.

워낙 오래전이라 아팠던 마음을 다 잊었다. 돌아보면, 그때의 교사와 부모는 지금 내 나이보다 어렸다. 그들도 혼란스러웠을 것이다. 처음 겪는 일이라 서툴렀을 것이다. 서툴고 혼란스러우면 나방처럼 행동한다. 하나의 빛에 무작정 끌린다. 우리 모두 나방이었다. 고등학생운동은 나를 당긴 불꽃이었다. 교사와 부모가 기댄 것은 '데모하면 신세 망친다'라는 간단하고 강력한 상식이었다. 우리는 제각각 필사적이었다.

뜨락의 의장은 필사적으로 달려드는 위협으로부터 안전해야 했다. 의장이 무너지면 조직이 무너진다. 당시 대학생운동권의 '수령론'을 우리도 믿었다. 영도자를 지키는 일은 중차대했다. 교사들이 주시하고, 부모에게 각서를 쓰는 나는 전혀 적합하지 않았다.

이런저런 집회를 다니며 만난 그는 안전해 보였다. 나이에 비해 수염이 많아 '털이'라고 불렸던 그는 침착하고 진지했다. 학교 성적은 중상위권이었으나 타고난 머리는 그보다 훨씬 명석했다. 암 투병 중인 아버지, 간병과 생계를 떠안은 어머니는 외동아들의 학교생활에 신경 쓰지 못했다. 새해가 되면, 학생회장에 출마해 당선될 가능성도 매우 높았다. 모든 면에서 그는 우리의 의장이었다. 고등학교 2학년 가을 내내 망치와 어울렸던 나는 그해 겨울부터 털이와 더 많은 시간을 보냈다.

의장, 중앙위원, 그리고 세포원을 포함해, 대구민주고등학생모임의 구성원은 대략 20여 명이었다. 이들이 각 학교에 만든 여러 모임,

예컨대 학생회 준비모임, 학내 공식 동아리, 학내 비밀 소모임 등에 가입한 이는 대략 40~50명이었다. 기억이 정확하진 않지만, 이 모임에 상당한 수준으로 연관된 학교는 경명여고, 경덕여고, 경상고, 경원고, 경화여고, 대구고, 대구공고, 덕원고, 성광고, 성화여고, 송현여고, 영신고, 제일여상, 협성고 등이었다.

이들 학교에 다니다가 참교육운동에 발을 들이면, 꼭 치르는 일이 있었다. 담임이나 학생주임에게 불려 가 "이상한 모임에 나가지 말라"는 경고를 듣는 게 첫 단계였다. 성적이 좋다면 점잖게 타일렀고, 그렇지 않다면 폭언과 욕설에 매질을 곁들였다. 다음 단계는 부모의 압력이었다. 부모와 자식이 형성해온 관계에 따라 다양한 일이 일어났다. 별말 없는 부모가 있었고, 호적에서 파겠다고 으르대는 부모가 있었다. 회의를 위해 모이면, 우리는 그런 정보부터 공유했다. 누가 얼마나 맞았는지, 어떤 악담과 협박을 들었는지, 언제 가출해서 어디서 지내고 있는지 이야기했다.

그런 일이 그냥 일어났을 리 없다. 열린 교실, 국민대회, 학생의 날 기념식 등은 주로 대학 캠퍼스에서 열렸다. 공개행사에 참여하는 이들의 면면을 누군가 소상히 파악했을 것이다. 어느 날, 약속이 잡힌 카페에 들어가는데, 홀 테이블에 혼자 앉은 남자와 눈이 마주쳤다. 처음 보는 얼굴이었지만, 나를 보는 그의 눈빛이 흔들렸다. 마주 보며 잠시 섰는데, 칸막이 방에 있는 뜨락 조직원의 이야기가 홀까지 들려왔다. 다시 보니, 남자는 수첩을 꺼내 무엇인가 적고 있었다. 친구들에게 "목소리 낮춰 이야기하라"고 귀엣말을 하고 돌아서니, 남자는 카페를 나가버렸다. 경찰이 아니라면, 경찰이 부리는 정보원이었을 것이다. 그날 이후, 우리는 그 카페에 가지 않았다.

경찰이 정보를 모아 교육청에 전달하고, 교육청은 각 학교에 명단과 지침을 내리고, 학교가 부모에게 연락하여 자식 단속을 주문하는 삼각 고리는 단단하고 촘촘했다. 그 촘촘한 것을 견디느라 다들 힘들었다. 그래도 의연해 보이려 애썼다. 진짜 일이 곧 시작될 것이기에 더욱 그랬다.

1990년 2월의 어느 날, 우리는 변두리 상가 건물 2층에 있는 태권도 도장에 모였다. 뜨락 조직원 가운데 한 친구가 다니는 도장이었다. 휴일이라 통째로 쓸 수 있었다. 뜨락 중앙위원에 더하여 자주적·민주적 학생회를 준비하고 있는 대여섯 개 학교의 학생들이 참석했다. 버스를 두 차례 이상 갈아타고, 뒤를 밟는 이가 없는지 확인하라고 그들에게 미리 당부했다.

퀴퀴한 냄새가 나는 방에 40여 명이 둘러앉았다. 뜨락의 실체는 숨긴 채, "참교육 학생회를 준비하는 이들이 인사 나누는 자리"라고 소개했다. 학생회 담당 중앙위원인 내가 뭐라고 길게 말했는데, 내용은 기억나지 않는다. '역사를 만들자'라고 치기 섞어 말했을 것이다. 검은 뿔테 안경을 쓴 여학생이 가만히 듣고 있었다. 김수경이었다.

김수경

고3의 봄은 〈배철수의 음악캠프〉와 함께 시작됐다. 1990년 3월, MBC FM 라디오는 로커 배철수에게 새 프로그램을 맡겼다. 전에도 팝 음악 프로그램이 있었지만, 배철수는 달랐다. 정통 록만 선곡했다. 레드 제플린이나 핑크 플로이드의 십몇 분짜리 대곡을 들려주기도 했다.

모든 일이 벌어진 1990년 봄을 배철수로 기억하는 이유가 있다.

그건 뜨락 활동의 시작을 알리는 종소리와 같았다. 해가 바뀌면서, 뜨락 조직원의 대다수가 고3이 됐다. 평일은 물론 토요일에도 밤 10시까지 야간 자율학습을 했다. 학교에 묶여 있으면 활동할 수 없으니, 야간 자율학습에서 벗어나야 했다. 당시 대구의 모든 고등학교에 통용되는 합법적 '탈야자'의 방법이 있었다. 독서실에서 공부한다는 증명을 내면, 저녁 6시에 학교를 떠날 수 있었다. 오후 6시가 다가오면, '집현전'이니 '상아탑'이니 하는 대형 독서실의 셔틀버스가 교문 앞에 섰다. 버스 기사는 〈배철수의 음악캠프〉에 주파수를 맞추고 학생들을 기다렸다. 나는 록 음악을 들으며, 저녁부터 밤까지 이어질 여러 회의를 준비했다.

뜨락의 목표와 전략은, 그때는 자못 심각했지만, 지금 돌아보면 단순했다. 첫째, 3학년이 되자마자 반장을 맡는다. 둘째, 1~3학년의 모든 반장이 모이는 회의를 연다. 셋째, 이 회의에서 학생회장 선출 방식을 간선제에서 직선제로 바꾼다. 넷째, 이를 학교에 요구하여 관철한다. 다섯째, 직선제 학생회장 선거에 출마하여 당선된다. 여섯째, 직선제 학생회를 중심으로 두발 자유화 및 교복 자율화 사업을 펼친다. 일곱째, 사업 성과를 바탕으로 직선제 학생회 대표자들이 참여하는 대구고등학생대표자협의회를 결성한다.

핵심 고리는 간선제를 직선제로 바꾸는 데 있었다. 그 시절, 고등학교 학생회장은 반장 회의에서 선출하거나, 학교가 임명했다. 대통령을 직선제로 뽑는 세상이 됐으니, 학생이 직접 선출한 학생회장이라야 그 대표성을 인정할 수 있다고 우리는 생각했다. 그 절차를 생략한 학생회장의 대표성은 인정받을 수 없다고 우리는 생각했다.

다른 주요 사업은 두발 자유화 및 교복 자율화 투쟁이었다. 이 무렵엔 참교육 선생님을 응원하겠다는 '전교조 지지 운동'이 청소년의 인권과 자유를 스스로 지키겠다는 운동으로 전환되어 있었다. 두발 자유화 및 교복 자율화는 그 표상이었다. 1987년 민주화 이후 교복이 폐지됐다. 나는 학창 시절 교복을 한 번도 입지 않았다. 다만, 두발 제한은 여전했다. 중고등학교 내내 까까머리로 지냈다. 게다가 1990년 무렵 몇몇 고등학교에서 교복이 부활했다. 교복과 까까머리는 군사독재 시절의 유산이었다. 두발 자유화 및 교복 자율화는 군사 정권의 폭력성에 맞서는 자유의 문제였다.

새 학기를 맞아 처음 열린 전 학년 반장 회의에서 학생주임은 "이 자리에서 (반장 투표로) 학생회장을 뽑자"라고 말했다. 반장들이 집단 반발했다. 학생주임은 놀란 눈치였다. 나를 비롯한 네댓 명이 1~3학년의 모든 반장을 미리 만나, 직선제 학생회를 꼭 관철하기로 작당한 것을 그는 알지 못했다. 3학년 반장들이 교장과 집단 면담한 끝에 직선제 선거를 치르게 됐다. 작은 승리였다. 이후 계획대로 흘러간 일은 없었다. 까무러칠 정도로 힘들었다.

학생회장 후보 등록 마감은 토요일 정오였다. 나는 일부러 토요일 3교시가 끝난 직후 등록했다. 혹시 학교가 이상한 짓을 벌이지 않을까 염려했다. 등록하면서 확인했더니, 단독 출마였다. 4교시가 시작된 직후, 담임교사가 교실 문을 드르륵 열었다. 절간의 토끼에게 풀 뜯어 먹이는 시간을 제외하곤 오직 법전만 파고들었다며 제 과거를 자랑하는, 그랬는데 왜 사법고시에 낙방했는지 절대 말하지 않는 이였다. 담임이라 해도, 제 수업이 아닌 교실에 들어오는 일은 드물었다. 토끼처럼 앞니가 튀어나온 담임이 호통쳤다. "수찬이, 이 새끼, 나와, 인마."

협박해도 굴하지 않겠다고 다짐하며 담임의 뒤를 따라 복도를 걸었다. 그는 아무 말도 하지 않았다. 복도 끝에 이르러 교무실 맞은

편 상담실 문을 열었다. 문만 열어주고, 담임은 나갔다. 아버지가 와 있었다. 책상에는 담임의 필체로 '후보 사퇴서'가 놓여 있었다. 내가 거기에 서명해야 한다고 아버지가 말했다. 아버지는 아침부터 학교에 와 있었을 것이다. 아버지에게 그리 하라고 담임이 어제 일렀을 것이다. 그런 작전이 필요하다고 교장과 교감이 며칠 전에 결론 냈을 것이고, 그렇게 하라고 교육청에서 강력히 권했을 것이며, 그래야 할 이유를 잘 정리하여 대구경찰청이 시교육청에 제시했을 것이다.

오래전의 일이라 상담실에 앉았던 그 마음이 어땠는지 다 잊었다. 경찰, 장학사, 교장, 교감, 학생주임, 담임교사는 두렵지 않았다. 아버지에겐 그러지 못했다. 나는 서명했다. 눈물이 우물처럼 솟았다. 맞은편 교무실에 가서 담임에게 종이를 건네는데, 앞이 보이지 않았다. 돌아 나와 아버지 뒤를 따라 복도를 걸을 때도, 계단을 내려와 교문을 나설 때도 앞이 보이지 않았다. 전교생이 복도 창문에 매달려 나를 보았으나, 나에겐 그들이 보이지 않았다.

다음 날인 일요일, 동네 이발소에 가서 머리를 박박 밀었다. 월요일이면 전교생이 운동장에 모이는 조회가 열린다. 그 자리에서 뭘 해야 할지, 하지 말아야 할지 생각했다. 월요일 아침, 민머리로 등교했다. 눈비가 오면 강당에서라도 열었던 전교생 조회가 이날엔 열리지 않았다. 조회 시간에 하려던 나의 일도 진행되지 않았다. 시간이 멈춘 것 같았다. 궁리가 생기지 않았다.

학교는 전교생 조회 대신 반장 회의를 소집했다. 너희 요구대로 직선제를 치르려 했으나 등록한 후보가 없었다, 이 자리에서 학생회장을 정하자고 학생주임이 말했다는 건 나중에 들었다. 그럴 것이라 짐작만 하면서, 나는 멍하게 교실에 앉아 창밖의 운동장을 쳐다봤다. 몇 년에 걸친 약속이 하나씩 떠올랐다. 지켜낸 것이 없었다.

3학년 교실이 있던 4층에서 듣기에 소리의 처음은 희미했다. 반장 회의는 1층 구석 소강당에서 열렸다. "와~" 하는 소리가 점점 커졌다. 반장들은 계단을 두 칸씩 뛰어올랐다. 민머리를 책상에 처박고 있던 나의 교실로 그들이 왔다. "됐다, 됐어! 직선제 하기로 했다!" 반장들이 뭉쳐 항의했고, 직선제 선거 절차를 처음부터 다시 밟기로 했다는 것이다. 그게 무엇을 의미하는지, 반 친구들이 모두 이해한 것은 아니겠지만, 학교 방침을 우리 힘으로 뒤엎었다는 사실만으로 그들은 좋아했다. "진짜로? 학주(학생주임)는 머라 캤는데? 진짜? 와하하하!"

내가 주저앉아 있는 동안 그들은 성큼 뛰었다. 학생회 준비모임을 함께했던 이들이 다시 학생회장, 부회장, 집행부장을 구성했고, 무난히 당선됐다. 겨우내 공부하고 토론했던 준비모임에서 학생회 간부가 아닌 이는 내가 유일했다. 얼마나 미안하고 부끄러웠는지 여기 다 적을 수가 없다.

조용히 헌신하는 것만이 속죄하는 일이라 생각했다. 매일 밤, 독서실 옥상에서 하늘을 올려보고 땅을 내려보았다. 위태로운 날을 보내던 1990년 6월의 어느 밤, 전화를 받았다. 망치였다. 목소리가 떨렸다. "그 친구, 그 조용하던 친구, 기억하나?"

물론 기억했다. 김수경은 검은 뿔테 안경에 곱슬머리였고, 추레한 점퍼를 입고 다녔으며, 수십 명이 태권도 도장에 둘러앉아 참교육 학생회를 의논할 때, 머리 숙이고 묵묵히 듣기만 했다. 물론 그게 전부였다. 그를 기억하지만, 알지는 못했다. 그가 어느 대학 옥상에 올라가 몸을 던졌다고 전화기 너머에서 망치가 말했다. 그날 밤, 나는 이불 속에서 가슴을 쥐어뜯으며 몸부림쳤다.

힘과 넋이 빠져나간 이튿날 아침, 신문 가판대에서 《한겨레》를 습관처럼 샀다. 읽다가 손바닥으로 입을 틀어막았다. 막았어도 꺼이꺼이 소리가 목에서 올라왔다. 사회면 머리기사에 김수경의 죽음이 실려 있었다. 유서 내용도 전했다. "오늘이 마지막일지 모른다. 우리 학교는 학생이 다닐 학교가 못 된다. 나의 죽음을 왜곡하지 말라."

김수경이 다니던 경화여고에는 전교조 해직교사가 많았다. 전교조 지지 활동도, 학생회 준비모임도 가장 활발했다. 그 학교를 담당한 뜨락 조직원은 김수경이 아니었다. 그해 봄이 오기 전, 경화여고의 뜨락 세포원을 내가 직접 만나 학생회장 출마를 권했다. 그는 다른 친구가 출마를 준비하고 있다고 했다. 출마하겠다는 이는 김수경이었다. 그는 경화여고 비밀 모임에 참여하고 있었지만, 뜨락 세포원은 아니었다. 우리가 직접 나서야 한다고, 뜨락 조직원이 학생회장으로 활동하는 게 좋겠다고 나는 말했다. "혼자서라도 학교를 바꾸겠다"던 김수경은 학생회 총무부장으로 일했다. 그해 봄 내내 김수경은 교사의 폭언과 폭행에 시달렸다.

우리 처음 만난 경북대 노천극장에서 친구들과 함께 작고 초라한 노제를 지내던 날, 실핏줄까지 떨리던 적개심과 회한의 크기를 잊을 수 없다. 그때, 김수경이 학생회장에 출마하도록 뒀다면, 교사들이 그를 그 정도로 함부로 대하진 않았을 것이다. 그때, 내가 값싼 자책에 사로잡히지 않고 열심히 도왔다면, 김수경은 이겨냈을 것이다. 그때, 누군가, 어쩌면 내가 먼저 죽었다면, 김수경은 살았을 것이다.

6월 이후, 마르지 않는 슬픔의 샘이 마음에 생겼다. 죽은 이의 마지막 몇 시간을 자꾸 되짚었다. 그날의 김수경이 되어, 얻어맞고 분노하고 버스를 타고 대학 캠퍼스에 도착해 잠시 거닐다 벤치에 앉아 마지막 글을 쓰고 건물 옥상에 올라 수십 미터 아래 어두운 땅을 보았다.

우리 사상의 혁명

다시 책으로 돌아갔다. 여름부터 다시 책을 파고들었다. 마음과 태도의 나약함은 지성과 이성의 취약함에서 비롯한다고 믿었다. 대학생 활동가가 학습하는 책을 읽고 싶다고 새벗도서원 누님들에게 말했다. 그런 책은 도서원에도 없었다. 누님들이 빌려줬다. 의장인 털이와 함께 공부 일정을 잡고 하나씩 읽었다.

그 무렵 고등학생운동은 대학생운동에서 큰 영향을 받았다. 대학생운동의 주류는 민족해방파(NL)였고, 그 고갱이가 주체사상이라는 것을 알 만한 사람은 다 알았다. 품성론과 조직론을 겸한《강철서신》을 그때 읽었다. 이른바 '불멸의 역사 총서' 가운데《봄우뢰》나《닻은 올랐다》같은 책도 몇 권 읽었다. 책장을 넘길 때마다 눈에서 불꽃이 튀었다. 그런 책을 읽으면 큰일 나는 시절이었다. 정권이 금지하는 것에 진실이 있다면, 진실의 고갱이가 그 책에 있을 것이라 믿었다. 전대협 의장이 학습했던 책을 읽으면 나에게도 냉정과 용기가 찾아올 거라 믿었다.

《강철서신》

《봄우뢰》

《한국사회구성체논쟁》 1권

학습은 대체로 실패했다. 두근거리며 읽었으나, 잘 맞지 않았다. 일제에 맞선 무장투쟁의 정당성이 북한에 있다고 해도, 혼자 수십 년을 집권하다가 아들에게 권력을 물려주는 일까지 수긍하기는 어려웠다. 군사독재에 반대하여 민주와 자유를 추구한다는 우리의 소명과 충돌했다. 의심을 제기하는 나에게 새벗도서원 누님은 "정말 심오한 책"이라며 《우리사상의 혁명》을 건넸다. 일본 적군파가 북한에 망명하여 주체사상에 감화되는 과정을 담은 책이었다. 읽으니 더 궁금해졌다. 애초 적군파가 신봉했던 이념은 무엇일까. 그 뒤로 운동권 노선을 다룬 책을 혼자 찾았다. NL-PD-ND 논쟁을 다룬 《한국사회구성체논쟁》도 읽었다. "아무래도 PD가 맞는 것 같아." 내가 말했을 때, 함께 공부하던 털이는 조금 실망한 눈치였다.

나보다 훨씬 앞서, 그런 생각을 했던 고등학생들이 있었다. 그들은 뜨락의 조직원이 아니었다. 그들은 학생운동보다 노동운동을 중시했다. 대여섯 명 정도가 어울려 자기들만의 소모임을 이뤘다. 어느 지하단체 활동가로부터 마르크스주의 학습을 받는다는 소문이 돌았다. 그렇다고 원수로 지낸 것은 아

274

니었다. 오가며 인사했고, 집회에선 옆에 앉았다. 그들 가운데 마르크스를 독파하고 알튀세르까지 읽은 것으로 알려진 어느 후배가 술자리에서 내게 말했다. "선배는 선배의 계급적 한계를 넘을 수 없어요."

그 말이 맞았다. 나에겐 한계가 있었다. 고3이었던 뜨락 조직원들은 졸업을 앞둔 1990년 가을부터 '공장 투신'을 준비했다. 망치와 털이는 대입을 치르지 않고 곧장 공장에 가겠다고 선언했다. 몇몇은 지역의 대학에 입학하여 대구 청소년운동을 돕겠다고 말했다. 나는 어느 쪽도 아니었다. 친구들과 다른 길을 걷게 될 것이라는 예감으로 그해 가을 내내 마음이 좋지 않았다. 나는 대구를 떠나고 싶었다.

그때는 지원 대학과 학과를 미리 선택해 원서를 내고, 그 대학에 가서 시험을 치렀다. 지원 원서에 찍어야 할 교장 직인을 진학주임이 일괄적으로 처리했다. 그 무렵 진학주임은 매우 화나 있었다. 몇몇이 주도하여 면학 분위기를 망쳤고, 서울대에 갈 친구들까지 휩쓸렸다고 수업 시간마다 말했다. 그러다 가끔 나를 노려봤다. 학생의 따귀를 손바닥으로 갈기다가 주먹으로 배를 쳐버린 그 게슈타포였다. 11월부터 게슈타포는 모든 고3 학생과 개별 면담했다. 어느 대학, 어느 학과에 지원할지 밀고 당기느라 힘들었다고 반 친구들이 불평했다. 나에겐 불평할 일이 없었다. 원서 마감이 임박했어도 진학주임은 나를 불러 면담하지 않았다.

깍쟁이 서울내기가 좀 적다는, 그래서 데모를 열심히 한다는 어느 대학의 사회학과 원서를 들고 진학주임을 찾아갔다. 학생회장 후보 사퇴서를 썼던 그 상담실에서 학생들이 줄을 지어 도장을 받았다. 유도 선수 출신다운 호방한 목소리로 그는 일일이 응원했다. "잘해봐래이, 열심히 하거래이." 내 차례가 오자 변검 배우처럼 표정이 변했다. "니는 인마 그냥 떨어진다." 그의 저주에서 아무 타격을 받지 않았다. 그저 준비한 바를 실행했다.

교장 직인을 원서에 찍는 것을 확인하고, 그 원서를 단단히 받아쥐었다. 이윽고 주머니에서 담배를 꺼냈다. '라일락'이거나 '도라지'였을 것이다. 그의 눈이 일그러졌다. 그 눈을 똑바로 보면서, 담배를 물었다. 천천히 뒤돌아 불을 붙였다. 머리 뒤에서 시선이 느껴졌다. 상담실을 나가기 전, 길게 연기를 뿜었다. 줄지어 섰던 학생들이 말을 잃고 쳐다봤다. 담배 물고 상담실을 나와, 교실을 지나, 복도 끝까지 걸었다. 계단을 내려가 건물 입구에 이를 무렵, 담배 한 대를 다 피웠다. 꽁초를 바닥에 던지고, 다시 담배를 꺼내 불붙였다. 메마른 운동장을 가로지르면서, 깊은 호흡으로 연기를 공중에 뿜었다. 이 장면을 교장, 교감, 그리고 모든 교사가 봐주기를 바랐다. 마침내 교문에 이르러 담배를 발로 비벼 껐다.

뒤돌아보지 않았다. 그날 이후 다시 학교에 가지 않았다. 남은 날 모두 결석했다. 졸업식에도 가지 않았다. 어떤 교사와도 연락하지 않았다. 동창회 모임도 가지 않았다. 가끔 후회되는 일은 있다. 그때, 눈을 일그러뜨리는 게슈타포의 크고 기름진 얼굴에 담배 연기를 후 뿜었다면 더 좋았을 것이다.

전고협의 꿈

1990년의 봄과 여름이 폭풍처럼 지나면서, 가을과 겨울에 걸친 뜨락의 사업은 정체했다. 뜨락 조직원이 학생회장이 된 학교는 서너 곳 정도였다. 조직원이 학생회 간부로 일하는 곳을 더하면 예닐곱

학교에 참교육 학생회가 만들어졌다. 다만, 이후 일에 대한 치밀한 궁리가 부족했다. 두발 자유화 및 교복 자율화를 학생회 차원에서 요구했지만, 이를 지지하는 학생들의 집단행동이 벌어지진 않았다. 두발 규정을 없앤 학교가 간간이 등장했지만, 운동의 성과라고 보긴 어려웠다.

그 시절 용어를 빌리자면, '대중사업'을 어찌할지 우리는 잘 알지 못했다. 열린 교실이나 학생의 날 기념식에 더 많은 학생을 데려가는 정도가 가시적 변화였다. 서울, 광주, 부산 등에선 고등학생들이 대거 참가한 집회 소식이 간간이 들려왔지만, 대구에선 꿈같은 일이었다. 우리는 벌써 지쳐버렸고, 주변의 고등학생들은 출세주의의 압력에 짓눌려 있었다. 뜨락은 대중과 제대로 만나지 못했다.

더구나 고등학교 3학년이 주축을 이룬 뜨락의 세대 교체가 가을 무렵부터 절실해졌다. 사업을 미처 시작하기도 전에 정리할 시기가 왔다. 대입을 치른 뒤인 1991년 1월, 나는 가출했다. 마지막 과업이 남아 있었다. 대학까지 가게 된 마당에 더는 부모에 속박될 수 없었다. 한동안 여러 친구의 집을 전전했지만 하룻밤 신세 질 이름이 점점 줄었다. 어느 날엔 경북대 강의실에 들어가 책상 위에서 잤다. 너무 추웠다. 찜질방 같은 곳은 없던 시절이었고, 허름한 여인숙이나마 찾아갈 돈도 없었다.

망설이다가, 재가 불자단체 고등부 지도교사였던 전교조 해직 선생님을 찾아갔다. 단출한 집에서 부부가 반갑게 맞았다. 사모님은 하얀 떡국을 끓여주셨다. 춥고 배고파 정신없이 먹는 나를 부부는 지켜만 보았다. 같이 드시자고 했더니 웃었다. 그제야 벽에 붙은 종이가 눈에 들어왔다. 예쁜 손 글씨로 '부부 단식 일과표'라고 적혀 있었다. 불교 신자였던 신혼부부가 단식과 명상의 며칠을 보내고 있었다. 그래서 쌀밥 대신 급히 떡을 끓여주신 것이다. 작은 방에 펼쳐놓은 따뜻한 이부자리가 전혀 편치 않았다. 이른 새벽에 일어나 조용히 나가려는데, 선생님이 붙잡았고, 사모님은 떡국을 끓였다. 다시 혼자 그릇을 비웠다. 배웅 나온 선생님은 두 번 접은 지폐를 손에 쥐어 주었다. 1만 원이었다. 뜨거운 것이 울컥 올라와, 사양하는 말조차 끝맺지 못했다.

그렇게 한 달을 보내며 반드시 치르려 했던 첫 일은 '전국고등학생협의회(전고협)' 문제였다. 그 이름을 내건 단체가 서울에서 한때 등장했던 것 같기도 한데, (내가 알기론) 그 이름에 걸맞은 지역별 대표가 두루 참가한 조직은 아니었다. 전노협, 전농, 전대협과 어깨를 나란히 하는 '전고협'의 깃발을 세우는 것은 모든 참교육운동가의 꿈이었다.

야심만만하게 이를 발제한 것은 마산·창원지역고등학생대표자협의회(이하 '마창고협')였다. 1991년 1월, 마창고협 의장으로부터 연락이 왔다고 대구지역민주고등학생모임 의장인 털이가 나에게 말했다. 부산에서 지역 대표자 모임을 열어, 전고협 출범을 의논하자는 것이었다. 그때까지 우리는 다른 지역 학생들을 만난 적이 없었다. 요즘처럼 휴대폰이나 인터넷이 없으니 연락할 방법이 마땅치 않았고, 그럴 여유도 없었다.

약속한 날, 마창고협 의장이 대구역에 왔다. 긴 머리에 까무잡잡한 얼굴의 그는 공업고를 다니고 있었다. 노동자의 품성과 태도를 다 갖춘 듯한 풍모였다. 함께 기차를 타고 부산역에 내렸다. 가슴이 두근거렸다. 부산대 학생회관 안에 부고협 사무실이 따로 있다는 것이다. 고협을 만든 것만으로도 부러운데, 정식 사무실까지 있다니.

부산대 캠퍼스의 오르막을 올랐다. 우리에게도 위신이란 게 있으므로 신기하고 부러운 티를 내지 않으려 애썼다. 사무실에는 부고협의 깃발, 전화가 있는 책상, 둘러앉을 소파 등이 있었다. 부고협 집행부의 몇 명이 우리를 맞았다. 저녁밥을 어쨌는지 기억에 없고, 사무실에서 제법 오랫동안 기다렸던 일은 기억난다. "의장님이 곧 오신다"라고 그들이 말했다. 부고협 의장은 침착하지만 피로에 젖은 얼굴이었다.

늦은 밤, 회의가 시작됐다. 서로 인사했으나, 이름과 학교는 밝히지 않았다. 실명을 말하지 않고 묻지 않는 건 참교육운동가의 기본 예의였다. 마창고협에선 의장 혼자 왔다. 부고협에선 의장을 비롯한 서너 명의 집행부가 참석했다. 대구에선 의장인 털이와 중앙위원인 내가 자리에 앉았다. 충북 대표격으로 청주 YMCA 산하 청소년 모임의 대표 두 명이 동석했다.

와서 보니, 마창고협 의장이 모든 것을 준비한 자리였다. 부고협은 사무실만 내줬을 뿐이었다. "서울과 광주에선 고등학생 조직이 (정파 갈등으로) 양분되어 있어, 이 자리에 참석할 적임자를 찾지 못했다"라고 마창고협 의장이 말했다. 뒤이어 전국 고등학생 조직이 필요한 이유를 발제했다.

의논은 진지했으나 헛돌았다. 지역마다 상황이 다르다는 점이 금세 드러났다. 부고협은 상당한 조직과 체계를 갖췄지만, 마창고협은 의장 중심으로 돌아가는 듯했다. 대구는 이제 막 조직 체계를 갖춰가는 중이었다. 청주는 조직이라고 부를 실체가 없었다. 게다가 참교육운동에서 가장 앞서갔던 서울과 광주에서 정파적 분열이 일어났다면, 이를 아우르는 전국 조직 결성은 힘들 것이다. 결국, 힘빠지는 결론을 내릴 수밖에 없었다. 아직 이르다, 지역별로 고협이 자리 잡아야 전고협이 가능하다, 오늘의 논의를 놓지 말되 1년 뒤 다시 만나자고 의견을 모았다. "그런 거 저런 거 나 안 따져도 되는데"라며 마창고협 의장은 많이 아쉬워했다.

그런 자리 자체가 귀했으므로 은근히 막걸리 나눠 마실 것을 기대했으나, 부고협의 기강은 엄했다. 의장이 먼저 자리를 뜨고, 다른 집행부원들이 우리에게 차를 대접했다. 왔던 길을 되짚어 새벽 기차로 대구에 돌아왔다. 가끔 그들이 생각난다. 침착했던 부고협 의장, 뜨거웠던 마창고협 의장이 어디서 무얼 하고 사는지 궁금하다. 이름이라도 알았다면 좋았을 것이다. 이름조차 말할 수 없는 시절이었다.

이제 우리의 일이 남았다. 언젠가 전고협을 결성하기 위해서라도 치러야 할 일이었다. 겨울방학이 끝나가던 1991년 2월, 대구 외곽의 한갓진 산장에 20여 명이 모였다. 조직 출범 이후 처음이자 마지막으로 뜨락의 모든 조직원이 서로 인사를 나눴다. 알고 지내는 처지였고, 눈치껏 파악했지만, 서로를 드러내어 만나는 건 처음이었다.

사업을 보고하고, 평가하고, 계획을 발표했다. 핵심 의제는 조직의 이름을 '대구민주고등학생모임'에서 '대구민주고등학생연합'으로 바꾸는 것이었다. 지금 돌아보면 소꿉놀이 같은 의논이었지만, 그때는 중차대했다. 그동안의 비밀 조직에서 벗어나 대표성과 공식성을 갖춘 대중조직으로 확대하자고 결의했다.

조직 전환을 마치고, 차기 의장과 중앙위원을 선출했다. 새 조직원 영입은 차기 의장에게 맡겼다. 회의와 결의를 마친 우리는 밤새 술을 마셨다. 노래도 불렀다. 서정적인 노래를 독창으로 부르고, 전투적인 노래를 합창하는 동안, 나는 밖으로 나와 담배를 피웠다. 산장 주변은 캄캄했다. 나의 일이 끝났다. 며칠 뒤, 집에 들어갔다. 다시 며칠 뒤, 서울에 올라가 하숙집 옥탑방에서 잤다. 더는 고등학생이 아니라니 전혀 실감 나지 않았다.

마지막 봄

이후 우리는 다른 공간에서 다른 시간을 살았다. 1991년 봄, 열 명의 학생과 노동자가 죽었다. 경찰에 맞아 죽었고, 이를 규탄하며 스스로 죽었다. 그 가운데 참교육운동을 하던 고등학생도 있었다. 시위군중의 대다수는 대학 1~2학년이었다. 그들은 전교조 결성과 해직 사태, 고등학생운동을 직간접적으로 치른 참교육 세대였다. 명지대 강경대가 죽은 4월부터 성균관대 김귀정이 죽고 난 6월까지 나는 파이프와 화염병을 들고 학교 광장과 시내 도로를 뛰어다녔다.

가끔 대구를 찾아가 서울에서 겪은 일을 이야기하면, 그들은 불편해했다. "그건 대학생들의 운동"이라고 그들은 말했다. 뜨락 중앙위원이었던 네 명은 대구 변두리에 지하 단칸방을 구했다. 고등학교 졸업과 동시에 가출한 그들은 노동자의 삶에 정착할 때까지 함께 지내기로 했다. 그 방에 처음 갔을 때 나는 기함했다. 연탄가스 중독으로 죽기에 딱 좋은 곳이었다. 내가 걱정하자, 그들은 말을 돌렸다. 공터에서 주워 온 서랍장에서 쥐새끼들이 튀어나왔고, 그걸 잡느라 좁은 방에서 난리가 났다며, 그들은 웃었다. 오래 지나지 않아 넷 모두 노동자가 됐다. 그 가운데 두 명은 공장에 오래 머물지 못하고 이듬해 대학에 갔다. 한 명은 좀 더 버텼으나, 몇 년 뒤 전문대에 갔다. 마지막 한 명은 지금까지 노동자로 산다.

대구 고등학생운동은 나름의 길을 개척했다. '우물'이라는 새 별칭으로 불렀던 대구민주고등학생연합은 행정구에 따라 지역을 나눠 체계를 다졌다. 여러 학교에서 참교육 학생회를 만들었고, 어느 학교에선 두발 자유화를 요구하는 집단 시위까지 벌였다. 조직의 이름을 내건 공개 활동도 시작했다. 1991년 봄, 경북대에서 열린 연합집회에서 대구민주고등학생연합의 이름으로 성명서를 배포했다. 비밀스러웠던 대구 고운 조직의 존재를 세상에 드러냈다.

그 무렵의 어느 날, 공장노동자로 일하던 망치가 하숙집으로 전화해, 모든 문서를 싹 다 태우라고 했다. (기억이 명확하진 않지만) '대구지검이 고등학생 좌익 조직을 수사하고 있다'라는 1단 기사가 《국민일보》에 보도됐다는 것이었다. 추억으로 돌아보겠다고 모아둔 사소한 문서와 사진까지 깡그리 모아 하숙집 옥상에서 불태웠다.

검찰 수사에는 진전이 없었지만, 대구 고등학생운동 조직은 오래가지 못했다. 출범 3년째인 1992년 무렵부터 소모임 수준으로 후퇴했고, 1993년에는 조직 구성 자체가 힘들어졌다는 이야기를 나중에 들었다. 이미 소련을 비롯한 동구권이 붕괴했고, 한국 사회 전체가 자본주의와 대중문화에 깊이 빠져들고 있었다.

고운에 발을 들였던 이들의 20대 시절은 일정했다. 대학에 갔건 공장에 갔건, 서울에 있건 대구에 있건, '운동'을 하지 않는 이는 드물었다. 20대의 우리는 고등학생운동을 돕거나 대학생운동에 참여하거나 노동운동에 가담했다.

다만, 서른 이후부터 스펙트럼이 다양해졌다. 그 무렵부터 자주 만나지 못했다. 만나도 즐겁지 않아졌다. 이 글을 적는 지금 기준으로 보면, 민주당 국회의원, 정의당 지역위원장, 진보당 지역위원장, 민주노총 고위 간부가 대구 고운 출신이다. 노동단체, 교육단체, 여성단체 활동가도 있다. 대기업 간부와 금융회사 간부가 있으며, 사회적 기업가와 생태운동가도 있다. 그런 우리가 다시 모인다 해도, 옛날처럼 어울릴 수는 없을 것이다. 누군가 꺼이꺼이 울 때까지 술 마시며 노래 부를 수는 없을 것이다. 그런 자리가 마련되어도, 망치와 털이는 오지 않을 것이다.

나를 참교육운동으로 이끈 망치는 고교 졸업 후 현대자동차 하청 공장에서 일하다 손끝이 잘렸다. 퇴직금으로 도서 대여점을 열었으나 망했다. 동네 슈퍼에 납품하는 도매업자 밑에서 일하다가 신용불량자가 됐다. 빚을 갚으려고 비닐 공장에서 등짐을 날랐고, 목공소에서도 일했다. 온갖 고생 끝에 용접 기술을 배워, 거제 조선소에서 하청 노동자로 일하고 있다는 소식을 들은 게 몇 년 전이다.

나의 영원한 의장 털이는 공장에 들어갔다가 그만두고 나왔다. 친구와 함께 대학가 광고판 대행 사업을 벌이다가 망하여 신용불량자가 됐다. 제주에 내려가 택시 기사로 제법 오래 일했다. 평생 싱글인 망치와 달리 털이는 늦은 나이에 결혼했다. 함께 고등학생운동을 했던, 나와 함께 재가 불자단체에 다니던 여학생이었다. 그녀와 함께 어느 지방 도시에서 작은 학원을 운영한다는 소식을 몇 년 전 들었다.

망치와 털이와 내가 마주 앉은 마지막 술자리가 10여 년 전이었다. 실없는 이야기만 나누다 만취한 새벽 무렵, 그들은 털어놓았다. 박탈감과 배신감, 회한과 냉소에 관한 이야기였다. 그들은 정의를 위해 헌신했다. 빛나지 않는 곳에서 곡절 많은 삶을 살아야 할 이유가 없었다. 그래도 세상을 탓하진 않았다. 조용히 평범하게 살고 싶을 뿐이라고 털이와 망치는 말했다. 나는 그저 소주잔만 비웠다.

김산 말고 님 웨일즈

이 글에서 일부러 실명을 적지 않았다. 죽은 김수경을 제외하면, 그 실존을 구체적으로 밝히지 않았다. 이 글은 나의 기억일 뿐이다. 문서나 사진조차 없어 온전히 입증하기 힘든 결함투성이 기억이다. 사실관계가 맞는지, 이를 드러내는 일에 동의하는지, 그 이름을 밝힐지, 그들에게 묻지 못했다. 그들은 타박할 것이다. 정확하지 않아 문제이고, 지금에 와서 이런 이야기를 알리는 것도 문제라고.

타박할 친구들에게 고백할 것이 있다. 이제 나는 김산보다 님 웨일즈를 좋아한다. 님 웨일즈는 김산의 이야기를 기록하여 세상에 알린 기자다. 그의 남편 에드거 스노우는 중국 공산당의 대장정을 취재하여 유명해졌다. 남편을 따라 중국에 온 님 웨일즈는 남편과 달리 '주변'을 취재했다. 서양인의 눈에 중국혁명이 본류라면 조선 독립운동은 지류였다. 마오쩌둥은 확고한 공산주의자였지만, 김산은 번민하는 혁명가였다. 주목받지 못한 개인을 눈여겨본 님 웨일즈가 있어, 우리는 김산을 알게 됐다. 님 웨일즈는 작고 구체적이고 사실적인 것의 힘을 믿었다. 이제 나도 믿는다. 그 힘을 믿어야 거대한 일이 가능하다. 그래서, 한때 거대하게 여겼던 우리의 운동이 실상은 작고 허약한 것이었음을 알아차리게 되어, 전혀 기분 나쁘지 않다. 그래서, 운동가가 아닌 저널리스트의 삶을 살게 된 것에 전혀 실망하지 않는다.

다만, 우리가 이룬 것이 미미하여 마음 아프다. 우리는 어느 혁명의 주역도 되지 못했다. 아류였고, 끝물이었다. 추상적이고 거대한 것만 중시하는 '국민교육헌장 세대'의 잔재가 그 시절의 우리에게도 남아 있었다. 헌신하는 위인이 되라고 부추기는 세상에 휩쓸려 우리는 오직 운동의 전위가 될 생각만 했다. 우리가 만든 오늘의 세상이 자랑스럽지 않은 것도 마음 아프다. 청소년을 비롯한 한국의 젊은이들은 여전히 사회와 불화한다. 한국 사회는 그들을 살피고 북돋을 체계를 여전히 갖추지 못했다.

그러니, 오늘의 청소년과 청년이 우리로부터 배울 만한 것이 과연 있을지 의심스럽다. 깊은 의심 가운데 그래도 일러줄 것이 있다면, 그건 아마 연대일 것이다. 국가권력과 교육 체계가 들이댄 구분과 분리의 잣대를 우리는 거부했다. 군사주의와 국가주의의 폭력이 노골적으로 횡행하는 환경에서도, 성적의 위계를 따라 각자의 출세를 도모하지 않고, 일등과 꼴등이, 인문고생과 실업고생이 함께 어울려 노래 부르고 격문을 뿌리며, 청소년의 고통과 저항을 대학생, 농민, 노동자와 나눴던 기적적인 시절을 우리는 일궜고 겪었다.

한국의 교육 체계에 공동체적 연대 정신이 깃들었던 아주 잠깐의 시공간을 우리 말고는 누구도 기억하지 못한다. 앞으로도 오랫동안 세상을 아름답게 만드는 힘은 고통을 나누고 저항을 함께하는 연대에서 비롯할 것이다. 우리의 운동은 딱 그만큼의 가치를 지니고 조용히 잊히고 있다. 아마도 거기에, 대구 고등학생운동이 나에게 부여한 마지막 과업이 있을 것이다. 님 웨일즈가 되어 수많은 김산의 이야기를 더 구체적이고 사실적으로 적어 알리는 과업이다. 꼭 완수하겠다고 뜨락의 친구들에게 사과하며 약속한다.

8 1989년
전교조 1세대가
26년 차
전교조 조합원에게

양민주

- 1971년생, 서울
- 전교조 사수 투쟁
- 사립유치원 교사 · 사립유치원 비리 투쟁 ·
  전교조 여성위원장
- 전교조 전북지부 성고충상담소장

나는 지금 전국교직원노동조합(이하 '전교조')에서 17년째 피해자° 신분으로 활동하고 있는 전교조 조합원 26년 차 교육운동 노동자다. 그리고 1989년 전교조가 창립되던 해, 고3 시절을 겪어낸 전교조 1세대이기도 하다. 내가 전교조에서 교육운동가로 살아가는 건 그 당시 전교조 교사들에게 제대로 '의식화 교육'을 받았기 때문인지 모른다. 전교조와 분리하기 어려운 삶이다.

35년 전 1989년 전교조 교사들이 징계를 감내하며 투쟁했던 것은 무엇이었을까. 그때 외쳤던 전교조의 '참교육'은 무엇이었을까. 지금 우리 학교와 학교현장의 모습은 얼마나 달라졌을까.

1980년대 학교는 수용소와 비슷했다. 학생은 이름 대신 번호로 불리고, 교사들이 정한 일방적인 규칙을 지켜야 했으며 그것을 어기면 벌을 받거나 '사랑의 매'를 맞거나 욕설을 들었다. 육성회비°°

°   전교조 활동가는 세 유형으로 나뉘는데, 교사직을 유지하며 일정 기간을 전교조에서 전임활동을 하다 학교로 복직하는 전임활동가, 전교조에서 채용한 상근활동가, 학교에서 해고된 후 복직될 때까지 전교조에서 활동하는 피해활동가다.

°°   육성회비(育成會費)는 자녀 교육을 위해 학부모가 자진 협찬 형식의 회비를 육성회에 내는 비용. 자진 회비 형식이었지만 사실상 강제징수였다. 1997년 '국민학교'가 '초등학교'로 명칭이 바뀐 후 국민학교 육성회비는 폐지되었지만, 중고등

를 내지 못한 학생에게 망신을 주거나 납부금을 독촉하고 매를 때리는 교사도 있었다. 사채업자들이나 하는 행동을 학교 안에서 버젓이 행했다. 게다가 박봉의 교사에게 촌지를 건네는 것이 미덕이자 관례가 되고, 촌지의 액수와 횟수에 따라 학생에 대한 교사의 애정이 비례하던 시절이었다. '이상한 교사'들도 꼭 있었다. 그 교사들의 유형은 크게 세 가지였는데, 폭력 교사(소위 '미친개'), 음담패설과 성희롱을 하는 교사(소위 '변태'), 돈 밝히는 교사(소위 '돈 먹는 하마')다. 학생들은 그런 교사가 담임이 되지 않기를 바라고 교과 수업을 하지 않기를 바랐다.

그런데 이런 '이상한' 교사들의 행동에 대해 '하지 말라'고 이야기하거나 이런 이상한 행동을 묵인하지 않는 교사들이 있었다. 학생을 번호보다 이름으로 부르고, 체벌하지 않고, 가정형편이 어려운 학생을 드러나지 않게 하고, 학생들과 자주 상담하며 가정방문을 하는 교사들이었다. 교문 지도를 할 때도 외모나 복장을 검열하지 않고, 몽둥이를 들고 있지 않았다. 등교하는 학생들과 인사를 나누며 지각하지 말라고 주의를 줄 뿐이었다. 촌지를 받지 않는다고 선언한 교사도 있었다. 교무실의 자기 자리도 직접 청소했다(당시에는 학생들이 교무실 청소를 했다). 대개 학생들에게 인기가 많았고, 뉴스나 세상 사는 이야기도 자주 해주는 교사들이기도 했다. 교무회의 자리에서도 벌떡벌떡 일어나 문제를 제기해 '벌떡 교사'라는 꼬리표가 달렸던, 전교조 교사들이었다.

학교 육성회비는 학교운영지원비라는 이름으로 남았고 중학교 2012년, 고등학교 2021년에 폐지되었다.

35년 전, 학교와 전교조
— 검열, 단속, 체벌

내가 다니던 고등학교는 서울 강서구 끝에 있는 공립 고등학교다. 남녀공학이었지만 여학생 수가 두 배 정도 많은 신설한 지 얼마 되지 않은 학교였고, 1980년대의 학교가 그렇듯 학생에게 검열, 단속, 체벌이 만연했다. 교문 지도에 걸리면 오리걸음도 하고, 몽둥이로 맞기도 하고, 가방 검사를 당하기도 했다. 고1 어느 날에 맨발로 샌들을 신고 등교를 했다가, 한 교사에게 '행실이 불량한' 학생 취급을 받고 반성문을 요구받은 일도 있었다.

졸업 전까지 두 번 정도 크게 구타를 당하기도 했다. 1988년 고2, 중간고사 후 한 체육 교사가 전교 1등부터 100등까지 시험 등수가 적힌 명단을 복도에 붙인 걸 보고서 나는 다음 쉬는 시간에 그 명단을 떼어버렸다. 결과는 참혹했다. 종례 시간이 되기도 전에 그 교사는 나를 교무실로 호출해 '엎드려뻗쳐'를 시키더니 대걸레 자루를 들고 와 엉덩이를 내리쳤다. 체벌의 이유도 말하지 않았다. 셀 수 없이 매질이 계속됐고, 엉덩이 살갗이 찢어지도록 맞았지만, 교무실에서 그 매질을 말리는 교사는 아무도 없었다. 수업 종이 치고 나서야 매질이 끝났다. "일어나, 건방진 새끼"라는 말과 함께. 나를 때린 이유가 건방졌기 때문인가? 그 교사는 때리기 전에 나에게 왜 그 게시물을 뗐는지 물어야 했던 것 아닌가? 너무 아파 그만 때리라고, 잘못했다고 말하고도 싶었지만 그러지 않았다. 나는 제대로 일어설 수도 없었다. 허리까지 욱신거려 걸을 수가 없었다. 매 맞는 것을 지켜본 친구들이 나를 부축해 교실까지 데려다주었다. 의자에 앉을 수도 없었다. 엉덩이에서 끈끈한 게 묻어나와 화장실에서 살펴보니 핏물과 진물이 범벅이었다. 진물이 속옷에 엉겨붙어 벗을 수도 없었다. 그 통증은 35년이 지난 지금도 생생하다.

1989년 고3 때는 교사에게 뺨을 맞았다. 우리 학교 전교조 교사들이 쫓겨나고 우리 반 담임교사도 학교에 오지 못하던 때였다. 나를 포함한 몇몇 친구들은 도시락을 반납하고 전교조 교사들을 공개적으로 지지하면서 탄원서를 받으러 다녔다. 수업 시간에는 전교조 교사를 대신한 교사들의 수업을 거부하거나 전교조 교사들을 안 좋게 이야기하는 교사들에게 자주 개겼다. 그러던 어느 날 수업 종이 울린 후에 교실로 들어갔다는 이유로 한 체육 교사가 나를 복도로 불렀다. 신장 170센티미터 정도의 여성 체육 교사였는데, 배드민턴 국가대표 출신이라고 했다. 왜 늦었는지도 묻지 않고 그는 곧바로 내 뺨을 때렸다. 얼굴을 들자 다시 반대편 뺨을 때렸다. 3분 늦은 것이 이렇게 맞을 일이었나? 너무 세게 맞아 감각이 없었다. 그 교사는 날 때리고 나서 "건방지다"라고 했다. "네가 잘났으면 얼마나 잘나서 애들을 선동하고 다녀? 반장 새끼가 이러니 애새끼들이 뭐가 뭔지 모르고 날뛰는 거 아냐?"라며 품고 있던 감정들을 마구 쏟아냈다. 수업에 늦은 건 빌미였을 뿐이었다. 나는 학생이라는 이유로 교사들에게 무방비로 맞아야 했다. 나는 맞으면서, 또 맞고 나서도 나를 때린 교사에게 '사랑의 매'를 맞았다고 느끼지 못했다. 35년이 지난 지금도.

292

3학년 10반,
별난 담임에 별난 아이들

1989년 고등학교 3학년 10반, 우리 반 담임교사는 서른 살의 조윤동 선생님이었다. 별명은 감자, 서울대 졸업 후 우리 학교가 첫 발령지라고 했다. 학기 중간에 전교조 가입을 이유로 학교에서 쫓겨났다가 다시 돌아오셨다. 당시 우리 반 담임교사를 포함해 여러 교사가 전교조 가입을 이유로 징계받았고(해임 등 중징계 외 모든 불이익 포함), 우리 담임교사는 고3 수험생 담임이었다는 이유로 교장과 학부모들에게 더 큰 비난을 받았다.

학기 초 교실마다 급훈을 정하고 반장 선거를 하는데, 으레 담임교사가 성적순으로 반장 후보를 지명하면 그중 투표로 반장과 부반장을 선출했다. 하지만 우리 반은 달랐다. 정확히 말하면 담임교사가 별났다. 반장 선거도 성적과 관계없이 아이들의 추천이나 자기 추천으로 후보를 세워 선출 소감이나 공약을 발표한 뒤 투표로 반장을 선출했다. 여중을 졸업해 여학생들에게 인기가 제법 있었던 나는 친구들의 추천을 받아 호기롭게 출마해 반장으로 선출되었다. 별난 담임에 별난 반장, 3학년 10반의 고3 시절은 별나게 시작됐다. 급훈은 "함께 사는 우리". 지금 보면 전교조 냄새가 풀풀 나는 급훈이다.

우리 학교에는 우리 담임교사를 포함해 전교조 교사들이 꽤 많았다. 수업 후에 학생들에게 탈춤과 국악, 민요를 알려주기도 하고, 학생들과 독서 모임을 하고, 학생들에게 떡볶이를 사주기도 하고, 연극표를 주기도 했다. 서양음악 중심의 문화를 바꾸고자 가사를 바꾸어 부르기도 했고, 이 교사들이 이끄는 교과 수업 외 동아리 활동

조윤동 선생님

연극 중인 교사들

은 탈춤, 국악, 풍물 등 공동체가 협력하는 활동이었다. 갈 곳이 없거나 학교생활에 흥미가 없는 학생, 가정형편이 어려운 학생을 모아 간식을 사주며 자연스럽게 문화 활동에 참여하도록 유도해 배움의 기회를 이어가게 했다. 가정형편이 어려운 학생들의 가정을 방문하기도 했다. 우리에게 정부가 정한 교과서만 달달 외울 게 아니고 사회를 알아야 민주시민으로 성장하는 힘을 키울 수 있다며, 한글 활자로 쓰인《한겨레》를 읽도록 권유하고 교과서에 나오지 않는 사건을 알려주기도 했다.

우리는 그 교사들에게 한강 둔치에서 풍물을 배우고, 김포공항 잔디밭에서 공장노동자들의 이야기를 들었다. 사용하지 말아야 할 표현이지만, 당시엔 공장의 '어린' 노동자들을 '공돌이, 공순이'라고 불렀다. 보통 인문계 고등학교 교사들은 학생들에게 자극을 주려고 "너희 공부 안 하면 대학 대신 공장 간다. 정신 똑바로 차려"라거나 "대학 가서 미팅할래? 공장 가서 미싱할래?"라는 혐오성 발언을 하기도 했는데, 그런데 전교조 교사들은 달랐다. 생계를 위해 돈을 벌어야 하는데 마땅한 일자리는 공장밖에 없는 이들이었고, 그들이 일하는 공장은 정말 열악하고 월급도 쥐꼬리만큼 받는다고, 자본가가 노동자를 얼마나 착취하는지, 이런 세상이 얼마나 불공평한지, 공장노동자를 무시하면 안 된다고 알려줬다. 노동의 가치는 소중한 것이라고 말이다.

전교조 교사 중에는 야학 교사로 자원 활동하는 분도 있었는데, 공장노동자로 일하면서 밤에 공부하는 야학생의 이야기를 우리에게 들려주기도 했다. 독재 정권에 저항하는 노동자와 학생 역할을 맡아 신촌의 작은 극장에서 연극을 하던 교사들의 모습도 기억에 있다.

교과서 밖의 세상을 가르쳐주고, 왜 공부해야 하는지, 입시를 위한 공부가 아닌 제대로 삶을 살기 위한 교육, 약자와 함께 살아가는 방법을 배우는 교육이 참교육이라고 알려준 것도 모두 전교조 교사들이었다. 이 교사들은 학생들, 개중에서도 '말썽꾸러기'들과 더 친했고, 인기가 많았다. 부모님에게 말할 수 없는 고민과 이야기를 터놓기도 했다.

> '촌지를 받지 않는 교사' '형편이 어려운 학생들과 면담을 많이 하는 교사' '지나치게 열심히 가르치는 교사' '사고친 학생들의 정학이나 퇴학을 반대하는 교사'… 나열한 예시는 어떤 교사를 지칭하기 위해 든 예시일까. 모두의 예상과 달리 '좋은 교사'에 대한 예시를 든 것이 아니다. 1989년 문교부가 일선 교육청에 공문으로 내린 〈전교조 교사 식별법〉의 사례를 나열한 것이다. (중략) 이날 법정에서 제시된 〈전교조 교사 식별법〉은 이외에도 다양했다. 문교부가 적시한 예시에는 '학급문집이나 학급신문을 내는 교사' '아이들에게 인기 많은 교사' '반 학생들의 자율성과 창의성을 높이려는 교사' '자기자리 청소 잘하는 교사' '직원회의에서 원리원칙을 따지며 발언하는 교사'도 포함됐다. 또 '생활한복을 입고 풍물패를 조직하는 교사' '탈춤, 민요, 노래, 연극을 가르치는 교사' '신문반 민속반 등의 특활반을 이끄는 교사' '경향, 한겨레 신문을 보는 교사' 등도 전교조 교사에 해당할 수 있다고 제시했다.°

어느 날, 탈춤을 하던 같은 학년 학생이 우리 학교 선배들과 다른

°   류인하·김지원, 〈'촌지받지 않는 교사'는 전교조 교사?!〉, 《경향신문》, 2013년 11월 1일, https://khan.co.kr/article/201311011514011#c2b.

학교 동아리 모임이 있다며 동행하자기에 함께 갔다. 장소는 한 교회의 교실이었는데, 여러 사람이 모여 이야기를 나누고 있었다. 대학생도 있었고 회사원도 있었다. 이 모임을 소개한 친구는 자신은 선배들의 제안으로 이 모임에 함께하고 있다고 했고 주기적으로 책을 읽고 토론하는 학습모임이라고 했다. 내가 간 날은 광주 5·18을 공부하던 날이었다. 흑백사진들이 전시되어 있었고 먼저 와 있던 대학생이 모임 참석자들에게 유인물을 나누어주었다. 광주항쟁을 몰랐던 난 이날 큰 충격을 받았다. 기억하고 싶지 않지만 잊히지 않는 잔혹한 장면들이 계속 뇌리에 남았다.

군인인 아버지에게 그 사진들에 관해 물었다. 아버지는 이 사건을 '광주사태'라고 불렀다. 김대중이 이 사건의 핵심 인물이며, 특수교육을 받은 간첩 5,000명이 국가 전복을 목적으로 광주에 투입되어 사람들을 매수해 자작극을 벌인 것이라고 했다.° 아버지는 간첩들이 무기고를 탈취해 폭동을 일으켰고, 당시 상황은 전시와 같았으며, 군인들이 민간인을 지키기 위해 '어쩔 수 없는' 방어를 한 것이라고 했다. 혼란스러웠다.

그동안 학교가 주관한 평화의 댐 건설 모금이나 북한 규탄대회, 전두환·이순자 부부가 해외 순방을 할 때 전체 학생이 공항 진입로에서 대통령을 향해 태극기를 흔들었던 경험이 떠올랐다. 전두환 정권이 권력 강화와 이미지 세탁을 위해 광주학살을 숨기고 북한 규탄집회나 환영회에 학생들을 동원했다는 것을 알게 되었다, 교사가 시킨다고 군말 없이 앞장섰던 모습이 부끄러웠다.

° 나의 아버지는 경북 대구 출신이면서 직업군인이었고 보안사에 근무했다. 아버지는 전두환이 보안사령관일 때 직속 부하였다.

1989년 5월 28일, 한양대로 가는 길

전교조가 출범한 1989년, 뉴스에서는 전교조 교사들을 '좌경, 용공 세력'이라고 했다. 특수한 교육을 받은 남파된 간첩들이 교사로 위장해 남한의 교사들과 중고생들을 세뇌 교육하고 선동한다고 했다. 전교조의 배후는 북한이라고 했다. 1988년 서울 올림픽을 성공적으로 마치고 우리나라가 개발도상국에서 선진국의 길로 들어서는 시기에 북한이 그 틈을 타서 적화통일을 하려고 한다는 것이었다. 가난한 학생들의 육성회비를 몰래 내주고, 학생의 고민을 진심으로 들어주고, 학생을 때리지도 않고 인간답게 대해주던 전교조 교사들의 행동은 학생들의 환심을 사서 의식화 교육을 하기 위한 위장이라고 했다. '보통사람'을 선전하며 당선된 노태우 대통령도 뉴스에서 전교조는 불법 단체이고 '좌경, 용공 교사들'이 학생들을 의식화한다고 말하면서 학부모들에게 선동되지 말 것을 당부했다.

우리 학교에는 장학사도, 사복경찰도 자주 왔다. 교장, 교감과 함께 모두 합심해 전교조 교사들을 감시한다고 했다. 전교조 출범을 막기 위해 전방위로 압박을 가했다고 했다. 그런데도 우리 담임교사는 전교조를 그만두지 않았다. 우리에게 전교조가 왜 필요한지, 전교조 교사들이 추구하는 것이 무엇인지 알려주셨다. 나는 그런 담임교사가 자랑스러웠고, 전교조 교사들을 존경했다. 1989년 5월 스승의 날 즈음, 서강대에서 열린 콘서트에서 전교조를 지지하는 학부모들이 전교조 교사 후원을 위해 연 바자회에서 노란색 전교조 버튼과 양말을 샀던 기억도 있다.

뉴스나 학교에서 전교조 출범을 막기 위해 압박했지만, 교사들은 굴하지 않았다. 1989년 5월 28일, 전교조는 출범했다. 출범식 장소

1989년 5월 28일, 건국대, 전교조 결성보고대회 및 전교조 탄압규탄 대회

로 가는 길 곳곳마다 살벌한 검문이 있었다. 어떤 기준으로 통행을 막았는지 모르겠지만 전경과 사복경찰은 학생들, 교사들 가리지 않고 행사 장소인 출범식이 예정된 한양대로 가는 길을 차단했다.

우리 학교 학생들은 삼삼오오 흩어져 행사 장소로 모이기로 했다. 우리 반 학생 몇몇과 담임교사는 지하철을 타고 이동하던 중에 행사 장소가 연세대로 급히 바뀐 것을 알고 다시 이동했다. 연세대 민주광장에는 우리 학교 교사들뿐만 아니라 수백 명의 교사가 머리에 붉은 띠를 두르고 노래를 부르고 있었다. 가슴이 벅찼다. 단상에 올라간 교사들이 1986년 "행복은 성적순이 아니잖아요"라는 유서를 남기고 목숨을 끊은 제자를 애도하고, "우리는 인간화 교육을 실천하고, 참교육운동을 전개하겠다"라는 결의문을 읽으며 눈물을 흘리던 모습은 지금도 또렷하다.

교사들이 잡혀갔다 — 학교 밖 교사들

학교는 조용하지 않았다. 학력고사를 앞두고 학생들이 시위에 동참하거나 대자보를 붙이거나 학교 밖에서 전교조 교사들을 지지하는 행동을 할까 봐 더 철저히 감시했다. 교장은 가정통신문을 보내고 학부모들을 학교로 불러 '교사는 성직자 같은 사람이지 어떻게 노동자일 수 있느냐', '학생들을 선동하면 안 된다', '교사들이 학생들을 의식화하고 있다'라며 학부모들이 교사들의 전교조 탈퇴를 요구하도록 종용했다. 하지만 모든 학부모가 학교장의 종용에 따르지는 않았다. 우리 어머니는 교장이 학부모를 이용해 전교조 교사들의 탈퇴를 종용하려던 자리에서, 촌지도 안 받고 아이들도 때리지 않는 전교조 교사들을 지지한다고 공개적으로 밝혔다. 교사들의 전교조 탈퇴를 종용하기는커녕 오히려 박카스를 들고 학교에 와서 전교조 교사들을 응원했다.

전교조 출범 이후 교사들은 우리에게 다시 보지 못할 수도 있다며 작별 인사를 했다. 아마 징계를 예상했을 것이다. 하루하루가 마지막 수업이었다. 실제로 전교조 출범 이후 담임교사를 비롯해 여러 교사가 학교에 나오지 못했다. 경찰이 교사들 집 앞에서 잠복한다고 했다. 학교 앞에는 닭장차(전경들을 수송하는 철망 버스)가 있었다. 그리고, 학교에서 교사들이 잡혀갔다. 학생들이 보고 있는데 범인을 대하듯 체포했다. 잡혀가는 교사들을 그냥 놔두는 다른 교사들이 야속했다. 우리는 가만히 앉아 수업받을 수 없었다. 창문에 붙어 교사들을 향해 "선생님 사랑해요"라고 울며 외쳤다.

학교 운동장으로 나갔지만, 교문은 금세 잠겼고 학생들이 교문 밖으로 나가지 못하도록 지키고 있었다. 방송으로 학생들에게 '동요하지 말고 학습할 것'을 주문했다. 여름방학을 얼마 남기지 않았던 그때, 학교는 그야말로 어수선하고 불안했다.

전교조 지키기

3학년 주임 교사는 우리 반을 '고아반'이라고 했다. 수업 시간에 집중하지 못했다. 화가 났다. 아무것도 할 수가 없었다. 야간 자율학습 시간에 나를 포함해서 전교조 교사들을 적극적으로 지지하는 친구들은 경찰에 잡혀간 교사들의 행방과 우리가 할 수 있는 일에 대해 논의했다. 나는 선생님을 다시 만나려면 우리가 가만히 있어서는 안 된다고 선동했다. 학교가 끝나면 9~10명씩 모여 교문 밖으로 쫓겨난 교사들을 만났다.

나는 전교조 교사들을 응원하기 위해 우리가 할 수 있는 지지 방법이 무엇인지 고민했고, 당시 단식 투쟁° 중인 선생님들을 따라 제자인 우리도 도시락을 먹지 말자고 반 친구들에게 제안했다. 우리가 저

° 1989년 7월 26일, 문교부(현 교육부)는 전교조 교사 1,516명을 직위해제했다. 이에 전교조는 '부당징계 저지 및 전교조 사수를 위한 단식농성'에 돌입했다. 이후 해직된 교사들의 복직은 김영삼 정부가 들어서면서 사회 각층의 탄원서와 함께 논의되기 시작해 1994년, 해직교사들은 탈퇴서를 쓰는 조건으로 신규 채용형태로 복직했다.

항하는 모습이 단식하는 교사들에게 전해지면 그분들이 힘을 낼 것이고, 전교조 교사들을 비난하는 학교에도 그분들을 따르는 학생들이 있다는 것을 보여주고 싶었다. 60명이 넘는 우리 반 모든 학생이 참여는 하지 못했지만, 열 명 정도의 친구들이 도시락을 먹지 않았다. 우리가 도시락을 먹지 않고 반납한다는 소문은 금세 퍼졌다. 우리는 도시락을 그대로 교장실 앞에 두었다. 우리들의 도시락 반납 투쟁은 생각한 것보다 효과가 컸다. 교장은 나를 교장실로 불러 그분들을 위해서라도, 더 열심히 학업에 전념하라며 설득했다.

정부는 일정 기간 안에 전교조를 탈퇴하지 않으면 전교조 교사들을 모두 해고할 것이라고 했다. 뉴스나 신문에서는 '전교조 교사들이 중고생들 의식화 교육', '용공 세력 사주받은 전교조 간부들', '학생 선동하여 교사들 정치세력화' 등의 기사로 호도했고, 우리 학교 교장도 전교조를 탈퇴하면 처벌하지 않겠다고 교사들을 회유했다. 하지만 우리 담임교사는 전교조를 탈퇴하지 않았고, 학교에 나오지 못했다(훗날 알아보니 당시 직위해제 처분을 당했다).

학교에 나오지 못하는 전교조 교사들은 마지막 투쟁 장소인 명동성당으로 간다고 했다. 전교조 교사들을 지지했던 몇몇 친구들과 학교 밖으로 나갔다. 명동성당에서 단식 중인 교사들을 지지하기로 했다. 우선 괘선지(편지지)를 사서 서명지를 만들었다. "우리 선생님을 지켜주세요. 우리는 선생님들의 제자들입니다. 우리 선생님들이 지금 학교에 나오지 못하시고 경찰에 쫓기고 있습니다. 선생님들은 뉴스에서 나오는 것처럼 나쁜 사람들이 아닙니다"라고 말하며 서명을 받았다. 더운 날씨의 단식 때문인지 명동성당에서 본 교사들의 얼굴이 움푹 팼다. 그 교사들을 위해 엽서를 쓰고 그림을 그렸다. 손짓을 겸한 노래 〈전국교직원노동조합가〉도 함께 불렀다. "살아 숨 쉬는 교

302

육 교육민주화 위해/가자 교원노조의 깃발을 힘차게 휘날리자."

광목천에 피로 "선생님 사랑해요"라는 혈서를 썼다. 나는 커터칼로 왼손 약지를 단번에 벴다. 한순간 주저함도 없었다. 피가 뚝뚝 떨어졌다. 그 피로 글자를 쓰다가 피가 안 나오면 손가락 아래를 꾹꾹 짰다. 살이 벌어지고 아팠다. 옆의 다른 학교 학생도 칼로 손가락을 벴다.

그 자리에 모인 여섯 학생이 혈서를 쓰고 피로 그린 "선생님 사랑해요" 깃발을 국기봉에 달아 천막에 달아 놓았다. 우리 행동을 말리시는 분들도 계셨고 눈물을 흘린 교사도 있었다. 욱신거리는 손가락에 밴드로 붙인 채 집으로 돌아왔다. 다음 날은 문화제가 있다고 했다. 아이들은 방학 보충학습을 마치고 명동성당으로 모였다. 그날은 밤샐 준비하고 명동성당으로 갔다. 그날은 전경이 더 많았고 경비가 삼엄했다.

그날, 나는 경찰이 아닌 아버지에게 잡혀갔다. 아버지는 내가 집에 없는 것을 알고 큰오빠와 함께 명동성당으로 왔다. 아버지는 나를 보자마자 목덜미 뒤를 한 대 갈겼다. 생애 처음으로 아버지에게 맞았다. 너무 화가 났지만 그대로 집으로 끌려갔다. 집에 끌려온 이후에는 감금되어 며칠간 학교에 가지도 못했다. 군인이었던 아버지를 정말 좋아했지만 '광주 사진'을 보고 난 후 '군인'인 아버지에게 화가 났고, 전교조 교사들을 '간첩'이라고 이야기하는 아버지가 밉고 야속했다.

2학기가 되고서 교사들이 돌아왔다. 모두는 아니었다. 어떤 교사는 다른 학교로 발령이 났다고 했고 어떤 교사는 복직이 되지 않았다.° 그렇게 우리는 고등학교 시절의 마지막 가을을 맞이했다.

° 　김형주 교사(해임, 1994년 복직), 노옹희 교사(파면, 미복직), 이경희 교사(해임, 1994년 복직).

우리 담임교사도 복직했다. 졸업 후에 알게 된 바에 따르면, 선생님은 전교조 출범 후 직위해제를 당했고, 명동성당 투쟁 기간 이후 전교조 탈퇴를 조건으로 중징계는 피해 학교로 돌아왔다고 했다. 아마 같은 처지에 있었던 많은 전교조 교사가 전교조 탈퇴를 조건으로 내민 정부의 '협상카드'를 받아들여야 했을 때, 자신의 신념을 맞바꾸는 것과 같은 괴로움이 있었을 것이다. 하지만 한편으로는 학교에서, 교실에서 학생들을 만나며 참교육운동을 한다는 데 의미를 두는 의견이 더 많았을 것이라고 짐작한다.

우리는 전교조 교사들을 지지하는 행동을 멈추고 다시 일상으로 돌아왔다. 비록 입시 경쟁에서 한참 뒤졌을 수는 있지만 최선을 다해보자고 했다. 무사히 대입 시험을 마치고 졸업도 했다. 우리 반 친구들은 대부분 대학에 진학했고, 나는 전기에 낙방했다. 전기에 떨어진 후 전교조 교사들의 가르침대로 공장노동자의 삶을 살아보려 했지만 그렇게 하지 못했고 서울에 있는 한 대학의 유아교육과에 진학했다.

한동안 졸업한 학교에 가지 않았다. 학업을 이어가거나 직장인이 되거나 각자의 삶을 선택했고 함께 투쟁했던 친구들과도 자연스럽게 연락이 끊겼다. 나는 유치원 교사가 되었다. 나의 첫 근무지는 목동의 신시가지 대단지 아파트에 있는 유치원으로, 소위 부자들이 사는 동네에서 '명품교육'을 한다는 사립유치원이었다. 내 적성에 딱 맞는다거나, 내가 강하게 바랐던 직업이었던 것은 아니지만 교사가 된 이상 적어도 유아들과 학부모가 이상하거나 나쁜 선생으로 기억하는 교사가 되지 않기 위해 노력했다. 차별하지 않고 체벌하지 않고 학기 중에는 학부모로부터 선물을 받지 않겠다고, 하루 한 번 이상 모든 아이와 이야기를 나누고 학부모와 소통하는 교사가 되겠다고 말이다. 이런 결심과 실천에는 학창 시절 전교조 선생님들의 영향이 컸을 것이다.

그런데 선생이 된다는 것, 그것도 좋은 선생(이건 교사 스스로 호명할 수 없는 것이지만)이 된다는 것은 매우 어려운 일이다. 학생에서 곧바로 교사가 된 나는 좌충우돌하며 해마다 다른 직업을 찾겠다고 다짐했다. 그러다가 유치원 교사 3년 차일 때 계속 교사를 하겠다는 결심이 확고해졌다. 결심이 선 후에는 선배 교사의 소개로 서울, 인천 지역 교사모임°을 했고 그 모임에서 수업 연수, 부모교육 프로그램, 유치원 관련 법령을 공부했다. 이후 전교조가 합법화된 1999년, 정식으로 전교조 조합원 가입서를 작성하고 조합원이 되었다.

한 세대가 지난 지금, 학교와 전교조는

전교조가 출범한 지 30년이 넘은 학교, 우리 교육의 현장은 얼마나 바뀌었을까. '정의'와 '인권'을 기본으로 학생과 학부모, 교사 모두가 중심이 된 '참교육'°°을 지향했던 전교조의 가치는 얼마나 실현되었고, 전교조의 활동과 지향은 어떠할까.

분명 전교조는 교사의 급여 인상, 복무규정 간소화, 휴가권 확보,

°　　내가 전교조에서 일하게 되면서 이때의 활동이 유치원전국교사모임(이하 '유전교')
　　이었고, 이것이 전교조유치원위원회의 전신이었다는 걸 알게 되었다. 유전교는
　　사립유치원 교사, 병설유치원 교사, 지역 탁아운동 교사, 공동육아운동가 등 다
　　양한 교육 운동가의 모임이었다.

°°　　참교육이라는 단어가 시대가 지나면서 일부 혐오사이트에서 개인이 개인을 (위
　　력 사용을 포함한 비합리적, 비인권적인 방법으로) '혼내주는 행동'으로 사용되면서 의미
　　가 변질되었지만, 전교조가 추구하는 가치를 담은 의미이고 이 글에서도 이렇게
　　사용했다.

잡무 금지, 육아 지원 제도 도입 등 많은 부분을 바꾸었다. 과거에 비해 교사 처우가 개선되고 교사가 교육과정 운영에 집중할 여건을 만들었다. 그렇다면 교사의 경제적·사회적 지위가 높아지고, 헌신과 희생 대신 노동권을 이야기할 수 있는 지금의 교사는 억압과 불평등에서 해방되었을까? 교육의 또 다른 주체인 학생과 그 학생의 인권을 대하는 학교의 현장은 어떻게 변했을까? 이런 기준에 비추어 전교조의 활동과 지향은 예전처럼 박수를 받을 수 있을까?

지금 학교는 교사에게 안전하지 못한 일터다. 여전히 교사는 가르치는 일 외에 처리해야 할 업무, 행사가 너무 많다. 학급 담임은 평균 30명 학생들의 생활지도까지 책임져야 한다. 학생 간 다툼이 발생하거나 학급에 소소한 사고라도 나면 교사는 죄인이 된다. 특히 젊은 여성 교사들의 고충 중 큰 비중을 차지하는 건 학부모 민원이다. 종종 범죄 피해를 입기도 하고 그 두려움에 위축되기도 한다. 수업 시간에 학생들이 폭력을 가하기도 하고 교육활동을 방해하기도 한다. 이는 교사 개인이 해결할 수 있는 문제도 아니고 교사의 능력 문제도 아니다. 이들의 고충을 들어주는 동료, 민원에 적극적으로 대응하는 관리자, 폭력과 부당함에 대항하는 집합의식, 독박 교실을 지원할 수 있는 제도 개선이 필요하다. 교사의 고충을 구조적인 시선으로 바라보고 해결해야 학교가 진보한다.

20대 젊은 초등학교 교사의 죽음 이후 교사들이 검은 점으로 모여 '교권'을 이야기했다. 그런데 당시 교육부 이주호 장관은 "최근 몇 년간 확대된 학생인권조례는 학생의 권리를 강조한 데 반해 책임이나 의무는 간과하여 학생인권과 교권 간 불균형을 초래하였다", "이로 인해 선생님이 잠자는 학생을 깨우는 것이 어려운 상황에 이르렀고 학생 간 사소한 다툼 해결도 나서기 어려워지는 등 교사의 생활지도가 크게 위축됐다"라며 공교육 붕괴나 교사의 고충 원인을 구조적으로 해석하기는커녕 난데없이 학생인권조례 탓을 했다.° 교사가 힘든 이유가, 교육의 위기가 학생인권을 존중해 나타난 결과라는 것이다. 아무 말 대잔치였다. 학생이 억압받는 학교에서는 교사 역시 억압받을 뿐이다.

그런데 '교권을 강화'한답시고 학생인권을 혐오하고 교사와 학생을 편 가르기 하는 교육부 장관의 발언을 두고도 전교조는 항의성명을 내지 않았다. 인권과 민주주의를 가르쳐야 할 교육부 대표가 애먼 학생인권만 탓하고 있는데 침묵했다. 거기에 더해 교사들이 당하는 부당한 침해를 학생인권조례 탓으로, 아동학대로 신고되는 탓으로 몰아갔다. 그러다 보니 대다수 조합원과 초등교사 온라인커뮤니티에서 아동학대 신고 의무자에서 교사를 배제하라고 주장하기도 하고 '정당한 교육활동'을 위해 물리력을 사용하는 것을 허용하라고 하기도 했다.°°

2024년 7월, 전교조는 학생인권 보장을 위한 특별법안(이하 '학생인권법')에 대해 "현재 발의되고 있는 학생인권법의 내용은 조례 제정 이후 10여 년간 급변한 학교 현장의 분위기와 상황을 반영하지 못하고 있습니다"라는 성명을 냈다.°°° 그동안 학생인권조례 지지에 앞장선 전교조의 입장과 충남과 서울 학생인권조례 폐지에 대한 성

°   이주호 장관의 발언은 다음 토론회의 모두발언. '교권 회복 및 보호를 위한 토론회', 교육부·국가교육위원회 공동 주최, 2023년 8월 10일.

°°   김진, 〈학생인권에 반대하게 하는 '교권'의 함정〉, 《오늘의 교육》 81호, 2024, 53~62쪽.

°°° 전국교직원노동조합, 〈[성명서] 최근 국회에서 논의 중인 학생 인권 관련 법안에 대한 전교조 입장〉, 2024년 7월 10일.

명°괴는 상반된 내용이다. 학생인권법 내용의 대부분이 학생인권조례를 거의 그대로 옮겨 놓은 것인데, 이를 모를 리 없는 전교조가 학생인권조례는 지켜야 하고 학생인권법은 반대하는 이상한 성명을 내놓은 것이다. 전교조가 학생인권의 반대 여론에 끌려다니고 있는 모양새였다.

학생들에겐 부모 세대가 공부했던 같은 구조의 공간에서 인원수만 줄었을 뿐, 여전히 과밀학급에서 과거 세대가 만들어 놓은 일방의 규율과 규칙을 따르며 질서를 지키도록 통제받고 억압받고 있다. 의무교육과 공교육은 최소한의 배움의 기회를 제공하고 모두에게 사회의 불평등과 차별에 대항하는 힘을 키우도록 도와야 하지만, 오히려 학생들은 학교에서 '학생다움' '여성다움' '남성다움'을 자연스러운 순리로 학습하며, 불평등과 차별에 순응하고 그것을 내면화하고 있다. 페미니즘과 학생인권조례로 학생들이 그동안 참아 왔던 차별, 불평등, 학생의 인권을 말할 수 있게 된 것은 엄연한 사실이다. 하지만 학생인권조례를 반드시 폐지해야 한다는 교사의 목소리가 실존하고, '학생 인권의 과잉', '나쁜 페미니즘'이 학교를 시끄럽게 만든다고 한다.

특히 나는 여학생에게 학교가 과연 평등하고 안전한 공간인지 묻고 싶다. 2018년 전국적으로 확산된 스쿨미투운동에서 여학생들은 그동안 자신들이 받은 억압과 폭력을 고발했다. 수십 년간 학교 내 만연한 (성)차별과 (성)폭력에 대해 말하지 못하고 참아왔던 것을 지금 학생들은 참지 않을 뿐이다. 그런데 학부모와 학교는 이 당사자

° 　전국교직원노동조합, 〈[성명서] 충남도의회, 서울시의회 학생인권조례 폐지에 대한 전교조 입장〉(성명서), 2024년 4월 28일.

들의 목소리를 듣지 않거나, 여학생들의 '예민함'으로 치부하거나, 스쿨미투의 가해 교사의 행위를 '개인석 일탈'로 취급하기도 했다. 여학생에게 부여되는 '여성다움'과 '학생다움'이라는 차별의 프레임은 쉽게 변하지 않는다.

이건 학교가 다른 사회집단보다 더 보수적이고(교사들 내에서는 나이, 직급, 경력, 선후배, 성별 등 강력한 위계가 작동한다) 가부장적 문화가 뿌리 깊이 박혀 있기 때문이다. 학생을 시민으로서 동등하게 대하기보다 미성숙한 존재, 가르침의 대상으로만 인식하여 그들이 허락한 범위 내에서만 목소리를 내라고 길들여왔다. 과거 군사독재 정권이 교사에게 가르칠 내용을 정해주고 정부가 허용한 지침 내에서만 가르치라는 것과 다르지 않다. 우리는 민주화운동을 겪었지만 제대로 민주주의를 배우고 실천하지 못했기 때문에 여전히 불평등을 수용하고 질서를 유지하기 위해 규율과 통제에 순응하도록 가르치고 있다.

전교조가 주장했던 참교육운동은 억압과 굴종에 저항하는 민주주의운동이었고, 그랬기에 학생, 학부모, 시민단체도 전교조를 지지하고 함께 싸웠다. 당시의 전교조 교사, 그리고 그 교사들을 지지했던 학생들의 정신에 비추어보자면, 스쿨미투운동에 앞장선 여학생들이야말로 35년 전 그들의 모습과 꼭 닮아 있다. 전교조는 바로 이들의 목소리를 경청하고 교육운동으로 이어가야 했다. 그런데 안타깝게도 일부 전교조 활동가들 역시 스쿨미투를 부정적으로 받아들이거나 '무서워서 수업 못 하겠다' '칭찬도, 농담도 못 하겠다'라는 식의 조롱 섞인 비난을 내뱉었다. 세상이 빠르게 변해도 학부모와 교사는 학교만큼은 '조용'하길 바란다. 누군가에게 '조용'하고 '평화'로운 공간은 누군가에게는 참아내야 하는 억압의 공간이 될 수 있다. 주로 참아내야 하는 억압의 당사자들은 학생(특히 여학생)이고 연차가 낮은 여교사이다. 전교조나 학교가 학생을 대하는 시선과 인식, 여성을 대하는 태도, 학생인권과 스쿨미투에 대응하는 모습은 참 많이 닮았다. 가부장이 공고한 공동체문화와 질서는 웬만해서 깨지지 않는다.°

차별과 불평등의 문제는 학교 내 노동 문제에도 적용된다. 학교에는 교사 노동자 외에 많은 직군의 노동자가 함께 일한다. 행정실, 급식실, 청소, 경비 및 안전 영역의 노동자는 대개 비정규직이거나 초단시간 노동자다. 학교 내 노동자들은 직종 간 위계는 물론이고, 직종 내에서도 나이와 성별에 따라 위계가 만들어진다.

전교조가 다시 박수받기 위해

과거 전교조가 불합리한 제도나 민주적이지 않은 환경을 많이 바꾸어놓았다는 데는 누구나 동의한다. 교무실에선 '벌떡 교사'로, 교실에선 참교육으로…….

한편 전교조의 참교육운동엔 창립 당시 고등학생들의 저항운동

° 물론 학교 안에서 페미니즘을 공부하고 실천하는 여성들은 스쿨미투로 연결되었다. 전교조 안에서 페미니스트 교사임을 선언하며 교육운동과 학교 교육과정을 페미니즘 관점으로 전환해야 한다는 교사들이 있다. 페미니스트 전교조 교사들은 나이, 세대, 활동 경력, 성별, 결혼 유무 등 조합원 간, 교사 간에 당연시되어 왔던 '가부장 질서'와 '전교조 안의 권력'을 비판한다. 운동권 내 질서, 회의문화, 집회문화 등이 시대에 따라 변화해야 한다고 요구한다. 누구에게나 동등한 발언권이 주어질 것, 회의 준비와 정리는 함께하기, 상시적인 자녀 돌봄 준비, 비건인에 대한 먹거리 준비 등 그동안 부차적인 것으로 여겼던 것들을 조합의 기본적 태도로 전환해야 한다는 것이다.

이 스며 있다. 87년 민주화대투쟁 이후 학생, 노동자, 교사가 시민이라는 이름으로 각자 처한 자리에서 '민주주의'라는 큰 흐름으로 사회운동을 해나간 것처럼 그 시기 고등학생들이 전교조 교사들을 지지하고 함께했던 것은 '학생들을 더 민주적인 환경에서 가르치고 굴종과 억압에 순응하지 않겠다'는 전교조 교사들의 주장에 공감했기 때문이다.

20평 남짓한 교실은 변하지 않았지만, 과거보다 더 민주적이고 평등하게 바뀐 환경에서 교육받은 학생들(전교조 1세대의 자녀부터 1990~2000년대생)이 이제 교사가 되고 전교조 조합원이 되었다. 이들의 부모 세대는 1,500명이 넘게 해직되는 아픔을 겪으면서 노동조합을 만들었다. 대통령이나 권력자가 정한 방침과 명령이라면 그것이 비교육적이고 부당하더라도 명령에 따라야 했던 당시 교사의 모습, 부당함에 대항하며 '참교육' 실현을 구호로 내걸고 노동조합을 결성했다. 헌법 제31조 제4항은 "교육의 자주성·전문성·정치적 중립성 및 대학의 자율성은 법률이 정하는 바에 의하여 보장된다"라고 밝히고 있으며, 헌법 정신에 따라 교사는 (교장의 명령이 아니라) 법률이 정하는 바에 따른다고 대항했다. 전교조 노래인 〈참교육의 함성으로〉는 이렇게 시작한다. "굴종의 삶을 떨쳐/반교육의 벽 부수고/침묵의 교단을 딛고서 참교육 외치니." 전교조 교사들이 지향한 바다.

교사대회마다 '학생들의 이야기'가 중심에 있었다. 학생이 존중받으면 교사도 당연히 존중받는 것이니까……. 체벌은 사랑의 매가 될 수 없고 폭력일 뿐이라는 데 동의해 교내 체벌을 금지하는 법 개정에 앞장섰다. 부모의 부나 사회적 지위가 학교 교육에 미치는 영향이 좋지 않고, 반인권적이라는 데 동의해 '가정환경조사서' 작성을 없애거나 내용을 최소회했다. 학생이 납부금을 제때 내지 못하면 '독촉하는 사채업자'가 되어야 했던 교사가 되기를 거부하고 집이 가난해 낙인찍히는 학생을 위해 무상교육을 도입하는 데 앞장섰다. 성적 때문에 학생들이 목숨을 버리는 일이 없도록 제도를 보완하고 개선하는 데 앞장섰다. 교사들이 촌지를 받지 않고도 생활할 수 있도록 임금투쟁도 했다. 전교조는 '정의'와 '인권'을 기본으로 학생과 학부모, 교사 모두가 중심이 된 '참교육'을 향해 길을 만들고 함께 걸어왔다.

내가 전교조 조합원이 된 이유도 좋은 교사가 되고 싶었기 때문이다. 내가 아는 한 전교조가 추구하는 가치가 정의로웠으니까. 전교조에 가입한 이유도 다르고 처한 입장이 달라도 연대에 적극적이었고, 2000년대 초반 전교조를 비롯한 민주노총은 비정규직 노동자들의 투쟁에 "정규직 노동자들이 앞장서야 한다"고 선언했다. 나는 이런 전교조에서 긍지를 느꼈다.

노동조합은 조합원 수가 곧 힘이기 때문에 누구라도(유·초·중·고 급별을 가리지 않고, 공·사립을 가리지 않고, 교과·비교과를 가리지 않고 어떤 교사든) 조합에 가입하도록 권유하고 가입하면 환영받았다. 1999년 합법화 이후 2000년대 초반, 조합원 수가 10만에 가까웠던 전성기도 있었다. 조합이 커지고 힘이 생기면서 자연스럽게 조합원들의 요구도 다양해지고 갈등과 토론도 많아졌다. 정부에 대항하는 유일한 교사노동조합이다 보니 정책 수립에 중요한 역할을 하고 그만큼 권력도 생겼다. 전교조 활동을 마친 후에도 학교로 복직하지 않고 정치계나 교육감 선거로 나가는 경우도 많아졌다.° 그리고 정계로 진

° 　　　전교조 전임자들은 전교조 활동하는 기간에 노조 휴직으로 인정되고 그 임기가

출한 일부 집행부 임원들은 투표권자의 마음을 얻는 쪽을 택하는 것처럼 보였다.

그래서일까. 전교조는 교육부 장관이 학생인권에 대해 무지한 소리를 해도 묵인하고 학생인권법 제정에 반대하는 집단이 되어버렸다. 현장에서 학생인권운동을 하는 조합원들이 전교조를 비판하면 거기에 혐오 댓글을 달고 다수가 그들을 저격해도 제지하지 않는다. 극우 혐오집단이 묻지도 따지지도 않고 전교조에 '빨갱이' 프레임을 씌워 공격하듯, 전교조 안에서는 묻지도 따지지도 않고 학생인권과 페미니즘을 공격하고 혐오한다. 너무나 닮은 모습이다.

시대에 따라 전교조도 변하고 조합원의 요구도 변하는 것은 자연스러운 일이다. 2017년 교사노조가 '교사만을 위한 단체'를 선언하며 출범°한 이후에는 '조합원 탈퇴'를 막아야 한다며 교사노조와 경쟁하며 내야 할 목소리, 연대해야 할 자리를 찾지 못하고 교사노조나 교총과 함께 '교권' 타령만 하는 노조로 변한 것처럼 보일 때도 있다.°°

시대가 바뀌어도 여전히 교육의 주체인 학생, 양육자와 상호작용

끝나면 학교로 복직해야 한다.

° 교사노조는 전교조 위원장 선거(2014년 12월)에 후보로 나온 교사들과 그룹이 선거에 당선되지 못하자, '교사만을 위한 유일한 조직'을 내걸며 독자 노조를 만들며 출범했다.

°° 2024년 전북 지역에서 교사에 대한 학부모 민원이 벌어지자 교원노조와 교총이 이에 해당 학부모를 악의적인 학부모로 여론몰이를 하고, 그에 멈추지 않고 학부모가 일하는 직장을 찾아가 활동 영역에서 배제시키라고 요구한 사건이 있었다. 개인신상 정보가 보호되지 않은 것은 물론 '정당한 교육활동'의 범위를 한참 넘어섰다고 봐야 한다. 특히 소극적이라 해도 전교조 전북지부가 여기에 함께했다. 다음 기사를 참고할 것. 임창현, 〈전북 교사노조 위원장, 학부모 상대로 사적 제재…논란〉, 《전북교육신문》, 2024년 9월 22일, https://www.jben.kr/liguard_bbs/view.php?number=27692.

하고 관계 맺는 것은 교육활동의 중요한 요소 중 하나다. '교권 강화' 방안으로 도입한 민원 대응이라는 행정적 절차가 소통을 단절시킨 듯하다. 현재 교사들은 힘겹게 자신의 노동을 이어가고 있고 학부모는 '악성 민원인'이 될까 두렵다. 그 과정에서 학생-양육자-교사의 관계는 갈등의 골만 깊어졌다.

전교조가 다시 박수받기 위해서는 '교사만을 위한 노조' '교권 강화' 타령을 할 게 아니라 '교권'의 개념을 명확하게 정리해야 한다. 싸워야 할 대상을 명확히 해야 한다. 반인권·혐오적 막말과 학부모에 대한 사적 대응을 비판할 수 있어야 한다. 교사의 인권과 학생의 학습권이 걱정이라면, 교사를 충원하라고 요구해야 한다. 학생들에게 더 많은 정서적 지원, 양육자가 자녀들과 더 많은 시간과 관심을 가질 수 있도록 여건을 마련하라고 요구해야 한다. 입시 경쟁이 중심이 되어 다른 것들이 소외되는 사회적, 구조적 환경을 개선하라고 요구해야 한다. 학교 안에 교사보다 더 많은 직종의 노동자, 비정규직 노동자의 호소에 귀 기울여야 한다. 비정규직의 정규직화가 '공정'하지 않다고 반대하는 전교조가 아니라 비정규직도 정규직과 동일한 대우를 받는 사회를 위해 함께 소리 내야 한다. '돌봄이 교육이 아니다'라고 말하는 대신 '아이들을 위한 제대로 된 돌봄을 지원하라'고 요구해야 한다. 사립유치원 교사를 비롯해 비교과교사들이 겪는 '갑질'과 직장 내 괴롭힘에 함께 연대해야 한다.

전교조 1세대가
26년 차 전교조 조합원에게

1989년 전교조 1세대가 지금 26년 차 전교조 조합원인 나에게 전하고자 하는 이야기는 '탈퇴'를 두려워하지 말라는 것이다. 14개 전교조 실천 강령 중에는 "민주주의 완성과 생활화를 지향", "성평등교육실천", "인권교육 실천", "학부모, 지역사회와 협력"이 들어 있다. 여성, 학생, 장애인 등 소수자와 약자의 소리를 배제해온 사회 전반의 흐름은 교사 온라인커뮤니티에서도 비슷하게 작동한다. 전교조의 주장 중 특히 학생인권이나 성평등 의제를 왜곡하여 '교권'에 관심이 없는 집단으로 호도하면서 '전교조 탈퇴'를 선동하고 있다.

전교조 결성 당시 1,500여 명의 교사가 파면·해임되는 등 외부의 압력도 있었지만, 내부의 갈등도 있었다. 그 갈등이 조합원 탈퇴로 이어지기도 했다. 즉, 전교조 탈퇴는 창립할 때도, 30여 년간 언제나 있었다. 그와 반대로 전교조 조합원 중에는 자신과 생각이 다 같지는 않더라도 전교조가 추구하는 큰 틀에 동의하기에 오랜 기간 그 길을 묵묵히 지키고 있는 교사들이 더 많다. '탈퇴'를 조장하거나 참교육 강령과 가치를 부정하는 사람들은 전교조 자체가 싫은 것이다.

시대가 변해도 변하지 않은 본질은 전교조는 학생들을 교육하는 교사들의 단체이고 노동조합°이라는 점이다. 전교조 교사는 가르치는 일을 계속해야 하고 가르치는 중심에 학생이 있다는 것을 외면

°   전교조는 노동조합이며 민주노총 가맹조직이다. "자주적이고 민주적인 노동조합운동의 역사와 전통을 계승하고, 인간의 존엄성과 평등을 보장하는 참된 민주사회"를 건설하는 것이 민주노총의 첫 번째 강령이다.

하면 안 된다. 교사에게 학교는 민주적이고 안전한 일터가 되어야 하고, 학생에게는 안전한 배움터가 되어야 한다. 교사와 학생이 교실에서 안전하게 교육할 수 있도록, 불합리하고 비상식적인 문제에 대한 구조와 시스템을 개선하는 투쟁을 하는 것이 전교조의 역할이다.

안전하고 민주적인 학교에서 배움의 과정을 경험한 세대가 사회로 나왔을 때 자신의 경험을 바탕으로 민주주의를 나누고 만들 수 있도록 해야 한다. 87년 민주화대투쟁 이후 민주화운동 35년의 역사에 늘 전교조가 있었다. 그 역사를 잇는 데 전교조가 계속 있기를 바란다.

9 　언제나 시작은 눈물로

권정기

- 1972년생, 서울
- KSCM, 서울지구 회장
- 공장 취업 · 대학생운동 · 귀농 · 학원 강사
- 프로젝트 엔지니어

언제나 시작은 눈물로

언제나 시작은 눈물로 누구나 태어날 때부터 울듯이
그러나 우리의 첫 걸음 딛을 때 웃으면서 가야 하리

　　　－⟨언제나 시작은 눈물로⟩(윤선애 노래, 새벽 글·곡)

고등학생운동을 같이했던 친구들과 송년회 자리에서 만나 그 시절 함께 불렀던 노래를 간만에 불렀다. 다들 마음속에 간직했던 노래, 혼자 흥얼거리면서도 어디에서 불러보지 못했던 노래를 30년 만에 꺼냈다.

당시에 함께 불렀던 노래들엔 우리만의 사연이 많았다. 고등학생운동을 하는 학생이라는 신분 때문에 부모님과 항상 많은 마찰이 있었다. 대학생처럼 집에서 뛰쳐나갈 수도 없었다. 학교의 탄압과 회유, 집안의 압박, 진로에 대한 고민으로 많이 힘들었다. 그래서 "언제나 시작은 눈물로"일 수밖에 없던 그날들을 떠올린 한 친구의 눈가에는 눈물이 촉촉이 고였다. 생각해보면 30년 전에 이 노래를 부르면서 같이 눈물을 흘렸던 기억이 있다. KSCM 사무실 한쪽 구석에 있던 기타를 치면서 노래를 불렀는데, 당시 집안 문제로 힘들어하던 한 친구가 이 노래를 부르면서 울기 시작하자, 너나 할 것 없이 같이 울면서 불렀던 그 노래였다.

1987년, 내가 살던 곳 근처에는 경희대, 한국외대, 서울시립대 등이 있었다. 학교를 오갈 때나 집에서 자주 최루탄 냄새를 맡았다. 최루탄 때문에 정말로 눈물로 하루하루를 보냈다. 당시 나는 중학교 3학년이었는데, 담임선생님이 확실히 이전의 다른 선생님들과는 달랐다. 지각하거나 숙제를 안 해오면 벌로 청소를 했던 것이 일상이었던 그때, "청소는 신성한 노동이고, 그 신성한 노동을 체벌의 도구로 삼아서는 안 된다"고 말하는 선생님이었다. 조회나 종례 때 세상 돌아가는 이야기를 가끔 해주기도 하고, 우리에게 자율적인 사람이 되어야 한다고 강조하셨다. 삶 속에서 민주주의를 가르치고자 했던 그분의 말씀과 행동 하나하나가 중학교 3학년인 내게는 신선한 충격이었다. 내가 받아왔던 교육이, 그리고 어른들의 이야기가 다 맞는 게 아닐 수도 있다는 물음이 시작되었다.

그런 문제의식을 바로 위의 형에게 말했더니, 같은 문제의식하에 모임을 하는 친구를 소개해줬다. 그 형을 통해 참석한 모임은 이름도 형식도 없었다. 의견을 또박또박 얘기하면서 여러 제안도 하고, 대학교 잔디밭에서 앉아 토론하는 고등학생들이 모인 그 모임에서 나는 한마디도 하지 못하고 듣기만 했다. 실천에 대한 갈망보다 두려움이 더 컸던 것인지, 계속 모임에 나가지도 못했다. 그냥 생각만 있는 어린 학생이었다. 그렇게 1987년이 지나갔다.

중학생 때의 문제의식이 해결되지 않은 고등학교 생활은 그리 재미가 없었다. 공부에도 큰 흥미가 없었고, 이미 다른 세상을 엿보고 새로운 의문을 품게 된 나는 오히려 교사의 말을 삐딱하게 바라보고 있었다. 수업 시간은 지루해서 대개 자는 시간이었다. 그날도 수입 시간에 자고 있는데 한 선생님이 나에게 이렇게 물었나. 커서 뭐가 될 거냐고. 거기에 나는 커서 노동자가 될 거라고 대답했다. 내게는 자연스러운 대답이었다. 대단한 결의나 신념이 있었던 답은 아니었다. 일해서 먹고사는 사람이면 당연히 노동자라고 생각해서 대답했지만, 선생님과 친구들도 많이 놀라는 눈치였다. 하지만 내가 그렇게 말을 해서 그런지 몇 년 후 '결의'와 '신념'을 갖고 '노동자'가 되는 길을 가게 된다.

내가 다니던 고등학교는 당시 새로 개교한 학교였고, 나는 1회 입학생이었다. 그 새로운 학교에서 학생회장을 학급 반장 중에서 추천해서 뽑겠다는 이야기를 들었다. 대통령도 직선제로 뽑는데 그것도 학생회장을 학교에서 뽑는다니 이해할 수 없었다. 혼자만의 생각이었지만 손 놓고 있을 수 없었다. 그래서 학생회장은 학생이 직접 뽑아야 한다는 유인물을 혼자 만들어서 학교에 돌렸다. 아무 준비가 없었으니 당연히 담임교사를 포함한 몇몇 교사에게 들통이 났다. 그때 처음 교사들과 토론을 해봤는데, 그들의 논리는 진부했다. '네가 옳지만 방법이 잘못되었다' '지금 이런 것을 할 시기가 아니다' 같은 뻔한 이야기들이었다.

유인물 사건은 담임교사 선에서 마무리되어 별 징계 없이 마무리되고 1학기를 보낸 후, 2학기에 학급 미화부장이 되어 학급 게시물을 만들었다. 내 역할이자 권한이었기에 그 권한을 마음껏 사용했다. 당시 내가 다니던 교회 주보에 실렸던 '교련교육 폐지'를 주장하는 글도 학급 게시판에 게시했다. 체계적으로 학습을 한 것은 아니었지만 무엇이 옳고 그른지 스스로 끊임없이 질문하고 있었다. 이 1년 동안 해온 나의 실천은 개인적으로 의미가 있었지만 한계도 뚜렷했다. 한 개인의 힘이 얼마나 무력한지 깨닫고, 스스로 좀 더 유의미한 실천과 변화를 갈망하게 됐다. 나와 비슷한 생각을 지닌 또래 친구들은 어떻게 사는지, 고립된 개인을 넘어서는 실천을 어떻게 만드는지도 궁금했다. 그러다 우연히 동네 서점에서 청소년 무크지 《푸른나무》에 실린 KSCM 광고를 보고 종로5가로 찾아갔다.

KSCM과의 만남

> 어느 민족 누구에게나 결단할 때가 있나니
> 참과 거짓 싸울 때에 어느 편에 설 건가
>
> -〈어느 민족 누구게나〉(《찬송가》 586장)

태어날 때부터 교회를 다녔던 나에게는 KSCM이 기독교단체라는 것도 중요했다. 모태 신앙이었던 집안 환경도 한몫했다. 한때는 '믿음'과 '신앙'에 대한 문제로 진지하게 고민을 한 적도 있어서, 예수의 삶을 따른다는 사람들의 삶도 궁금했다. 처음엔 회원 중 실제로 교회를 다니며 기존에 알고 있던 신앙생활을 하는 사람이 매우 드물어서 많이 당황했다. 평소에 봐오던 평범한 고등학생 선후배들이었다. 술, 담배 등을 금기하는 분위기도 아니었다. 지도하는 분들은 모두 신학 전공자였지만, 개인적인 신앙생활보다는 사회적 실천을 강조했고 그것이 예수의 삶을 따르는 길이라고 했다. 참신앙의 길은 참과 거짓의 갈림길에서 참의 길에 서서 끊임없이 실천하는 것이라고 했다. 신선했다.

그리고 이 단체에서는 고등학생을 대상으로 하는 공개행사를 많이 열었다. 이 단체를 찾아간 것이 1988년 가을이었는데, 사무실을 둘러보니 《자주적 학생회 운영을 위한 공청회 자료집》, 《소모임 활동 자료집》 같은 것들이 있었다. 고교생을 위한 월례마당의 자료집이었다. 고교생을 위한 월례마당은 내가 KSCM에 들어오기 전부터 개최된 행사였는데, 지금 표현으로 말하자면 KSCM에서 주최하는 고등학생을 위한 교양강좌 혹은 토론회 정도라고 할 수 있을 것이다. 당시 고등학생운동에서 제기되는 주요한 이슈를 제기하고 의제를 확산시키는 역할을 하던 행사로, 학생회 건설을 위한 준비, 운영 방법, 실제 사례 등이 이 자리 혹은 이 자료집을 통해서 빠르게 확산되었다.

학교에서 겪었던 실패의 경험과 KSCM에서 만난 회원들에게 전해 들은 학생회가 잘 운영되는 고등학교의 실제 사례를 통해서, 학교에서 우리가 겪는 문제를 해결하려면 몇 명의 의견과 생각만으로는 안 된다는 것을 뼈저리게 깨달았다. 이 지옥 같은 입시교육을 철폐하려면 당사자인 학생들이 스스로 조직하는 수밖에 없다고 생각했다. 그리고 그 단초는 학교에서 학생들이 자율적인 활동을 보장받고 신나고 재미나는 일을 벌이는 것이라고 생각했다. 그러한 활동이 바탕이 되어야 각 학교에서 학생들이 자신들의 힘으로 학생회를 제대로 만들 수 있을 테니까.

그래서 그러한 문제의식을 공유하고 함께 힘을 모으는 자리가 필요했다. 이미 학생들의 손으로 건설된 학생회가 모범적으로 운영되고 있는 곳도 있었지만 대부분은 학교의 탄압과 압박으로 학생들의 많은 활동이 제약을 받는 상황이었다. 그러한 상황에서 공개단체가 만드는 행사의 의미는 매우 컸다.

공개단체의 활동은 크게 두 가지로 나눌 수 있었다. 평소에 하는

- 제 1 회 -

고교생을 위한 월례마당

언　제 : 1987. 11. 28 (토) 오후 2시30분 부터
대　상 : 고등학생이면 누구나
어디서 : 성베다교회 (대학로 · 서울의대 옆)

한국고등학생기독교운동총연맹(KSCM)
(☎ 763-8776)

＊친구들에게——

친구야!
이상하게 겨울이 오기도 전에 우리는 항상 춥더구나
몸보다도 우리 마음이 말이야
오늘도 시험이다, 보충수업이다 해서 몸과 마음을
더욱 딱딱하게 얼리고 있지는 않았니?
친구야!
겨울이 오기도 전에 꽁꽁 얼어버린 마음
같이 한번 신명나게 풀어 보자꾸나
겨울이 와도 항상 파사로운 우리들을 위하여...

—— 순서 안내 ——

1부 : 선생님 말씀 /
　　　제목 : 겨레의 꿈을 배는 무리들
　　　강사 : 김 성재 교수 (한신대교수)

2부 : 문화공연 및 공동제놀이
　　　우리 친구들이 하는 마당극과 풍물놀이

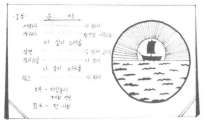

'고교생을 위한 월례마당' 자료집(KSCM)

내부 모임과 시기마다 개최하는 외부 행사다. KSCM 내부 모임은 처음에는 학년별 모임으로 진행되었다. 그래서 기수별로 같은 학년끼리 모여서 지도교사와 함께 모임을 한다. 학년별 모임은 매주 토요일에 정기적으로 열렸는데, 토론하는 세미나 형태의 모임이 많았다. 책은 지도교사가 선정하기도 하고, 학생들이 같이 읽고 싶은 책을 선정하기도 했다.《한국민중사》《거꾸로 읽는 세계사》《스스로를 비둘기라고 믿는 까치에게》《아무도 미워하지 않는 자의 죽음》이 개중 기억에 남는 책들이다.

정기적으로 전체 모임과 총회를 열어 학년별 대표와 전체회장, 총무, 서기의 집행부를 선출했는데, 외부 행사는 주로 전체 인준을 받아 집행부에서 기획·준비했다. KSCM은 고교생을 위한 월례마당을 꾸준히 개최했고, 고등학생 전체의 힘을 모아야 하는 행사는 다른 단체와 공동으로 주최했다. 당시 가장 중요한 외부 행사였던 4·19 기념행사와 11월 학생의 날 기념행사, 캠페인성 행사였지만 입시교육에만 찌든 교육현장을 학교·학급에서부터 해결해보고자 했던 성격의 '정다운 교실 만들기 운동'° 같은 행사는 힘을 합쳐 공동으로 진행했다. 주로 흥사단고등학생아카데미(이하 '흥고아')와 공동으로 행사를 개최할 때가 많았고, 지역의 문화단체와 각 학교 동아리들도 함께 결합했다.

1989년 전교조가 출범한 뒤에 벌어진 투쟁 과정부터 외부 행사에 대한 요구가 더 많아졌다. 이에 KSCM은 학년별 모임을 해체하고 내부 모임과 외부 행사를 같이 준비할 수 있는 상설적인 체계를

°   경쟁보다는 협력을, 외래문화보다는 주체성 있는 전통문화를 지키자는 생활문화 운동 성격의 행사였다.

↑　　　　1989년,
　　　정다운 교실 만들기 운동
　　　　　　결의대회

→↓　　　1989년, 서울 대학로,
　　　정다운 교실 만들기 운동

만들기 위해 연구출판분과와 문화분과로 나누어 내부 모임과 행사
준비를 같이 할 수 있도록 체계를 바꾼다.

고등학생다운
― 4·19 기념행사와 11월 학생의 날 기념행사

KSCM에 들어간 후 처음으로 준비했던 행사가 1989년 4·19 기
념행사였다. 이때 뭔가 고등학생다운 행사를 만들고 싶어서, 기존
의 대중가요나 민중가요의 가사를 바꿔서 노래를 부르는 형식으로
4·19 기념 고등학생 노래가사 바꿔부르기 경연대회를 개최했다. 나
중에 유명 가수가 되는 안치환(연세대 노래 모임 울림터)이 찬조 공연도
했고, 많은 학생이 경연에 참여했다. 행사가 끝나고는 연세대 노천
극장에서 같이 강강술래도 하고 꼬리잡기도 하는 대동놀이를 하며
뒤풀이를 했다.

　민중가요의 가사를 바꿔 부르기도 했지만 익숙한 대중가요의 가
사를 바꾸어서 학교 현실에 대한 유쾌한 풍자와 비판을 했던, 형식
과 내용에서 매우 참신했던 행사였다. 그중 배꼽을 잡고 웃었던 한
노래가 기억난다. 당시 큰 인기를 끌던 가수 소방차의 〈하얀 바람〉
이라는 곡을 개사한 〈빨간 바람〉이라는 노래로, 나중에 이 노래를
기타를 치면서 학교에서 후배들에게 불러주자 반응이 아주 좋았다.

　　두 눈이 왜 이렇게 빨간지
　　나는 잘 몰라요
　　어젯밤 나 혼자서 뭐했는지

《4·19 기념 고등학생 노래가사 바꿔부르기 경연대회 노래집》(1989년)

1989년, 4·19 기념 고등학생 노래가사 바꿔부르기 경연대회 장면

너는 잘 모를걸

시험만 보면 시험지에

또 분다 분다 빨간바람이

난 몰라 참 정신없이 찍어댔지만

비껴가는 정답이 야속해 보여

돌아오는 시험준비 바빠지지만

난 TV 앞에서 개긴다네

－〈빨간 바람〉 중

　4·19 기념행사와 학생의 날 기념행사만큼은 서울 지역의 많은 고등학생의 현실과 고민을 담아야겠다는 생각에 공개단체(주로 KSCM과 홍고아)에서 주최했지만 실제 준비하는 과정에서는 서울 지역의 많은 모임이 역할을 분담했다. 또 이런 큰 행사를 치르며 단위 학생회나 지역 모임, 소모임 등을 자연스럽게 만나게 됐다.

　그러나 이 두 행사는 1989년 전교조 투쟁을 거치면서 정부와 교육청으로부터 불법집회로 규정되어 많은 탄압을 받게 된다. 1989년 정다운 교실 만들기 운동 결의대회는 애초에 계획했던 장소에서 하지 못하고 흥사단 강당에서 약식으로 치르게 되었고, 같은 해 11월 학생의 날 행사는 고려대에서 개최하려고 했지만 무산됐다. 행사장을 시교위(현 서울시교육청) 장학사들과 경찰들이 막았고, 행사장으로 가는 버스를 막아 고등학생으로 보이는 사람을 검문·연행했다. 그 일로 KSCM 사무실에서 1주일 동안 철야농성을 하기도 했다.

　1990년 4·19 기념행사에서는 1989년 전교조 투쟁 당시의 고등학생들의 활동을 담은 집체극(연극과 노래를 결합한 형식의 공연)을 준비했다. 당시 광고협(광주지역고등학생대표자협의회) 의장을 하다 구속된 강

1990년, 학생의 날 기념행사 홍보 스티커

위원 의장의 활약을 담은 내용이었다. 대본에는 당시 강위원 의장이 부모님께 보내는 편지를 원본 그대로 인용했다. 연세대 노천극장에서 행사를 진행하기로 했지만 경찰이 연세대 주변을 모두 막아버리는 바람에 장충동에 있는 교회에서 행사를 진행했다. 1990년 학생의 날 행사도 여러 단체와 공동으로 보라매공원에서 개최하기로 했고, 다채로운 행사를 준비해 준비 주체들과 함께 보라매공원에서 리허설까지 했지만 이 역시 경찰병력이 막는 바람에 결국 중앙대 민주광장에서 투쟁선포식만 하고 끝났다.

1989년

1989년 겨울 나는 선후배들과 함께 나름 체계적인 학습을 시작했다. 공개적인 장소가 아닌 대학가 주변의 자취방이나 카페에서 학습 모임을 이어갔다. KSCM 정기모임에서 배웠던 것보다 체계적이고 깊이 있는 내용이었다. 한국 근현대사, 변증법적 유물론, 경제학, 조직론, 운동론 같은 것이었다. '의식화', '조직화', '실천'이라는 말을 자연스럽게 쓰기 시작했다. 객관적, 주관적 정세 속에서 역량을 극대화하고 성과를 남기는 법에 대해서 배웠다. 인류의 역사는 교과서에서 나오는 몇몇 왕조나 영웅이 아니라, 묵묵히 자신의 자리를 지키는 민중이 만드는 것이며, 조직되고 단결된 민중의 힘은 창조적이며 무한하다는 내용도 배웠다. 물론 책 속의 이론이었지만, 함께하는 사람들과 학습하면서 실천하다 보면 새로운 길이 열릴 것이라는 막연한 믿음이 생기기 시작했다.

> 진실로 사람은 사랑함은
> 가슴 속 심장의 붉은 피로
> 모든 위장된 진실을 불태우고
> 내 곁에 선 이들과 함께 서로 부추겨 변화를 실천하는
> 아 혁명의 길이요
>
> ―〈사랑과 혁명에 대하여〉(신은경 시, 윤민석 곡)

그해는 고등학생운동을 하는 모두에게 매우 중요했던 1989년이었다. 1987년을 거치며 많은 중고등학생이 민주주의, 민주교육을 갈망했고, 이는 학내 소모임, 동아리 모임 건설, 직선제 학생회 건설의 흐름의 시작이었다. 그리고 1989년 문익환 목사와 임수경의 방북으로 공안정국이 조성될 당시 깃발을 들고 당당히 나섰던 전국교직원노동조합(이하 '전교조')가 그해 5월에 결성됐다.

KSCM자료집

"우리는 선생님을 사랑합니다"

(중고생 전교조 지지투쟁 사례집)

서울 구로고교 학생들이 13일 오후 교내운동장에서 양달섭 교사의 직위해제 철회를 요구하는 시위를 벌이고 있다. 시위도중 학생회장 柳호철군 등 2명이 3층 교실에서 투신했다. 〈김현재 기자〉

한국고등학생기독교운동총연맹
KOREA STUDENT CHRISTIAN FEDERATION HIGH SCHOOL MOVEMENT

Ⅱ. 사 례 모 음

1. 중고생 전교조 지지투쟁

「참 스승 지키기」 운동이 전국적으로 전개되면서 우리는 중고등학생들의 단결된 힘이 얼마나 강한가를 확인할 수 있었다.

이 과정에서 우리가 주목해야 할 것은 지금까지의 교육민주화운동 과정에서는 일찌기 볼 수 없었던 양상으로 이 운동이 전개되었다는 사실이다. 지역적으로 보아도 전국에 걸쳐 이루어졌다는 사실과 광범위한 학생들의 자발적 참여는 물론이거니와 운동의 전개방식도 매우 자주적이고 창의적이었으며 청소년다운 순수성과 함께 뜨거운 열기와 정열적인 참여가 그것이라 하겠다. 이러한 과정은 앞에서도 지적한 바와 같이 중고생들에게 자신감을 심어주었을 뿐만이 아니라 이후의 활동공간을 넓혔고 집단화된 힘이 얼마나 큰 위력을 발휘할 수 있는가를 웅변으로 보여준 것이라 하겠다.

이제 학생들의 투쟁을 유형별로 분석, 평가하여 보고 앞으로의 활동에 유용한 자료가 되기를 바란다.

1) 선전·홍보활동

① 유인물 배포

유인물을 통한 선전, 홍보활동은 이번 과정에서 가장 보편화된 방법이다. 지금까지 유인물이라고 하면 무엇인가 불온하고 부정적인 이미지를 갖고 있었으나, 이번 과정을 통해서 우리의 의사를 많은 사람들에게 효율적이고 집중적으로 전달하고 참여를 유도하는데 매우 유용한 매체라는 사실을 깨닫게 되었다. 그러나 아직 배포체계가 제대로 갖춰져 있지 않은 까닭에 충분히 전달되지 못했고 익명의 유인물 형태로, 1회적으로 살포된 경우가 많아 아쉬움을 남겼다. 또한 즉각적인 동참의 의지를 불러 일으키는 호소적인 형식과 장기적인 교육의 효과를 나타내야 하는 설득적인 형식이 내용적으로 구분되지 못한 점도 앞으로 극복해야 할 과제라고 하겠다.

5월 15일 "선생님 저희가 지켜 드릴께요"라는 제목의 유인물이 한국고등학생기독교운동총연맹(KSCM)의 명의로 나온이래 전국의 거의 모든 학교에서 다양한 형태의 유인물이 배포되었다.

② 플랭카드, 낙서, 대자보

유인물의 제작, 배포가 비교적 체계적이고 조직적인 일로써, 어느 정도의 준비가 필요한데 비해서 이같은 방식은 상대적으로 간편하게 할 수 있는 방식이다. 이 때문에 학생회나 대책위원회같은 조직이 제대로 구성되지 못한 경우에 많이 사용되었으며 유인물에 비해 기동성있게 활용되었

다.

2) 농성과 시위

전교조 지지투쟁의 과정에서 농성과 시위는 상당히 보편화 되었다. 그리고 이것은 '패배콤플렉스'에서 벗어나 우리의 올바른 주장이 부당하게 침해당했을 때 단결된 힘을 모아 문제를 해결할 수 있다는 자신감을 심어준 점에서 매우 커다란 성과였다. 또한 시위와 농성의 과정에서 학생들은 동료와의 강한 동질감을 느낄 수 있었고 실천활동의 중요성을 인식했으며 학생조직의 필요성을 절감하였다.

많은 학교에서 농성과 시위가 일어났지만 가장 어려웠던 점은 이것을 지도할 주체부의 미약, 농성 프로그램의 부재였다.

자율적인 학생회가 구성된 학교가 그리 많지 않았고, 또한 운영경험이 부족하여 농성과 시위를 지속하는데 어려움이 많았다. 이런 경우 대책위원회 등을 구성하여 학생회 조직을 대체하고 자발적인 조직화를 시도하는 것은 아주 좋은 경험이 될 수 있을 것이다. 이런 경우를 경험삼아 앞으로 자율적 학생조직의 건설에 더욱 매진해야 할 것이다.

농성에 있어서 프로그램은 매우 중요하다. 농성에 들어가면 우선 농성의 목적과 의미를 공유해야 한다. 이때 농성을 주도한 집행부나 몇몇 사람이 일방적으로 강요해서는 안되며 토론과 발표를 통해서 다양한 의사를 수렴하여야 한다. 대중토론을 통해서 자신의 의사를 표현하고 또 전체 의사를 수렴하는 과정은 민주주의 훈련의 기본이며 우리는 농성과 시위를 통해 우리의 주장을 호소하는 것 못지 않게 이같은 훈련을 해야 한다.

농성과 시위에서 다음으로 중요한 것은 일사불란하게 움직일 수 있는 체계를 세우는 일이다. 특히 대규모 인원이 참여하는 경우는 더욱 그렇다. 학교의 경우는 학년별, 학급별 편성이 되어 있으므로 그 체계를 잘 활용하면 가능할 것이다.

또한 공동체 의식을 고양시키고 열기를 높일 수 있는 다양한 프로그램이 필요하다. 특히 일상생활에서 개별화되어 있는 우리들에게는 그런 프로그램이 더욱 중요하다. 가장 먼저는 토론프로그램을 정착시켜 항상 자신의 의사를 표현하도록 해야 하며 함께 부를 수 있는 노래를 배우는 것도 필요하다. 또한 즉흥적인 촌극을 준비하거나 자유발언대를 설치하고 홍보물을 제작하는 일도 좋은 프로그램이다. 반별로 노래가사 바꿔부르기 등을 하면 좋을 것이다.

이상과 같은 여러 가지 요소들을 잘 반영하여야만 농성과 시위가 일회적이지 않고 지속적일 수 있으며 원하는 바 목적을 달성할 수 있다.

이제 전교조 지지투쟁의 과정에서 보여진 농성과 시위의 대표적인 유형을 살펴보자. 매우 특징적인 것은 청소년들의 생활에 맞는 새로운 형식이 많이 개발되었다는 점이다.

① 운동장 농성

가장 많이 이루어진 형식이다. 5월 29일 광주 광덕고 학생 2천여명이 이 학교 김태중 교사의 석방과 직위해제를 요구하며 농성을 한 이후 서울 신일고, 전남 무안고, 대전 보문고 등 전교조 지지투쟁이 있었던 대부분의 학교에서 전개되었다.

② 단 식 농 성

6월 2일 대전 명석고 전교생 1천7백 여명이 이 학교 윤석원 교사의 징계철회를 요구하며 단식농성을 시작한 이래, 대구 덕원고, 광주 경신여고, 광주 대동고, 진흥고, 경북 하양여고, 전주 제일여고 등 많은 학교에서 단식농성을 하였다.

학생들은 점심시간에 도시락을 모아 교무실에 제출하거나 교실 뒷편에 쌓아두고는 밥을 굶는 농성을 하였다. 7월에 들어와 교사들의 단식수업이 전개되자 많은 학생들이 이에 동참하였다. 특별한 준비나 별다른 이동없이 많은 학생들이 참여할 수 있는 방법이어서 많은 효과를 나타내었다.

③ 밤샘공부(철야농성)

6월 2일, 대전 명석고에서 처음으로 시작된 밤샘공부는 경북 예천여고, 천안 중앙고, 경남 거창중고, 전남 화순고, 광주 대성여고 등에서 이루어졌다.

학생이라는 자신의 신분에 어울리는 명분으로 많은 학생들의 호응을 얻었다.

④ 리 본 달 기

6월 23일 서울 송곡여고 전교생이 "우리는 이부영 선생님께 배우고 싶습니다"라는 구호가 적힌 리본을 달고 등교함. 이에 충남 도고중, 서울 금옥여중, 충남 온양여고, 목포 강남여고 등에서 리본달기가 전개되었다.

리본달기는 농성과는 달리 학교 밖에서도 자연스럽게 이루어질 수 있었고 지속적으로 여러날 진행되어 많은 효과를 얻었다.

선생님을 사랑합니다	이부영 선생님께 배우고 싶습니다	우리들은 선생님과 뜻을 같이 합니다	사랑하는 선생님 힘내세요	우리 선생님을 우리가 지키자
(온양여고) 도고중	(송곡여고)	(강남여고)	(목천여상)	(오류여중)

⑤ 가두진출(교문밖 시위)

교내에서의 여러 가지 활동을 통해서 선생님을 지키고 참교육을 실현하고자 노력했던 학생들은 이 문제가 학교 안에서만 제기될 문제가 아니라 우리 사회 전체의 힘으로만 해결 가능한 문제라는데 인식을 같이 하게 되었다. 더욱이 정부당국의 비열하고 폭력적인 전교조 탄압과 학생들에 대

1989년, 《중고생 전교조 지지투쟁 사례집》(KSCM)

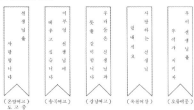

당신의 아들이 혹은 딸들이 10년 후, 혹은 20년 후에 당신의 엄마 아빠는 그날 어디에 있었냐고 물어본다면 1989년 5월 28일, 비 오고 바람 부는 연세대 노천극장에서 있었다고 자랑스럽게 얘기하시기 바랍니다.

—1989년 5월 28일 전교조 창립대회 사회자 발언 중

전교조 출범 후 탈퇴 강요, 해직에 항의하며 7월부터 명동성당에서 전교조의 철야단식농성이 진행되었고, 고등학생들도 같이 지지농성에 들어갔다. 전교조 출범 후 6개월 동안 전국에서 1,500여 명의 교사가 해직을 당했다. 당시 교육부 장관은 나중에 1991년에 총리가 되어 한국외대에 강연을 갔다가 학생들에게 계란과 밀가루 세례를 받은 정원식이었다. 많은 고등학생이 전교조 교사 해직에 반대하며 시위, 농성에 돌입했다. "선생님, 사랑해요", "선생님을 돌려주세요"와 같은 구호가 많았다. 하지만 전교조 지지와 함께 중고생들은 명확하게 '자율적인 학생활동 보장' '자율적 학생회 건설'을 내세웠다. 제자로서 선생님을 사랑하는 마음, 전교조 교사의 해직이 부당하다는 마음과 함께 당시 학생들은 명확하게 자신의 요구 조건을 걸었다. 이 것이 이후 학내외 다양한 소모임 활동과 학생회 건설로 이어졌고, 그것이 그해 고등학생운동의 성과이기도 했다. 그리고 KSCM에서는 전교조 관련한 학생들의 활동에 대한 백서를 발행했다.

공개단체 KSCM

1989년 본격적인 '학습'을 시작하면서 처음 배웠던 것이 학생운동

사였다. 그에 따르면 고등학생운동의 역사는 일제강점기 광주학생운동에서 시작해 4·19혁명으로 이어져왔다. 불의에 항거하고 정의를 지향하던 전통을 한국 고등학생운동이 계승해야 한다고 생각했다. 입시 지옥을 철폐하고 인간다운 교육을 만드는 것, 독재를 타도하고 민주주의를 지켜나가는 것, 분단모순을 해결하고 통일을 이루어내는 것이 시대적 과제라고 생각했다. 그러한 시대적 과제와 고등학생운동의 사명 위에 KSCM의 역할이 있다고 생각했다.

고등학생운동을 하는 데 중고생의 사회적·신분적 제약이 컸다. 학교는 참교육의 현장이 아니라 문제가 될 것 같은 학생, 이미 문제를 일으킨 학생을 징계하는 곳이자, 독재 정권을 유지하는 수단으로 전락하기도 했다. 이를 해결할 수 있는 것은 학생들 자신의 힘과 역량이라고 생각하지만, 이러한 말도 안 되는 탄압을 스스로 극복하기에는 역부족이었다. 한편 운동이 발전하려면 주요 의제를 제기하고 힘을 모으고 확산하는 계기들도 매우 중요한데, KSCM은 이러한 중요한 의제를 제기할 역량도 있었고, 학교 당국과 정부의 탄압에 맞설 수 있는 힘도 가지고 있었다. 그래서 KSCM을 비롯한 공개단체는 여러 공개행사를 치르는 역할을 해왔다. 대학생운동과 비교하자면 대학 총학생회나 연합회(지구, 지역 총련) 등에서 했던 역할을 해왔던 것이다. 그 시대 공개단체로서의 KSCM이 위상이자 역할이었다. 기독교 부문운동으로서의 역할보다는 전체 고등학생운동을 이끌어가는 소명과 역할이 더 컸다.

1989년 전교조 투쟁을 거치고 1990년대로 넘어오면서 고등학생운동은 양적·질적으로 발전해간다. 각 학교에서 단위학교 학생들이 자리를 잡기 시작하고 동아리 모임도 더 활성화된다. 1991년 5월투쟁, 범민족대회, 노동자대회 등 크고 굵직한 현장에서 깃발 밑에 모인 고등학생 대오를 확인할 수 있었다. 단위학교들의 역량이 커져 KSCM은 더 이상 이전의 역할로는 그 운동성을 상실할 수밖에 없었다. 이제 외부 행사보다는 자체 모임에서 구체적인 자기 대중을 만나 그 역량을 키워가는 변화가 필요한 시점이었다.

고등학교를 졸업한 후 몇 년이 지나 지켜본 KSCM은 운동의 동력이 떨어지고 있었다. 내가 고등학생운동 활동을 했던 때는 고등학생운동에 대한 뜻을 가지고 이 운동을 지원하던 경험이 많은 젊은 지도선배들이 각 공개단체에 있었다. 이들의 지도와 지원이 많은 힘이 되었고, 운동의 방향을 많이 결정했다. 이후에는 지도선배들도 활동을 정리하면서 나중에는 고등학생운동을 하던 친구들이 고등학교 졸업 후 고등학생운동을 지지 및 지원하는 지도교사로 남기도 했다. 그러다 나중에는 지도교사조차 없이 KSCM 후배들이 활동하게 되었는데, 그 모습을 보다가 뜻 맞는 졸업생들과 '선배회'라는 모임을 만들어 재학생들의 활동을 지지하고 지원하기도 했다.

누가 열리지도 않은
우리의 잔치에 재를 뿌리는가

고등학교 2학년 때는 대부분 KSCM에서 활동을 해 학내에는 아무런 활동 기반이 없었다. 그러다 2학년이 끝나갈 무렵 전학 온 한 친구가 같이 글 동아리를 만들자고 제안을 해와, 나름 뜻 맞는 친구들을 찾아 여섯 명의 동기가 모였다. 여기에 마음 맞는 국어 교사 한 분을 모셔 글 동아리 모임이 탄생했다. 정기적으로 시 합평회, 단편소설 합평회를 하면서 문학적 소양을 쌓기 위해 나름(?) 노력도 했지만, 사실 모이는 것만으로도 즐거웠다.

　1학년 후배를 모집했고, 우리는 바로 가을 축제 준비에 들어갔다. 그즈음 학내에 연극반 등의 모임이 만들어졌던 터라, 그 모임들과 같이 가을 축제 준비에 한창이었다. 당시 우리 글 동아리 회장이었던 친구는 문학적 내용에 충실한 행사를 추진했고, 나는 문학적 소양과는 상관없이 모두가 참여할 수 있는 다양한 내용을 준비하자고 했다. 단순히 시 낭송만 하는 것이 아니라, 콩트를 준비한다든지, 노래가사 바꿔 부르기도 하고 그 노래에 맞춰 율동을 하는 등 다양한 형식으로 모두가 참여하게 만들자는 제안이었다. 결국 여러 형식을 포함한 문학의 밤 행사가 열리게 되었다.

　그런데 한창 준비를 하는 과정에서 새로운 문제가 발생했다. 당시 학교 축제는 사흘 정도 진행되고, 개중 하루는 외부에 공개해 외부 친구를 초대하는 것이 관례였다. 그런데 교장이 학급 반장들을 모아 놓고서 축제 행사는 1일로 축소하고 외부 인사 초대를 금지하는 방침을 밝혔다. '학습 분위기'를 해친다는 이유로 학생 축제를 축소하려는 흐름이 많았던 때다. 행사가 축소되면 준비했던 공연을 다 진행할 수도 없고, 더군다나 학생들의 의견이 아닌 교장의 일방적인 의견이라는 것을 받아들이기 힘들었다. 그래서 우리 동아리를 포함해 다른 동아리 학생들의 의견도 알아보았더니, 이런 결정 자체를 알지 못하는 학생들이 많았고, 잘못된 처사라는 의견이 대부분이었다. 더군다나 축제 1주일 전에 이런 결정을 통보받은 상황에서 더는 지체할 시간이 없었다. 유인물을 돌려 내용을 알리고 항의를 조직해야 했다.

　축제 준비를 통해 만났던 동아리 임원들, 반장들과 비공식 회의를 바로 조직했다. 학생들 의견을 취합한 결과 반대 의사를 밝혀야 한다는 데 모두 동의했다. 유인물을 돌려 학생들의 의사를 명확히 밝히고 대의원회의와 동아리대표회의에서 교장과 면담을 진행해 우리의 의사를 관철시키기로 결정했다. 유인물을 만들어 근처 대학가에서 복사를 한 뒤 다음 날 새벽에 만나 학생들이 도착하기 전에 책상 서랍에 유인물을 넣기로 했다. 그리고 학교의 결정에 항의하는 이들은 이 유인물로 2교시 후에 종이비행기를 날리는 것이 행동지침이었다. 당시 고등학생들이 의사표현 방식으로 많이 사용했던 방법 중 하나였다.

그렇게 '종이비행기 사건'의 아침이 밝아왔다. 유인물이 예상보다 빨리 발각되면 학생들이 볼 기회가 없어지기 때문에, 될 수 있으면 1~2교시 사이에 모든 학생이 유인물을 볼 수 있어야 했다. 각 반 서랍에 다행히 모든 유인물이 잘 도착했고, 1교시 쉬는 시간에 조마조마한 마음으로 각 반의 분위기를 살폈다.

반응은 폭발적이었다. 이 유인물을 보자마자 수업 시간 내내 종이비행기를 접는 학생들부터, 대형 플래카드를 만드는 반도 있었다. 일부 교사들이 내용을 알았지만 그냥 넘어갔다. 나는 2교시가 되자마자 운동장으로 나갔다. 그리고, 평생 잊을 수 없는 진풍경을 보았다. 창문을 통해서 날아가는 수백, 수천의 하얀 종이비행기, 예상하지 못했던 플래카드가 내려오고, 이를 바라보는 학생들은 박수를 보내고 환호했다. 학생주임 교사는 당황했다. 구둣발로 학생들을 때리면서 막기에 바빴다. 당일 교장은 고심 끝에 야간 자율학습 시간에 특별방송으로 학생들의 의견을 수용했다.

유인물의 내용은 이렇게 시작했다. "누가 열리지도 않은 우리의 잔치에 재를 뿌리는가?" 하지만 우리는 우리의 힘으로 우리의 잔치를 지켰고, 그렇게 우리의 첫 번째 축제가 성공적으로 열렸다. 소중한 경험이었다. 조직되고 각성한 민중의 힘은 위대하다는 것을 책

밖에서 실제로 경험했다.

이후에는 학교 동아리와 관련한 활동에는 크게 관여하지 않았다. 후배들이 해야 할 몫과 자리를 마련하는 것이 필요하다고 생각했다. 이제는 우리가 주장했던 올바름을 삶으로 증명해 보이는 것이 남았다고 생각했다. 생각해보면 고등학교를 졸업할 때, 대학교를 졸업할 때의 고민은 이와 같은 맥락이었다. 오로지 출세와 이기심만을 부추기고 강요하는 사회와 교육 현실을 깨뜨리고 자신의 운명을 스스로 개척해가야 한다고 생각했다. '너의 생각은 한때의 어리고 철없는 생각이고 언젠가는 너도 이 사회에 순응하며 살아갈 것'이라는 말도 안 되는 '어른'들의 비아냥을 극복하는 유일한 길은 나의 삶으로 증명해내는 것이라고 생각했다.

> 진짜 의리라는 게 무언지
> 참된 청춘의 삶이 무언지
> 백 마디 말 아닌 우리의 삶으로 기꺼이 보여주리라
>
> -〈새세대 청춘송가〉(윤민석 글·곡) 중

투신의 경로

고등학생운동의 값진 경험은 졸업 후 진로에도 많은 영향을 미쳤다. 그동안 '학습'을 통해 이 세상의 주인은 노동자라고 배웠다. 노동자는 생산의 주역이자 혁명의 주인이었다. 나도 책에서 배운 것처럼, 경험을 통해서 배운 것처럼 그 주인이 되고 싶었다. 그리고 당시 표현으로 '현장에 투신'하는 선배들과 동기들이 있었고, 이를 준비하는 모임들도 있었다. 이미 '현장'에서 활동을 하고 있는 선배들을 통해 여러 곳에서 제의를 받았다. 그 선배들을 만나 심사숙고해 함께하기로 약속하고, 노동자의 삶을 살기로 한 동기들과 함께 마석 모란공원의 전태일 열사 묘소에 가서 노동자로 살기로 결의했다. 그후 구로공단의 한 전자회사에 취업해 현장에 투신하게 된다. 생각보다 결정은 자연스러웠다. 전태일 평전(《어느 청년노동자의 삶과 죽음》)을 읽었을 때부터 생각하고 고민했던 삶이었고, 많은 선배와 동기가 그 삶을 선택했기 때문이다.

> 이름 없는 꽃들 다 이름을 얻고 움츠린 어깨들 다 펴겠네
> 닫힌 가슴들 다 열리고 쓰러진 이들 다 일어나 아침을 맞겠네
> 그날이 오면 그날이 오면 모두 하나될 그날이 오면
> 　　　　　　　　　　　　 -〈우리의 노래가 이 그늘진 땅에
> 따뜻한 햇별 한 줌 될 수 있다면〉(백창우 글·곡) 중

한편 공장에서의 생활을 마치고 1년간 준비해 나는 대학에 입학했다. 고등학교에서 공장을 가기로 결심한 것, 그리고 공장 생활을 하다가 대학 진학을 결심하게 된 과정이 아주 쉽지만은 않았다. 한 개인으로서는 인생의 방향을 좌우하는 중차대한 문제이기도 했기 때문이었다. 그런데 마음을 먹는 것까지 그리 오래 걸리지는 않았다. 그리고 한번 결심하고서는 결정에 후회를 하거나 뒤를 돌아보지 않았다. 그럴 수 있었던 이유 중 하나는 진로를 결정하는 과정에서 다른 사람들의 '지도'와 '조언'이 있었기 때문이었다. 더 정확히 말하자면 '개인'의 결정이 아닌 목적의식적으로 고등학생운동을 지도하고 이끌던 그 '조직'의 결정이었다.

출세나 개인적인 성공보다는 민중이 주인되는 사회에 대한 가슴 깊은 열망이 있었다. 참과 거짓, 정의와 불의에 대한 기준은 바뀌지 않았다. 1993년 문민정부가 출범했음에도 불구하고, 여전히 세상은 변하지 않았다. 1996년 정권 말기의 김영삼 정권은 매년 개최된 범민족대회, 통일대축전에 참가했던 대학생들을 건물 안에 가둬버렸다. 소위 '한총련 연대항쟁'이었다.° 언론에서 한국대학생총학생회연합(이하 '한총련')은 '이적단체', '폭력단체'로 낙인찍혔다.

내가 판단한 김영삼 정권은 절대 타협할 수 없는 부도덕한 정권이었다. 1996년도에는 "교육재정 확보"를 외치며 산화해간 노수석 열사°°가 있었고, 1997년에는 류재을 열사°°°가 있었다. 학내에서는 총투표를 통해 한총련을 탈퇴하자는 움직임이 있었다. 입시 지옥에서 친구들이 죽어 나가고, 학교 축제에서 자신의 권리조차 주장할 수 없는 부당한 현실에 맞서 행동에 나선 것처럼, 한총련 탈퇴에 동의하는 것은 부당한 권력에 굴복하는 것이라 판단했다. 나는 군 제대 후 1997년에 복학하면서 학내에서 한총련 탈퇴 여부를 묻는 총투표를 무력화시키기 위해 노력했고 그해 문과대 학생회장에 당선되었다. 이듬해 1998년에는 한총련 사수를 위한 14일간의 단식농성을 진행했고, 그해 가을 농민대회에서 연행되어 구속되었다.

° 　1996년 한총련이 주최한 연세대에서의 범민족대회를 경찰이 해산하는 과정에서 한총련 학생들이 1996년 8월 13일부터 20일까지 한총련이 연세대 신촌캠퍼스에 포위된 사건이다.

°° 　연세대 법학과 95학번. 1996년 3월 29일 김영삼 대선자금 공개 및 국가 교육 재정 5% 확보 요구 집회에서 사망했다.

°°° 　조선대 행정학과 96학번. 1997년 3월 20일 조선대에서 열린 노동법 안기부법 날치기 통과, 한보 비리 등 부정부패, 부도덕, 반민중 폭력적인 김영삼 정권 규탄 남총련 집회에 참가해 사수대 활동 중 시커먼 물체에 맞고 병원으로 옮겨졌으나 사망했다.

다시, 언제나 시작은 눈물로

짧은 구치소 생활 후 복학한 뒤 노래패를 만들었다. 나는 노래 부르고, 기타 치고, 노는 것을 매우 좋아하는 사람이다. 교회에 다녔던 영향도 있고, 고등학교에서는 밴드를 만들어 공연도 했다. 30년 전 연주하며 불렀던 민중가요, 그 가사와 얽혔던 사연, 사람들을 기억한다. 그때 함께 어깨를 걸고 불렀던 노래, 팔뚝질을 힘차게 하면서 불렀던 노래, 앞서 말한 눈물을 흘리며 불렀던 노래마다 사연을 간직하고 있다. 고등학교 졸업하고 공장에 있을 때도 노래패를 만들어 활동했다. 대학 입학 후에는 동아리보다는 학생회 활동에 전념해서 노래패와는 인연이 없었지만 구치소를 나오고 졸업을 앞두고 뭔가 의미 있는 일을 하고 싶어서 새내기들을 모아 단과대 노래패를 만들었다.

졸업 후에는 학교 다닐 때 농활을 갔던 충주로 귀농해서 5년 동안 농사를 짓다가 부채에 허덕이게 되었다. 다시 상경해서는 학원에서 20년간 생활을 했다. 다시 중고생들을 만날 기회였다. 입시교육은 여전했고, 내가 만난 학생들 대부분은 자신의 삶을 고민해볼 기회를 갖지 못한 것 같았다.

> 앞을 보라 당당히 가자
> 진실은 눈물로 피는 꽃이니
> 자유는 그 꽃을 향한 미소
> 가자 승리 위해
> 가자 승리 위해
>
> -⟨언제나 시작은 눈물로⟩(새벽 글·곡) 중

30년 전, 나도 고등학생운동도 참으로 많은 것들을 하려고 했다. 어린 어깨에 너무 많은 짐을 지고 살아갔다. 입시교육, 노동 현실, 분단된 조국의 현실을 모두 바꾸고 싶었고 바꿔야 했다. 그것이 내가 내 삶의 주인으로 살아가는 길이라고 생각했고, 지금도 그렇게 생각한다. 우리가 고민하고 실천했던 고등학생운동의 모든 과정은 어린아이가 사회를 향해 한때의 불만을 표시하는 항변이 아니라, 이 땅에서 삶의 주인으로 서고자 하는 진지한 성찰과 실천이었으며, 이 사회를 변화시킨 원동력 중 하나라고 생각한다.

내가 30년 전의 기억을 소중히 간직하며 삶의 지표로 삼으면서 살아가듯이 우리의 30년 전의 그 소중한 역사는 이 사회를 변화시킨 중요한 운동으로 자리매김되고 기록되어야 하지 않을까.

10 늙은 의사는 젊은이의 병을 모른다

김영희

- 1974년생 · 부산
- 부산지역고등학생대표자협의회(부고협) · 시나브로(부산 지역 고등학생 연합 운동 단체) · 학내 활동
- 연세대 국문과 교수, 말과 연대활동

나도 모를 아픔을 오래 참다 처음으로 이곳에 찾아왔다.

그러나 나의 늙은 의사는 젊은이의 병을 모른다.

나한테는 병이 없다고 한다.

이 지나친 시련, 이 지나친 피로, 나는 성내서는 안 된다.

-윤동주, 〈병원〉 중에서

오랜 침묵의 의미

1991년 서울 명지대 강경대 씨가 백골단의 폭력에 목숨을 잃고 그 이후 여러 명의 '열사'들이 죽음으로 항거했던 5월이 있었다. 철이 들고부터 봄은 온통 애도의 계절이었다. 4월 3일이면 친구들과 짜장면집에 모여 앉아 〈잠들지 않는 남도〉를 불렀고 5월이면 매캐한 최루탄 연기 속에서 〈오월의 노래〉를 부르곤 했다. 그 무렵 나와 내 친구들의 애도에는 언제나 노래가 있었다.

고등학교 3학년에 올라 부산 지역 카톨릭센터와 남포동 일대 시위에 참여해 가족들 몰래 최루탄 냄새를 묻히고 귀가하던 어느날 김철수 '열사'의 분신 소식을 들었다. 1989년에 나와 같이 고등학교에 입학한 이름 모르던 친구의 죽음은 다른 어떤 이의 죽음보다 더 크게 우리 마음에 자리 잡았다. 그는 5월 18일 전남 보성고에서 학내 집회 도중 로봇을 만들어내는 듯한 기계적이고 획일적이며 폭력적인 교육을 비판하며 분신을 시도했으며, 투병 중 6월 2일에 사망하였다.

당시 고등학생인 우리가 학교에 대해 가졌던 가장 큰 분노는 학생들을 대상화하고 지배·통제하면서 학생들의 생각과 의식, 행동을 교육 당국과 교사들의 뜻대로 규율하려는 폭력적 교육을 향해 있었다. 김철수 '열사'가 불꽃 속에서 외친 대로, 무엇을 말할 수 있고 무엇을 말할 수 없는가, 무엇을 배울 수 있고 무엇을 배울 수 없는가를 학생들의 뜻과 상관없이 일방적으로 결정하여 실행하는 학교 교육이 학생들을 공장에서 물건 찍어내듯 획일적이고 순응적인 형태로 만들어내는 사회 현실에 항거한 것이다.

2024년 여름, 광주에 행사가 있어 가는 길에 보성고에서 진행하는 김철수 '열사' 추모식에 참석할 기회가 있었다. 누군가 '김철수'라는 이름을 말했을 때 나는 1초의 머뭇거림 없이 그가 누구인지 기억해냈고 기꺼이 추모식에 참석하겠다는 의사를 밝혔다. 나는 먼저 그의 이름을 듣자마자 그가 누구인지 떠올린 스스로에게 놀라지 않을 수 없었다. 피곤한 일정 속에서도 주저 없이 그의 추모식에 가겠다고 결정한 내 마음에 무엇이 있는지 나조차 궁금할 정도로 단호하고 갑작스러운 결정이었다.

순식간에 일어난 이 결정만큼이나 나를 당황스럽게 만든 것은 보성고에 발을 들이자마자 울컥 올라온 감정을 주체하지 못하고 내가 눈물을 쏟기 시작했다는 사실이었다. 30년도 더 지난 시절의 마음이 오랜 시간의 간극이 무색할 정도로 순식간에 내 가슴으로 흘러들었다. 50대 초반에 들어서서 10대 시절의 고통과 절망, 슬픔의 기억과 감정을 고스란히 떠올리게 될 거라는 걸 꿈에도 생각하지 못했다. 그리고 문득 '그때 우리는 왜 그렇게 슬펐나'라는 생각이 떠올랐다. 고등학교 시절 우리는 자주 분노했지만, 그보다 더 자주 슬퍼했고 눈물 흘렸다. 그 수많은 슬픔의 이름 가운데 김철수가 있었고, 김수경이 있었다.

김철수를 떠올린 순간 함께 떠오른 기억에 대구 경화여고에 다니다 유서를 남기고 생을 마감한 김수경이 있었다. 고등학교 2학년 생이던 1990년 6월 어렵게 우리 손에 들어온 김수경의 유서는 교복 주머니에 넣고 다닐 정도로 우리 마음에 오래 머물렀는데, 얼마 전 고등학교 시절 모아두었던 자료 더미에서 구겨진 흔적이 고스란히 남은 채 흐리게 출력된 그의 유서를 발견할 수 있었다.

선생님! 그때 제 기분을 이해하실 수 있으세요? 비겁하고 비굴하게 왜 이렇게 초라한지 친구 등에 얼굴을 묻고 그냥 울어버렸어요. 그렇게 그게 끝인 줄 알았어요. 국사 시간마다 눈은 제가 앉아 있는 분단 쪽을 향했고, 분단 아이들이 당황했어요. 선생님! 제가 작년에 전교조를 지지했던 것도 사실이었고 그런 선생님을 더 좋아했던 것도 사실입니다. 이런 이유 하나만으로 제가 학교 다니기가 불편하다면 아니 고통스럽다면 이미 그곳은 학교가 아닙니다. 오늘 청소 시간에 자신의 말을 무시(?)했다는 이유 하나만으로 따귀를 맞고 모든 학생들이 보는 앞에서 무릎을 꿇고 앉아 있었습니다. ○○○! 그 사람은 제게 반항적인 행동이 보였느니, 순종이 좋지 않느니 그러다가 퇴학이 어쩌니저쩌니 앞으로의 사회생활이 어쩌니저쩌니 그러곤……. (중략) 그게 너무 서럽고……. 더러운 세상(죄송합니다)이라고 생각했습니다. 모두들 제가 걸려들기만을 기다렸던 것 같았습니다. (중략) 어떻게든 참고 이겨보려 했지만 이젠 모든 게 싫습니다. 제가 어린 학생이 아닌 어른이 되어 버린다면 아니 세상에 물들어버린 어른이 된다면……. 그런 것도 두렵구요. (후략)

－1990년 6월 5일, 김수경 씨 유서 가운데

김수경 씨는 탄탄한 조직을 기반으로 활동하는 활동가나 운동가의 정체성을 가진 사람이 아닐지도 모른다고 우리는 생각했다. 들려오는 말 중에는 '학교 매점에 갈 때 실내화를 벗고 가야 하는데 실내화를 신고 갔다고 친구들이 보는 앞에서 학교 선생에게 폭력과 모욕을 당했다'는 이야기도 있었다. 신문에 그의 죽음이 보도조차 되지 않던 시절 어떻게 우리가 그의 유서를 볼 수 있었는지는 지금도 기억하기 어렵다. 그러나 선생들 눈을 피해 다른 학교 고등학생 운동 동료에게 이 유서를 전해 받고 또 다른 친구들에게 이 글을 전해주면서 우리는 남몰래 '우리끼리' 간절하고 애틋한 마음으로 그의 죽음을 애도했다.

그의 죽음이 유난히 우리 마음에 남았던 것은 유서에 담긴 그의 '감정' 때문이었다. 1학년 때인 1989년보다 1990년이 우리에겐 더 어려운 시절이었다. 학교는 우리가 학생들과 가깝게 지내는 것을 막기 위해 안간힘을 썼다. 개교 이래 100년 가까운 역사를 자랑하던 도서부를 해체했고 각종 동아리 활동을 금지했다. 문예부 리플릿에 "철쭉은 개꽃이고 진달래는 참꽃이다"라는 글귀를 썼다고 친북 빨갱이라는 혐의를 받아야 했고, 자주 다니던 사회과학 서점에 두었던 친구들의 책가방이 사복 경찰들의 갑작스러운 압수수색으로 경찰의 손에 넘어갔다. 이때부터 우리는 전화번호부 수첩에 친구들의 이름을 기호로 표시하기 시작했다. 가방 속에서 발견된 물건들을 근거로 학교로 정보과 형사들이 찾아들었고 학생부 교사들은 우리를 하루 종일 상담실에 가두고 종이 한 장을 건네며 친한 친구들의 이름을 쓰라 강요했다. 이웃 학교에서 학생부 교사에게 맞은 학생이 뇌손상을 입었다는 소식이 들렸고 그 모든 폭력의 공포가 곧 우리의 일이라 여겨졌다.

이 무렵 나는 참교육 스티커를 학교 건축물에 붙이다가 교감과 정면으로 마주쳤는데 그날 이후 한 달 가까이 '학교에서 퇴학을 당하면 어떻게 살아갈까', 가족 누구에게도 말하지 못한 채 고민하곤 했다. 이 무렵 한 학년 위의 선배가 학교 근처 뒷산에서 소주 한 병을 마시고 유서를 남긴 채 생을 마감한 소식이 들리기도 했다. 모임을 함께하는 친구들의 부모님들이 수시로 학교로 불려 왔고 학교를 찾아온 친구의 어머님이 무서운 눈빛으로 나를 바라보며 '우리 ○○가 너희 때문에 인생을 망쳤으니 앞으로 ○○와는 말도 섞지 말라'고 하는 것을 들어야 했다. 이 무렵 환갑이 넘은 나의 아버지도 학교로 불려 와 '당신 딸이 빨갱이고 사회에 반항하는 문제아'라는 말을 들어야 했다는데, 나는 이 이야기를 마흔이 넘었을 때 비로소 아버지에게 들을 수 있었다.

내가 다니던 학교에서는 여름방학마다 2학년 학생들이 자매결연을 맺은 밀양의 어느 중학교로 물놀이 겸 수련회를 떠나곤 했는데 보충수업을 하는 교사가 우리 반에 들어와 '너네 반은 많이들 가냐'는 질문을 던졌다. 반 아이들이 교사를 놀릴 겸 장난스럽게 '선생님이 가신다면 우리는 안 가겠다'고 했는데 그날 하루 종일 나를 제외한 반 아이들 모두가 담임교사에게 불려 가 일대일 상담을 받아야 했다. 담임은 반 아이들에게 '김영희가 선동해서 수련회를 가지 말자 했냐' 물었고 반 친구들은 모두 그런 말은 들어보지도 못했다고 답을 한 후에야 교실로 돌아왔다. 학교는 끊임없이 나를 포함한 몇 몇 아이들을 특정하여 '이상한 아이들'로 몰아가기 시작했고, 이들을 학교의 다른 학생들과 분리하기 위해 애썼다.

이 무렵 학내 운동 모임에 소속된 선배와 동료들이 새벽에 학교로 들어가 학교를 비판하는 내용의 대자보를 붙인 일이 있었다. 대자보가 붙은 날 아침 교장이 방송으로 '긴급 애국조회'를 열어 '지난밤 학교에 붙은 대자보는 부산대 학생들이 몰래 들어와 붙이고 나간 것'이라는 훈화를 늘어놓았다. 교장은 부산대 이름과 마크가 인쇄된 종이와 매직펜 등이 그 증거로 발견되었다며 목소리를 높였는데 정작 경찰에 신고해 불법 침입을 고발하는 일은 없었다. 이때 학교는 다른 사안에 비해 이상할 정도로 우리를 향한 대응을 하지 않았는데, 학교의 태도는 '있었던 일을 없었던 일로 만드는' 데 집중하는 것처럼 보였고, 이런 행태에서 학교가 우리의 존재 자체보다 우리가 학생들에게 미칠 영향을 더 크게 두려워하고 있다는 사실을 알 수 있었다.

나는 도서부가 해체된 후 반 친구들과 어울려 지냈는데 이 시절 나를 보호해준 것은 전적으로 나의 반 친구들이었다. 그러나 반마다 사정이 달라서 내 친구들이 겪는 압박감과 고립감은 무척 큰 것이었다. 이 무렵 학내 운동 모임과 동아리에서 같이 활동하던 친구 여럿이 '미안한데 함께하지 못하겠다'는 말을 남기고 모임을 떠났다. 누구도 이 친구들의 탈퇴를 만류하지 못했고 오히려 '모임에 안 나와도 좋으니 모른 척 지내지는 말자'는 간곡한 청을 건네기 바빴다.

대구 경화여고 김수경의 유서에 담긴 분노와 불안, 어떤 공포와 좌절, 그리고 고립감은 이 시절 우리 모두 공유한 것이었고 그의 죽음은 우리에게 모르는 누군가의 죽음이 아니라 나와 내 주변에서 언제든지 일어날 수 있는 일로 여겨졌다. 이 무렵 우리는 다른 누구와도 나눌 수 없는, 오직 뜻을 함께하고 있는 '동지'인 이 친구들하고만 나눌 수 있는 슬픔과 분노에 잠식되어 있었다. '다른 누구도 알아줄 수 없는 마음', '오직 우리 서로만이 알아봐 줄 수 있는 마음'이 그 자리에 있었고, 윤동주의 시에 나오는 '늙은 의사는 내게 병이 없다고 말하지만 나는 성낼 수도 없는 지나친 시련과 피로'의 감각에 휩싸여 있었다. 우리에게 김수경은 심약하고 어린 마음의 소녀가 아니라 '바로 나 자신'일 수도 있었고, 그를 애도하는 것은 우리가 경험하는 상실의 시간을 보내는 우리 나름의 '분투'이자 우리 자신을 위한 애도이기도 했다. 우리는 이때 '나'의 말을 들어줄 친구, 아니, 말하지 않아도 내 마음을 알아주는 친구를 만나기 위해 밤늦은 시간에도 학교 주변에 머물렀고 주말에도 학교에 나왔다. 당시 우리가 느꼈던 공포 가운데 하나는 친구들 가운데 누군가 우리가 모르는 사이에 생을 저버리는 선택을 할지도 모른다는 것이었기에, 우리에게는 매일 만나 얼굴을 맞대고 서로가 살아있음을 확인하는 과정이 절실했다.

2016년에 나는 1996년 8월 연세대에 고립되었던, '폭력 시위를 선동한 반사회적이고 파괴적인 학생들'로 호명되었던 당시의 학생운동가들을 만났다. 그들은 내게 학생운동의 선배와 동료들마저 외면하던 시절에 느꼈던 고립감과 분노를 격렬하게 드러냈다. 그 시절 '폭력적인 운동 방식으로 학생운동을 망하게 만들었다'고 그들을 비난하던, 절친했던 학생운동 선배를 40대 후반을 넘긴 나이에 이르기까지 만나지 않는다고 털어놓은 이도 있었다. 그 시절 느꼈던 분노와 절망, 사회에서 고립되었다는 감각을 30년이 지나고도 생생히 되새길 수 있다는 그의 말을 들으면서 나는 나도 모르게 고등학교 시절 동료들을 떠올렸다.

2016년 이화여대 시위에 참여했던 사람들이 '침묵의 서약'을 이야기하며 '아무도 우리 이야기를 들을 수 없고 우리는 우리 이야기를 제대로 들을 수 없는 사람들에게 아무 말도 하지 않을 것'이라고 선언했을 때, 어떤 '어른'들은 이해할 수 없다고 말했고 '같은 편에서 있다고 생각했던 선배'들은 상처받았다고 말했지만, 나는 그들의 마음을 조금은 이해할 수 있을 것 같다고 생각했다. 그리고 내가 인터뷰했던 1996년 8월 한총련 연세대 시위 참가자도 내게 그들의 마음을 너무 잘 알 수 있을 것 같다고 말했다.

페미니즘 리부트 이후 혜화역 시위에 참여했던 사람들이, 그리고 2024년 대통령 탄핵 촉구 시위에 참여한 '2030 여성'으로 호명된 이들이 어느 순간 더 이상 사회를 향해 말하지 않으려 할 때, 오직 서로 결속된 자신들의 커뮤니티 안으로 들어가 서로 어깨를 맞대고 웅크린 채 소곤소곤 자신들끼리만 대화를 이어갈 때, 나는 그 모든 장면 속에서 고등학생 시절 내 친구들의 모습을 볼 수 있었다. 내가 잘 알지 못하고 잘 알 수도 없는 이야기지만 다만 그 웅크리고 경계하는 조심스러운 몸짓 속에서, '그들의 마음을 안다고 말하거나 그들을 혐오하기만 하는' 그들 울타리 바깥의 사람들을 바라보는 그 날카롭고 형형한 눈빛 속에서 고등학교 시절 우리들의 모습을 떠올린 것은 내게 조금도 이상한 일이 아니었다.

어떤 시인은 '지금 아는 걸 그때도 알았더라면'이라고 말했지만 나는 오히려 '그때 알았던 것을 지금도 알고 있다면'이라고 생각한다. 지금 아는 것을 그때도 알았더라면 아마 우리는 아무것도 하지 못했을 것이다. 그때 알았던 것을 지금은 모르거나 잊어버려서 우리는 이제 이해할 수 있었던 것을 이해할 수 없게 되었고 조금만 예민하게 살펴보면 알 수 있는 것들을 알 수 없게 되었다. 곁을 내주어야 할 사람들, 내가 어깨 걸어야 할 사람들이 누구인지 알아차릴 수 없게 되었다.

침묵은 대부분 폭력의 결과이자 증거라고 생각한다. 고등학교를 졸업한 후에도 우리는 자주 만났고 만날 때마다 '나중에 우리 이야기를 꼭 쓰자'고 서로 다짐했다. 그 열기와 갈망은 뜨거웠지만, 그리고 사는 동안 이런저런 '현재'의 일들로 바쁘고 힘들었던 것도 사실이지만, 우리 이야기를 꼭 쓰겠다고 말한 사람 중 그 이야기를 쓴 사람은 아직 한 명도 없다. 구술 서사를 연구해온 나조차도, 1993년 이후 수많은 사회적 장면에 참여했던 사람들을 30년 넘게 구술 인터뷰했으면서 정작 고등학교 시절 운동에 참여했던 사람들은 단 한 명도 제대로 인터뷰한 적이 없다. 이 침묵은 어떤 폭력의 증거일까. 나는 이 침묵에 참여하고 있는 것이 1980년 후반의 고등학생들만이라고 생각하지 않는다. 1990년대, 2000년대를 거쳐 지금에 이르기까지 왜 수많은 10대 청년 운동가들은 입을 닫고 말문을 열지 않았을까.

나는 나의 이야기가 그 시절 다른 누군가의 이야기를 대신할 수도 없고 고등학생운동에 참여했던 사람들의 보편적 역사가 될 수도 없다고 생각한다. 다만 이 이야기의 시작은 내게 오랜 침묵을 깨는 첫 번째 '말문'이며, 친구들과 했던 오래전 약속을 이행하는 첫 번째 발걸음일 뿐이다. 나의 이야기는 그저 나의 '말'일 뿐이지만, 나는 이 '말'이 누군가의 또 다른 '말'을 끌어내는 계기가 되기를, 닫힌 말문을 여는 첫 시작이 되기를 바란다. 우리가 자주 부르던 노랫말처럼 "누구나 태어날 때부터 울 듯이" "언제나 시작은 눈물"이며 그 눈물은 곧 "미래를 바라보는 망원경"이다.

그러니 "함께 가는 길벗"들과 앞을 보며 당당히 나아갈 수 있으리라는 기대가 이 글을 쓰는 내게 있다.° 그리고 이 침묵을 깨는 '말'의 판에 함께했으면 하는 '길벗'들은 내 오랜 동무들만이 아니라 2025년의 10대 청년들이기도 하다. 부디 내 이야기를 들어주겠냐는 조심스러운 질문이 자신의 과거를 사랑하는 이들의 자기 연민과 과잉된 자의식에 가득 찬 '말'의 판으로의 초대로 여겨지지 않길 바라며, 그리하여 이 말의 시작이 나의 오랜 벗들도 나와 함께 오늘의 10대 청년들에게 연대하는 계기가 되기를 바라며 묵혀둔 말의 보따리를 연다.

열일곱, 인생의 첫 번째 '나의 선택'

고등학교 진학은 내게 새로운 세계의 입문을 의미했다. 그것은 두려움보다는 설렘을 동반하는 일종의 입사(入社)였는데, 내게 기대감을 일으킨 것은 새로운 학업에 대한 호기심이 아니라 새로운 동료 관계와 공동체를 향한 갈망이었다. 내가 다니던 중학교는 새로 만들어진 '여중'이었는데 비교적 부유한 경제적 배경 속에서 성장한 친구들이 많았고 학교의 분위기는 언제나 '귀엽고 사랑스러운 꽃 같은 소녀들의 세계'라는 허상에 사로잡혀 있었다. 고등학교 진학

° 〈언제나 시작은 눈물로〉(윤선애 노래, 새벽 글·곡).

은 내게 새로운 친구들과 선배들을 만나 다양한 자치활동을 할 수 있는 넓은 세계로의 진입을 의미했다.

학업에만 얽매이는 학교생활은 하지 않겠다는 무언의 결심은 중학교 시절 경험에서부터 시작된 것이었다. 내가 중학교에 입학할 무렵 나와 열두 살 터울인 언니가 처음 교사 발령을 받아 부임하면서 전국교직원노동조합(이하 '전교조')의 전신인 민주교육추진 전국교사협의회(이하 '전교협') 활동을 시작했다. 언니는 내게 이런저런 행사를 소개해주었는데 특별하게 권유하지는 않고 내가 원하는 경우 활동에 참여할 수 있도록 부모님의 허락을 받는 일을 도와주곤 했다.

당시 나는 걸어서 이동할 수 있는 집 근처 동네, 혹은 버스를 타고 오가는 학교 근처 동네를 잘 벗어나지 않는 '촌 아이'였다. 부산은 큰 도시였지만 내가 다니는 곳은 제한된 공간이었고, 버스를 타고 멀리 이동하는 일이 거의 없었다. 좁은 세계 안에 머물던 내게 이오덕 선생님의 강연회나 지역 마당극패의 민요와 판소리 강습, 전교협의 스승의 날 행사 등은 비로소 갇혀 있던 문을 열고 나가는 진정한 의미의 '외출'이었다. 이 바깥 세계로의 이동은 나를 가둔 '집'과 '학교'라는 경계를 처음 넘어서는 발걸음이었고 세상을 향해 수많은 질문을 품게 된 첫 번째 계기였다. 학교에서 배우지 못하는 신동엽 시인이나 김수영 시인의 작품을 접하거나, 학교 바깥의 또래 친구들과 어울려 토론과 대동놀이를 즐기는 일들은 '얌전하고 예의 바른 아이'가 아닌 '도전적이고 활기 넘치는 아이'로 스스로를 재발견하는 과정이기도 했다.

고등학교에 진학하면 꼭 동아리 활동을 적극적으로 해보겠다고 다짐했는데 내가 다니는 학교는 1895년에 설립된 사립 여고로 꽤 넓은 도서관과 오랜 전통을 가진 도서부가 있는 곳이었다. 야간 자율학습 시간에 교실이 아닌 도서관에서 책을 읽을 수 있다는 동아리 홍보에 이끌려 망설임 없이 '도서부'에 가입했다. 도서부는 지도교사가 있기는 했지만 교사의 영향력 아래 있다기보다는 학생들의 자치 역량을 중심으로 선후배 동료들이 주도하는 공동체였다. 제한이 있었지만 학생들이 원하는 책을 구입할 수도 있고, 평일 저녁에도 자유롭게 독서 토론 등을 이어갈 수 있었다. 야간 자율학습 시간에 도서부원들은 도서관에서 '이상문학상 수상 작품집'이나 문학 계간지를 읽을 수 있었다. 난로에 쥐포를 구워 먹기도 하고 선배들과 시나 소설, 혹은 인문학 서적들을 놓고 열띤 토론을 하기도 했다.

　도서부는 한 달에 한 번 다른 학교 도서부의 토론회에도 참여했다. 선배들을 따라간 곳에서 또래의 다른 학생들과 책을 놓고 두 시간이 넘도록 토론하곤 했는데, 도서부 연합 토론회에서는 가끔 금서로 지정된 책들로 토론하기도 했다. 당시 금서의 기준은 일관성이 없었는데 도서부가 해체되기 전 우리가 했던 마지막 교내 독서 토론회의 대상 도서는 《백범일지》였다. 교내 학생들만으로 이뤄진 토론회였는데 별다른 홍보 없이도 100명에 가까운 학생들이 도서실을 가득 메웠다.

　내가 다니던 고등학교는 19세기 말 선교사들이 세웠다가 일제강점기에 지역 유지들이 학교 설립의 뜻을 이어받아 운영하던 근대 여성 교육기관이었다. 3·1운동을 비롯한 수많은 독립운동을 주도한 여성 지식인을 배출한 학교이자 1920년대 이후 근대 여성이 주도한 담론장 내에서 꾸준히 자기 목소리를 내던 여성들이 교육받은 기관이었다. 학교 교훈이 '겨레의 넋은 국어에 있다. 사람의 값은 지식에 있다. 나라의 힘은 통일에 있다'였으며, 정년을 훨씬 넘기고도 교사로 활동하는 '할아버지 선생님'이 계셨는데 이분이《백범일지》 토론회에 참여해 도서부원들의 손을 잡고 눈물을 흘리며 본인이 살아생전 이런 풍경을 볼 줄 몰랐다며 고맙다는 인사를 거듭 건네기도 했다.

그러나 토론회 당일 교감을 비롯한 학생부 교사들이 토론회에 참석한 학생들을 둘러보고 몇몇 학생의 이름을 적어갔다. 그들은 차마 드러내놓고 토론회 개최를 금지하지 못했지만 이를 못마땅하게 여겼고, 토론회 이후 얼마 지나지 않아 도서부는 학교에 의해 해체되었다. 몇 달 후 다른 교사와 학교에서 지정한 몇 명 학생들을 중심으로, 학생들의 동아리가 아니라 학교가 이상한 형태로 만들어낸 '어용 도서부'가 만들어졌다. 이날부터 도서실을 향하는 학생들의 발길이 끊겼다.

도서부는 학교의 역사만큼 오래된 조직으로, 선배·동료와의 유대가 강하고 교사들의 개입 없이 학생들의 자치 역량만으로 운영되던 곳이었다. 1990년 학기 초 학교의 일방적인 도서부 해체는 도서부원들뿐 아니라 도서실을 드나들던 학생 모두에게 큰 상처였다. 이것은 학교가 승인하지 않는 활동을 하는 동아리는 언제든지 학교가 없앨 수 있다는 신호였으며, 학생들의 자발적이고 능동적인 활동을 인정하거나 수용하지 않겠다는 학교 당국의 명백한 의지가 담긴 조치였다. 이 이후 동아리 활동에 대한 학교의 규제는 더욱 심해져서 각 동아리에서 발행하던 다양한 매체와 소식지가 규제받기 시작했다. 당시 내가 다니던 학교에는 봄이 되면 지천으로 진달래가 피어났는데 진달래가 붉게 핀 학교 동산은 학생들의 자랑이자 학생들이 가장 사랑하는 공간이었다. 어느 날 문예부에서 발간한 매체에 이 진달래를 참꽃이라 칭하며 그 아름다움을 칭송하는 간단한 글이 실렸는데 진달래가 북한의 나라꽃이라는 이유로 한동안 문예부원들이 고초를 겪기도 했다.

고등학교에 입학하고 채 한 달도 지나지 않았을 때 아침 자율학습 시간에 교감이 교실로 찾아와 반 친구들이 모두 지켜보는 가운데 내 이름을 불렀다. 언니의 이름을 대면서 언니가 전교조 가입 교사냐 묻고 앞으로 학교에 다니는 내내 나를 지켜보겠다고 말하고 돌아갔다. 실제로 교감은 내가 학교에 다니는 동안 거의 매일 아침 교실로 나를 찾아왔으며 부산대에서 시위가 있는 날이면 교감이나 학생주임, 혹은 담임이 내가 집에 있는지 전화를 걸어 확인하기도 했다.

도서부에 가입하고 한 달쯤 지났을 때 3학년 도서부 선배가 나를 따로 불러내 학교 안에 비밀 모임이 있는데 가입하지 않겠느냐고 물었다. 선배는 내게 그 조직의 성격과 활동 내용에 대해 자세히 설명하지 않았다. 다만 사회문제를 발견하고 그에 대해 공부하며 우리가 사는 세상을 더 나은 곳으로 만들기 위한 운동을 실천하는 모임이라는 말을 했을 뿐이다. 당시 라디오에서는 연일 고등학교 불법서클을 단속하겠다는 정부의 방침이 발표되고 있었고, 입학 초부터 찾아와 주시하겠다는 교감의 말 역시 마음 한구석에 남아 있었다. 집 앞에는 밤새 사복 경찰 두 명이 지키고 서 있었고 매일 누군가가 찾아와 교육운동을 하는 언니를 비난하는 말을 하고 갔다.

전남이 고향인 아버지는 1980년대 중순 어느 날부터 집 여기저기에 5·18 사진첩들을 두기 시작했고 1987년엔 중학생이던 나와 어머니를 제외한 거의 모든 식구가 거리에서 최루탄을 맞고 돌아왔다. 1988년에는 5·18 청문회가 열렸고 학교에서도 청문회가 생중계되는 방송을 실시간으로 보여주곤 했다. 정확하게는 알지 못해도 무언가 세상이 바뀌는 것 같았는데, 1989년 내가 느낀 세상은 조금도 바뀌지 않은 깜깜한 어둠 같았다. 학교 교사들은 형사처럼 우리를 추궁했고 수업 시간엔 전교조 가입 교사를 험담하거나 세상에 대한 엉터리 논변을 늘어놓았다. 학교의 윤리 교사는 '여자와 북어는 3일에 한 번씩 패야 한다'는 투의 말을 늘어놓거나 칠판에 길이가 다른 세로줄을 여러 개 그어놓고 긴 줄에서 남은 부분을 짧은 줄로 이어 붙이는 것이 공산주의라는 이상한 궤변을 철학 수업 내용으로 가르쳤다.

선배의 제안을 받고 나는 전교조 교사였던 언니를 비롯한 가족 누구와도 의논하지 않았다. 애초에 누군가와 의논해야 할 일이라고 생각하지 않았고 오로지 스스로 생각해 선택하고 결정할 문제라고 생각했다. 어린 마음에 선배가 제안한 모임이 들어가는 것이 마치 일제강점기 독립운동단체에 가입하는 양 비장한 결심을 요구하는 일로 여겨졌다. 이런 제안을 받았다는 것을 도서부 동료는 물론 친구 누구와도 나눌 수 없었다. 혹여나 그것이 친구를 곤란하게 만들거나 친구가 학생부 교사에게 고초를 겪게 되는 빌미가 될 수도 있다고 생각했기 때문이다.

비밀 모임의 첫 만남을 위해 나갔을 때 1학년은 나밖에 없었고 전체 모임의 구성원이 누구인지 다 알 수 없었다. 몇몇 선배의 이름은 알았지만 나머지 선배들은 모두 별명으로 불렀고 손바닥보다 더 작은 전호번호부 수첩에는 모두 암호처럼 기호로만 이름을 적어 두었다. 이 선배들과 처음 함께 공부한 건 갑오농민전쟁과 4·19였다. 선배들이 복사해준 자료 외에도 나는 대학 근처 사회과학 서점에 가서 관련된 책들을 찾아 읽고 메모했다. 이 모임에서 갑오농민전쟁 (당시 선배들과의 토론에서 우리는 이 사건을 동학혁명으로 부르지 않고 갑오농민

분류	책 이름	○감자	분류	책 이름	○감자
소	동의보감 Ⅰ.Ⅱ.Ⅲ.	동	철 학 사 상	한국 명동사 ⅠⅡ	김
설	갈정춘향	동.봉		껍데기는 번겨서	김.단
	더이상 아들이를 방황은 안돠	동.빛		철학 에세이	깃.빔
	갬지. 성	동		철란 산책	동
	약정한 망냥	동.비		당개 신쩨로	빛.결
	동심연서. 바람라는 성	빛	인 물	방란. 김상옥	결
	어머니	봄		한국 인물사론	결
	자용인. 어느 쏨도란는 인강의 삶	비		어느 젊번느금의 삶과 죽음 -전태일평전	전태일평전
	서이련 힘 옥	보.봄.결	기 양	우리 사랑이란 이름으로 만나대	실
	80년대 소설. 위기의 그늘. 제3세대문학 1~20	결		오리들의 사랑. 우리들의 봄노	동
	나는 병신님이 좋아요	결.김		내가 아욱 뻐 나눈 경간	빛
	난아라. 장내 토매야	결.닥		세미있는 효리어법 ①.②	빛
	동임인의 사랑. 검은비	김		만쳥도 영뚝기라고 강노 까귀에게	빛.결
교 육	들내기 초란 마직막 수읍	빛		더라봅다라	봄
	희망이라는 좋이 비행기. 제3세계 교유논	벗		아너갔는 딸이루그 문싯집아 희얏거여	빛.결
	여동에서 바다로. 사랑으로 매인 섬전뜩			보더를 외쳐여	비보동
	밝멍으며 시베보고 시체버며 또 밝멍고			첫면의 붉눈으로 붐아. 모장의 흙빛	결
	아이들의 어둠을 가른치는 즈. 공동체 놀이	결		인간의의 남. 하	
	인과 놀이. 잇과뭄다. 표치고 잡추치고			강강씨의 연씨의 타인 이야기	닥
	어느 동엄이의 외청. 토이로 여른 죄의교듯			강독은 남터의 사반	닥
	남은 가그는 중반기요뮤. 함께하는 죄의 수읍			노서런 남이 뿌디로 잡나서	히
	학생 가치 활동2.	김		겸의 문도 잇분. 잇분. 잇분	비
	선생범 검닫이 통계요. 고문하고 핫생더	옥		공 같은 겁반라도 다다른 것이 더 좋아	비
	내가 두고 떠나온 아이들에게	안	4	문화에서 빠여딘 제둑.	
시	반토	동		숨혜로 하나다	
	노동의 서벽	빛	역사	우리시대의 여까	비
	그대 영혼이 터져 시가 비났때			도의자 역사의 의검요	
	우리들의 애쁨어	봄			
	여사방의 검망꿈에 붉눈노 하나의 사랑 노래	결			
	80어래의 시. 저련강에 삶모 쓰고				
	2론 검원사업. 너려강 너의개	단			
역 사	이야기 세계사 상하	동			
	역사로 다시본다	동.봄.김			
	인간의 역사	동.긴			
	한국 현대사. 한국 근대사	단			
	미주 사회는 어떻게반생하였으며 방던하여왔는가	동.긴			
	세계사 편력	빛.봄			
	거꾸로 읽는 세계사	봄.비			
	바라보는 우리 역사	동			

※1. 위의 붐해는 닥실거 않음.

※2. 참고 자눈 붐쪽남
　　 춘팡사와 잔논으로 생략함.

※3. 각내 재묵도 관계없이
　　 해재 가지고 잇눈 사람 소걸으로
　　 기록함

※4. 책의 대축은 　개인이 맡아서함

[도] 4324. 5. 15. "샤랑방"

학내 운동 모임에서 공유하고 있던 학습 도서 목록

전쟁으로 부르기로 했다)은 한국 민중운동의 뿌리가 되는 사건으로 논의되었고, 4·19는 고등학생운동의 본격적인 출발점에 해당하는 사건으로 의미화되었다. 지금처럼 인터넷으로 자료를 찾을 수 없는 시절이었기에 얼마 안 되는 자료들로 공부할 수밖에 없었지만 나는 이 모임의 토론을 준비하기 위해 열심히 이곳저곳 찾아다니며 자료를 읽었다.

그러던 어느 날 한 선배가 우리 학교에도 전교조 교사가 네 명인데 그중 한 명이 해직 위기에 있으니 학내 시위를 하자고 제안했다. 1학년이던 나는 시위를 준비하는 선배들의 모습을 지켜보며 내가 할 일을 정리했다. 당시 해직 위기에 있던 교사의 수업을 들은 적이 없었고 그 교사와 개인적 교류가 있었던 것도 아니었다. 그 교사를 좋아한다거나 그 교사가 좋은 분이라서 지켜야 한다는 것이 아니라, 그 선생님이 가입한 전교조가 지향하는 참교육운동을 지지하고 우리 역시 학교 교육을 변화시키는 운동의 주체이기에 전교조 교사들과 연대해야 한다는 생각이 강했다. 또한 학생이 어떤 생각을 갖고 있거나 어떤 책을 읽었다는 이유로 부당한 징계를 받아서는 안 되는 것처럼, 교사 역시 그가 실천하는 교육 철학과 지향 때문에 부당하게 해고되어서는 안 된다는 당위가 우리를 움직였다.

선배들은 당시 언론사 기자들과도 접촉해 시위 날짜와 시간을 알리고 기자들이 보도할 수 있도록 안내하는 일도 하자는 의견을 내놓았다. 우리는 점심시간을 틈타 운동장에 모여 시위를 하기로 했고, 각 반 친구들에게 이 사실을 어떻게 알릴지도 의견을 모았다. 내가 맡게 된 일은 사전에 몇몇 다른 반 친구들에게 관련 내용을 제안해, 시위가 시작되자마자 교실에서 가장 먼저 친구들과 함께 운동장으로 나올 사람들을 섭외해놓는 것이었다. 나는 도서부 동료들과 몇몇 믿을 만한 친구에게 시위 계획을 알리고 시위 당일, 반 친구들과 함께 몇 시까지 나오라는 말을 남겼다.

시위가 시작된 당일 점심시간이 시작되자마자 우리는 창문 밖으로 종이비행기를 날렸다. 종이비행기는 당시 다른 학교에서 학생들이 선택한 시위 방법 가운데 하나였는데 고등학생들이 함께 연대한다는 의미에서 다른 학교 친구들과 같은 방식의 시위를 진행하기로 하였다. 운동장과 학교 건물 밖으로 종이비행기가 쏟아지는 것과 동시에 우리는 우르르 운동장으로 뛰어나갔다. 머뭇거리는 친구들, 교실에 남은 친구들도 있었지만 생각보다 많은 친구가 운동장으로 뛰어나왔다.

우리는 긴 시간 시위를 이어갈 수도 없었고 함께 부를 수 있는 노래도 없었다. 애국가나 교가는 부르기 싫었고, '우리가 서로를 사랑하고 교육운동을 하는 교사를 사랑한다'는 의미에서 〈사랑해 당신을〉을 부르기로 했다. 비밀 모임 가입을 권했던 선배가 메가폰을 잡고 노래를 부르기 시작했고 우리는 그 선배를 중심에 두고 큰 원을 만들어 서로 손을 맞잡았다. 노래가 거의 끝나갈 무렵 학생부 교사들을 비롯한 남자 교사 여럿이 운동장으로 뛰어왔고 우리가 만든 원을 허물고 선배를 잡아가려고 했다. 우리는 오랜 시간 버티지 못했고 곧 허물어진 원 안으로 교사들이 밀려 들어왔다.

학생주임에게 끌려가던 선배 언니가 손에 쥐고 있던 메가폰을 내게 건넨 것은 순식간의 일이었다. 나는 얼떨결에 선배가 건네는 메가폰을 받았고 곧바로 학생부 교사 누군가가 내게 다가와 따귀를 때리고 메가폰을 빼앗아갔다. 취재를 나오겠다는 기자는 오지 않았고 우리는 채 15분도 지나지 않은 시간에 해산되었다. 교실로 돌아온 후 시작된 5교시의 담당 교사는 마침 학생부 소속의 고전문학교사였다. 그는 수업을 하지 않은 채 우리에게 눈을 감으라고 했고 전교조 욕을 한참 늘어놓은 후 운동장으로 나가자고 한 친구가 누구인지 말하라고 우리를 윽박지르기 시작했다.

친구들에게 운동장으로 나가자고 하고 다른 교실 칠판에 시위에 나오라고 쓰고 다녔던 나는 신발 안에 시위 준비에 관한 작은 문건을 숨겨두고 있었다. 무섭고 긴장되어 심장이 어떻게 뛰는지, 숨을 어떻게 쉬는지 알 수 없을 지경이었다. 나는 도서부 활동을 하느라 반에서 절친한 친구를 만들지 못한 상황이었고 야간 자율학습 시간마다 도서실에 있었기 때문에 학급 동료들과 친밀하게 지낸 시간이 많지 않았다. 더구나 같은 반 나의 도서부 동료는 5·18이 북한에서 내려온 빨갱이들이 일으킨 폭동이라고 내게 말했던 친구였고, 나는 그 친구나 다른 누구라도 선생님이 말한 사람이 바로 저 아이라고 나를 지목할 것 같았다.

어느 정도의 시간이 흘렀는지 기억나지 않지만, 그때까지 지나온 시간보다 더 긴 시간이 흘러가는 듯한 느낌이 들 정도로 나는 몹시 긴장해 있었다. 그러나 수업 시간이 다 끝나가도록 어떤 친구도 나를 지목하지 않았다. 교사는 화를 냈고 나를 노려보았다. 그는 틀림없이 내가 상황을 주도했을 것이라 여기면서도 누구도 지목하지 않는 상황에서 나를 끌고 나갈 생각은 하지 못하는 것처럼 보였다. 나는 수업이 끝난 후 곧바로 복도로 나와 다른 반 친구들의 상황을 살피고 끌려간 선배의 동향을 알고자 했다. 선배는 오래도록 상담실에 가 있었는데 구체적인 소식을 알 길이 없었고 반마다 상황이 달라 담임에게 끌려간 친구도 있고 아무 일도 일어나지 않은 친구도 있었다. 우리 반 담임은 정치적 문제에도 관심이 없지만 학생을 과도하게 통제하는 사람도 아니었는데 어떤 이유에서인지 나를 부르

부고협에서 발행한 학습 자료

지 않았다.

위태롭고 긴장되는 한 학기가 끝나고 여름방학이 다가오자 선배 언니가 부산 지역에서 고등학생운동 조직이 만들어질 거라고 했다. 조직명은 부고협(부산지역고등학생대표자협의회, 이하 '부고협')이라고 했는데 여름방학 중에 부산대에서 발대식을 할 예정이니 그때 참석하라면서 첫 모임의 일정을 다시 알려주겠다고 했다. 어떤 이유에서인지 그 선배는 발대식에 참여하지 않고, 나를 홀로 발대식 준비 모임에 보냈다. 지금은 정확히 기억나지 않지만 나는 1학년 학생인데도 학교 모임을 대표하는 사람으로 모임에 참석했다.

준비 모임에는 부산 전역에서 온 고등학생들이 있었는데, 모임의 모든 약속은 매우 엄격한 보안 유지 준수의 분위기 속에 전달되었다. 예를 들어 언제 어디서 모이기로 했다는 이야기는 모임 전날에야 전달되었고 이 일정을 전달하는 사람 역시 매번 달랐다. 알려준 대로 약속 장소에 가보면 10~20명 정도의 사람들이 모여 있었는데 주로 발대식 당일에 학교 친구들을 어떻게 데려올 건지, 무엇을 조심해야 하는지 등을 알려주는 것이 모임의 주된 내용이었다.

이 모임은 늘 매우 긴장된 분위기 속에서 진행되었는데, 그 모든 순간이 독립운동의 한 장면 같았다. 만약 내가 아주 작은 실수라도 한다면 나뿐만 아니라 내가 만났던 모든 사람이 위험해질 수 있다는 생각에 가족은 물론이고 함께 모임을 하는 학교 친구들이나 도서부 동료들에게도 준비 모임에 관한 이야기나 부고협 발대식에 관한 이야기를 하지 못했다.

부고협 발대식 당일, 행사 장소인 부산대 앞은 수많은 전경이 둘러싸고 있었다. 부산대 앞을 서성이다 함께 들어가기로 정해졌던 선배를 만나러 약속 장소에 갔는데 어째선지 그를 만날 수 없었다. 할 수 없이 대학 주변을 계속 배회하던 중 우연히 부산대에 다니던 오빠를 만났다. 나는 사정 이야기를 하고 전경이 모르는 쪽문으로 나를 넣어달라고 오빠에게 부탁했다. 자못 무서운 표정을 지었지만 오빠는 나를 학교 안으로 넣어주었고 아무 곳이나 돌아다니지 말고 건물 안에 있으라고 신신당부했다.

발대식 예정 장소 근처에 가자 어디선가 함성 소리가 들리더니 전경들이 학교 안으로 밀고 들어왔다는 소식이 들려왔다. 사범대, 공과대 학생들이 우리를 삼삼오오 데리고 건물 안으로 들어갔다. 대학생들은 우리에게 강의실 문을 잠그고 무슨 소리가 들려도 절대 밖으로 나오지 말라고 말했다. 주변은 조용했고 바깥소식은 들리지 않았다. 문을 잠그고 앉아 있는 내내 숨소리조차 제대로 낼 수 없었다. 어느 순간 군홧발 소리가 무수히 들리기 시작하더니 한참 후에야 잠잠해졌다. 우리는 오후 늦게 강의실 안으로 들어갔다가 해가 거의 진 후에야 건물 밖으로 나올 수 있었다.

대학생들은 우리를 사범대나 공과대 학생회실로 데려갔다. 우리가 많이 긴장했다고 생각했는지 가벼운 농담을 건네거나 노래와 율동 같은 것들을 가르쳐주기도 했다. 하지만 너무 긴장해서인지 아무것도 머리에 들어오지 않았다. 오늘 집에 들어가지 못한 채 학교에도 못 가고 경찰서에 끌려가면 그다음엔 어떻게 해야 하나 하는 고민만 머릿속을 가득 채웠다. 차라리 전교조 조합원인 언니에게 미리 말하고 나올걸 하고 생각하다가, 오빠를 만났으니 내 소식을 알지 않을까 짐작하며 안도하기도 했다. 당시 오빠가 고등학생들을 지키기 위한 부산대 학생들의 시위 대열에 들어가 있었고 교문 앞에서 전경들과 대치하며 싸우다 가슴에 돌을 맞아 상처를 입기도 했다는 사실은 나중에 알게 되었다.

전경이 모두 물러갔다는 소식이 들리고 나서야 나는 집으로 돌아올 수 있었다. 나는 이날의 경험을 반 친구들은 물론, 학교 모임 사람들에게도 제대로 말할 수 없었다. 나를 모임으로 이끌고 부고협 모임에 나가라는 제안을 했던 선배는 그날 이후 제대로 볼 수가 없었고, 학교 동료들과 함께 참여하지 않은 나로서는 부고협이라는 조직이 내게 어떤 의미인지, 해당 조직이 어떤 목적과 지향을 가진 조직인지 제대로 생각해볼 겨를도 없이 어딘가로 휩쓸려가고 있었다.

내 머리로 생각하고 내 발로 서고
나의 벗들과 함께하겠다는 각오

1학년 2학기가 시작된 후에 우리는 도서부 활동이나 학교생활을 이어가면서 교내 비밀 모임도 꾸준히 꾸려나갔다. 1주일에 한 번씩 모여 독서 토론도 하고 학습도 하면서 우리가 해야 할 일에 대한 회의도 이어갔다. 주로 역사, 철학, 문학을 집중적으로 공부했는데, 토론회나 회의가 없을 때도 근처 사회과학 서점에 들러 책을 읽거나 다른 학교 사람들을 만나곤 했다. 학교는 여전히 긴장 상태였지만 교내 비밀 모임에 들어온 친구들도 늘었고 내가 좋아하던 도서부 동료도 나의 제안으로 그 모임에 참여하게 되어 나는 나름대로 즐거운 2학기를 보내고 있었다.

어쩌다 서울이나 광주에서 왔다는 고등학생운동 활동가들을 만나기도 했는데 어떤 친구들은 우리에게 마르크스의 《자본론》을 읽어봤느냐면서 그 책의 구절들을 우리에게 외워 읊기도 했다. 그러나 우리는 그 친구들의 모습을 따르고 싶다거나 그런 책들을 우리도 얼른 읽어봐야겠다고 생각하기보단, 그 친구들이 오히려 맞지 않는 옷을 입고 있다는 생각을 더 많이 했다.

이 무렵 우리 모임의 주요 토론 주제는 부고협이었다. 부고협은 어떤 활동의 내용이나 그 목표에 대한 설명이나 설득 없이 갑작스럽게 우리에게 무언가를 지시하기 시작했다. 어떤 주말에 갑자기 학교에 유인물을 붙이라거나 전교조에서 판매하는 물품을 일정 기간 내에 일정량 팔라는 등의 내용이었다. 또 부산대에서 진행하는 대학생 시위에 동참을 제안하기도 했다. 우리는 부고협의 제안과 요청이 올 때마다 이를 어떻게 받아들여야 하는지 격론을 벌였다.

부고협의 결정과 요청에 따라 어떤 날 새벽엔 학교 담을 넘고 들어가 화장실에 유인물을 놓고 나와야 했고 어떤 주말엔 학교 건물에 '참교육 스티커'를 붙여야 했다. 이 무렵 대학 운동조직이나 사노맹(남한사회주의노동자동맹) 같은 정치조직에 소속된 사람들 가운데 우리에게 '학습'을 제안하는 이들이 많았는데 이런 제안에 응하는 다른 학교 동료들이 많았다. 이들은 거의 부산대 앞에 살다시피 했고 대학생들의 시위에 참여해 화염병을 던지기도 하였다. 방과 후엔 민속주점 같은 곳에 모여 술을 마시거나 담배를 피웠고 그러던 날들이 이어지면서 학교에 가지 않는 친구들도 생겨나기 시작했다.

우리는 이런 동료들의 모습을 보면서 '나의 고등학생운동은 어떠해야 하는가' 끊임없이 고민하고 토론했다. 우선 토론을 거쳐 부고협의 일방적인 요구는 따르지 않기로 결정했다. 왜 그 일을 해야 하는지, 그 일이 어떤 의미를 갖는지 함께 토론하고 결정하는 과정 없이 일방적으로 수행해야 할 과제를 내려주는 조직은 건강한 조직이 아니라는 데 의견이 모아졌다. 무엇보다 우리는 다른 누군가가 우리에게 억지로 생각을 주입하거나 함부로 우리를 통제하려 드는 것을 극도로 경계했다. 바로 그런 학교 교육 때문에 우리가 운동을 시작하게 된 것이나 다름없는데 운동을 하면서 다시 누군가의 의지대로 움직이는 꼭두각시가 되고 싶지는 않았기 때문이다. 당시 우리는 스스로 생각해서 선택하고 행동해야 한다는 생각이 강박적일 정도로 강했다. 어떻게 살 것인가를 치열하게 고민하되 그 고민의 결과는 다른 누구도 아닌 스스로 책임져야 한다고 생각했다. 다른 누군가의 의지와 개입으로 우리가 어떤 일을 하게 되는 상황을 몹시 경계하고 싶어할 수밖에 없었다.

또한 이 무렵 우리는 '겉멋'을 경계하자는 말을 많이 했는데, 우리가 운동의 동료로 함께해야 할 친구들이 있는 학교를 도외시한 채 대학생들과 어울리는 것이 매우 이상한 일이라고 생각했다. 우리가 바꾸고 싶은 세상의 모습이 있다면 그 바뀐 세상의 미래를 만드는 일은 학교에 있는 동무들과 함께해야 한다고 생각했다. 그래서 어느 땐가는 교내 모임의 결정에 따라 일정 기간 부산대 근처에 가지 않기로 결심하기도 했다. 모임의 장소 역시 대학가 서점이나 전통찻집, 민속주점 등이 아니라 학교 근처 동산이나 성당 같은 곳으로 바꾸었다. 술을 마시고 담배를 피우는 것 자체가 문제가 된 것은 아니었다. 우리가 대학생이나 다른 운동조직 사람들의 행동을 따라 하고 그들의 이야기를 자신의 말처럼 하는 것이 자기 자신을 소외시키고 함께할 동료들을 외면하며 엉뚱한 허세에 젖는 모양새처럼 느껴졌다. 이때 우리는 허공에 떠다니지 말고 우리 발로 땅을 밟고 서자는 것, 그리고 남이 하는 대로 따라 하지 말고 반드시 우리 스스로 생각하고 토론해서 결정하자는 말을 가장 많이 했다.

1주일에 한 번씩 모여 우리는 친구들이 공감할 만한 일을 하나둘 떠올려 의논한 후 이를 학교에서 실천해나갔다. 반 친구들에게 매일매일 다 같이 일기처럼 쓰는 날적이를 쓰자고 제안해 반마다 선생님들 몰래 날적이를 쓰기 시작했고, 친구들과 함께 읽을 책을 선정해 몰래몰래 전달한 뒤 그 책에 대해 일대일로 토론을 이어가기도 했다. 그러던 어느 날 부고협이나 외부 단체가 아니라 우리 모임의 결정으로 대자보를 써서 학교에 붙이는 것을 결행했다.

내가 다니던 학교는 사립 여학교였는데 여성혐오적 발언이나 성차별적 행동, 추행에 가까운 폭력을 일삼는 교사가 많았다. 정기적으로 여성의 부덕과 소양을 기르는 예절 교육을 하고, 학생들이 뛰어다니지 못하게 했으며, 수업 시간마다 여성을 비하하는 말을 하는 교사가 학교의 주요 권력을 장악하고 있었다. 교내 비밀 모임을 하는 친구들뿐 아니라 학교 친구들 대부분이 이런 차별적이고 억압적인 '여성' 교육에 대해 반발했고, 우리는 이런 대의를 모아 '○○여고는 현모양처를 찍어내는 공장이다'라는 제목의 대자보를 써서 학교 벽에 붙이기로 했다.

우리는 '여성'에 대한 차별과 억압을 부추기고 정당화하는 학교 교육이 우리를 향한 폭력이라는 내용의 대자보를 써서, 새벽에 학교에 몰래 들어가 붙였다. 다음 날 아침 일찍 교사들이 떼어내는 바람에 많은 친구가 보지는 못했지만 입소문이 퍼져 반응은 가히 폭발적이었다. 교장이 아침 일찍 긴급 애국조회를 열어 밤사이 대학생들이 몰래 들어와 붙이고 간 것이니 영향받지 말고 공부에나 전념하라는 '훈화'를 했지만, 이 대자보는 학교 친구들을 몹시 흥분시켰다. 친구들이 가는 곳마다 삼삼오오 모여 이 대자보에 대한 이야기를 나누었고, 대자보의 존재가 곧 학내에 고등학생운동을 하는 친구들이 있다는 사실을 알려주는 일이 되었다. 친구들은 어느새 조금씩 우리의 존재를 알아차렸고 먼저 다가와 그런 모임이 있는지 묻고 참여 의사를 밝히는 친구들이 하나둘 늘어갔다.

그러나 당시 우리는 조직의 보안에 몹시 민감해, 참여 의사를 밝힌 모든 친구를 비밀 모임에 가입하게 할 수는 없었다. 그래서 우리는 논의 끝에 중간 단계 조직을 만들기로 결정했고 이 결정에 따라 비공식적인 여러 개의 소모임이 만들어졌다. 주로 풍물이나 마당극, 시나 소설 창작 등을 매개로 한 소모임이었는데, 각 소모임에 참여한 사람들끼리는 알아도 다른 모임에 소속된 사람들까지 모두 알지는 못했다. 조직에 대한 보안은 철저히 유지했다.

우리는 수업 시간에 우리가 해야 하고 할 수 있는 이야기를 제대로 해야겠다는 생각을 하게 되었다. 그래서 해고되지 않은 나머지 세 명의 전교조 가입 교사들에게 모임을 함께하자고 제안했다. 이 교사들은 모두 전교조에 가입했다가 탈퇴하는 조건으로 해고를 면했는데 그 문제에 우리는 별다른 의견을 갖고 있지 않았다. 그보다는 오히려 이 교사들이 행하는 수업의 내용이 충실하지 않거나 혹은 좋은 내용을 학생들이 이해하기 쉽게 전달하지 못한다는 데 논의의 초점이 모였다. 일정 기간 우리는 한 달에 한두 번 교사들과 만나 수업에 대한 평가와 제안을 전달했다. 나이 어린 학생이었지만 우리는 교사들이 우리가 실천하는 참교육운동의 동지라고 생각했고, 더 나은 교육을 하기 위해 그들과 우리가 함께 노력해야 한다고 생각했다. 선생님이라서 어려워하거나 선생님의 뜻을 일방적으로 따르기보다는 우리의 생각을 적극적으로 표현했고 수업 내용을 바꿔달라고 요구하기도 했다. 수업 주제를 제안하거나 학교 상황에 대한 의견을 나누면서 우리는 비교적 대등한 관계에서 교사들과 대화를 이어나갔고, 오히려 때때로 교사들이 우리를 어려워하는 느낌이 들기도 했다.

성실하고 치열한 운동가들

고등학교 시절을 떠올리면, 내 생애에서 그때보다 더 열심히 살았던 시간은 없으리라는 생각이 든다. 책으로도 배우지 않았고 아무도 우리에게 일러주지 않았지만 서로를 의지하고 격려하면서 우리는 운동하는 사람의 자세와 태도를 배웠다. 누가 가르쳐준 게 아니고, 우리 스스로 시행착오를 거치며 배워나간 것이었다.

우리는 교실에서 꼭 공부를 하지는 않더라도 야간 자율학습 시간에 참여해 학급 친구들과 함께 시간을 보내자고 회의를 통해 결의하기도 했다. 함께 운동을 해나가야 할 동료들과 친밀해지는 것, 그리고 그들과 함께 나란히 서서 같은 장소에서 그들의 눈높이로 세상을 보는 것이 중요하다고 생각했다. 그래서 근사해 보이는 한 가지 실천이 아니라 보잘것없지만 친구들과 함께할 수 있는 작은 일들을 결정하고 실천했다. 이런 노력으로 우리 곁에는 많은 친구가 모여들었고 그 친구들이 우리를 지켜주는 든든한 울타리가 되어주었다.

크고 작은 어려운 일들이 끊임없이 일어났지만, 그때 그 시절 교내 비밀 모임을 하는 선배, 동료, 후배 가운데 퇴학을 당한 사람은 없었다. 학교로 형사가 찾아오거나, 부모님의 통제로 방과 후나 주말에 집에 갇혀 나오지 못하는 친구들이 생겼지만 누구도 학교를 그만두지 않을 수 있었던 것은 오로지 친구들 덕분이었다. 도서부가 해체되어 학급 친구들과 지내는 시간이 늘어나고 학내 운동의 실천 방향이 학교 동료들과 함께하는 쪽으로 나아가면서 내 주변에 친구들이 많아졌다. 그리고 내게 무슨 일이 생길 때마다 이 친구들이 나서서 나를 든든하게 지켜주었다.

전교조가 출범하고 학교 안에서 시위가 벌어지는 바람에 갑작스럽게 긴장감이 고조되었던 1989년보다 1990년의 상황이 더욱 좋지 않았다. 고등학생운동을 억압하는 압력과 밀도가 높아졌으며 압박의 주체 역시 교사에서 가족과 경찰 등으로 확대되었다. 이제 학교의 징계가 문제가 아니라 경찰에 연행될 수도 있고 극심한 폭력에 노출될 수도 있다는 두려움이 우리를 압박하기 시작했다. 모임 구성원들이 부모님의 통제를 받으며 하나둘 나오지 못하게 되고 상황이 어려워지면서 동료들 사이의 관계가 서먹해지기도 했지만, 그때 학급 친구들의 날적이나 편지, 사탕 하나와 함께 건네는 위로의 말이 어려운 상황을 견디고 앞으로 나아갈 힘을 주었다.

교사가 무엇을 주장하고 우리를 어떻게 압박하든, 우리는 학급회의를 교사들의 훈화를 내면화하는 복화술적 순응의 회의가 아니라 실제로 우리가 논의하고 싶은 현안을 구성하여 토론을 이어가는 자치회의로 만들었다. 한 반에서 1년에 열 권 가까이 날적이를 쓰며 우리끼리의 연대를 다져갔다. 방과 후에 버스를 타고 해운대나 광안리로 나가 밤늦도록 노래를 부르다 돌아오면 속이 후련했고, 부산 인근의 양산에서 농사를 짓는 친구네 집에 가서 일손을 돕기도 했다.

1989년 후반, 부고협의 일방적인 결정과 대상화 방식을 존중하지 않기로 결정한 우리는 부고협 탈퇴를 의결했고 부고협 탈퇴 이후 오히려 다른 학교와 더욱 활발한 교류를 이어갔다. 각 학교의 비밀 모임 운영자들과 연락해 상호 교류 토론회를 개최하거나, 각 학교의 상황을 공유하면서 운동의 어려움을 어떻게 타개하고 있는지 의견을 나누었다. 친구들과 모여 체육대회, 연날리기 대회를 개최했고 사회과학 서점에서 자연스럽게 만난 사람들과 일상적으로 문학과 예술, 철학의 쟁점과 사회 현안을 토론했다. 그 시절 우리는 교사도 대학생도 타 학교 선배도 무서워하거나 어려워하지 않았다. 누구를 만나도 당당하게 자신의 의견을 말할 수 있었으며 그들이 우리를 어떻게 생각하고 평가하는지에 얽매이지 않았다.

서로를 향한 믿음, 운동을 고민하는 진지한 태도, 실천을 향한 성실한 자세가 있었기에 우리는 그처럼 '자존'을 유지할 수 있었다. 그 시절 내게는 곁을 지켜주는 든든한 친구들이 있었고, 누구보다 진지하게 운동을 고민하고 있다는 자의식이 있었다. 또한 내가 살아가는 삶의 현장에서 운동의 뜻을 세우고 실천하는 것이 중요하다고 생각했고, 이를 실천하며 학교 안팎에서 성과를 만들기도 했다.

컴퓨터도, 인쇄나 편집 기술도, 돈도 없을 때였지만 그때는 무엇이든 고민하고 내용을 만들면 그 내용을 함께 나누기 위해 소식지나 문예지 등의 저널을 만들었다. 얼마 전 고등학교 시절의 짐을 정리하면서 끝도 없이 나오는 여러 소식지와 문예지 등을 발견할 수 있었는데 무슨 모임에서 누가 만들었는지 기억도 나지 않을 정도로 다양한 저널이 있었다.

우리가 만들던 매체는 모두 손으로 그리고 써서 복사한 것을 접거나 스테이플러 등으로 묶은 것이었는데, 한 달에 한 번, 분기에 한

학교야, 학교야 뭐하니?

― I. 들어가기 ―

이른 아침 채 떠지지 않는 눈을 비비며 일어나 타는 만원버스는 우리의 마음처럼 마구 흔들리기만 한다. "반갱님, 걸에 다녀오겠습니다." 란 말이 당연히 이해될 정도로 우리는 하루의 거의 모든 시간들을 학교에서 보낸다.

그렇다면 이 학교는 지금 과연 어떤 모습인가?

반갱님들이 주입식기계처럼 가르치는 단편적인 지식들, 온통 거꾸로 된 내용을 담은 교과 부당한 납부금 징수, 탄압받는 동아리 활동, 공공연히 자행되는 폭력, 친구이전에 경쟁 이어야 하는 급우들, 타율로 이루어지는 저율학습과 보충수업... 그 모든 어두운 요소들 덩쿨로 이루어진 끝없는 감옥. 이것이 바로 우리들이 어깨가 휠 정도로 무거운 책을 들고 콩나물시루같은 버스를 타고 향해야 하는 학교인 것이다.

· 그럼에도 불구하고 교육의 한 주체인 우리들 거의 모두가 이런 문제들에 대해 너무나 방관적이지 않은가?

여기서 우리는 여태껏 무관심했던 학교생활의 여러가지 문제점들을 찾아보고 우리들의 수동적인 자세를 반성하며 그 해결책들을 다함께 방감해 보자.

― II. 푸는 말. ―

i) 우리가 바라는 반갱님은요......

가끔씩은 검은 낮밤의 칠판앞에 서계시는 반갱님들의 어깨가 덩거 힘없어 보일때가 있 89년 전국교직원 노동조합의 출범과 함께 참교육을 외치고 남방해서부터 자랑스런 신 님들께서 우리곁을 떠나가야 했던 모순된 현실속에, 떠나신 분들도, 그리고 우리곁에 님 계신 분들도 어쩌면 깊은 무게의 짐을 지고 계시는지도 모른다.

열일곱·여덟, 정견 반갱기에 있는 아이들을 올바른 길으로 인도해야 하는 학교에서의 이 어떻게 답답한 지식의 전달만으로 이루어질수 없겠는가? 나름대로들 너희와 여나의 현 인박하기 시작하는 우리들앞에 현실에 순응하고 적당히 타협하며 안이한 태도로 오늘을

모닝글로리

고등학생운동 조직이나 모임 내에서 학생들이 자체적으로 만들어 배포한,
고등학생운동의 활동 목표와 비전을 보여주는 발제문

↑ 시나브로 기관지 창간호
↗ 시나브로 기관지 3호
→ 시나브로 단체 소개글

제2회 청년학생 문화 대동제

"이제 우리 하나되어" 중 사례발표

시나브로란?

저희들의 믿음과 사랑 그 자체인 〈시나브로〉는 이렇게 시작되었습니다.

작년 10월9일 부산지역 고등학생 사이에서 부고협 출범에 관한 논의가 뒤늦게 진행중이었습니다. 이제까지의 부고협의 위상, 그리고 앞으로의 방향, 조직의 건전성등을 놓고 올때 출범은 많은 문제를 가지고 있다는데 인식을 같이한 친구들사이에서 논의와 집의, 그리고 부고협 실무자와의 대화가 지속되고 있는 사이 진달래 사건이 생기고 곧 출범식이 있었습니다.

이때 같이했던 우리 친구들은 이제까지 학교 내에서의 소모임 활동이나 나름대로 고고운동을 함께 해 오던 터여서 고고운동의 문제점이나 반성, 앞으로의 방향등에 대해 고민을 계속하던 시기였습니다. 그래서, 출범후 일어날 학교내의 소모임 탄압에 대해 우려한 친구들이 모이게 되었습니다.

저희들은 사태에 대한 공동적 대처와 더불어 함께 실천하고자 했던 소모임을 더욱 활성화 시키고, 많은 친구들에게 참고육에 대한 공감을 얻어 참체한 한 소모임의 역량을 강화하자는 공통된 인식을 가지고 계속적인 만남을 가지기로 했던 것입니다.

우선 대략적인 틀, 그러니까 지기와 연락담당자만을 뽑고 모임 이름을 〈시나브로〉라 정한 후, 약 한달반 동안 계속된 만남의 내용은 주로 학교 상황에 대한 이야기였습니다. 당시는 진달래 사건등 맞가지 일로 탄압이 계속되던 시기였고, 각 학교별 소모임의 상황도 그리 좋지 못한 상태였기 때문에 서로가 서로를 도우고자 했던 목적을 가지고 있었습니다.

이렇게 지속되던 저희 시나브로는 90년 12월 중순에 접어들면서 구체적 모습번, 반년에 한 번 정기적으로 발행하면서 아무리 어려워도 그 발행 시기를 놓치지 않으려는 책임감이 있었다. 발제지나 자료집이 없는 토론회나 학습 모임은 상상할 수 없었고, 비밀 모임은 물론이고 모든 단위의 동아리가 주 1회 이상 회의를 이어가며 반드시 회의록을 작성했다. 독서토론이 끝나면 토론 기록을 만들었고, 회의록을 작성한 후에는 다음 회의 때 반드시 지난 회의의 결정들을 얼마나 실천했는지 살펴보고 평가하는 시간을 가졌다.

이런 일들은 시험 기간이나 집에 갇혀 지내는 동안에도 멈추지 않았다. 집에 갇혀 있던 친구들은 기를 쓰고 집에서 탈출했고 한번 집을 나오면 마음먹은 일을 끝낸 후에야 집에 돌아갔다. 친구들이 있는 학교에 가는 게 즐거워서 주말에도 학교에 갔고 고등학교 2학년 끝 무렵엔 학교에서 교사들과 부딪히고 싸우는 일도 어느 정도 즐길 수 있을 정도가 되었다. 부당하고 억울한 일이 많아 자주 울었고 이유도 모른 채 자주 맞았으며 일상적으로 협박을 당했지만 무엇도 우리의 의지를 꺾지 못했다. 우리가 가장 두려워했던 건 친구를 빌미로 협박을 당하는 것이었는데, 서로를 인질 삼아 우리 각자를 협박한다는 걸 깨달은 후에는 서로 정보를 공유하며 멀어지지 않기 위해 노력했다.

대학에 갔을 때 내가 가장 놀란 것은 대학에서 운동하는 사람들의 나태함이었다. 대학 1학년 시절 내내 가장 이해할 수 없었던 것은 세상 온갖 슬픔과 분노를 다 가진 듯 고통스러워하면서도 정작 실천과 관계에 불성실한 사람들이었다. 돌이켜보면 나는 입학 초부터 선배들에게 매우 불편한 후배였는데, 단 한 번도 이유를 묻지 않은 채 하자는 대로 따른 적이 없을 정도로 고집이 세고 자기 생각이 강하면서도 모든 정파의 집회와 시위, 아침 선전전을 거르지 않는 후배였다. 생활비를 벌어야 했기에 아르바이트도 열심히 하고, 어려운 경제 여건 때문에 매일 밤 집에 돌아가 최루탄에 절은 청바지를 손으로 빨아야 했지만 아침 일찍 덜 마른 바지를 입고 교문 앞 선전전에 나가는 것은 언제나 내가 먼저였다.

그래서 나는 쉽게 고꾸라졌고 자주 아팠으며 에너지가 완전히 방전될 때까지 알아차리지 못하고 쉴 새 없이 내달렸다. 그것은 나의 가장 큰 장점이자 단점이었다. 이런 나의 태도를 만든 건 다름 아닌 고등학교 시절의 운동 경험이었다. 너무 절박했고, 하지 말아야 할 수만 가지 이유가 있었지만 그럼에도 내가 선택한 일이었기에, 또 어려운 여건 속에서도 뜻을 굽히지 않고 함께하는 친구들이 있었기에 나는 물러서기 어려웠다. 그러나 이때의 나는 스스로 돌보는 방법을 알지 못했고 그런 나의 태도는 거의 대학에서 학생운동을 하던 시기 내내 이어졌다.

돌이켜보면 비단 운동에 임하는 태도와 자세만이 아니라 삶을 살아가는 온도와 밀도, 속도가 이때 만들어졌다. 고등학교 1학년 시절 정신없이 휩쓸린 이후 우리가 했던 치열한 반성은 누군가에게 도구로 쓰이는 대상이 되지 말자는 다짐으로 이어졌고, 이 다짐은 나뿐만 아니라 다른 누군가도 절대로 대상화해서는 안 된다는 태도로 나아갔다. 내가 스스로 생각하고 결정하지 않은 일을 실천할 수는 없다는 생각, 나로서 서지 않고 어떤 힘에 이끌려 살아가는 것이 얼마나 위험한가에 대한 감각, 현실에 발 딛지 않은 채로는 세상의 어떤 것도 바꿀 수 없다는 인식, 큰 싸움 작은 싸움이 있는 것이 아니라 삶의 모든 현장이 고귀하고 치열한 싸움터라는 생각 등이 모두 이 시절 친구들과의 경험 속에서 만들어졌다.

우리가 고등학교 3학년이 되었을 때에는 몇몇 뜻이 맞는 다른 학교 친구들과 학교 경계를 넘어서는 고등학생운동 조직을 만들었다. 부고협을 의식하며 그와 다른 운동조직을 만들자고 생각한 것은 아니었지만 고등학생운동의 흐름과 방향이 꼭 하나로 모아져야 한다고 생각하지는 않았다. 우리끼리 머리를 맞대고 조직의 활동 목표와 강령 등을 만들었고 주기적으로 소식지를 발행했으며 각 학교의 비밀 모임 참여 학생뿐 아니라 더 많은 친구가 대중적으로 참여할 수 있는 다양한 행사를 기획하고 실천했다. 대보름날 연을 날리기도 하고 부산 인근 지역으로 역사 기행을 가기도 했으며 반나절 기차 여행을 떠나기도 했다. 각자 쓴 시나 직접 그린 그림을 나누기도 하고 좋아하는 노래를 녹음해 선물하기도 했다. 또 중요한 사회적 이슈가 있을 때는 토론을 거쳐 함께 시위에 참여하기도 했다.

갈등도 있고 어려움도 많았지만 그 모든 것이 내게는 배움의 계기였다. 1학년 겨울방학 때 전교조 교사들이 주도한 '푸른학교'와 같은 프로그램에 참여하기는 했지만, 이런 정도의 교류와 활동으로는 새로운 교육과 사회변화를 향한 갈망과 열정이 충족되지 않았다. 운동하는 어른들의 지도나 간섭없이 우리끼리 꾸려가는 실천 활동이 좋았고 우리가 스스로 선택해서 결정한 일들을 책임져 나가는 과정이 즐겁고 보람찼다.

돌아보면 그 무렵 우리는 무엇이든 어른들과 함께해야 한다고 생각하지 않았고 크게 의존하지도 않았다. 어떤 일을 결정할 때 선생님이나 부모님께 의견을 물어야 한다고 생각하지 않

전교조 부산지부에서
겨울방학 중에 운영했던
푸른학교 자료집

앉으며 꼭 다른 사람의 의견이 필요하다면 오히려 친구들과 상의하는 경우가 많았다. 학생운동을 하는 대학생들, 운동조직에 있는 어른들이 우리를 의식화하고 조직화하면 새로운 운동의 동력이 될 수 있는 인자쯤으로 생각하는 것이 마땅치 않았고 이를 몹시 경계했다. 고등학생운동의 모든 장면이 '선생님 사랑해요'를 외치며 종이비행기를 날리는 장면으로 치환될 때도 우리는 그것이 우리 자신의 모습이라고 생각하지 않았지만 묵묵히 우리의 운동을 이어가는 데 집중했다. 그 시절 우리의 가장 훌륭한 점은 그 누구를 향해서도 인정투쟁하지 않으면서 오직 동료들만을 바라보며 자기 길을 걸어갔다는 것이다. 그때 우리는 우리 자신을 보고 우리가 무엇을 할지 생각하는 것만으로 꽉 찬 하루를 보냈고, 그런 하루가 모여 1년, 2년, 3년이 흘러갔다. 나는 그때 이후로 지금까지 그 시절만큼 오로지 내가 나아가 길, 내가 함께 갈 사람들에게 집중했던 적이 없다.

우정과 환대의 세계

고등학교를 졸업할 무렵 함께 학내 비밀 모임을 하며 친하게 지내던 친구와 한밤중에 걸어서 부산을 횡단한 적이 있다. 부산의 끝에서 끝까지 가지는 못했지만 자정에 시작한 우리의 발걸음이 새벽 4시 무렵에 마무리되었던 기억이 난다. 이 괴이한 심야의 걷기 여행은 우리의 한 시절과 이별하는 나름의 의례적 행위였다. 어쩐지 어떤 의례를 행하지 않고서는 우리의 어떤 시간들과 제대로 헤어질 수 없을 것 같은 기분이 들어 친구와 나는 별다른 말도 없이 밤새 걸었다.

고등학교 때 식구들과 맛있는 회를 먹다가 문득 '이렇게 맛있는 음식을 친구들과 함께 나눠 먹었으면 좋겠다. 그 친구들에게 이 맛있는 음식을 먹이고 싶다'는 생각을 한 적이 있다. 나는 이 생각이 드는 것과 동시에 이런 생각을 하는 자신에게 놀랐다. 내가 무언가 맛있는 걸 먹고 있을 때 그들에게 이것을 먹이고 싶다는 생각이 들만큼 내게 소중한 존재들이 있다는 사실이 문득 너무 낯설고 새삼스럽게 다가왔다.

친구에게 고민이 있다고 하면 어떻게 해서든지 다가가 이야기를 들어주었고, 친구에게 위해를 가하는 교사나 어른이 있으면 빈 주먹을 쥔 채로라도 달려가 악다구니를 쓰며 친구를 위해 싸웠다. 친구가 집에 들어가고 싶어 하지 않으면 밤새 집 근처를 배회하며 함께 있어주었고, 매일 보는 친구가 보고 싶어 일요일에도 친구에게 전화를 걸어 만났다. 서로 편지를 얼마나 많이 썼는지 나중에는 종이가 모자라 두루마리 휴지를 뜯어 편지를 쓰곤 했으며, 온갖 종류의 쪼가리 종이에도 마음을 적어 보내곤 했다. 수학여행에서 담임 교사가 친구들을 붙잡고 춤을 추고 있다는 소식이 들리면 달려가 벽을 발로 차다 친구들에게 제지를 당하기도 하고, 친구들을 모욕하는 말을 참을 수 없어 수업 중에 일어나 자신도 모르게 교사에게 20분을 대들기도 했다. '세상에 사람이 이렇게 소중할 수도 있구나', '타인을 향해 이런 감정을 느낄 수도 있구나' 하는 새로운 경험이었다.

대학에서 학생회 활동을 할 때는 모임을 이어가는 것이 중요해 풍물패에 나갔지만, 이때는 친구들과 어울려 민요를 부르고 탈춤을 추며 북과 장구를 두들기는 것이 즐거워 시간이 날 때마다 풍물을 치러 다녔다. 각자 쓴 시를 모아 손으로 쓴 시집을 나눠 읽기도 하고 친구들끼리 연극 대본을 써서 공연을 하기도 했다. 넉넉하게 밥을 사 먹을 돈도 없었지만 친구들과 먹는 길거리 순대는 기막히게 맛있었다. 교회와 성당을 전전하거나 금정산 기슭 같은 터무니없는 곳에서 만나야 할 때도 있었지만 어디가 되었든 만나서 하고 싶은 일들, 하려던 일들을 했다.

버스를 타고 가다 우연히 참교육 손수건이나 휴지, 스티커를 들고 있는 친구를 보면 모르는 사람이라도 다가가 인사를 건네고 싶었다. '저기 나의 동료가 있구나' 하는 생각에 마음이 꽉 차올랐다. 학교에서 고생하고 있진 않은지 묻고 싶었고 내가 갖고 있는 참교육 물건들을 은근히 꺼내 들며 힘을 내라는 무언의 응원을 보냈다.

지금 생각하면 믿을 수 없을 정도로 만남의 모든 순간 우리는 서로를 환대했다. 우리를 이해하지 못하는 사람들, 자기들 마음대로 재단하는 사람들, 막무가내로 억압하고 통제하는 사람들, 함부로 폭력을 행사하는 사람들, 멋대로 무시하고 폄하하는 사람들, 무조건 귀엽고 사랑스럽다고 대상화하는 사람들 속에서 그저 서로의 존재가 우리 자신을 지탱하는 든든한 힘이 된다는 걸 잊을 수 없었다. 우리를 모르고 우리를 배척하는 수많은 사람 속에서도 우리의 '벗'과 '동지'들은 어디서나 눈에 띄었고, 알아차리는 순간 서로를 환대했다.

어쩌면 이런 까닭에 우리는 나이가 들어서 만나도 항상 서로를 안아주는지 모른다. 그때 우리는 약속이나 한 듯이 서로를 만나면 팔을 벌려 상대를 안았다. 이상하게 그렇게 안으면 불안했던 마음이 가라앉고 나쁜 일이 일어날 것 같던 두려움이 사그라들었다. 그러나 대학에 진학한 후 전국 각지에서 고등학생운동을 한 친구들을 만나며 상처를 안고 떠나온 이들도 많다는 사실을 알게 되었다. 우리가 만약 계속해서 휩쓸려 대학의 학생운동가들과 함께하고, 정치

조직의 어른들과 함께했다면, 혹은 거대한 조직의 한 부품처럼 사용되고 소모되었다면 우리 역시 이런 기억을 갖지 못했을지 모른다. 또 지금 이 순간 나와 함께했던 친구 중에서도 내가 '우리'라고 표현하는 그 동일성의 표면 아래 가라앉은 기억을 가진 이들이 있을지 모른다.

지금 우리는 서로 다른 장소에서 각자의 삶을 살아가고 있다. 사회경제적 지위, 직업, 정치적 입장, 젠더정체성, 지역적 기반, 좋아하는 음악과 노래, 읽고 있는 책, 가족 구성, 과거 경험에 관한 기억의 서사가 모두 다르다. 얼마 전 고등학생 시절 함께 운동했던 친구가 딸에게 잔소리하는 것을 듣고 내가 크게 웃으며 건넨 말이 있다. "네 딸은 너하곤 완전히 다른데? 넌 집에도 안 들어가고 부모님과는 말도 안 하고 부모님이나 어른들이 하라고 하는 건 절대로 하지 않았잖아. 그런데 너, 네 딸내미 엄청 간섭하고 통제한다. 너무 놀랍고 어이없다, 야."

내 말을 들은 친구가 머쓱한 표정으로 웃더니 그런 이야기는 딸 앞에서 하지 말라고 했다. 모임을 같이하던 어떤 선배는 자기 딸이 연애도 안 하고 결혼도 안 하려고 해서 걱정이라고 말했다. 나는 이 말을 듣고도 깜짝 놀랐다. 내가 어이가 없다는 표정으로 선배를 바라보았는데 선배는 내가 왜 그런 표정을 짓고 있는지 이해하지 못하는 것 같았다.

어떤 친구들은 여전히 정치활동이나 사회운동을 하고 있는데 그 친구들이 쓴 글을 인터넷으로 읽는 경우도 있다. 그 글을 읽을 때 나는 만약 이 친구를 다시 만나면 정치 이야기는 할 수 없을 것 같다는 생각이 들기도 한다. SNS 프로필 사진에 골프 치는 사진을 올려둔 친구도 있고, 내 입장에서는 여성혐오에 가까운 표현을 대표 문구로 올려놓은 친구도 있다. 내게는 이 모든 것이 낯설고 새롭지만 '어떻게 그럴 수가 있나'라는 생각이 드는 것은 아니다. 나 역시 아마도 그 시절의 나와는 전혀 다른 사람으로 오늘을 살아가고 있을 것이다.

우정과 환대의 세계에서 만났던 사람들이 지금 어떻게 사는지 나는 잘 알지 못한다. 가끔 만나 밥을 먹고 이야기를 나누지만 그것만으로는 어떤 것도 알 수 없으리라 생각한다. 그리고 그 친구들 가운데 몇몇은 벌써 세상을 떠났고 그중 한 사람의 죽음은 스스로의 선택에 의한 것이기도 했다. 내가 가진 것은 과거 내가 우정과 환대로 연결된 연대의 관계 속에서 만났던 사람들에 관한 기억의 서사들일 뿐이며 그것은 아름다운 이야기로 박제되거나 신화화될 것이 아니다. 그럼에도 그 시절을 떠올리며 어쩔 수 없이 들뜨고 말이 많아지는 나 자신을 본다. 이 글은 이상하게도 너무 쓰고 싶지만 너무 써지지 않고, 너무 할 말이 많지만 어떤 말도 섣불리 쓸 수 없는 것이었다.

그때 알았던 것들을 지금도 알고 있다면

2024년 12월 3일 이후 탄핵 촉구 집회에 나와 발언하는 사람들을 보다 보면 나도 모르게 스스로를 청소년이라고 칭하는 사람들을 눈여겨보게 된다. 이것은 그 시절 이후 나의 오래된 습관이며 내 자녀가 이른바 '청소년'이 된 후에 아이를 더 자세히 관찰하고 조심스럽게 다가가는 이유이기도 하다. 떠올려보면 그때 우리가 했던 토론회 중에는 '청소년'이라는 말이 어떻게 생겼는가에 관한 것도 있었다. 과거에는 고등학생이 자신의 의견을 피력하면 그 이야기에 귀를 기울일 정도로 사회가 인정하는 '어른'이었는데, 박정희 전 대통령이 '4.19혁명'으로 드러난 중고등학생들의 정치적 역량을 억누르기 위해 만든 말이 '청소년'이라는 것이었다. 청년도 아니고 소년도 아닌 존재, 미숙하고 불완전한 존재, 감정과 충동 조절이 어려워 질풍노도로 비유되는 존재, 호르몬의 분비로 이해할 수 없는 행동을 하는 존재, 어른이 보살피고 인도하고 도와줘야 하는 존재 등으로 의미화하고 이를 근거로 통제하기 위해 만들어낸 말이 '청소년'이라는 것이다. 그래서 우리는 이 말을 잘 사용하지 않았다.

'촛불소녀'라는 말이 처음 만들어졌을 때도 나는 비슷한 감각을 느꼈다. 왜 그들은 '소녀'로 불리는가, 왜 귀엽고 사랑스럽고 기특한 존재로 박제되는가라는 생각을 할 무렵, '저 "오구오구" 토닥이며 기특하다는 듯이 바라보는 눈빛을 본 적이 있는데'라는 어렴풋한 기억이 떠올랐다. 얼마 후 나는 18세 참정권 쟁취 투쟁을 하는 활동가들의 천막 농성장을 방문한 적이 있는데 그 농성장 앞 대자보에서 "기특하다고 머리를 어루만지며 용돈을 주고 가지 마세요"라는 글귀를 보게 되었다. 당시 활동가는 내게 민주노총 조합원이나 전교조 조합원 같은 분들이 머리를 쓰다듬으며 기특하다면서 용돈을 주고 간다며, 이것이 매우 불쾌하다고 했다. 자신들을 연대해야 할 운동의 동료이자 동지로 보지 않고 자신들이 평가하고 판단하고 보살피고 인도해야 할 대상으로 멋대로 폄하한다는 것이다. 나와 만난 활동가는 사회운동을 하는 아버지가 집에 돌아와 자신을 붙잡고 하루 사이 어떤 일이 있었는지 이야기할 때 '내가 이야기를 들을 준비가 되어 있는가, 내가 이야기를 들을 상황인가, 내가 이야기를 듣고 싶어 하는가' 등 그 어떤 것도 궁금해하거나 질문하지 않고 '자상한 아버지'라는 자기 역할에 심취해 멋대로 자신의 일상에 개입해

들어온다고도 했다.

어느 해, 지방자치단체 대표를 선출하는 선거 국면에서 한 고등학생이 선거운동 장소로 찾아가 도지사가 해야 하는 역할에 대해 발언하는 장면을 본 적이 있다. 그때 도지사 후보는 귀엽다는 듯이 그를 바라보며 웃고는 "이런 학생들이 있어 우리나라의 미래가 밝다"고 말하고 그 학생의 질문에는 답변하지 않았다. 그 학생이 다시 일어나 거듭 같은 질문을 던지자 도지사 후보는 매우 불쾌하다는 표정을 지으며 대꾸도 하지 않고 그 자리를 떠났다.

고등학생운동 30주년 기념행사에서 2000년대 이후 '청소년인권운동'을 하는 활동가들이 1989년 무렵 고등학생이었던 우리를 향해 이렇게 물은 적이 있다.

"고등학교 다닐 때 학생인권조례 제정을 위해 싸웠는데 제일 대화가 안 되는 사람이 전교조 교사였어요. 그 교사가 말하길 '옛날에 고등학생들은 우리를 지지하고 우리한테 잘해줬는데 요새 학생들은 왜 안 그런지 모르겠다'더군요. 선배님들은 정말 그러셨나요?"

나는 그의 말을 듣고 깜짝 놀랐다. 그리고 오래전 종이비행기를 날리며 "선생님 사랑해요"를 외치는 고등학생의 모습으로 고등학생운동을 설명하려 했던 사람들을 떠올리게 되었다. 그때 전교조 조합원인 교사들은 우리들이 지켜야 할 선생님이기도 했지만 교육운동의 길을 함께 걸어가는 동지이자 동료였다. 우리는 전교조가 내세운 교육운동의 지표인 '민족, 민주, 인간화 교육'을 함께 토론했고 서로의 의견에 귀 기울여가며 '참교육'의 내용을 구체화해나갔다. 우리가 교사 해고의 부당함을 비판하며 참교육운동의 정당성을 널리 알린 것은 그것이 우리가 지향하는 운동의 방향에 부합하는 일이면서 교육운동의 동료들과 연대하는 길이었기 때문이다.

처음 전교조가 창립되고 교육운동에 참여한 교사들과 함께 "굴종의 삶을 떨쳐"로 시작되는 노래를 부르던 시절을 떠올리면 지금도 가슴 한편이 뜨겁다. 〈참교육의 함성으로〉를 부를 때면 늘 가슴이 울컥거려, 그 노래를 담담한 마음으로 불렀던 적이 한 번도 없었던 것으로 기억한다. 참교육 마크만 봐도 가슴이 뛰던 때를 기억하는 내게 전교조가 때때로 '청소년인권운동'의 반대편에 선 것 같다는 소식이 들릴 때면 마음이 아프다. 그때 그 시절 교육운동의 동지들을 잊은 것은 학생운동 조직이 아니라 교사운동 조직인 것은 아닐까 가만히 생각해본다.

그러나 나는 이런 이야기를 들으면서도 참교육운동의 대의와 그 운동의 과정들이 부정되는 것 같다는 생각은 하지 않는다. '참교육'은 전교조가 독점한 운동의 어젠다나 역사가 아니라 그 당시 교육운동을 함께했던 수많은 10대 청년과 사회 다른 영역의 주체들이 함께 일구어낸 역사이기 때문이다.

다만 '참교육'이 혐오 용어가 되는 지경에 이르기까지의 과정에는 교육운동의 한 축이었던 전교조의 조직적 성찰이 필요하고 그들과 연대했던 '우리'들의 관심과 성찰도 필요하다고 생각한다. 누군가는, 민주적인 내용이라고 생각한 그 무엇이라 하더라도 파시즘적인 환경에서 파시즘적인 방식으로 교육한다면 그건 파시즘적인 폭력일 뿐이라고 말했다. 민주화나 참교육이 혐오 용어가 된 데에는 민주화나 참교육을 어젠다로 하는 교육의 내용을 파시즘적으로 교육한 역사적 과정이 존재한다는 것이다.

얼마 전 '고등학생 열사'로 호명되는 누군가의 이름 앞에 '참교육 동지'라는 말이 붙어 있는 걸 본 사람이 "이 사람 전교조 교사였어?"라고 내게 물은 적이 있다. 나는 그 말을 듣자마자 질문을 한 사람이 당황할 정도로 큰소리로 "참교육이 전교조가 독점적으로 전유한 말이냐"고 물었다. 그리고 다음 순간 꽤 오랜 시간 동안 참교육운동의 동지이자 동료였던 청년들의 존재가 지워져 있었다는 사실을 깨닫게 되었다. 이 '누군가'의 이야기가 지워져서는 안 되는 것은 그들의 이야기가 가장 중요하고 뜻깊고 훌륭하기 때문이거나, 그들의 노력이 역사에 길이 남을 만한 운동의 성취를 만들어냈기 때문이 아니다. 이야기가 존재를 증명한다고 할 때 그 누구의 존재도 지워져서는 안 되기 때문이다. 세상에는 존재하는 이들의 수만큼 다양한 이야기가 존재하지만, 담론장에 드러나는 이야기의 수는 극히 제한되어 있다. 그래서 나는 세상에 더 많은 이야기가 드러나야 한다고 생각하고, 서로 다른 이야기가 공존하며 이질적이고 중층적인 목소리를 드러내는 '말의 판', '이야기의 판'이 건강한 사회의 한 징후라고 생각한다.

처음 이 글을 써달라는 제안을 받았을 때 나는 이 글을 몹시 쓰고 싶기도 했고 이상하게 쓰고 싶지 않기도 했다. 아무래도 이 글을 쓴다면 나는 내 고등학교 시절을 떠올리는 일에 들떠 그 시절의 이야기를 가장 아름다운 한때로 이상화하거나 신화화하는 오류를 피하기 어려울 것 같았고, 나의 이야기가 그 시절 다른 친구들의 이야기를 모두 덮어 어떤 보편성을 획득하게 될까 두려웠기 때문이다. 그러나 그것은 나의 또 다른 오만일지 모른다는 생각이 들었다. 나는 그저 이 글의 요청을 받고 반갑지만 조금은 어려운 마음으로 그 시절을 떠올렸고 떠오른 이야기를 글로 옮겼다. 나의 벗들은 이 글을 어떻게 읽을까. 오늘 한국에서 살아가는 10대 청년 동지들은 이 글을 읽고 무슨 생각을 할까. 내가 가르치는 학생들은 이 글을 읽고 뭐라고 나를 비판할까. 이제 열다섯이 된 나의 아들은 이 글에서 나의 어떤 이중성과 모순을 발견할까. 이제 글을 마무리하고 그들의 말을 들어야겠다. 그때 알았던 것을 지금도 알고 있다면, 혹은 그때 알았던 것을 지금도 알려 노력한다면 나는 아무래도 듣는 일에 더욱 열중해야 할 것 같다.

11 위반한 존재들,
고운 활동가

조한진희

· 1977년생, 서울
· KSCM · 땅울림
· 여성민우회 · 다큐인
· 다른몸들 대표

땅울림

1993년 봄 고등학교에 입학한 지 며칠이 지났다. 점심시간에 학내 비공식 동아리인 풍물패 땅울림의 부원 모집이 시작되었다. 곧바로 면접을 신청했다. 아마 풍물패라는 것보다 '비공식' 동아리라는 말에 끌렸던 것 같다.

'공식'의 세계 바깥, 그곳에 다른 세계가 있다는 것을 조금은 알고 있었다. 지금도 그렇지만 어린 시절에 무척 예민했는데, 차별이나 폭력적 현실과 가까이 살다 보니 책을 도피처 삼아 거기에 빠져 살았다. 세계문학 전집을 몇 질 읽고 나니 중학생이 되었고, 더는 읽을 책이 없자 대학생 언니의 책꽂이에 있던 1980년대 운동권들이 흔히 읽던《소외된 삶의 뿌리를 찾아서》,《인간의 역사》같은 책을 읽었다. 공식의 세계가 시시하다고 여기게 됐고, 그 바깥에 더 큰 진실이 있다고 막연히 여기게 됐다.

학교에서《데미안》의 싱클레어에 대해서는 교사들과 마음껏 말할 수 있지만《소외된 삶의 뿌리를 찾아서》는 입에 올릴 수 없었다. 수업 시간에 사회와 역사를 배우면서도 5·18이나 분신정국에 대해

서는 질문하거나 토론할 수 없는 현실이 답답했다. 점차 학교 성적이나 규칙도 우습게 느껴졌다. 전교생에게 수학여행을 강요하는 것에 대한 저항의 의미로 결석을 하거나, 수업 시간에 도저히 동의할 수 없는 농담을 하는 교사에게 따져 물었다. 그러나 모범생의 사춘기 일탈로 취급될 뿐이었고, 학교가 숨 막히게 느껴졌지만 벗어날 자신은 없었다.

그리고 고등학교에서 땅울림을 만났다. 1989년에 결성한 땅울림의 시작은 퇴임 교사를 위해 전교생에게 의무적으로 돈을 걷는 학교에 대한 문제 제기였다. 학생들은 의무적으로 매번 돈을 걷는 학교가 부당하다며 맞섰다. 행사비나 운영비를 충당하기 위해 다양한 명목으로 학생에게 돈을 걷어온 관행을 끊어냈다. 한국은 공교육의 상당 부분을 사립학교에 의존하면서도 제대로 된 관리를 하지 않았고, 적지 않은 사립학교가 학교 운영을 재산 축적의 기반으로 삼았다. 1987년 6월항쟁 이후 사회의 주인이 민중이라면 학교의 주인은 학생이라는 의식이 더 강화되어갔다. 학교 역시 사회라는 자각하에 민주주의가 숨 쉬지 못하는 학교의 현실을 문제화하는 움직임이 보다 조직적으로 이뤄졌다. 전국 곳곳의 중고등학교에서 사학비리 척결과 직선제 학생회 쟁취를 위한 싸움이 본격화됐다.

땅울림 선배들은 학교의 '모금' 문제에 이어 이듬해 직선제 학생회를 요구했고, 학생들의 전폭적 지지 속에 직선제 학생회를 쟁취했다. 그리고 직선제 학생회에서 준비하는 체육대회가 열렸고, 땅울림은 비공식 동아리임에도 공연을 했다. 기존에는 체육대회 본경기가 끝나면 주로 디스코를 잘 추는 학생들이 짧은 공연을 했는데, 그해에는 땅울림이 공연을 하면서 '안경 쓴 사람 나와라' '머리 긴 사람 나와라' 하며 전교생을 운동장으로 불러냈다. 성적이든 춤이든 잘하는 소수만 박수받는 학교에서, 모두가 주인공이 되어 어우러지는 대동제를 만들었다.

이런 배경이 있는 동아리였지만, 내가 입부했을 때 땅울림 내에서는 (정치적이지 않은) '순수한 풍물패' 논쟁이 벌어지고 있었다. 땅울림 선배들이 운동적으로 여러 성과를 냈으나, 장기적 전망 속에서 체계적 학습과 활동가 재생산으로 조직을 탄탄하게 만들지 못한 결과였다. 이는 땅울림뿐 아니라, 고운의 여러 단위에서 발견되는 현상이었다. 나는 고운의 성과와 한계 위에서 고운을 시작한 마지막 세대였던 셈이다.

'순수한 풍물패' 논쟁에 문제의식을 느끼고 있을 때, 땅울림 선배의 제안으로 가게 된 KSCM˚ 활동은 흥미로웠다. 개인적으로 종교는 없었으나 일제강점기부터 기독교를 믿어온 집안에서 태어났고, 기독교 정신에 기반한 저항과 투쟁도 비교적 낯설지 않은 문화였다. 중학교 때 혼자서 보던 책들을 여기서는 함께 읽었다. 《다시 쓰는 한국현대사》로 4·3 제주항쟁을 다시 배웠고,《거꾸로 읽는 세계사》로 세계대공황과 팔레스타인을 알게 됐고,《공산당 선언》을 비롯한 역사적 유물론이나 다양한 철학책을 읽으며 인간은 어떻게 변화·발전하는지 토론했다. 지금은 정치적 입장이 제법 바뀌었지만, 당시 책을 읽고 역사에 대해 토론하는 시간은 놀라움과 격정으로 가득 찼다. 나는 공개단체라고 불리는 KSCM 활동과 땅울림을 기반으로 한 학내외 활동을 병행했다.

자주적 학생회 건설

내가 다니던 고등학교뿐 아니라 전국적으로 직선제 학생회 요구가 본격화되었으나°°, 직선제 학생회가 들어선 이후에도 학생회는 교사들의 의사를 전달하는 통로 정도인 경우가 많았다. 따라서 학내 민주주의 쟁취와 당시 표현으로 '자주적 학생회 건설'은 형식적 직선제 학생회를 넘어서기 위한 중요한 투쟁 과제였다. 이에 대한 대

° 세계적 네트워크가 형성된 세계기독학생연맹(WSCF)의 한국 회원단체인 한국기독학생회총연맹(KSCF)의 고등학생 조직이다. 《여공문학》의 저자 루스 배러클러프, 1990년대 말 한국에서 이주노동자운동을 선진적으로 펼친 필리핀 이주노동자 제이 마크가 KSCF를 통해 한국에 들어온 경우다.

°° 1988년 기준 서울 시내에는 210개의 고등학교가 있었는데, 직선제 학생회가 있었던 곳은 성심여고, 석관고, 사대부고 등 단 10개 학교뿐이었다. KSCM, 〈자율적 학생회를 위하여〉,《푸른나무》1, 푸른나무, 1988, 250~281쪽.

중적 관심은 상당했다. 1990년 10월,
자주적 학생회 건설을 위한 공청회가
대학로에서 열렸다. KSCM 주최였고,
행사장 앞에는 이미 전경차 세 대가 깔
려 있었다. 장학사들도 학생들을 감시
하기 위해 도착해 있었다. 위협과 감시
를 뚫고 200여 명의 학생이 행사장을
꽉 채웠다. 그리고 자주적 학생회 건설
방법론만을 담은 내용이 정식 출판사
에서 책으로 나왔다.°《고등학교 학생

《고등학교 학생회》

회》에는 자주적 학생회 건설의 모범 사례는 물론이고, 민주적으로
운영·발전시키는 데 필요한 원칙과 실무 사항까지 담고 있었다.

자주적 학생회 운동의 필요성을 설명할 때, 고운 활동가들은
주로 학도호국단 이야기로 시작했다. 박정희의 10월 유신 이후
1975년부터 전국의 학생회가 학도호국단으로 재편되고, 1986년 학
도호국단이 해체되며 고등학교에서 학생회라는 이름을 되찾지만
실제로 자율적으로 운영되지는 못했다. 하루 대부분을 보내는 학교
에서 학생인 우리가 사소한 결정권도 갖지 못하는 것은 '주권 없는
영토에 사는 식민지 인민 같은 상태'임을 강조했다. 훈육의 대상이
자 공부하는 기계라는 수동적 위치에서 벗어나자고 제안했다. 민중
이 주인되는 것이 민주주의이고, 학교의 민주주의는 자주적·민주
적 학생회를 만드는 데서 시작된다는 주장을 펼쳤다.

°　　고운 활동가를 위한 책, 고운 활동가가 쓴 책이 꽤 출간되던 시절이었으나, 에세
　　이 형태의 글이 다수였고 운동의 구체적 방법론을 다룬 글은 보안 등의 이유로
　　비공식 출판물인 경우가 많았다.

나는 KSCM 서울연맹 회장을 맡으면서 일종의 자주적 학생회 건설위원회를 꾸렸다. 학내 운동 기반이 취약한 학교는 소모임부터 꾸렸고, 기반 조직이 있는 경우 구체적인 후보단을 꾸리고 준비를 시작했다. 통상은 단위학교 조직에서 직접 자주적 학생회를 건설하는 활동을 수행하고, KSCM 같은 공개단체들은 공청회를 비롯해 사회적 담론과 정책을 만들어가는 역할을 하며 단위학교 활동을 측면 지원했다. 공개단체에서 자주적 학생회 건설을 위해 각 학교 소모임까지 세세히 개입하는 방식으로 활동을 전개했던 것은 다소 이례적이었다.

당시 시대의 변화와 함께 공개단체의 역할도 조금씩 변하고 있었다. 활동전망 회의에서 자주 언급됐던 게 '열사보다는 전사가 필요한 시대'라는 말이었다. 소수의 고운 활동가들이 불나방처럼 뜨겁게 타오르고 사라지는 투쟁의 한계에 대해 아프고 치열하게 비판했다. 활동가와 조직을 남기는 운동을 하지 못하고 있다는 비판과 대중 안에 깊이 뿌리 박힌 운동을 해야 한다는 각성이 늘어갔다. 이는 그간 고운에 대한 평가에서 나온 것이기도 했지만, 1991년 정원식 계란 투척 사건°으로 운동권에 대한 대중들의 냉대와 고립을 의식한 전략이기도 했다. 공개단체 활동을 하면서도 학교 내부 조직에 힘을 쏟고 다양한 대중적 토대를 두텁게 만드는 것을 점점 더 강조

°   1991년 6월 국무총리 서리에 임명된 후 한국외대에서 마지막 강의를 마치고 나오던 정원식 교수에게 대학생들이 계란 등을 투척했다. 문교부 장관 당시 정원식이 전교조를 불법화하고 탄압했던 것, 1991년 봄 학생 열사들의 죽음과 공안 통치에 책임을 묻는 항의 행동이었다. 언론은 계란과 밀가루 범벅이 된 정원식의 모습을 대대적으로 보도했고, 항의 행동을 한 학생들은 수배되거나 징역형을 선고받았으며 사회적으로는 '패륜아'로 낙인찍혔다. 이후 제2의 6월항쟁이 일어날 것 같다는 분위기 속에 고조되던 민주주의 쟁취와 노태우 퇴진운동은 사그라들고 공안 통치가 확대·강화되었다.

했다. 학교에서 '대중'에게 신뢰받는 사람이 되고, 모범적인 친구로 관계를 쌓아가는 활동가의 품성도 주요한 평가 대상이 됐다. 여러 소모임을 조직하고 학습하고 토론하는 것, 이는 마치 집안의 살림이나 돌봄노동처럼 가시적 성과물이 보이는 활동은 아니었지만 어느 때보다 중요하게 요구되는 역할이었다.

우리 학교에서도 자주적 학생회 건설을 위한 준비위를 꾸렸다. 땅울림과 소모임을 함께하던 후배들을 중심으로 졸업 전에 건설하자는 목표를 세웠다. 자주적 학생회를 준비하면서 학내의 여러 현실을 비판했는데 우리는 특히 '신사임당'에 대해 말했다. 교실마다 신사임당 그림이 걸려 있었는데, 교사들은 좋은 대학을 가야 신사임당처럼 훌륭한 현모양처가 된다고 자주 강조했다. 우리는 그것을 전면적으로 비판했다. 누구의 어머니나 아내로 존재하기 위해 교육을 받는 게 아니며, 그런 발언은 차별임을 주장했다. 당시는 이 정도의 주장도 학교가 공격적으로 느끼거나 학생들이 동의하기 어려운 대중적이지 못한 내용일까 봐 고민을 거듭했다. 나와 몇몇 동료는 자신을 페미니스트로 설명했으나, 1990년대 초반은 '성평등'이나 '페미니즘'이라는 단어조차 대중적으로 낯설었다. 우리는 현모양처가 되라는 교육 방향이 성차별이라는 주장을 좀 더 정교하게 만들고 싶었지만, 언어가 부족하기도 했다.

인문·사회과학 서적이 쏟아지던 시절이었지만 페미니즘 서적은 드물었고, 고운 안팎에서 페미니스트를 만나는 것 자체가 희귀했다. 한국에서는 1987년 전후로 가정폭력이나 성폭력, 여성노동자 현실 등을 중심 의제로 다루는 여성단체가 상당수 출범했으나 대중적 영향력을 확장시켜 나가던 시기였다. 대학에서 운동을 주도했던 학생회 선거에서도 '회장은 남자, 부회장은 여자' 구도가 남아 있던 시절이었다. 고운 안에서도 페미니즘적 관점은 미약했다. 그럼에도 어렵게 페미니즘 책이나 자료를 구해 읽으며 우리의 문제의식을 키워나갔고,《한겨레》를 교실에 슬쩍 놓아두듯《여성 이야기주머니》같은 페미니즘 책을 사물함 위에 슬쩍 놓아두곤 했다.°

우리는 결국 자주적 학생회를 건설해냈고, 소중한 성과였다. 우리가 준비했던, 나보다 한 학년 아래 후보단이 학생회장으로 선출됐고, 학생자치활동인 CA 시간의 구성이나 학교의 주요 사항에 대해서 학생회가 개입할 수 있는 최소한의 기반을 쟁취한 것이다. 무엇보다 자주적 학생회 건설 준비 과정에서 학교와 교육 문제를 면밀하게 검토할 수 있었고, 이 과정은 우리에게 중요한 학습의 장이 됐다. 신사임당과 현모양처 사례처럼, 학교가 가부장제를 비롯한 체제 유지의 중요한 기관임을 명확히 깨닫게 됐다. 인간을 "민족중흥의 역사적 사명을 띠고 태어난"°° 존재로 만드는 것에 더 강력한 저항이 필요하다는 문제의식을 공유했다.

고운 활동가들은 문제의식을 대중적으로 확산시키기 위해 다양한 전략을 활용했는데, KSCM에서는 한번씩 연극 공연을 만들었다. 학교 친구들은 수업과 시험만으로도 빠듯한데, 두꺼운 사회과학 서적이나 지루한 발제문으로 토론을 하기에는 무리였다. 그에 비해 연극은 한 시간 남짓 동안 흥미롭게 문제의식을 전달하기에 좋았다. 교육이란 무엇이고, 대학 진학이 삶의 목표여도 괜찮은지,

---

° 당시엔《한겨레》를 구독하고 돌려 읽는 게 일상의 운동적 실천으로 여겨졌다. 고운 활동가 대부분 신문을 정기구독하지는 못했지만, 학교 가는 길의 가판대에서 《한겨레》를 사서 읽고는 학교 곳곳에 올려 두었다.

°° 〈국민교육헌장〉의 도입부다. 대한민국 교육 지표를 담은 헌장으로 교과서에 실려 있었고, 학생은 이를 의무적으로 외워야 했다. 박정희가 1968년에 발표했다.

1995년, 대학로 신바람 소극장, KSCM 주최 문화제 '친구야 세상이 희망차 보인다'

모순으로 점철된 한국 사회에서 우리는 무엇을 해야 하는지 묻는 연극을 올렸다.

그중 대학로 신바람 소극장에서 올렸던 연극은 여전히 기억에 남아 있다. 성서의 한 구절인 "잠에서 깨어나라, 죽음에서 일어나라"를 인용해 만든 장면이 있었는데, '잠'을 식민지적 삶으로 해석했다. 당시 민중예술에서 흔한 메타포였다. 교사, 교과서, 어른의 말을 무비판적으로 수용하면서 고분고분한 삶을 사는 잠든 모습에서 깨어나서 민중, 학생, 10대로서 세상의 부정의에 맞서는 변혁적 존재가 되자는 연극이었다. 심지어 주인공 이름은 '강변혁', 지극히 프로파

간다적이었다. 그럼에도 숨 막히는 학교생활을 익살스럽게, 주인공의 복잡한 감정을 세밀히 표현한 덕분인지 제법 공감과 박수가 쏟아졌다.

공개단체

이처럼 누구에게나 열린 연극 공연 같은 활동은 학교 안팎의 비공개 단위에서 맡기 어려운 역할이었다. 공연을 만들 역량과 자원은 물론이고, 연극 참여자나 관객을 탄압으로부터 안전하게 보호하는 것도 필요했기 때문이다. 이를테면 〈잠에서 깨어나라〉라는 연극 공연을 올릴 때는 공개단체인 KSCM이 주최하는 만큼 향린교회의 홍근수 목사께 축사를 요청할 수 있었다. 이런 인사와 종교단체라는 특성 덕분에 교육 당국은 당시 흔하던 원천봉쇄를 하거나 중징계를 내리는 데 부담을 느꼈다. 나는 KSCM 전국대표 역할도 하고 있어서 신분이 완전히 공개되어 있었는데, 교육 당국에서 미행이나 감시는 집요하게 하면서도 정작 KSCM에서 주최한 행사를 빌미로 직접 징계를 받는 일은 많지 않았다. 공개단체의 역할 중 하나가 이런 것이었다.

공개단체는 사실 연극 같은 문화적 행사보다는 학내 민주주의 쟁취를 위한 공청회, 4·19 기념행사, 11·3 학생의 날 기념행사를 통해 매년 주요 의제를 쟁점화하는 집회 등을 주로 주최했다. 그리고 단위학교별 활동이 고립되지 않고 확장되도록 조직하는 활동도 했다. 1년에 한두 번은 고등학교의 자치활동 단위를 조직해서 행사를 개최했다. 주로 풍물패, 문예부, 교지편집부 같은 동아리들과 함께 '중고생을 위한 문화제' 같은 형태였다. 자치활동 단위는 학내 민주주의나 참교육 쟁취를 실현하는 고운의 기본 진지 중 하나인 만큼 매우 중요했다. 그러나 핵심 구성원의 졸업, 집안에서 활동을 저지하는 경우, 학교 당국의 탄압에 크게 영향을 받았다. 따라서 여러 학교 동아리가 모여 활동에 대한 소식을 나누고 탄압에 공동 대응할 수 있도록 네트워크를 구성하는 일 또한 공개단체의 역할이었다. 그와 동시에 그 네트워크를 통해 학내 민주주의 논의를 넘어 다양한 사회 의제에 접촉할 수 있도록 했다.

그 외에도 우루과이라운드 국회 비준 저지 국민결의대회 같은 집회에 참여하거나, 5·18 비디오 상영회, '열린배움터' 같은 이름을 붙인 정치학교, 고등학생 대상 소식지 같은 것을 발행했다. 특히 KSCM이나 흥고아는 전국 조직인 만큼, 파급력이 상당했다. 인터넷이 없었고, 신문이나 방송에서는 고운 활동을 거의 다루지 않았고, 집 전화가 거의 유일한 소통 수단이었던 시절이었기 때문에 직접 몸담은 조직이나 다니는 학교 이외의 활동 소식은 친구들의 입에서 입으로 전달되던 게 대부분이었다. 그래서 여러 고운 현장의 활동과 그에 대한 탄압을 자세히 실은 소식지를 전국으로 배포하는 것은 운동의 연결과 확장을 위해 중요한 활동이었다.

한편 공개단체 활동은 학내 활동의 중요성을 강조하는 단위학교 활동가들에 의해 비판받기도 했다. 학내에서 다양한 학우 대중을 만나며 조직화하고, 직선제 학생회나 자주적 학생회 건설, 학생 자치권 강화, 입시 중심의 비인간적 교육 반대, 체벌 금지나 두발 자유화 활동 등이 핵심적인 지향이어야 하는데 공개단체 활동가들은 탄탄한 대중 기반이 없다는 것이다. 그리고 학내 활동가를 공개조직으로 데려간다거나 공개단체 활동을 하느라 학내에서 생활을 소홀

5.18 비디오 상영

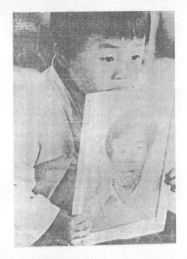

언제 :1995. 9. 23. 토요일
시간 :4시 -5시 30분
어디서 :KSCM 사무실

↑ KSCM 주최 5·18 비디오 상영회
    안내 홍보물

→   KSCM에서 만든
    고등학생 대상 소식지

제 2 호

마 당

한국고등학생기독교운동 서울연맹
KOREA STUDENT FEDERATION HIGH SCHOOL MOVEMENT

히 한다는 비판도 있었다.

반면 공개단체 진영에서는 활동이 학내에 고립되어서는 안 되고 더 많은 학교와 현장을 연결해야 한다고 주장했다. 그리고 사회와 역사를 바꿔가는 데 학교 문제나 교육 문제 외에도 다양한 사회 문제에 개입해야 고등학생이 역사를 만들어갈 수 있다고 비판했다. 개별 학교 내의 싸움뿐 아니라, 전체 고등학생이 집중하고 모일 수 있는 쟁점을 만들고 전선을 형성하는 공개단체 활동은 고운 세력화와 연대 확장에 중요하다는 입장이었다.

단위학교와 공개단체 활동에 대한 논쟁은 고운의 목적과 목표를 무엇으로 설정했는지와 연결된 문제이기도 했다. 어쨌거나 양쪽의 주장과 비판을 공감하는 이들 중에는 나처럼 학내 활동과 공개단체를 포함한 여러 활동을 병행하는 이들도 있었다. 앞서 언급했듯 KSCM에서 자주적 학생회 건설을 위한 준비위 같은 것을 꾸린 것도 이런 비판과 성찰 위에서였다.

나는 평일에는 학교에서 땅울림이나 여타 소모임과 세미나를 하고, 주말에는 KSCM에서 회의와 세미나, 행사와 집회 준비를 했다. 방학이 되면 건국대나 성균관대 등 곳곳에서 열리는 정치학교를 준비하거나 참여했고, KSCM 전국대회를 준비했다. 그러다 보면 늘 시간에 쫓겨야 했고, 밤잠을 줄이고 모든 주말을 통틀어 써도 시간이 부족할 때가 많았다. 너무 바빴고 늘 피곤했다.

우스갯소리로 '전태일은 한자를 읽을 수 있는 대학생을 부러워했다지만, 우리는 시간 많고 투쟁하기 좋은 조건에 있는 대학생이 부럽다'고 말하곤 했다. 하루에 열네 시간씩 학교에 인신이 구속되어 있지 않아도 되고, 수업 시간에 사회과학 서적을 읽거나 시위에 나갔다고 대걸레 자루로 맞지 않아도 되고, 머리에 피도 안 말랐다며

'동지'들로부터 배척당하지 않아도 되고, 버스 회수권이나 책을 사기 위한 아르바이트 자리도 쉽게 구할 수 있는 대학생의 그 모든 게 부러웠다. KSCM과 사무실을 함께 쓰던 KSCF 소속 대학생들이 힘들다고 투덜거리는 것을 볼 때면, 저렇게 나약해서 세상을 어떻게 바꾸겠냐며 우리끼리 혀를 찼다.

시간에 쫓기며 활동하면서 누적된 피로감은 때로 광장에서 느끼는 순간의 연결감으로 씻겨 나갔다. 매캐한 최루탄과 곤봉이 난무하는 집회가 열리면, 단위학교 활동가들도 공개단체의 깃발 아래 모이는 경우가 흔했다. 서로에 대한 날 선 비판 속에서도 한 줌도 안 되는 고운 활동가들이 모여 있으면 애틋함이 느껴졌다. '피도 안 마른 어린애들'이 왜 여기 있냐며, 데모질은 대학 가서 하라는 성인 연령의 동지들을 자주 마주했고, 속으로 '우리는 당신들이 아는 그런 고등학생이 아니야'라는 우쭐함으로 불쾌함을 견뎠다. 전위조직 활동 등에서 익숙한 관계지만, 안다는 것을 드러낼 수 없어서 눈인사로 대신하고 지나치는 이들도 종종 만났다. 반갑게 인사를 나누지 못해도 제법 큰 집단을 형성해서 깃발 아래 모여 있으면 안정감과 결속감을 느낄 수 있었다.

탄압과 괴롭힘

공개단체 활동을 하다 보면 '성인' 틈바구니에 있는 경우가 잦고, 상대적으로 취약한 위치에 놓이게 된다. 나이주의를 기반으로 한 위계와 차별적 상황은 흔했고, 가장 나쁜 형태는 고운 활동가인 10대 여성에게 성인 남성이 가하는 유무형의 성희롱을 포함한 성폭력이었다. 내가 가장 처음 대응한 운동·진보 사회 성폭력도 고운 활동 과정에서 벌어졌다. 당시 가해자는 오랫동안 대학생운동을 했던 30대 초반의 남성이었는데, 사회과학 서점에서 알게 된 10대 여성 활동가들에게 비슷한 수법으로 원치 않는 신체접촉을 했다.

성폭력 사건을 조직적으로 다뤄본 사람이 주변에 아무도 없었다. 여러 경로를 거쳐 여성단체에 이 문제를 상담하게 됐는데, 친절하게 대해줬지만 피해자와 가해자의 관계나 운동 사회의 특성 등을 설명하고 소통하는 데 어려움이 많았다. 가해자는 집요했고, 척박한 환경 속에서 나는 사건 해결을 위해 고등학교 졸업 이후까지 한참을 매달렸다. 1990년대 초·중반은 운동 사회 성폭력이 사회적으로 표면화되기 이전이었고, 사건 해결 과정에서 내외부의 비난이나 공격을 지금보다 훨씬 더 많이 견뎌야 했다.

물론 고운 활동에서 가장 일상적인 괴롭힘과 탄압의 공간은 학교였다. 하루의 절반 이상을 보내는 학교에서 교사들은 다양한 방식으로 고운 활동가들을 괴롭혔고, 체벌과 징계는 일상이었다. 호두알만한 돌을 늘 손에 쥐고 다니며 굴리던 국어 교사는 숙제로 제출한 《나의 문화유산답사기》 독후감을 보고서는 나를 교탁 앞으로 불렀다. 책에 실린 민중미술에 대한 이야기를 짚어 감상을 쓴 게 문제가 됐다. 좋은 책을 추천해도 꼭 '그런 부분'만 본다며, 그 매끈하고 단단한 돌은 일정한 리듬을 타며 내 머리를 쳤다. "도대체, 무슨, 생각으로, 책을, 읽은, 거냐." 글자 사이마다 경쾌한 스타카토처럼 돌이 이마에 찍혔다. 이마 가득 붉고 푸른 멍이 생겼다.

어느 날은 수업 시간에 교무주임 교사가 던진 칠판지우개가 내 얼굴을 향해 날아들었다. "아침에 이상한 묘소 참배한 걸 떠올리고 있냐"는 조롱 섞인 목소리와 함께. 얼굴은 백묵 가루로 범벅이 되고 기침이 났다. 그날은 4월 19일이었고, 등교 전에 집 앞에 있는 4·19 묘지에 잠시 들러 참배를 한 게 문제가 됐다. 거기서 MBC 기자가 인터뷰를 요청해, '역사는 정의로운 분노와 저항 안에서만 전진한 다' 정도의 발언을 했다. 그런데 교복을 입고 텔레비전 뉴스에서 정치적 발언을 했다는 이유로 교무실이 뒤집혔다고 한다.

고운 활동을 시작하면서 10대가 역사의 주체이고 우리 손으로 사회를 바꾸고 역사를 새로 쓰는 중이라고 말해왔지만, 10대들이 써 내려간 역사를 상세히 알지는 못했다. 그 역사를 알게 된 건 학교 밖에서 세미나를 하면서였다. 나는 KSCM 외에도 전위조직에 속해 있었는데 그 조직 구성원들과 역사 세미나를 하며 4·19혁명의 주역이 고등학생이라는 것을 제대로 알게 됐다. 일제강점기 광주학생운동부터 4·19, 5·18, 6월항쟁에 참여해 역사를 만들어간 10대를 알게 되며 가슴이 뜨거워졌다. 고운 활동을 하는 우리를 '선도'해야 할 '일탈 청소년'쯤으로 여기는 교사들에 대한 거센 반감이 제법 사라지고, 역사를 바꿔온 '우리'에 대한 자부심이 차올랐다.

하지만 반감이 줄어든다고 교사들의 괴롭힘이 줄어드는 것은 아니었다. 교사들은 특히 땅울림 활동을 더 집요하게 괴롭혔다. 땅울림에는 따로 악기가 없어서 주로 인근 대학에서 악기를 빌려 연습했는데, 고려대에서 연습하던 어느 날 교무주임 교사를 마주쳤다. 그는 대학 동문회에 왔다가 우연히 우리를 발견했다고 했지만, 처음부터 미행했으리라는 의구심이 들었다. 토요일 이른 아침에 동문회 참석을 위해 대학에 방문했다는 것부터 어색했다.

보통 주말에 집회에 참여하거나 외부에서 대중행사를 개최하고 나면, 월요일 등교 시간에 학생주임 교사가 교문에서 불러 세웠다. 그러면 교감실이나 교장실로 불려가 반성문을 요구받거나 근신, 정학 같은 징계를 수시로 맞았다. 고려대에서 교무주임을 마주친 다음 돌아온 월요일도 그랬다. 그는 고등학생이 불온하게 대학에서 풍물을 치며 무엇을 했는지 물었다. 취조 정도였으면 다행이었을 텐데 조용한 폭언과 괴롭힘이 이어졌다. 훈육이라는 이름의 물리적 폭력이 일상이던 시대였다. 그래도 단단한 신념이 있는 만큼 괜찮다고 여겼다.

하지만 이따금 등굣길에 심장이 두근거리고 식은땀이 났고, 친구에게 나도 모르게 화를 냈다. '호르몬이 불안정한 사춘기' 문제가 아니라, 교사들의 물리적·정서적 폭력에 대한 트라우마 반응이었다. 이는 당연히 일부 교사의 인격 문제가 아니다. 교육현장에 민주주의나 평등이 자리하지 못하고, 학생은 통제 대상으로 규정되었기 때문에 학교는 폭력을 정당화하는 공간이었다.

만약 우리의 자주적 학생회 건설 운동이 좀 더 성과를 내고, 고운이 좀 더 세력화됐다면 학교는 달라질 수 있었을까. 하지만 우리는 거기까지는 나아가지 못했다. 그리고 내가 한번씩 트라우마 반응을 보였던 그해는 대구 경화여고 김수경이 죽음으로 떠나간 지 얼마 되지 않은 때였다. 그는 전교조 지지와 학생회 활동을 이유로 교사들의 괴롭힘을 견디다 1990년 옥상에서 투신했다. 사회가 요구하는 수동적 삶이 아니라 정의감에 고양되어 주도적 삶을 사는 인간은 환영받기 어렵다. 특히 체제에 순응하며 비판적 사고를 지양하는 인간을 선호하는 사회와 그런 시민을 양성하는 학교에서는 더없이 위험하고 불순한 존재로 낙인찍힌다.

고등학생운동이 사회적으로 강력히 낙인찍히게 된 배경 가운데 1994년 박홍 총장의 주사파 발언°을 빼놓을 수 없다. 서강대 총장이었던 그는 청와대에서 열린 대학 총장들의 오찬 자리에서 "학생운동 세력인 주사파의 배후에 북한의 김정일이 있고, 북측이 우루과이라운드 비준 반대를 지시했다"라고 말했다. 곧바로 공안정국이 형성됐다. 그 발언 직후 몇 년째 전국적으로 열리던 우루과이라운드 무역자유화 관련 집회는 금세 사그라들었다. 동시에 주사파를 색출하겠다는 정부의 움직임이 시작됐다.

고운 활동가 사이에서도 학생들을 색출하라는 지침이 교육청에서 계속 내려오고 있다거나, 조직사건이 터질 것 같다는 흉흉한 소문이 돌았다. 나는 빠르게 책과 문건을 정리했다. 학교 사물함에 소모임 후배들과 돌려 읽던 민중들의 투쟁을 다룬 책이 많았다. 광주 5·18을 기록한《죽음을 넘어 시대의 어둠을 넘어》, 막심 고리키의《어머니》등은 모두 정식 출판물이긴 했지만, 일단 KSCM 사무실로 옮겼다. 전위조직 등에서 보던 문건은 대부분 그때그때 폐기했지만, 보관용으로 가지고 있던 것은 KSCM 사무실 옥상으로 옮겼다. 사무실은 종로 기독교회관에 있었고 경찰의 침탈로부터 안전한 공간이었다.

그리고 한 달 뒤 청소년 월간 잡지《새날열기》와 서울 관악구 청소년문화단체인 민족사랑의 통 큰 이정표 샘(이하 '샘')이 고등학생 주사파 단체로 지목됐다. 고등학생운동을 해온 단체들이었다. 경찰은 샘이 "고등학생들에게 주체사상을 전파하고 지난 4월의 '우루과이라운드 국회비준 저지 국민결의대회'에 고등학생을 참석하도록 배후 조종해왔다"°고 밝혔다.《새날열기》는 "대한민국 체제를 부정하고 북한의 남침 사실을 부인하는 등 고교생의 의식화를 목표"°°하고 "국가

°   인권운동사랑방,〈공안바람에 짓밟힌 청소년의 권리〉,《인권하루소식》제
       245호, 1994년 9월 9일.
°°   김태훈,〈편집장은 고졸 10대〉,《조선일보》, 1994년 8월 23일.

집중취재 · 고등학생운동권의 실상

비상 걸린 고등학교, 운동권 사냥소동

양난주 본지 기자

고등학생운동 조직사건이 터지면서 각 학교는 운동권 학생을 잡아내는라 혈안이 되어있다. 교육부에선 '특별지참'이 내려가고 교무실에선 '블래리스트'가 만들어지고 있다. 며칠씩 수업을 받지 못한 채 시달리던 학생들은 급기야 "퇴학 당하기 전에 내가 나가겠다."고 울분을 터뜨리고 나섰다. 일단 찍힌 학생들은 미행에 도청까지 당한다는데…, 왜 고등학생운동이 문제가 되고 있는가, 아니 고등학생운동이란 무엇인가.

90

고운단체에 대한 공격을 다룬
《사회평론 길》의 기사

바른 대로 말해, 너 주사파지!

"외부손님이 오셨다고 해서 수업을 하다 나갔어요. 형사라고 했어요. 사실대로 얘기해도 거짓말한다며 수갑을 채웠어요. 선생님들은 보고만 계셨고 결국 그 아저씨 혼자서 자술서를 7장 썼어요. 집에 오니 10시였어요. 불려간게 3신데…".

고등학교 3학년인 ㅅ양은 학교 차원에서 사흘, 형사에게 이틀간 조사를 받느라 근 일주일 가까이 제대로 수업을 받지 못했다. ㅅ양이 다니는 ㄷ여고에는 총 30여명이 '고등학생 주사파조직' '샘 사건'과 관련하여 조사를 받았다.

'샘'은 지난 9월 8일 고교생에 주체사상을 학습시키고 불법시위에 동원했다고 서울경찰청에 적발된 청소년회다. 이 사건으로 고등학교를 갓 졸업한 회원 3명이 국가보안법 위반과 이적단체 구성 혐의로 구속되었고 6명이 불구속 입건되었다. 11개 학교, 38명의 회원이라고 발표되었지만 사건 이후 1백명이 훨씬 넘는 학생들이 이 사건과 관련하여 조사를 받았다. 학교마다 '외부손님'이 오셨음은 물론이다.

9월 28일 '샘'은 기자회견을 열어 '고등학생 자치활동 탄압을 중지할 것'을 주장했다. 그 자리에서는 불법연행과정과 강압적 조사과정도 폭로되었다. "ㄷ여고 ㅇ양은 '김일성 주체사상을 교육을 받았다'는 내용을 진술서에 쓸 것을 강요 받았고 조사과정에서 '꿈 버리지 않았느'나'는 말을 들었다며 참았던 울음을 터뜨렸다.

ㅇ여고생 ㅅ양을 찾아온 형사는 '김일성 죽일 때 기분이 어땠냐'는 말을 시작으로 조사를 시작했다. ㅅ양의 아버지는 "생회원을 다시 만나면 학교 측에서 내리는 어떤 처벌이

라도 달게 받겠다"는 각서를 써야 했다. 조사 다음날 ㅅ양은 교무실로 불려가 전날 학교 선배인 생 회원과의 통화가 녹음된 테이프를 형사에게 받아 들었다는 교감선생님의 '경고 못 자겠다'는 야단을 들어야 했다. 급기야 교장실로 불려가 '네가 차라리 혼숙이나 동거를 했으면 이해하겠다'는 꾸중을 듣고 권고휴학을 당했다.

불똥은 '생'을 알거나 '생'에서 한 행사에 참여한 고등학생에게만 튄 것이 아니었다. '생사건' 이전에 이미 '대보술기」 사건'이 있었다. 이 잡지 발행에 관여한 고등학생은 수배 상태에 있으며, 글을 기고한 사람들까지 전부 '수사대상'에 올랐다. 뿐만 아니라 이 두 조직에 서접 관련되지 않은 고등학생의 교내서 비공개활동 조차 전면적인 조사를 받고 있다. 청소년단체협의회에 소속되어 있고 서울시에서 발행하는 홍보지 「푸른교실」에도 나온 홍사단 아카데미 학생들까지 학교에서 추궁을 당하는 지경이다.

교육부는 9월 10일자로 '고교생에 대한 의식화 예방 특별지도대책'을 시ㆍ도 교육청에 시달했다. '북한의 실상을 바로 알리고 좌경이념에 대한 비판능력을 배양하는 등 이념교육을 대폭 강화하라'는 내용의 지점이 각 학교로 와서는 풍물반, 연극반 등 등 아리 활동을 하는 학생들 사진까지 부착한 '블래리스트'를 앞세운 유인물 제작이나 살포, '의식화학습' 여 활동 추구하는 등 '특별지도'로 전개되고 있다.

지하신문 「감초…」를 찾아라

15일 현재 ㄷ여고 징계위원회에는 3명의 학생이 회부되어 있다. 「감초들의 이야기」라는 정체불명의 4면짜

리 소식지가 올들어 세번이나 뿌려졌기 때문이다. 물론 예전에도 가끔씩 유인물이 뿌려져 학교측을 긴장시켰지만 이렇게 구체적인 요구와 비아냥거림을 담은 ' 대중적인' 유인물은 처음인데다가 정기적으로 나오는 인상까지 줘 그동안 학교측은 「감초…」 만드는 학생을 찾느라 혈안이 되어 있었다.

그러다 '생' 관계자 조사를 하는 과정에서 어느 한 학생이 진술을 했고 「감초」를 복사한다는 모대학 앞 복사가게 주인이 말한 인상착의 증언이 맞물려 되어 3명의 여학생이 조사를 받게 된 것이다. 물론 이 과정에는 복사가게에서 나오는 모든 종류의 유인물을 받아보던 관할 경찰서의 도움도 상당했다.

"「감초들의 이야기」가 나온 날은 학교 분위기가 달라요. 아이들도 술렁술렁거리고 선생님들에게 나도 한 부 줄 수 없냐느냐 하시기도 해요. 물론 뿌려진 지 얼마 안돼 학생주임 선생님이 다 걷으로 다녀시지만요."

ㄷ여고 3학년 학생의 말이다. 어렵사리 「감초들의 이야기」를 구해보았다.

"고발합니다 — 학원현장을 위한 학교인가, 학생들을 위한 학교인가. 작년 어느날 갑자기 선생님께선 더 이상 복육관에서 체육수업을 못하게 되었다고 하셨습니다. 수백를 2층이 학원장실이기 때문에 거기 항아버지가 시끄러워 한다는 이유랍니다. 학교의 주인은 학생이라는 이유랍습니다. 학교의 주인은 학생이라는 이유지만 한사람이 귀아프다는 이유로 2천2백명의 학생들이 체육관을 사용하지 못한다면 말이 됩니까? ([감초들의 이야기], 4호 중에서)

'감초'라 어떤 일을 하는지 단적으로 보여주는 대목이다. 재단의 족

1994. 11 사회평론 길 **91**

보안법철폐, 연방제통일, 고교생의 정치세력화 등을 주장"°했으며, 샘은 "통일운동이 군비축소, 미국 철수 등에 초점이 맞춰져야 하고, 고교생의 정치 활동 보장, 18세 선거권 쟁취, 고교생의 정치세력화 등을 주장"°°하고 "지리산에서 수련회를 가지며 미전향 장기수 이모씨를 초빙해, 김일성에 대한 추모강연을 들었다"°°°라며 공격했다.

샘의 강령이나 《새날열기》의 주장을 주류 언론에서 일부 왜곡했으나, 당시 고운 조직 사이에서 그리 낯선 것은 아니었다. 물론 정파에 따라 달랐고, 사회주의를 주요한 가치로 설정한 조직을 비롯해 저마다의 사상이 있었다. 그러나 사상의 자유가 보장되지 않았던 시대였고, 지금도 마찬가지지만 10대의 정치활동은 더욱 통제의 대상이었다. 주요 언론은 고등학생 주사파 사건을 대대적으로 보도했고, 그들은 사회적 낙인 속에 학교에서는 물론 사회적 혐오의 대상이 되었다. 일부 진보 언론에서 방어에 나섰지만 역부족이었다.°°°° 정부 차원의 고등학생운동에 대한 대대적 통제와 탄압이 이어졌다. 전위조직을 비롯한 언더 조직들은 살얼음판이 됐고 숨죽였다. 각 고등학교에서 어렵게 확장 중이던 다양한 자치활동은 빠르게 금지되거나 폐기되었다.

°　　김태훈, 〈고교생 선동 「친북잡지」 적발〉, 《조선일보》, 1994년 8월 23일.

°°　　동아일보, 〈용납못할 고교생 의식화〉(사설), 《동아일보》, 1994년 8월 24일.

°°°　　황상무, '고등학생 주체사상파 9명 적발', 〈KBS뉴스〉, 1994년 9월 8일, https://news.kbs.co.kr/news/pc/view/view.do?ncd=3743592.

°°°°　　양난주, 〈비상 걸린 고등학교, 운동권 사냥소동〉, 《사회평론 길》(1994년 11월호), 1994, 90~95쪽; 최원일, 〈'고교생 주사파' 샘 사건의 진실〉, 《말》(1994년 11월호), 1994, 92~95쪽.

학생자치권 보장하라!

박홍 총장 주사파 발언의 파장은 땅울림에도 왔다. 매년 해오던 체
육대회 공연 금지 통보가 떨어졌다. 우리는 땅울림 안팎에서 여러
회의 끝에, 전교를 돌며 학생들에게 학생자치권 탄압에 대해 한 줄
편지를 써달라고 했다. 전교생이 대부분 각자의 주장을 썼고, 체육
대회 전날부터 학교에 숨어 있다가 이른 새벽 교무실 책상마다 복
사한 항의 편지를 놓았다.

　다음 날 아무 일 없다는 듯 체육대회가 시작됐다. 원래대로라면
땅울림 공연이 예정됐던 순서에, 우리는 달려 나가 공연을 시작했
다. 교사들의 제지가 시작했고 교장이 앉아 있는 단상 앞으로 달려
가 무릎을 꿇고 공연 허가를 요청했다. 일부 교사들의 거친 욕설이
시작됐고, 곧이어 머리와 등에 주먹질과 발길질이 정신없이 날아들
었다. 교사나 전경의 폭력에 익숙했지만 이날의 폭력은 차원이 달
랐다. 스탠드에 있던 학생들은 때리지 말라며 울부짖었다. 얼마 지
나지 않아, 학생주임은 마이크를 잡고 우리 이름을 하나씩 부르며
징계 소식을 알렸다. 대부분은 근신이나 정학이었고, 나는 퇴학 처
분을 받았다.

　분노한 2,000여 명의 학생들이 스탠드에서 일제히 외쳤다. "땅울
림, 땅울림, 땅울림……" 교사들은 해산 명령을 내렸지만, 일어나는
이들은 거의 없었다. 어깨동무한 채, 누구의 선창인지 모르지만 〈상
록수〉와 〈아침이슬〉을 시작으로 수없이 노래가 반복되며 울려 퍼
졌다. 어느덧 땅거미가 내려앉고 있었고, 담임들이 소리치거나 어
르기도 했지만, 노랫소리에 묻혔다.

　몇 시간 뒤 퇴학 처분은 철회하고 근신과 정학으로 수위를 낮추

겠다는 방송이 나왔다. 공연을 강행하며 징계는 예상했지만, 이 정도로 단결된 학생들의 저항은 전혀 예상하지 못했다. 감동과 놀라움의 시간이었다. 그동안 땅울림이나 자주적 학생회 건설 활동뿐 아니라, 여러 소모임을 만들었고, 다양한 친구를 KSCM이나 흥고아에서 주최하는 공개행사에 초대했다. 대중운동으로서 고운의 토대를 두껍게 만들기 위한 활동이었다. 하지만 누적된 힘이 얼마큼인지 가시적으로 확인할 길은 없었다. 그저 언젠가 도달하고 싶은 세상을 향한 길을 학생이라는 신분에서 조금씩 만들어가고 있다고 믿었다. 그날 단결된 함성을 듣는 내내 인간은 어떻게 변화·발전하는지 생각했다.

전교생이 스탠드에서 울 때 함께 울었다. 찬란하게 승리한 투쟁이었다. 당연히 이는 학생자치권 투쟁의 승리만을 의미하지 않았다. 그날 불의 앞에 물러서지 않고 싸워봤던 경험은 고운과 전혀 접점이 없던 평범한 학생들에게도 영향을 미쳤다. 드물게는 졸업 후 대학에서 학생운동을 시작했다는 이야기, 더 많게는 소시민으로 살더라도 불의한 일이 있을 때마다 광장에 나가 짧게라도 구호를 외치고 오는 삶을 살게 됐다는 말을 들었다. 단결된 힘으로 부당함에 맞서봤던 그 하루가, 자신의 세계관을 바꿨다는 이야기를 30년이 지난 지금도 한번씩 듣는다.

고운과 '조직'

땅울림 체육대회 투쟁 과정을 함께 의논하던 선배가 있었다. 나와 같은 전위조직에서 활동하던 이였다. 당시에는 비합조직이나 전위조직이 많았다. 고운 자체가 주요한 목적인 조직도 있었고, 변혁운동조직에서 하위조직으로 고운 그룹을 두기도 했다. 조직이 워낙 많았는데, 내가 인지했던 조직 중심으로 거칠게 지형을 정리해보면 이렇다.

조직 대부분은 고등학생을 민중운동의 주요한 변혁 주체로 보았다. 이들은 학생이라는 신분을 사회운동의 선도적 위치로 보았고, 고등학생은 대학생과 달리 관념적 의식이 덜하고 민중으로서 고유한 본연의 힘을 가지고 있다고 여겼다. 그러나 고운의 구체적 목적에 대해서는 입장이 갈렸다. 우선, 사회 전반의 변혁운동에서 학교와 교육 자체를 바꾸는 것을 주요한 목표로 삼는 조직이 있었고, 이들은 다른 조직들이 고운이나 고운 활동가를 수단화한다며 비판하기도 했다. 두 번째는 계급투쟁이나 전체 민중의 봉기 같은 것을 염두에 두고, 현장(공장)에 많은 활동가를 보내서 변혁을 도모하던 조직이었다. 이들은 고운을 현장활동의 배출구, 활동가 생산 기지로 보는 경향이 있었다. 고등학생은 대학생과 달리 위장취업 문제에서 자유롭고, 지식인이라는 허위의식이 없다는 점도 주요 가치로 꼽았다. 이 밖에 고운 자체에 대한 운동적 관점보다는 자기 정파의 세력 확장을 위해 고운에 결합하는 경우도 있었다.

학교와 교육제도가 학생들을 억압하고 있으니 그 현실을 변화시키는 것 자체가 고운의 목표여야 한다, 사회 전반의 변혁을 위해 고운 활동가들이 기여해야 한다, 교육과 학교의 변화는 사회변혁이 선행되지 않고는 불가능하다는 입장이 충돌하고 있었다. 물론 이 입장들이 완전히 분리된 것은 아니었고, 조금씩 다르게 겹쳐 있기도 했다. 돌아보면 당시는 사회구성체 논쟁의 잔열이 남아 있을 때였다. 지금도 마찬가지지만 정파적 입장에 따른 골이 깊었고, 토론보다는 경쟁적으로 세력 확장에 골몰하기도 했다. 고운에 대한 깊은 관점 없이 정파의 세력 확장을 위한 도구로 고운에 들어온 대학생이나 지도선배들의 경우, 조직과 운동을 훼손하기도 했다.

당시에는 이런 지형을 자세히 이해하고 있지 못했다. 그저 책을 함께 읽자며 다가오는 선배들이 많았고 여러 모임 가운데 꾸준히 밀도 있게 진행되던 세미나가 전위조직 활동으로 이어졌다. 전위조직 활동과 함께 조심해야 할 것들이 늘어났다. 교사와 교육감 이외에 형사들의 감시까지 염두에 두게 됐다. 회의나 세미나를 한번 하려면 멀지 않은 거리여도 만일의 미행을 피하기 위해 지하철과 버스를 여러 번 갈아탔다. 휴대폰도 삐삐(호출기)도 없던 시절이라, 회의나 세미나 장소가 바뀔 때 전하기가 마땅치 않았다. 대학로에 있던 사회과학 서점인 논장이나 풀무질에 있는 게시판을 통신망으로 이용했다. 서점 주인에게 전화해서 활동명과 우리만의 암호로 구성된 문장을 말하며 메모판에 붙여달라고 부탁했다. 조심했지만 고운 지도선배들 자취방이 '털렸다'는 소식도 한번씩 들렸다.

활동가로 더 단단해지기 위한 규칙도 많았다. 이를테면 '동지 간에 자기비판과 상호비판을 철저히 한다', '활동가의 몸은 혁명의 무기인 만큼 술이나 담배 등을 멀리하며 건강관리에 유의한다', '새로운 지식과 문명에 열려 있고 성장하는 활동가가 되어야 한다'는 규칙을 만들고 외웠다. 그리고 그 내용을 얼마나 잘 지키며 살았는지 생활 평가 시간에 나눴다. 우리는 어제보다 나은 내가 되고 서로를 통해 성장하며, 그 과정에서 세상을 변혁해가고자 했다.

당시 체육대회 투쟁을 의논하던 선배도 전위조직에서 붙여준 지도선배였다. 그는 나보다 두어 살 많았는데, 어떤 활동 이력이 있는지는 알지 못했다. 보안 때문에 서로 활동명을 쓰고, 사는 동네를 비

롯한 개인 정보는 묻지 않는 게 규범이었다. 여기서는 '민석'이라고
해두자. 박홍의 주사파 발언 이후 고운에 대한 탄압이 거세지고 있
는 가운데, 체육대회 투쟁은 예민하고 조심스러운 과정이었다. 그
래서 전위조직에서는 그 선배와 사소한 것까지 의논하며 준비하
라는 지침이 있었는데, 그의 의견은 비현실적일 때가 많았다. 심지
어 체육대회 이후 평가 과정에서, 그는 차라리 퇴학 처분을 유지했
으면 이후 투쟁이 더 유리했을 것이라거나, 학내민주화 투쟁에 왜
더 힘을 쏟지 못하고 있는지 물었다. 순진하다고 해야 할지 무지하
다고 해야 할지 당혹스러웠고, 인내심에 한계가 왔다. 나를 포함해
KSCM 활동을 겸하는 친구들에게는 체육대회 투쟁으로 인한 심리
적 타격감이 거의 없었지만, 땅울림 활동만 해온 친구들은 달랐다.
그날 운동장으로 뛰어나간 10여 명의 땅울림 친구들은 수위가 다를
뿐 모두 징계를 받았고, 위축감을 느끼고 있었다. 무엇보다 다들 고
3이고 나를 제외하고는 대학 진학을 계획하고 있는 상황에서 그의
말대로 투쟁에 '박차'를 가하는 건 불가능했다. 민석 선배와 격한 토
론 끝에 나는 조직에 문제 제기를 했고, 결국 그는 지도선배 자리에
서 물러났다.

　이 과정에서 그 선배가 사실상 고운을 포함해 운동 경험이 거의
없었다는 사실을 알게 되었다. 그에게 나쁜 감정은 없었지만, 당혹
스러웠다. 조직에서는 동지가 된다는 것은 서로의 삶을 평생 책임
지는 것임을 강조했고, 땅울림 동료들에 대해서도 늘 그런 마음으
로 만나야 한다는 말을 자주 나눴다. 나는 체육대회 사건 때문에 땅
울림 친구들의 대학 입시에 차질이 있을까 봐 내심 초조했다. 대학
의 당락이 인생이 당락으로 여겨지는 것은 현실이기도 했다. 그러
나 조직에서 이런 고민을 잘 나누기 어려웠다. 조직이 옳고 필요한

투쟁을 하고 있다는 의식에만 경도되어 있었거나, 내가 조직의 더 큰 투쟁 방향을 이해하지 못했을 수도 있다.

나는 체육대회 이후 조직을 다시 보게 됐다. 누군가는 인생을 걸고 참여하는 투쟁인데, 우리보다도 운동 경험이 없는 사람에게 투쟁을 '지도'받으라는 조직이 난망했다. 조직은 운동에 대한 진심 어린 마음과 열정은 충만했으나, 어설펐다. 일시적 투쟁의 패배는 극복할 수 있는 문제이지만, 조직이나 전망에 대한 신뢰를 잃는 것은 절망의 영역이었다.

고운과 진로

고운 활동가들은 조직에서 자신의 진로를 함께 의논하는 경우가 많았는데, 나의 진로는 지도선배였다. 고등학교를 졸업하면 공장에 취업하거나, 남아서 고운을 지원하는 경로를 밟거나, 드물게 대학에 진학했다. 나의 세대에는 지도선배가 가장 많이 권장됐다. 1989년 동구권 붕괴와 1991년 소련 해체로 인한 혼란이 몇 년째 계속되며 투쟁 노선에 대한 토론이 잦았는데, 그 여파도 있었을 것이다. 또 한편 계급투쟁의 선봉에 서겠다고 공장에 들어갔던 이들이 한두 해 만에 적응하지 못하고 나온 사례도 늘었다. 게다가 내가 속한 전위조직에서 공장으로 들어갔던 선배가 산재로 사망하는 사건이 있었기 때문이다. 지도선배가 되면 고등학생 활동가들의 학습이나 학교 안팎의 다양한 투쟁을 지원하고 지도하는 것부터 차비나 식비까지 전반적인 것을 책임지는 역할을 했다.

그러나 체육대회 이후 뚜렷하고 확신에 차 있던 진로가 부서진

느낌이었다. 어설픈 조직과 평생의 운동과 삶을 결의했다는 사실에
실망과 분노의 감정이 오갔다. 며칠 동안 잠을 못 자고 감정의 소용
돌이를 겪다가 급성 위염으로 응급실을 들락거렸다. 늘 그랬듯 현
실 세계의 괴로움과 혼란으로부터 도망치기 위해 책을 찾았다. 고
운 관련 책 속의 열정은 무지해 보였고, 역사책 속의 치열함은 위험
해 보였다. 서점에서 철학책 서가를 걷다《시대와 철학》에 실린 글
을 하나 읽었다.° 그 글의 저자에게 당장 달려가 역사는 무엇이고,
투쟁과 변혁의 의미는 무엇이며, 삶은 어떻게 살아야 하는지 묻고
싶었다.

그 논문을 쓴 교수가 있다는 대학에 가겠다고 결심했다. 수능이
2개월 남은 때였다. 고등학교 3년 동안 학교 시험 준비는커녕 교과
서도 제대로 본 적 없었으니, 사실 황당한 계획이었다. 담임을 포함
한 상당수 교사는 내가 수능 준비를 시작했다는 것을 알고 비웃었
지만, 몇몇 교사는 각자의 방식으로 나를 도왔다. 안타까움과 미안
함을 담은 그들의 소심한 연대였으리라.

정해진 틀 안에서 문제를 맞혀야 하는 수능 시험을 준비할 때, 뜻
밖에도 고운 활동에서 했던 학습이 꽤 도움이 됐다. KSCM이나 전
위조직에서 학습할 때 자주 한 말은 이것이었다. "언제나 '왜'라고
물으며 책을 읽을 것." 질문 안에서 책을 읽었고 동의하는 것과 아
닌 것, 이해되는 것과 아닌 것을 구분했다. 당시 학교 교육을 비판
할 때 자주 인용했던 교육학자인 프레이리식으로 말하자면, 학교는
'은행 적립식 교육'을 하는 곳이었고 우리들의 학습은 '질문하는 교

°   장춘익, 〈역사유물론과 역사유물론의 재구성: 마르크스와 하버마스를 비교하는
    한 관점〉,《시대와 철학》5권 1호, 한국철학사상연구회, 1994, 67~85쪽.

육'을 하는 장이었다. 따라서 고운을 공격하던 이들의 주장처럼, 일
방적으로 선배들이 사상을 주입한다는 것은 적어도 우리에게는 틀
린 말이었다. 학교의 주입식 교육을 치열하게 비판해온 만큼, 학습
시간에 강하게 의견을 내고 논쟁하는 풍경은 흔했다. 이런 방식의
학습은 현실을 비판적이고 실천적으로 인식하는 의식화에서 중요
한 과정인데, 이게 수능에 도움이 됐다. '왜'라고 질문하며 시험지를
들여다보면 지문을 해석하거나 출제자의 의도를 파악하기가 수월
했기 때문이다.

결국 어떻게 살아야 할지를 질문하고 싶었던 교수가 있던 대학에
갔다. 그 교수와 철학과 역사, 페미니즘과 평등, 변혁과 투쟁에 대
한 토론을 넘치게 하면서 대학에서 학생운동을 이어갔다.° 동시에
KSCM 후배들도 지속적으로 만나서 활동의 전망을 나눴다. 애증
의 전위조직 활동도 완전히 접지는 않았다. 고운을 지원하는 역할
을 어떤 방식으로든 이어갔다. 뜨겁게 조직하고는 어느 날 고운에
전망이 없다며, 바쁘게 떠나버린 선배들의 무책임을 기억하고 있기
때문이었다.

미숙한 10대?

한편 땅울림은 내가 졸업한 후 학교의 공식 동아리가 되었다. 땅울
림을 없애는 것은 불가능하니 양성화해서 잘 관리하자며 교장을 설

°   이 내용은 다음 글을 참고. 조한진희, 〈'페미니스트 되기' 확장과 횡단의 실천〉,
　　　《삶을 바꾼 페미니즘 강의실》, 곰출판, 2022.

득한 교사들이 있었다. 땅울림 동문회 자리에 감사의 의미로 그중 한 교사를 초대했다. 그는 자신이 대학생 때 사회문제에 관심은 있었지만 학생운동은 하지 않았는데, 교사로서 당시 체육대회가 큰 충격이었다고 했다. 그래서 땅울림 합법화 목소리를 내게 되었다고 했다. 어떤 면에서 그는 우리를 통해 정치적으로 각성한 것이다.

고등학생운동을 '전교조 교사 지키기 운동'으로 설명하거나, 전교조 교사에 의해 각성한 학생들의 저항으로만 설명하는 것은 역사의 축소이자 왜곡이다. 우리 학교처럼 전교조 교사가 없었던 곳에서 학생들의 정치적 활동을 통해 교사들이 역으로 각성하기도 했다. 상대적으로 이런 사례가 적게 언급되는 것은 역사가 누구의 눈으로 해석되고 기록되는가의 문제와 연결되어 있다. 전교조 교사의 해고 및 대대적인 탄압은 사회적으로 '문제화'되고, 언론에 공개되고, 역사적으로 기록되었다. 전교조라는 규모 있는 조직이 있었고, 전교조 교사를 지지하고 존경하는 학생을 포함한 시민들이 그들을 지키기 위해 전방위적 노력을 기울였다.

반면 고운 활동가들은 '미숙한 10대'로 규정되었다. 어린이와 성인 사이의 '미숙하고 감정적인 존재인 청소년'이었다. 깊이 있는 정치적 각성이나, 실천력에 대한 담보, 운동적 성과나 역사적 기여는 연령주의적 해석이나 보호주의에 갇혀버렸다. 10대들의 정치적 활동은 '어른'에 의해 주도됐거나 각성됐으리라는 의식적·무의식적 전제가 작동한다. 그리고 탄압에 대해 스스로 보호하고 맞설 수 있는 사회적 권력을 충분히 형성하지 못했다. 결국 고운은 제대로 기록도 남기지 못하고 소멸했고, 전교조 건설은 승리한 역사로 기록되었다.

고운의 쇠퇴

이 글을 쓰기 위해 자료를 찾다가 민주화운동기념사업회 아카이브에서 오래전에 썼던 글을 발견했다. 발행일이 1994년 12월로 되어있는데, 조직 전망이 잘 보이지 않는다는 고민을 담고 있었다. 더 많은 친구를 조직하지 못한 게 문제인지, 우리가 더 대중적 투쟁을 전개하지 못한 게 문제인지 골몰하던 시기였다. 땅울림과 KSCM 모두 앞선 기수보다 우리 기수가 인원이 많았고 활동도 역동적이었다. 하지만 KSCM이 주최하는 대중 행사의 전체 참여자는 줄어가고 있었고, 땅울림에 들어오는 후배들은 많아졌지만 정치색은 희미해지고 있었다. 그럼에도 고운이 저물고 있다고 생각하지는 못했다.

그때 우리는 박홍의 주사파 발언으로 인한 광범위한 탄압에 대응하며 여러 학교에 연대투쟁을 가고, 조직사건이 터질까 봐 가슴 졸이고 있었다. 동시에 박홍의 주사파 발언 자체보다, 곧장 공안정국이 형성되며 진동하는 한국 사회가 더 절망스러웠다. 동시에 어떻게든 돌파구를 마련해야 한다는 생각에 급급했다.

대중과 함께 만드는 변혁을 강조하는 운동의 기풍이 살아 있던 시대였던 만큼, 대중의 정서를 늘 예민하게 감지하고 공부하는 것을 중시했다. 사회문제보다 사회문제에 관한 노래를 부르는 서태지에 열광하는 문화를 이해하고자 애썼다. 엑스 세대의 정서를 이해해야 대중과 괴리되지 않으며 운동적 전망을 제대로 세울 수 있다는 문제의식이었다. 기존과 다른 운동 방식이 필요하다고 여겼고, 학습하는 책의 커리큘럼도 새로 짰다. 그중 가장 신선했던 책은 《신세대 네 멋대로 해라》였다. 민중, 철학, 역사, 혁명을 말하던 책과 완전히 다른 기조와 형식의 책이었다. 초조한 마음으로 읽기 시작했는데 흥미로움과 혼란이 함께 왔다. 민중가요에도 메탈이나 록이 가미되기 시작했고, 새로운 시대가 오고 있다는 것을 어렴풋이 느꼈다.

고운은 1990년대 들어 빠르게 사위어갔다. 이를 1991년 정원식 계란 투척 사건 이후 학생운동의 고립과 퇴조, 1994년 박홍의 주사파 발언으로 인한 공안정국 형성과 사회적 냉대로 설명하기도 한다. 그러나 '주사파 발언'으로 탄압을 겪으며 고운의 마지막 세대가 된 나로서는 그것으로 운동의 쇠락을 설명하는 데 긴장감이 있었다. 대중이나 연구자는 특정 운동의 소멸 원인을 강력한 탄압 때문이라고 설명할 수 있다. 하지만 활동가로서는 책임을 다하지 않는 해석이 아닐까 하는 자책감이나 자기검열이 있었다. 활동가라면 그 탄압을 왜 분쇄하지 못했는지 면밀히 묻고 분석해야 한다. 그러나 고운에서는 하지 못했다. 그저 흩어지고 사라진 운동이 되었다.

고운의 쇠락에는 사회운동 전반의 퇴조 속에서 지원, 지도, 연대의 이름으로 치열하게 헌신적으로 고운과 함께하던 이들이 썰물처럼 빠져나간 것도 영향을 미쳤을 것이다. 또 한편 문민정부가 시작됐을 때 진보 사회에 흐르던 정서도 있었다. 32년 만에 군사 정권에 마침표를 찍고 문민정부가 들어섰다. 청와대에서 〈아침이슬〉이 불렸고, 새로운 세상이 왔다는 들뜬 분위기였다. '변혁'이나 '혁명'보다는 '개혁'이 필요한 시대라거나, '민중'보다는 '시민'이라는 말을 선호하기도 했다. 민중이 아니라 전문가들과 만드는 사회운동을 말하는 이들이 생겼다. 군사 정권을 끝낸 것은 큰 성취지만, 문민정부가 들어섰다고 해서 투쟁을 멈출 수 있는 것이 아닌데도 이제 그만 제자리로 돌아가자는 목소리도 들렸다. 정부에 대한 한계적 관점과 개량주의에 대한 비판을 당시에 제대로 하지 못해서 지금과 같은 한국 사회, 운동 사회의 지형이 만들어진 것일까.

당시 우리는 1994년 고등학생 주사파 사건을 비롯해서, 아직 제대로 바뀌지 않은 세상을 감각하고 있었다. 분노스러웠다. 일상의 변화는 집회현장에서나 구할 수 있던 민중가요 테이프가 정부 심의를 통과한 음반으로 유통되고, 꽃다지 테이프를 동네 레코드점에서 구입할 수 있게 된 것 정도였다. 고운 활동가들은 "학살자 처벌, 퇴진 김영삼!"을 외치며 거리로 나섰다. KSCM 동료들이 1995년 연세대에서 열린 민주노총 창립 노동자대회 전야제에 참여했던 밤, 조직된 민중이 바꾸는 변혁의 시대가 열릴 줄 알았다.

당시 혼란과 좌절 속에서 확실한 것은 '민중', '변혁', '투쟁', '역사', '주체', '저항' 같은 말은 '시민', '문화', '일상', '해체', '미시성' 같은 말로 대체되고 있었다는 점이었다. '집단에서 개인으로, 이념에서 욕망으로'가 이 변화를 가장 상징적으로 요약하는 말일 것이다. 돌아보면 투쟁, 신념, 혁명이 낡고 고루한 것으로 취급되는 감각이 사회적으로 확산되던 시기로 보인다. 고운의 쇠락 원인이 무엇이든, 평생을 결의하며 고운을 해왔던 사람들은 활동 공간도 방향도 잃어가고 있었다.

운동과 조직사업
― 분열과 수치심

고운 이후 다소 분열적으로 살았다. 고등학생운동을 시작으로 내내 사회운동을 하며 살아왔다. 그리고 여전히 운동의 기본은 대중, 즉 대중을 조직하는 게 운동의 시작이고 끝도 그러해야 한다는 오래된 믿음이 강고한 편이다. 그런데도 대중을 조직하는 게 조심스러웠다.

함께 고운을 하자고 '꼬드겼던', 좀 더 운동적 언어로 표현하자면 투쟁하는 삶을 살자고 선동하고 조직했던 친구들이 많았다. 학내 풍물패에 들어가서는 중학교 때부터 친했던 친구들에게 권해서 함께하고, 공개단체 KSCM 활동을 하면서는 국민학교 입학 전부터 친하던 동네 친구들부터 고등학교 같은 반 친구들과 후배들까지 수십 명의 친구를 조직해서 함께했다. 돌아보면 너무 확신에 차 있었고 맹목적으로 조직했다. 그럼에도 나의 제안과 노력에 응답하고 함께 책을 읽고 투쟁하며 기꺼이 동지가 된 관계가 많았다. 우리는 뜨거운 10대를 함께했고, 서로를 설명하지 않고는 각자의 10대를 말할 수 없는 관계다.

나는 땅울림 동문회에서 늘 세심하게 후배들과 대화를 나누던 검은 눈동자가 깊었던 선배가 했던 말을 전해들으며, 내가 조직했던 그 친구들을 떠올렸다. "걔가 서른이 다 되어갈 즈음에 그러더라. 나를 만나서 인생이 꼬였다고. 고운하느라 공부할 시간이 없었고, 인생에 중요한 시기를 놓쳤다고." 그 선배는 많이 울었다고 했다. 제도교육 12년이 대학 입시를 향해 달려가고, 어느 대학 출신인지가 아직도 중요한 사회다. 어떤 이들은 고운 활동가들이 '학력이나 학벌 자원을 포기하며 사회를 바꾸어간 투사'라고 말한다. 그 말에 동의하든 아니든 확실한 것은 내 주변의 적지 않은 이들이 고운 이후 삶이 '꼬였다'.

운동을 목적으로 공장에 들어갔다면 몇 년 뒤에 나왔다 해도 진보의 자장에서는 치열히 살았던 흔적으로 여겨진다. '일반' 사회에서 취직을 하거나 여타 사회생활을 하는 데는 불리할 수 있지만, 운동 사회 안에서는 마치 수배나 투옥의 경험처럼 유의미하게 여겨진다. 하지만 대학에서 운동을 하다가 공장에 간 것과 고등학교를 졸업하고 공장에 간 것은 상당한 차이가 있다. 문화가 바뀌고 있다고 하지만 여전히 나이가 아니라 '학번'을 묻는 사회이기 때문이다. ○○ 학번인데 공장에 갔다고 하면 '학출'이나 '현장 투신'으로 한번에 이해된다. 반면 고등학교를 졸업하고 운동을 목적으로 공장에 간 것은 긴 설명을 덧붙여야 하는 일이다. 구구절절 말하지 않으면 그저 대학 입시에 실패하거나 일찍 돈을 벌기 위해 공장에 간 것으로 여겨진다. 신념에 따른 정치적 선택이 상황에 밀린 어쩔 수 없는 현실로 여겨지는 간극이 발생한다. 고등학생운동은 사회적으로 기억되지도 평가되지도 않았기 때문이다. 심지어 고등학교를 졸업하고 남아서 고등학생운동을 지원했던 이력, 즉 지도선배를 했다는 이력은 아무것도 아니었다. 게다가 아무도 모르는 전위조직에서의 활동이라면 말할 것도 없다. 이들의 경우 뜨거웠던 조직은 공중분해 되었고, 평생을 결의한 인생의 목표가 유실된 채 상당수가 어정쩡하게 생계 전선에 들어갔다. 그러나 학력 자본도 없고 고민을 나눌 동지들도 마땅치 않아진 상황에서, 자책만 허락된 것 같은 느낌이었을지도 모른다. 우리가 마석 모란공원 전태일 묘지 앞에서 했던 약속, 평생 함께 투쟁하는 삶을 살자던 그 마음을 잊고자 애썼을지도 모른다.

어떤 이들은 고운을 자기만 아는 자부심으로 간직하고 살아가고 있을 것이고, 어떤 이들은 진보 사회의 자장 안에서 필요에 따라 고운 이력을 은근슬쩍 팔아먹었을지도 모른다. 그러나 고운을 했던 동지들 대부분은 그렇지 못했다. 먹고사는 게 바쁜 생활인이 됐고, 삶이 빠듯했다.

나는 오랫동안 고운 이후 삶이 '꼬인' 옛 동지들에게 죄책감을 느꼈다. 나는 고운 이력을 '자원'으로 활용하고자 한다면 그렇게 봐줄 수 있는 자장 안에 살고 있는데, 내가 조직했던 친구들과 이제는 '옛 동지'가 된 이들 상당수는 그렇지 않았다. 수치심을 느꼈다. 그들을 조직했던 내가 미웠다. 내가 그 친구들에게 KSCM이나 전위조직 활동을 함께하자고 제안하지 않았다면, 운동에 회의감이 든다는 그 친구를 붙잡지 않았다면…… 숱한 자책이 꼬리에 꼬리를 물었다.

세월이 좀 더 지나고야 깨달았다. 이는 비대한 자아의 모습이었다. 우리는 한 명 한 명을 소중히 여기고 평생을 만난다는 마음으로 조직사업을 했다. 서로의 인생을 책임진다는 마음으로 동지가 되어야 한다고 말했고 진심이었다. 세상이 어떻게 흘러가도 우리의 관계는 변함없이 견고한 버팀목이 될 거라고 그때는 믿었다. 신념에 차서 살았고, 고운을 함께하자는 나의 제안에 대한 선택은 그 친구들의 몫이었다.

나의 친구, 옛 동지들은 순순히 교사의 말을 따르는 게 일반적이었던 고등학생 시절, 세상의 당연한 것들에 질문하며 늘 주체적으로 살아가려 노력했던 존재들이었다. 우리가 친구에서 동지가 됐던 것은 각자의 선택과 신념의 결과였다. 그러니 내가 가졌던 죄책감이나 수치심은 완곡히 표현하면 그 친구들에 대한 결례였다. 혹은 모욕일 수도 있겠다.

해결되지 못한 과제
— 투사(投射)

오랫동안 고운 경험을 누구에게도 말하지 않고 살다가, 마흔이 넘어서야 조금씩 꺼내기 시작했다. 돌아보면 고운뿐 아니라, 언제나 나의 활동 이력을 잘 말하지 않으려 애썼다. 어쩌면 지우고 살았던 것 같기도 하다. 대학 졸업 후 여성단체 상근을 시작으로 몇 개 단체에서 상근하며 오랫동안 전업활동가로 살았다. 여성, 팔레스타인, 생태, 장애, 질병, 돌봄 등으로 운동의 주제나 형식을 확장하고 횡단하며 살았다. 그리고 새로운 단체나 영역에 발을 담그면, 이제 막 새롭게 운동을 시작하는 새내기 활동가처럼 임했다.

과거가 부끄러웠던 것일까? 당연히 아니다. 나는 여러 좌절과 괴로움 속에서도 운동에서 승리한 경험이 많은 편에 속하고, 이에 대해 자긍심도 얼마간 있다. 그러나 조직 생활에서만은 예외였다. 쌓여 있는 경험이 있으니 대표단이나 지도부의 활동 수위가 성에 차지 않을 때가 많았고, 비판적인 입장에 자주 서게 됐다. 비판이나 토론이 잘 진행될 리 없고, 아무도 모르게 나 혼자 관계가 힘들 때가 많았다. 분노가 끓어오를 때가 많았다.

어느 순간 내가 과거에 묶여서 현재를 보고 있다는 것을 깨달았다. 고운 시절, 섣부르게 지도한다고 와서 인연을 두껍게 만들었으나 역량은 터무니없이 부족했던 이들. 인생을 걸고 운동하자고, 그것이 활동가의 삶이고 역사적 책무이고 이보다 의미 있는 삶은 찾을 수 없다고, 그렇게 신념을 갈고닦고는 아무것도 사실상 책임지지 못했던 이들. 열정과 결의는 충만했으나 무능한 운동 전술 속에서 조직과 활동가들을 부서지게 한 이들. 고통스럽게 부서져가는 이들이 있음에도 거창한 역사나 혁명만을 떠들고 전진만 외치는 게 굳건한 신념인 양 착각했던 이들. 나는 그들에 대한 분노에서 거의 한 걸음도 빠져나오지 못하고 있었다. 내가 누군가에게 그런 미래를 선동하는 사람이 될까 봐 불안했다. 그래서 조직에서 대표나 영향력이 큰 위치를 맡게 될 상황이 되면 이런저런 이유로 피했다.

연결해서 여러 시민사회단체에서 상근은 했으나, 상근하는 단체 이외의 특정 조직에 적을 두지 않았다. 활동가들은 상근하는 단체

이외에, 진보정당이나 여타 정치조직에서 함께 역량을 키우고 사회적 영향력을 확장시키는 경우가 많다. 하지만 나는 그런 조직에 어떤 식으로든 약간의 발도 담그지 않았다. 사회운동을 한다는 것은 대중적 영향력을 확장해가는 것이기도 한데, 나의 영향력이든 조직의 영향력이든 그것이 확장될 때마다 불안하고 두려웠다. 그러니까 나는 과거에 해결되지 못한 과제를 현재에 반복적으로 투영하고 있었다. 정신분석에서 말하는 투사(投射).

고운은 여전히 나에게 가장 소중한 삶의 시기였음을 부정할 수가 없다. 역사와 변혁은 무엇이고 운동은 어떠해야 하며, 활동가란 누구이고 무엇이어야 하는지, 변화를 위한 전략과 전술을 어떻게 만들어가야 할 것인지…… 사회운동에 대한 학습과 훈련은 그때가 마지막이었다. 고운은 나에게 자긍심과 수치심을 동시에 안겨주었고, 유폐시켰으나 결코 잊고 싶지 않은 기억이었다. '동지'나 '단결된 힘'이라는 단어가 책을 빠져나와 삶이 됐던 순간이고, 분노스럽지만 결코 부정할 수 없는 동지들을 지금도 잊고 싶지 않다.

이 글을 끝으로 더 이상 나의 과거를 지우는 것은 가능하지 않을 것이고, 이제 그만 과거와 화해하고 싶다. 고운의 기억을 유폐시켰던 이들과 함께 이제 용기를 내서 수면 위로 올려야 할 것 같다. 우리는 고운을 통해 무엇을 하고자 했고, 조직은 왜 그런 선택을 할 수밖에 없었는지. 평생 함께하자며 뜨겁게 약속했고, 탄압으로 고꾸라지고 조직이 흩어져갈 때 붙잡을 수 있는 것은 서로뿐이었다. 그럼에도 각자 짓이겨지거나 황망함을 견디느라 서로가 사라지는 것조차 목격해주지 못했던 시절을 이제는 정면으로 마주해야 한다. 고운이 우리 사회에 무엇이었을까. 아니, 고운은 우리에게 무엇이었는지 먼저 물어야 할 것이다.

위반한 존재들, 고운 활동가

한국 사회에서 10대 학생은 미래를 위해 성적에 절대적으로 집중해야 하고, 탈정치적 존재여야 한다는 규범이 강하다. 인문계는 대학입시, 실업계는 취업을 위해 높은 성적에만 매진해야 하는 시기로 규정된다. 그런데 고운 활동가들은 교과서가 아닌 역사책과 철학책을 읽고 호기심을 터트리며 토론했다. 교과서 속 '태정태세문단세'가 왕조 사관이라며 비판하고, 5·18의 진실을 묻고, 4·19가 고등학생들의 손으로 시작된 혁명임을 사회가 망각하는 것을 질타했다. 불평등과 모순으로 집약된 한국 사회에 분노하며, 학교부터 시작해서 역사를 다시 쓰고자 했다. 베트남 민중의 투쟁을 다룬 소설《사이공의 흰옷》의 10대 활동가 홍을 다른 국적의 동지로 여겼고, 루쉰이《청년들아, 나를 딛고 오르거라》에서 말한 청년은 '우리'이기도 하다고 생각했다. 세상의 온갖 모순을 엎는 혁명을 꿈꿨다. 10대 고등학생으로서 학내 민주주의와 자치권 보장, 자주적 학생회를 건설하는 게 지금 여기에서 혁명의 길을 만들어가는 것이라고 믿었다. 그래서 고운이 남긴 운동적 성과가 무엇이냐고 묻는다면, 사실 조금 주춤하게 된다. 우리는 역사에 무엇이었을까.

여전히 정리되지 않고, 혼란스럽다. 답을 찾기 위해 역으로 질문해볼 수 있겠다. 고운을 왜 그토록 탄압했을까. 변혁에 대한 의지로 고양된 고운 활동가를 탄압한 주체는 교사나 교육청뿐 아니라 형사와 공안 당국에 이르기까지 광범위했다. 탄압이 위협감과 두려움에서 기인한다면, 여기서부터 고운 활동가들이 만들어간 저항의 방향과 의미, 영향과 무게를 다시 추적해볼 수 있을까.

이반 일리치의 말처럼 "학교는 불평등을 심화하고 배움의 자유를 억압하는" 곳이라면, 고운 활동가들은 '학교의 위반자들'이었다. 공부하는 기계가 되기를 거부하고 서열 높은 대학을 가기 위해 친구들과 비인간적인 경쟁을 하는 것을 삶으로 거부했다. 10대가 일어나면 세상이 바뀐다며, 역사를 견인하고자 했다. 계급 피라미드를 공고히 하며, 지배 질서에 적응하고 순응하는 인간을 길러내는 것을 목표로 하는 공교육 제도에 도무지 길들지 않고, 학교와 사회의 균열을 시도하며, 온갖 탄압에도 혁명을 꿈꾸며 계속 사방으로 튀어 오르는 이상하고 퀴어한 존재였다. 학교와 공교육을 위협하는 것을 넘어, 한국 사회를 변혁하려는 위험하고 불온한 존재였다.

12 참교육을 넘어 고등학생운동을 기억하기
—
고등학생운동 열사와 기억의 정치°

전누리

• 중앙대 사회학과 박사 과정 수료
• 청소년인권활동가네트워크
• 《우리는 현재다》(공저), 〈고등학생운동 참여자의 사회진출에 관한 연구〉(논문) 저자

애국 고등학생
운한대책위원회
참교육을 법한 전국 학부
후원:전교조 서울지부
전국 시범대48회와 연합
고등학생 단체

상여군

· 전남 보성군 보성읍 봉산리
· 1973년 3월 20일생(19세)
· 보성중을 거쳐 보성고 3학년
· 가족관계:진종국(부, 농업, 6
천영심(모, 49세)
3남3녀 중 차남
· 91년 5월 18일 보성고 교정에
· 91년 6월 2일 전남대 부속병
· 주관이 뚜렷하고 의사표시 출
생활이 모범적이고 학업성적
-90년 생활영어 최우수상 출
-91년 3월 모의고사때 문과

참교육의 햇살이 되어 온 누리를 비추소서

한국의 민주화운동 시기, 구체적으로 1980~1990년대라는 정치적 시공간은 열사의 죽음이 끊임없이 이어지던 시기였다. 당시 정치학자 최장집은 한국 상황에서 자신의 몸을 불사르는 분신을 "변화를 추구하는 강렬한 열망에도 불구하고 지배권력의 압도적인 폭력성으로 인하여 이를 실현할 수단을 갖지 못할 때, 약자가 최대한의 도덕적 힘을 발휘할 수 있는 가장 치열한 무기"로 정의하는데,[oo] 이를 '열사'의 정의로 확장시키는 김원처럼 열사가 다양한 방식으로 수행한 죽음에 적용해도 무리가 없을 것이다.[ooo] 중요한 건, 수많은 열사들이 한국 사회가 더 나은 사회로 나아갈 수 있도록 그것을 촉구하기 위해 자신의 목숨을 던졌다는 점이다.

무엇보다 1990~1991년, 일군의 고등학생들 역시 분신과 투신 등으로 자신의 목숨을 희생하며 한국 사회와 교육 현실을 고발했다는

<hr>

[o]   이 글은 다음 동명의 원고를 일부 수정하고 보완한 것이다. 전누리, 〈참교육을 넘어 고등학생운동을 기억하기: 고등학생운동 열사와 기억의 정치〉, 《오늘의 교육》 51호, 2019, 69~88쪽.

[oo]   최장집, 《한국 민주주의의 이론》, 한길사, 1993, 243쪽.

[ooo] 김원, 〈전태일 분신과 80년대 '노동열사' 탄생의 서사들〉, 《민족문학사연구》 59권, 2015, 105~143쪽, 106쪽.

점이다. 정성묵, 김수경, 심광보, 김철수가 그들이다. 1990~1991년, 체제에 대한 저항과 탄압이 반복된, 다시 말해 변혁에 대한 희망과 강고한 폭압적 체제에 대한 좌절이 교차했던 시기에 그들은 자신의 죽음을 통해 한국 사회와 교육을 바꿔내고자 했다. 특히 김수경, 심광보, 김철수 열사의 경우, 일시적이고 개인적인 반항이 아닌 한국 사회와 교육을 바꿔내기 위해 집단적·조직적 차원의 사회운동으로 형성된 고등학생운동에 적극적으로 참여했던 이들이었다.

고등학생, 고등학생운동 열사인 정성묵, 김수경, 심광보, 김철수는 누구인가? 그들은 어떤 연유로 죽음을 선택했는가? 그들이 죽음을 통해 알리고자 했던 것은 무엇인가? 열사들의 삶과 죽음을 상세하게 정리하는 과정에서 그 죽음을 우리가 어떻게 이해해볼 수 있을지 하나의 단초를 발견할 수 있지 않을까. 고등학생운동 열사의 죽음을 참교육에 대한 갈망으로 한정해 해석했던 통념적인 방식이 과연 그들의 삶과 죽음을 온전히 이해할 수 있는 접근일까? 그들이 어떤 주체로 삶을 살아가야 할지 고민했던 내용은 무엇인지, 또 당대에 어떤 문제의식을 갖고 어떤 대안적 사회를 꿈꾸었는지 살펴보았을 때 죽음을 선택한 의미를 온전히 이해할 수 있지 않을까. 이문제의식하에서 열사들과 그 죽음의 과정, 그리고 그들이 고민했던 삶과 사회의 의미, 그리고 근래 청소년운동이 그들을 기억하고자 했던 시도들을 살펴보고자 한다.

정성묵(1973-1990, 충남 공주, 한일고)

정성묵은 1973년생으로, 1989년 충남 공주 지역의 한일고에 입학했다. 한일고는 1987년에 설립된 고등학교로 인문계 고등학교로는 전교생 기숙사 생활을 시도한 첫 번째 학교였는데, 사감 다섯 명의 감독 아래 2주 1회만의 외출이 허용되는 등 학생들에게 엄격한 생활을 요구했다. 정성묵의 1년 선배였던 이용덕에 따르면, 신생 학교라서 기강을 잡는다는 이유로, 나아가 단기간에 명문고에 오르겠다는 목적으로 교사들의 체벌과 기합이 상당했다고 한다. 예컨대 한 과목의 시험 점수가 80점을 넘지 못하면 교사들이 학생을 1점당 한 대씩 때리거나 도서관 야간학습 시간에 졸았다는 이유로 사감이 뺨을 수십 대 때려 학생 얼굴에 피가 흥건하게 흘렀던 사례가 있었다고 한다. 이러한 분위기로 인해 1기로 입학한 232명 중 3년 동안 55명이 자퇴할 정도였다. 이러한 폭력에 대해 1989년 11월에는 3학년 학생들이 소극장에서 상임이사 면담을 요구하며 농성과 단식을 전개했다고 한다.°

교육 환경을 견디지 못했던 정성묵은 1990년 6월 4일, 기숙사에서 음독 자살했다. 그는 "우리 학교 교육 방법이 바뀌었으면 좋겠다. 나 하나 죽어서 우리나라 문교 정책이 바뀌고, 다시 태어난다면 입시 지옥이 없는 나라에서 교회활동을 하고 싶다"는 내용으로 다섯 장의 유서를 남겼다. 특히 유족들은 유서의 내용과 더불어 고인의 종아리와 등에 멍든 자국이 있었다는 점을 들어, 자살 결정이 체벌 등 학교 측의 비교육적 처사로 인한 것임을 주장하고, 진상규명을 요구했다. 그의 죽음은 《동아일보》와 《한겨레》에서 유서 내용과 유가족 요구를 소개하는 정도의 단신으로 보도됐다.°° 정성묵이

°   이용덕, 페이스북 포스팅, https://www.facebook.com/share/p/1BtjmUiZDj/, https://www.facebook.com/share/p/18JgN7RVNP/.

°°   공주연합, 〈"入試(입시)지옥없는 나라…" 유서 고교생 음독自殺(자살)〉, 《동아일

생전에 고등학생운동에 참여했는지는 확인되지 않는다. 한편, 한국
사회 열사 연구를 한 정치학자 임미리는 정성묵의 죽음 이후, 교육
운동의 항의집회 정황은 발견되지 않았다고 정리했지만,° 이용덕은
공주 지역의 전교조 교사들이 학교 외부로 그의 음독 사실을 알렸
고, 1990년 11월에 추모제를 열었다고 주장했다. 또한 정성묵 사후
에 체벌과 기합이 줄었다고 회고했는데 열사의 죽음이 폭력 교사들
에게 충격을 주었을 것이라 추측했다.°°

김수경(1972~1990, 대구, 경화여고)

정성묵이 음독했던 다음 날, 6월 5일에는 김수경이 영남대 인문대
건물에서 투신했다. 김수경은 1972년생으로 1988년에 대구 경화여
고에 입학했다. 경암교육재단이 설립한 경화여고는 재단의 고질적
인 비리로 많은 수의 교사가 전교조에 참여했던 곳이었다. 무엇보
다 보충수업, 자율수업, 방송수업은 물론 방학 중에도 1주일에 한
번씩 '휴가 중 고사'를 실시하는 등 학생들에게 입시 경쟁을 강요했
으며, 나아가 운동장에서 오리걸음 등 기합을 주거나 가방 검사로
월요조회를 실시하는 등 학생들을 억압해왔다.
　학교 현실을 바꾸고자 학생들의 저항이 터져 나왔는데, 1988년
6월 29일에는 장대비가 퍼붓는 중에도, 학생들이 운동장에 나와 '학

　　　　보》, 1990년 6월 6일; 손규성, 〈"교육방법 바뀌었으면…" 고교2년생 유서 남기고
　　　　숨져〉, 《한겨레》 1990년 6월 7일.
°　　　임미리, 《열사, 분노와 슬픔의 정치학》, 오월의봄, 2017, 144쪽.
°°　　이용덕, 앞의 포스팅.

김수경 열사

생회비 공개, 휴가 중 고사 폐지, 보충·자율학습 개선'을 요구하며
네 시간 동안 농성을 전개하기도 했다. 농성 끝에 교장은 요구사항
의 수용과 처벌 없음을 약속하기도 했으나, 다음 날 말을 바꿔 소위
배후자와 선동자를 색출한다는 명목으로 학생들을 호출했으며, 학
생회장과 교사에 대한 징계를 추진했다. 이에 학생들이 하교를 거
부하고, 졸업생들의 항의서 및 교사들의 성명서 발표 끝에 징계를
철회했다. 1989년에는 여섯 명의 교사가 전교조 가입을 이유로 해
직되었는데, 학생들이 징계 철회를 요구하며 저항에 나섰다. 교사
들과 출근투쟁을 전개하는 것은 물론 고3 학생들은 시험을 연기했
으며 학교의 조기방학 방침에도 학생들이 학교로 집결해 시위를 펼
치기도 했다.°

　김수경 역시 억압적인 교육 현실을 바꿔내기 위한 투쟁에 적극적

으로 동참했던 학생이었다. 1989년 2학년 당시, 학급 실장(반장)으로 학생회 대의원 활동을 참여했고, 특히 전교조 소속인 담임교사가 해직 위기에 처하자 반대 시위를 여러 차례 주도했던 것으로 알려졌다. 김수경은 또한 학생회장 출마를 고민하기도 했는데, 동료가 의사를 밝히자 출마를 양보하고, 그를 당선시키기 위해 찬조연설을 하는 등 선거운동에 적극적으로 참여했다. 3학년 진학 이후에는 학생회 총무부장으로 활동했는데, 대의원회에서 발언한 학생에게 퇴학을 시키겠다고 협박하고 폭행을 가하는 등 자치활동에 대한 학교 측의 탄압에도 후배들을 다독이는 등 활동을 꿋꿋하게 해나갔다. 전교조 사수 투쟁이나 학생회 활동에 적극적인 김수경을 학교 당국은 사상이 불온한 소위 '문제학생'으로 취급했다. 특히 교사들은 그에게 '빨갱이'라는 폭언을 가하고, 인격적 무시를 가했다. 평소에 그는 친구들에게 "내가 죽어야 학교가 정신을 차릴 것이다"라는 말을 수차례 꺼내기도 했으며 학생회장에게는 "학생회장이 좋긴 좋다. 그래도 너는 나만큼 당하지는 않을 것이다"라는 말을 하기도 했다.°°

6월 5일 오후 5시 청소 시간에 김수경은 친구와 함께 음료수를 사러 교문 앞에 있는 문구사를 다녀왔다. 다른 학생들도 자유롭게 출입하는 상황에서 서 모 체육교사는 김수경과 그 친구를 재차 불러내더니, "너희같이 기분 나쁜 놈은 처음"이라면서 음료수 병을 던지고 책으로 머리를 때렸다. 이내 두 학생을 체육실 앞에 데려가서 무차별로 폭행하고 퇴학을 운운하며 폭언을 가했다. 김수경과 함께 구타를 당한 친구는 30분간 실신할 정도였다. 김수경은 친구를 챙

° 　김수경 열사 추모 사업회, 《저 벌판 가득 고개 드는 들풀처럼: 교육 민주화를 위해 산화한 김수경 열사 추모집》, 김수경 추모 사업회, 1993, 24~35쪽.

°° 　김수경 열사 추모 사업회, 앞의 책, 116, 124쪽.

은남아!

내가 학교에 또 다시 오게 될지도 모르겠지만
아니 안 올것 같다.
과연 우리학교는 다닐 곳이 못 된다는 걸 느꼈고
한 번 운동권(?)의 찍힌 학생은
사사건건 트집이 된다는 건

은남아!
믿을지 모르겠지만 우리 학교 참 이쁜거라.
너도 학생회장에 떨어졌으면 어떻게 되었을지
모를 것 같다.
짐작이라는건 역시 쓸모없다.
다른 거 몰라도 내 죽음이 왜곡되지나
말았음 좋겠다.
행복해라.

90. 6. 5
경.

김수경 열사 유서

1990년 6월 24일, 경북대, 김수경 열사 추모결의대회

거 위로하고 집에 바래다준 후, 학교로 다시 돌아왔다. 그러고는 다음의 쪽지를 작성해 친구에게 주며 학생회장에게 한 시간 뒤에 전달해달라고 부탁했다.

> (전략) 힘들겠지만 우리 학교 잘 이끌어라. 너도 학생회장에 떨어졌으면 어떻게 되었을지 알 것 같다. 직책이란 건 역시 좋은 거다. 다른 건 몰라도 내 죽임이 왜곡되지나 않았음 좋겠다. 행복해라.°

영남대로 향한 그는 부모님께 남기는 유서와 2학년 때 담임교사에게 보내는 편지를 작성했다. 특히 편지에는 당일 교사의 폭력은 물론 3학년 진학 이후 이뤄진 일상적 탄압으로 인한 모멸감을 고발했는데, 다음과 같은 내용이 포함되었다.

> (전략) 확실히 전 학교가 주시하고 있는 주요인물이었습니다. 그게 너무 서럽고……. 더러운 세상(죄송합니다)이라고 생각했습니다. 모두들 제가 걸려들기만을 기다렸던 것 같습니다. 제가 죽은 후 세상은 절 성적 때문에 비관자살을 했노라고 그렇게 왜곡되는 게 싫었습니다. (중략) 전교조를 지지했던 게 죄가 된다면 법정에서 떳떳이 죄값을 받고 싶습니다.

김수경은 영남대 인문관 4층에서 몸을 던졌다. 쪽지를 전달받은 학생회장은 그 내용이 심상치 않음을 느끼고, 곧장 담임교사에게 상황을 알렸다. 김수경의 집에 전화해 그가 귀가하지 않았던 사실

° 김수경 열사 추모 사업회, 앞의 책, 42, 116~117, 125쪽.

을 파악하고, 학생회장은 작년 담임교사와 함께 김수경을 새벽까지 찾았다. 11시 20분경 경비원에 의해 고인의 시신이 발견됐고, 시신은 영남대병원 영안실로 옮겨졌다.°

다음 날, 동료 학생들과 해직교사들이 영안실로 집결했다. 대구시교위 장학사, 사복형사들 역시 모여 상황을 예의주시하며 사건의 확산·파급을 막고자 했다. 장례식이 열렸던 7일,《한겨레》는 김수경의 죽음을 "전교조 해직교사 복직시위 10여회 주도/여고3년생 투신 자살/대구경화여고생 '찍힌 학생 푸대접'"이라는 헤드라인으로 유서 내용과 함께 그 경위를 보도했다.°° 한편, 같은 날 경화여고 대의원대회에서는 '전교생 검은 리본 패용, 분향소 설치, 진상규명과 폭력 교사 퇴진, 교장 공식 사과'를 요구안으로 결정했다. 학생들은 분향소 설치 및 진상 대자보 부착을 시도했으나 학교는 이를 제지했다. 그 대신 영구차를 학교 안으로 들여보내기로 합의하고 학생들은 추모제를 열기로 했다. 부모의 허락 속에서 영구차가 경화여고로 진입했으나, 추모제를 지내지 않고 곧장 나와버렸고, 학교 측은 교문을 닫았다. 차량에 동승했던 15명의 학생들이 연와하며 추모제 진행을 호소했으나 교사들은 학생들을 강제로 들어냈다. 이날 300여 명의 참여 속에 약식 추모제가 진행됐다. 다음 날인 8일에는 추모식을 한다는 명목으로 강당에서 조회를 했는데, 서 모 교사가 20분 동안 자신을 변호하며 "누를 끼쳐 미안하다"는 말을 했고, 담임교사도 발언하며 사태를 수습하려 했다.

학교의 철거 및 방해에도 불구하고, 열사 죽음의 진상 규명을 요구

°   김수경 열사 추모 사업회, 앞의 책, 38~41, 117, 125쪽.

°°   구대선, 〈전교조 해직교사 복직시위 10여회 주도 여고3년생 투신 자살〉, 《한겨레》, 1990년 6월 7일.

하는 대자보 부착, 유인물 배포, 분향소 설치가 진행되었다. 학교는 1, 2학년 강당조회에서 위령제 참여 학생을 처벌하겠다고 협박했으나 9일 경북대 야외공연장에서 고 김수경학생 위령제가 학생 및 전·현직 교사들의 참여 속에 개최됐다. 이틀 뒤인 11일, 해당 행사에 참여했던 원화여고 1학년 학생이 참교육 실현을 요구한 네 통의 유서를 남기고 영남대 종합강의동 4층에서 투신을 했으나 중상인 채로 발견됐다. 한편 24일에는 고 김수경 추모 학생인권 유린 방지와 자주적 학생회활동 보장을 위한 교사·학생·학부모 결의대회가 경북대 소강당에서 개최됐는데, 광주 등 전국에서 학생, 교사가 참여했다.°

심광보(1972-1990, 충북 청주, 충주고)

3개월 뒤인 9월 7일, 충주고 2학년 휴학생이었던 심광보가 분신 뒤 투신했다. 심광보는 1972년생이었다. 소작농 집안에서 자랐고 가정환경이 무척이나 곤궁해 실업계 공업고등학교를 진학하려 했지만, 일찍이 독서와 종교, 철학에 관심이 많았던 성향을 고려한 주변의 권유로 충주고에 장학금을 받고 1989년에 입학했다. 충주고는 충북 지역의 인문계 명문고등학교로 학생들의 성적이 떨어지면 정신 해이라 지적하면서 교련조회 등을 실시하겠다는 엄포를 두는 등 입시 경쟁 교육을 강요하는 곳이었다. 특히 심광보가 동생들의 생계를 위해 휴학을 결정했을 때, 학교 측은 가난해서 학교를 휴학하는 것

°   김수경 추모 사업회, 앞의 책, 117~120, 125쪽; 국민일보, 〈"참교육 실현"유서/여고생 또 투신〉, 《국민일보》, 1990년 6월 11일, https://www.kmib.co.kr/article/viewDetail.asp?newsClusterNo=01100201.19900611000001906.

심광보 열사

은 이유가 되지 않으며, 학교 전학을 위해 몇천만 원을 쓰려는 학생들이 있는 상황에서 휴학계를 내면 그 정원이 없다며 차라리 자퇴하라고 요구하는 비인간적 처사를 행했다. 학생자치활동에 대한 감시는 물론, 사물놀이 등을 불온시하기도 했으며 학생들의 활동 모임에 참여하는 구성원의 이름을 대면 장학금을 주겠다고 회유하는 등 비교육적인 일들이 벌어지는 학교였다.°

심광보의 1학년 담임교사는 전교조에 가입했던 이로, 전교조 가입과 활동으로 해직되고 말았다. 이를 계기로 한국 사회와 교육 현실의 문제를 절실히 깨달았던 심광보는 고등학생운동에 참여하기 시작했다. 1학년 담임교사의 해직과 고등학생운동의 참여로 인

° 고 심광보 열사 추모사업회, 1992, 《참세상 밝히는 불꽃이 되어》, 65, 68~69쪽.

해 장학금 혜택을 받지 못해 학업에 어려움을 겪었어도 운동에 적극 참여했다. 전교조 충주중원지회 학생사업부가 개최하는 정다운 교실에 참가했고, 어머니, 동생과 함께 전교조 사무실을 찾아가 인사하기도 했다. 어려운 생계에도 불구하고 전교조 교사를 지원하기 위해 판매했던 참교육 물품 중 약소한 것이라도 구입해 친구들에게 선물하려 노력했다. 충북고등학생연합 준비조직을 건설하기 위해 노력했고, 사람사랑이라는 충주 지역 고등학생운동 모임에 결합해 여러 활동을 진행했다. 학교비리에 대한 유인물을 돌리고 문제 제기를 해야 한다고 주장하면서, '학생활동(고등학생운동)'은 학생현장을 파고들어야 한다고 강조하기도 했다. 자신의 주장처럼 그는 어려운 경제 상황에도 《한겨레》를 30부 구해 1989년 9월 내내 학교에 돌리기도 했다.°

1990년 고등학교 2학년 재학 당시, 심광보는 작은아버지의 경제적 지원이 끊기면서 휴학과 취직을 고민했다. 교사들이 학비와 생활비를 지원해주겠다고 했지만 동생들의 생계를 책임져야 한다는 마음과 자립의지로 그 제안을 거부하고, 5월 24일경 학교에 휴학계를 냈다. 8월까지 부모의 농사일을 돕다가 교회 전도사의 소개로 서울 지하철역에서 신문 가판 일과 《경향신문》 배달원 일을 하기도 했다. 건강 악화로 충주로 다시 돌아와서는 한 용역회사에서 외판원 생활을 했다. 휴학 후 일을 하면서 심광보는 학교와 책상, 급우들을 늘 그리워했다고 전해진다.°°

아울러 시, 조각글, 편지, 메모 등 교육이나 사회에 대한 고민 삶

°   고 심광보 열사 추모사업회, 앞의 책, 65~66, 68~69, 72쪽.
°°   고 심광보 열사 추모사업회, 앞의 책, 67~69쪽.

의 반성에 대한 내용까지 다양한 주제의 글을 남겼다.

> (전략) 우리나라는 민주주의를 표방한다. 교육 속에서 민주주의를 가르친다. (중략) 학교사회가 민주국가에서 제기능을 하려면 어떤 사회보다도 민주적이어야 한다. 그런데 현실은 그렇지 못하다. 우리는 토론이나 토의마저 제대로 할 줄 모른다. (중략) 일방적으로 주는 대로 받는다. 이래서는 미래의 주인이 될 우리가 어떻게 올곧은 민주정치에 참여할 수 있을까?
>
> —〈학교라는 곳〉(조각글)°

> (전략) 6월의 문턱을 넘어서 세월의 한 지점에 서 있다. 그리고 반성한다. 여태 나라는 놈은 무얼 해놓았는가? 일은 잘도 벌여놓고 열성적으로 덤벼 본 게 별로 없다. 역시 행동하는 문제가 남아있다.
>
> —〈6·3운동을 기리며〉(1990년 6월 3일)°°

한편, 추모사업회에 따르면 심광보가 본인이 노동자로 생계를 꾸리면서 한국 사회의 여러 모순에 대한 문제의식을 심화시키며, 그 해결을 사회적으로 촉구하고자 본인의 죽음을 고민했다고 한다. 분신 감행 하루 전인 9월 6일, 그는 하루종일 친구들과 사람사랑 모임, 전교조 선생님에게 보낼 편지를 쓰고 이를 발송했고, 자신의 일기장을 본인이 다니던 용역회사 사장에게 맡겼다. "농민이여, 농민의 깃발을! 노동자여, 노동의 횃불을! 전교조여, 참교육의 함성을"

°   고 심광보 열사 추모사업회, 앞의 책, 34쪽.
°°   고 심광보 열사 추모사업회, 앞의 책, 58쪽.

민주열사 고 심광보군 추모집회
리플릿

이란 쪽지를 남기기도 했다. 그다음 날인 7일 저녁 8시 20분 충주시 성서동의 한 치과병원 건물 3층에서 분신 후 투신했다. 인도에 떨어지면서 무슨 소리를 외쳤다고 했으나 불길로 인한 화상으로 목소리가 불분명해 정확히 알아들은 사람은 없었다고 한다. 그는 서울 강동성심병원에 옮겨졌으나 98퍼센트의 3도 화상으로 9월 8일 오전 5시 결국 숨을 거뒀다.[°]

운명 당일, 고등학생운동 진영, 목회자, 전교조 교사, 고교 동문 선배 등 50여 명이 참여하는 시민대책회의가 개최됐으며 열사의 장례식을 민주학생장으로 치르기로 결정했다. 9일에는 《한겨레》가 심광보의 죽음에 대해 "고교생 분신 자살 참교육 지지 유서"라는 헤드라인으로 분신과 죽음의 경과 그리고 전교조에 보낸 유서 내용을 보도했다.[°°] 10일, 9시 충주고 재학생들이 아침조회를 거부하고, 강당에서 자체적으로 추모식을 거행했다. 학생들의 요구로 대책위가 영정, 사진기를 제공하기 위해 학교로 갔으나 교문에서 저지당하자 몸싸움이 심하게 전개됐으며 결국 영정과 꽃의 반입이 이뤄졌다. 같은 날 경찰은 서울에서 내려오던 운구버스를 탈취해 장지로 보내기도 했다. 11일에는 장례를 위해 항의행진이 있었고, 경찰과의 3차 협상 끝에 경찰이 시신을 성당으로 운구하기로 합의했다. 12일 오후 12시, 지현성당에서 150여 명의 참석 속에 영결식이 개최됐다. 고인의 영정을 들고 충주고로 향했으나 교문에는 전경이 배치됐으

[°]   고 심광보 열사 추모사업회, 앞의 책, 69~78쪽

[°°]   권혁상, 〈교교생 분신 자살 참교육지지 유서〉, 《한겨레》, 1990년 9월 9일. https://newslibrary.naver.com/viewer/index.naver?articleId=199009090028 9115004&editNo=4&printCount=1&publishDate=1990-09-09&officeId=0 0028&pageNo=15&printNo=719&publishType=00010.

며, 학교 측이 학생들의 참석을 제지, 감금하면서 몸싸움이 이뤄지기도 했다. 영정의 학교 진입을 요구했으나 결국 협상이 결렬되어 교문 앞에서 노제와 넋풀이굿을 진행하고 분신 장소를 거쳐 장지로 이동하면서 장례를 마무리했다.°

김철수(1973-1991, 전남 보성, 보성고)

해를 지나 1991년 5월 18일 전남 보성고 3학년인 김철수가 분신을 감행했다. 김철수는 1973년생으로 1989년 보성고에 입학했다. 해당 고교가 위치했던 보성 지역은 가톨릭농민회와 기독교농민회의 활동이 전개되었던 곳으로, 1987년 6월항쟁을 계기로 일군의 학생과 청년 농민 활동가가 결합해 고등학생운동의 모색이 이뤄지기도 했다. 여타 지역처럼 1989년 전교조 결성과 교사들의 해직을 계기로, 중고생들의 정치적 움직임이 본격화되었다. 더 장기적인 고등학생운동 활동을 모색하는 가운데, 사무실이라는 고정적인 거점을 마련해 조직활동을 준비하던 청년 농민 활동가와 연계가 다시금 이뤄지기도 했다. 한편, 보성고의 경우, 5·18 민주화운동이 발생했던 광주·전남 지역의 특성으로 학생회가 해당 기념행사 개최를 학교 측에 강하게 요구하고 쟁취할 정도로 학생자치활동이 활발하게 시도되었던 곳이었다.°°

°   고 심광보 열사 추모사업회, 앞의 책, 82~88쪽.

°° 애국학생 고 김철수군 추모사업준비위원회,《참교육의 불꽃으로: 애국학생 고 김철수군 추모집》, 도서출판 참, 1992, 26~28, 115쪽; 정경호, 〈불길 속 고교생의 외침 "왜 로보트 교육 받아야 하나" [잊혀진 투쟁, 91년 5월 ⑧] 김철수 열사,

김철수 열사

　김철수 역시 1989년을 기점으로 고등학생운동에 적극적으로 참여하기 시작했다. 일찍이 변호사가 되어 사회적 약자를 돕고 싶다는 꿈을 꾸며 공부에 매진했던 학생으로, 보성고 1학년 당시 봉사동아리 인터렉트에 가입하기 위한 면접에서 '가난이 우리 부모님만의 문제가 아니다. 가난한 농촌 현실을 바꿔야 한다'는 취지의 답변을 할 정도 사회의식이 강했다. 그는 전교조 가입 교사들의 해직을 경험하면서 동료들과 지속적인 운동에 대한 뜻을 모으고 활동을 전개했다. 1990년 2학년이 되자 그는 학우 20여 명이 참여하는 풍물 연수를 기획, 운영하기도 했다. 특히 운동의 지속적 활동을 위해 학교 밖 종교 모임, 보성 지역 고등학생연합, 학내 동아리 등 여러 조직을 고민하다가 후속 주자들을 안정적으로 충원, 배출할 수 있도록 학

1991년 5월 18일〉,《오마이뉴스》, 2021년 5월 18일, https://omn.kr/1t9nn.

내 공인 동아리로 솔개라는 풍물패를 결성하고, 학습 프로그램 운영, 후배 교양 프로그램 개발 등 활동을 펼쳤다.[°]

해당 시기, 보성고 학생회는 5·18 행사를 학교 당국과 협의해서 진행하고자 했는데, 학교가 행사 시간을 한 시간만 허용하자 김철수는 학생주임 교사에게 너무한다는 불만을 토로하기도 했다. 행사를 마무리하고 교실로 돌아갔지만 분이 풀리지 않던 김철수는 학생들을 규합해서 교실 밖으로 시위를 전개하려고 했다가 학생주임에게 제지를 당하기도 했다고 한다. 또한 9월에는 노동현장을 확인하고 싶다는 열망 아래 학교를 무단결석하고 부산 고무신 공장에 가서 며칠 동안 일하기도 했다. 학교에 복귀했을 때 그 이유를 말하지 않아 담임교사에게 체벌을 당하기도 했다.[°°]

주지하듯, 김철수가 3학년으로 재학 중이던 1991년에는 경찰폭력으로 인한 명지대 대학생 강경대의 죽음으로 5월투쟁이 전개되었으며, 노태우 정권에 항의하는 시위가 지속되었다. 이 시기에 정권에 항의하는 분신자살이 연쇄적으로 일어났는데, 4월 29일부터 5월 22일까지 총 아홉 건이 발생했다.[°°°] 특히 4월 29일에 전남대 대학생 박승희, 5월 1일에는 안동대 대학생 김영균, 5월 3일에 경원대 대학생 천세용이 분신했는데, 이들은 모두 90학번으로 고등학생운동을 직간접적으로 경험했다는 특징을 공유하고 있다. 간략히 살펴보면 박승희는 1989년 전남 목포 정명여고 출신으로, 목포 고교생 YMCA 활동을 했으며, 3학년 때 자주교육쟁취고등학생연합에 적극적으로

[°]   애국학생 고 김철수군 추모사업준비위원회, 앞의 책, 27~28쪽. 정경호, 앞의 글.
[°°] 애국학생 고 김철수군 추모사업준비위원회, 앞의 책, 29쪽. 정경호, 앞의 글.
[°°°] 아홉 명의 열사는 다음과 같다. 박승희, 김영균, 천세용, 김기설, 윤용하, 이정순, 김철수, 차태권, 정상순.

박승희 열사   김영균 열사   천세용 열사

참여했다. 김영균은 서울 대원고 시절 참교육을 고민하는 소모임 목마름을 결성했다. 둘은 모두 전교조 사수 투쟁을 적극적으로 전개했다.° 서울 동북고를 다닌 천세용은 학내 민속문화연구반에 가입을 신청했으며 학교 밖에서 고등학생운동에 참가했다는 증언이 존재하는데, 그 역시 전교조 사수 투쟁에 참여했으며 그 경험이 대학 입학 후 학생운동에 참여하는 데 큰 작용을 했다고 전해진다.°°

시위와 분신이 이어지는 가운데, 보성 지역에서도 투쟁이 전개됐다. 5월 12일, 4개 민주단체 주최로, 보성역 광장에서 결의대회가 열렸는데, 김철수 역시도 플래카드를 거는 등 행사 준비를 도왔으며, 행사 후 가두행진에 앞장 서서 정권을 규탄했다. 5월 18일 강경

°   박승희열사정신계승사업회, 〈"더 바보였던 승희는 먼저 떠났고 덜 바보였던 우린…" [잊혀진 투쟁, 91년 5월 ②] 박승희 열사, 1991년 4월 29일〉, 《오마이뉴스》, 2021년 4월 29일. https://omn.kr/1t0ix; 이한열 기념관, "2021년 《보고 싶은 얼굴》 - 김영균", http://www.leememorial.or.kr/?tpf=memorial/face_view&board_code=25&code=6409 민주화운동기념공원, "안장자 상세내용-김영균", https://minjupark.or.kr/499

°°   심우기, 〈"우리는 무엇을 했습니까?" 끝까지 구호 외친 '경원대 횃불' [잊혀진 투쟁, 91년 5월 ④] 천세용 열사, 1991년 5월 3일〉, 《오마이뉴스》, 2021년 5월 3일, https://omn.kr/1t2qx.

🎗 애국고등학생 고 김철수 열사 추모제 🎗

· 일시 : 1991년 6월 8일(토) 오후 3시
· 장소 : 명동성당
· 주최 : 전고조 애국고등학생 고 김철수군
　　　　분신대책위원회
　　　　참교육을 위한 전국 학부모회
· 후원 : 전고조 서울지부
　　　　전국 사범대학생회 연합
　　　　고등학생 단체

살아온 길

· 전남 보성군 보성읍 봉산리 828
· 1973년 3월 20일생(19세)
· 보성중을 거쳐 보성고 3학년 5반 재학
· 가족관계 : 김종국(부. 농업. 62세)
　　　　　　선영심(모. 49세)
　　　　　　3남3녀 중 차남
· 91년 5월 18일 보성고 교정에서 분신
· 91년 6월 2일 전남대 부속병원에서 숨짐
· 주관이 뚜렷하고 의사표시 분명
　생활이 모범적이고 학업성적도 우수
　-90년 생활영어 최우수상 수상
　-91년 3월 모의고사때 문과수석

참교육의 햇살이 되어 온 누리를 비추소서

'애국고등학교 고 김철수 열사 추모제' 리플릿

대의 장례 행렬이 망월동으로 이동하고, 노태우 정권 퇴진을 위한 제2차 국민대회가 예고된 날이었는데, 보성고 운동장에서는 학생회 주최로 제11주기 광주항쟁 추모행사가 열렸다. 입시 위주 교육의 거부와 학생이 교육이 주체라는 결의문이 낭독되고 풍물패가 공연을 하는 가운데, 김철수가 자신의 몸에 시너를 끼얹고 분신한 후, "이런 잘못된 교육을 계속 받을래 새끼들아"라고 외치다가 쓰러졌다. 친구들에 따르면 16, 17일에 김철수는 친구 자취방에 숙박했는데 분신 준비 차원의 단식을 했다고 한다. 분신 이후 전남대학교병원으로 옮겨져 치료를 받았지만 결국 6월 2일 오전 11시 사망했다.°

분신을 목도한 교사들과 학생들은 병원에 호송되기 전 김철수의 전언이었던 '통일의 노래를 불러달라'는 요청에 따라 〈우리의 소원〉을 반복해 불렀다. 이후 학생들은 스크럼을 짜고 교문 밖으로 진출하기도 했다. 전교조, 농민회 등 보성 재야단체를 중심으로 김철수군 분신 보성대책위원회가 결성됐다. 분신 다음 날인 5월 19일, 《한겨레》는 김철수의 분신을 이정순, 차태권의 분신 소식과 함께 보도했다.°° 병원 앞에서는 김철수 학우 분신 고교생 대책위원회 명의로 선전물이 배포되었고, 시위대에 고교생의 참가가 늘어나기 시작했다. 20일에는 운동장에서, 21일에는 보성역 앞에서 집회가 개최됐다. 광주에서는 김철수 학우 분신 고등학생대책위가 구성되어 21일에 조선대에서 고등학생 결의대회를 개최했으며, 참교육선

°   애국학생 고 김철수군 추모사업준비위원회, 앞의 책, 115, 117쪽. 정경호, 앞의 글.

°° 김권, 〈"군사독재 물러가시오" 유서 30대여자 분신 보성 고교생은 온몸화상 위독〉, 《한겨레》, 1991년 5월 19일, https://newslibrary.naver.com/viewer/index.naver?articleId=1991051900289115005&editNo=4&printCount=1&publishDate=1991-05-19&officeId=00028&pageNo=15&printNo=929&publishType=00010.

봉대를 꾸려 이후 집회, 전남대학교병원 사수 투쟁 등에 결합했다. 22일에는 보성역 광장에서 다시 2차 집회가 개최됐다. 분신 속보와 유인물이 배포되고, 학생들의 추모가 이어졌다. 6월 2일 사망 이후에 전남대학교병원과 보성고에 빈소가 마련되었으며, 보성고 학생, 고등학생운동 조직과 재야단체들이 장례 절차를 협의하기 시작했다.

6월 8일 애국 고등학생 고 김철수열사 민주 국민장이 개최되었다. 전남대학교병원에서 보성고 교정으로 이동해 폭우가 쏟아지는 가운데 추모행사 및 영결식이 진행되었다. 다음 날인 9일에 지역 시민들의 위로와 격려를 받으며, 광주 전남도청으로 이동해 약 7만여 명이 집결한 가운데 노제를 진행했다.° 《한겨레》는 "1천만 학생의 사랑 철수야. 참교육과 인간화 교육은 살아남은 우리에게 맡기고 최루탄도, 곤봉도, 쇠파이프도 없는 하늘나라에서 편히 잠들거라" 라는 내용으로 영결식을 보도했다.°°

참교육을 넘어 열사의 죽음을 해석하기

저항으로서 자신의 삶을 마감한 고등학생들의 행위를 우리는 어떻게 이해해야 할까. 특히 고등학생운동에 참여했던 김수경, 심광보,

---

°   애국학생 고 김철수군 추모사업준비위원회, 앞의 책, 57, 116, 118~122쪽.

°°   박화강, 〈빗물은 훔치고 눈물은 삼키며〉, 《한겨레》, 1991년 6월 11일, https:// newslibrary.naver.com/viewer/index.naver?articleId=199106110028911300 8&editNo=4&printCount=1&publishDate=1991-06-11&officeId=00028&p ageNo=13&printNo=948&publishType=00010.

김철수의 죽음 이후, 열사투쟁을 치열하게 전개했던 운동 진영은 그들의 죽음을 억압적인 학교 현실에서 전교조 교사의 영향을 받았고, 전교조 사수와 참교육 실현을 갈망했으나 자신들에게 가해진 정권과 학교 당국의 탄압에 맞서 목숨을 끊었다는 것으로 해석해왔으며, 이는 당시 언론 보도에서도 나타나는 경향이다. 그 해석 경향은 '참교육의 등불'(김수경), '참교육의 불꽃'(김철수), '참교육 학생 열사' 등 열사들을 호명하는 방식으로 현재까지 이어지고 있는데, 근래 열사들의 추모행사를 알리는 뉴스의 제목에서도 '참교육 요구' 내지 '참교육 실현'이 흔히 언급된다.° 그들의 죽음을 참교육의 요구로 해석하는 건 일면 타당하다. 예컨대 전교조 교사를 지지했다는 이유로 '운동권'으로 찍히며 평소에 학교 당국의 주시와 탄압을 받았던 김수경의 죽음이 대표적이다.

그러나 죽음의 이유를 참교육의 열망 하나로 한정하는 독해 방식이 열사들의 삶과 죽음이 지닌 복합적인 의미를 온전히 이해하는 걸 제약하는 건 아닐까. 그들의 죽음을 참교육의 요구만으로 해석하는 건, 열사가 고등학생운동에 참여하면서 형성한 삶과 사회에 대한 태도, 즉 이 사회에서 어떻게 살아가야 하는지, 또 어떤 사회를 만들어야 하는가라는 물음에 어떤 결론을 내렸는지 설명해주지 못한다. 무엇보다 '참교육 열사'라는 호명은 이들을 고등학생운동의 참여자보다는 전교조가 내세운 참교육의 지지자로서 부당한 탄

°   다음의 기사가 대표적이다. 김주철, 〈'참교육' 외치다 분신한 충구 고 심광보 기림 행사 개최〉", 《충북일보》, 2017년 8월 29일, https://www.inews365.com/news/article.html?no=506041; 김애린, 〈"참교육 실현" 김철수 열사 30주기 추모제 열려〉, 《KBS 뉴스》, 2021년 6월 5일, https://news.kbs.co.kr/news/pc/view/view.do?ncd=5202580&ref=A.

압을 받은 피해자이자 희생자 정도로 위치시킨다. 그리고 이는 열사들이 고등학생운동에 참여했다는 사실은 물론, 운동 경험을 통해 대안적인 삶과 사회를 사유했던 것을 소거하는 결과를 초래한다.

열사들의 죽음을 새롭게 이해하기 위해 우리는 '마음의 레짐(regime of the heart)'을 제안하는 김홍중의 논의에 주목할 필요가 있다. 삶에 대한 사람들의 태도를 분석하기 위해 해당 개념을 주장한 김홍중은 1997년 이후 성공과 치부를 반성 없이 추구하는 신자유주의적 스노비즘(snobism)과 동물성이 지배하고 있는 현재와 달리 1980년대가 진정성의 시대였다고 주장한다. 즉, 진정한 나를 추구하는 윤리적 진정성과 진정한 사회를 추구하는 도덕적 진정성 양자를 모색하는 진정성이 당대 삶의 지향 가운데 큰 효력을 발휘했던 시기였다는 것이다.°

김홍중이 구체화한 진정한 나(자아)를 추구하는 것과 진정한 사회를 추가하는 태도, 즉 진정성의 태도를 통해 고등학생운동 열사의 죽음을 해석해보자. 그들의 죽음을 참교육의 열망을 넘어 고등학생운동 활동가로 진정성의 과제에 몰두하며 내놓은 결과로서 살펴보자는 것이다.

°   김홍중은 1980년대 민주화 과정을 추동한 386세대가 '진정성의 주체들'로, 경제 발전의 수혜를 입어 삶의 의미, 즉 진정한 나를 추구하는 태도를 본격화하는 조건 속에서 민중에 대한 부채 의식 등을 가지며 좋은 사회를 만들기 위한 실천을 시도했다고 본다. 특히 당시 열사들의 죽음은 진정성이라는 태도 및 과제를 수행하는 연장선에 있는 "진정성의 정점에 존재한 절대적 자기 파괴"라고 보았다. 학생운동의 자장 속에 있었던 고등학생운동의 참여자들 역시 진정성이란 태도로부터 자유로울 수 없었다. 당시 학생운동 활동가가 노동현장 진출로 진정성을 추구했듯, 고등학생운동 참여자들 역시 고교 졸업 이후 대학 진학 대 대학 진학 거부 및 노동 운동 등 민중운동 참여라는 일종의 이항 대립적 고민을 전개하며 '민중 되기'의 의지를 표출했는데, 여기서 그들이 추구한 진정성의 태도를 확인할 수 있다. 김홍중, 《마음의 사회학》, 문학동네, 2009, 19~20, 29~30, 39쪽; 전누

먼저 진정성을 구성하는 한 축인 자아의 범주는 진정한 자아에 대해 고민하는 것으로 인간으로서 나는 누가 되어야 할지, 어떤 삶을 살아가야 할지 고민하는 영역이다. 그간 열사가 남긴 글과 유서에서는 교육 현실에 대한 비판과 참교육에 대한 지지를 밝히는 내용이 주로 주목되고 발췌됐지만, 진정한 자아와 관련해 어떤 고민을 가졌는지 엿볼 수 있는 내용들 역시 존재한다. 가령 심광보는 다음과 같은 글을 남겼다.

> 꿈을 실천하는 모든 이들에게
> 우리는 조국을 사랑합니다. 우리는 혁명을 사랑합니다. 그렇다면 지금 당신은 거짓 꿈을 버려야 합니다. 더욱 겸손하고 넓은 마음의 소유자이어야 합니다. 악한 마음이 조금이라도 있다면 발로 꽉 밟아 바위로 눌러 못 나오게 해야 합니다. (후략)
>
> -1990년 4월 14일°

타인에게 당부하는 발화이지만 자신 역시 그러한 삶의 자세를 가지겠다고 다짐하는 내용으로도 해석할 수 있을 것인데, 그는 "겨레의 등불이 되고자 못난 이놈은 감히 투쟁의 가시밭길을 걸으오. 내게 주어진 고역의 십자가는 역사의 희생물이 아닌 참된 역사의 주인으로서의 마땅히 해야할 일"이라는 의지를 밝히기도 했다.°° 친구와 함께 공책에다가 "어떻게 살 것인가? 무엇이 될 것인가?"라는 문

리, 〈고등학생운동 참여자의 사회진출에 관한 연구: 고등학생운동의 집합적 정체성 형성과 그 영향〉, 《기억과 전망》 41권, 2019, 274~322쪽.
° 고 심광보 열사 추모사업회, 앞의 책, 39쪽.
°° 고 심광보 열사 추모사업회, 앞의 책, 15쪽.

장을 쓰고, 혈서를 남기기도 했던 김철수는 화상 치료를 받던 5월 27일, 자신의 친구들에게 다음과 같은 유언을 남기기도 했다. "앞으로 여러분. 무엇이 진실한 삶인지 하나에서 열까지 생각해주면 고맙겠습니다." 거짓된 꿈과 악한 마음을 가지는 것과 정반대에 있는 진실과 정의로움을 추구하며 살아가고 싶다는 그들의 의지는 바로 '어떤 어른이 될 것인가'에 대한 고민으로 직결된다. 김수경은 교사에게 보낸 편지에서 다음을 토로했다. "제가 어린 학생이 아닌 어른이 되어버린다면, 아니 세상에 물들어버린 어른이 된다면……. 그런 것도 두렵고요. 다시 태어나고 싶습니다."°

그들은 모두 불의로 점철된 사회에서 어떤 삶을 살아가야 할지, 또 어떤 주체로 성장할지를 묻는 일종의 실존적 고민에 몰두했다고 볼 수 있다. 생을 스스로 마감했던 행위는 부당한 사회 속에서 진실과 정의를 추구했던 자아의 실현 혹은 진정한 삶을 보호하려 했던 마지막 선택이었을지 모른다. 확실한 건, 참교육의 열망 혹은 갈망으로는 그들이 죽음으로 이르게 된 진정성의 번민을 설명하기는 부족하다는 점이다. 특히 그들에게 진정성의 과제를 부여했던 계기인 고등학생운동의 참여를 생각하지 않고서는 그 죽음의 행위를 충분하게 이해할 수 없다.

자아의 범주와 더불어 추구된 사회의 범주는 진정한 사회를 추구하는 측면으로, 그들이 당시 사회를 어떻게 진단했으며 어떤 대안적인 사회를 꿈꾸고 고민했는지를 확인할 수 있다. 열사가 남긴 편지글, 유서와 유언에는 학생으로 경험한 교육 현실을 고발하는 내용이 담겨 있다. 김수경은 유서를 통해 전교조 지지 투쟁 이후 교사

°   김수경 열사 추모 사업회, 앞의 책, 41쪽.

에게 경험한 폭력에 대해 다음과 같이 고발했다. "우리 학교는 다닐 곳이 못 된다는 걸 느꼈고, 한번 운동권(?)으로 찍힌 학생은 사사건건 트집이 된다는 걸." 일찍이 김수경은 1989년 2학기에 해직교사에게 보낸 편지에서 "언제 한번 장래희망 조사할 때 정치가란에 크게 손들었던 일 기억나세요? 지금 제 꿈이 뭔지 아세요? '문교부 장관'이에요"라며,° 교육 현실을 바꿔내겠다는 의지를 드러낸 바 있었다. 김철수 역시 유언에서 "학생들을 로보트로 만들고 있습니다. 저는 엄연한 학생입니다. 제가 왜 그런 로보트 교육을 받아야 합니까? 저는 더이상 그런 취급을 받으니 지금의 교육을 회피하는 게 현명한 방법이라 생각합니다"라고 학교 교육을 매섭게 비판했다. 일찍이 "학교는 민주주의 요람이어야 한다"면서 비민주적인 교육 현실을 지적했던 심광보는 나아가 전교조를 부정하는 것에 대해 "나라 꼴이 어찌 되려고 인간을 인간답게 가르치려는 뜻을 이다지도 모른 체"하느냐며 부정적 인식을 표출했다.°° 이런 언급들을 살펴볼 때 열사들의 주장을 참교육 실현으로 요약하는 건 무리가 없지만, 그들이 죽음으로 요구했던 것이 단지 교육의 변화에만 그쳤던 것은 아니었다.

구체적으로 김철수와 심광보의 메모, 유서와 유언에서는 그들이 당시 사회를 어떻게 진단했고, 어떤 사회를 원했는지가 구구절절 드러난다. 분신으로 유서가 타는 바람에 모든 내용이 확인되진 않지만, 김철수는 "××× ××× 왜 죽는지 너희들은 알아야 한다. 친구들아 12년간 긴 세월 ×× ××× ×× 목이 메어 우리 ×× ××× 쇠사

°   김수경 열사 추모 사업회, 앞의 책, 42, 47쪽.

°°   고 심광보 열사 추모사업회, 앞의 책, 10, 20쪽.

슬에 쥐꼬리만 한 명예와 권력을 위해 공부벌레가 되어주길 바라는 기성세대 및 벌건 대낮에 강경대 열사가 백골단에 맞아 피를 흘리며 쓰러져도 심장이 터질 듯한 분노의 가슴을 잃어버린 우리 배움에 학도들을 깨우치기 위함이다"라는 내용을 작성했으며, 또한 "현 시국이 어떤 사회로 흘러가고 있는지 여러분은 잘 알 것입니다"란 유언을 남겼다. 이를 통해 본인의 분신이 노태우 정권을 퇴진시키고자 했던 1991년 5월투쟁과 그 긴박한 정세 속에서 이뤄진 결정이라는 것, 특히 자신을 먼저 희생함으로 불의한 사회를 바꾸고자 했던 의지를 드러냈다. 심광보 역시 "전교조여 참교육의 함성을"이란 이야기는 물론, "농민이여. 농민의 깃발을 노동자여 노동의 횃불을"이라는 말을 언급하면서 농민과 노동자를 호명했다. "민주주의 만세"를 외치면서 기존 체제의 "억압의 사슬"을 "끊어버"릴 것을 요구하며, 궁극적으로 "우리들이 바라는 모두 행복한 나라. 사랑이 충만한 사회가 올 거야. 에헤라 좋을시고 그날이 올거야"라며 한국 사회의 총체적 변화를 희망했다.° 이렇듯 이들은 학교를 물론 사회 자체의 전반적 변화를 기원했다. 이러한 바람은 열사들이 참여했던 고등학생운동이 교육현장뿐만 아니라, 한국 사회에 내재했다고 본 근본 모순의 해결을 위해 사회변혁을 추구했다는 사실과 무관하지 않을 것이다.

참교육의 틀을 넘어서는 기억 투쟁

열사의 죽음을 참교육이란 틀이 아닌 참된 자아와 사회를 추구하는

°   고 심광보 열사 추모사업회, 앞의 책, 10, 12, 27쪽.

일종의 진정성의 과제를 풀기 위한 노력으로, 고등학생운동의 참여 속에 이뤄진 선택으로 볼 때 우리는 열사의 삶과 죽음의 과정, 그리고 그들의 마지막 요구를 더 깊이 있게 이해할 수 있다. 우리는 열사와 그 죽음을 어떻게 해석할 것인가 하는 논의에서 더 나아가서 기억의 정치라는 차원으로 다음의 물음을 제기해볼 수 있다. '고등학생운동 열사의 죽음을 참교육으로 해석하는 특정한 방식은 왜 나타났던 걸까.'

기존 고등학생운동 열사를 참교육이란 틀을 통해 해석하는 것은 당시의 운동 참여자들을 '고등학생운동 세대'가 아닌 소위 '전교조 세대' 내지 '참교육 세대'라고 규정하는 그간의 통념적인 정의와 연관된다. 물론 전교조 결성 시기 전교조 교사를 지키기 위해 연인원 약 50만 명이 항의 행동에 참여했다는 사실로 인해 그들을 '참교육과 전교조의 세대'로 규정짓는 시각이 자연스럽게 도출되었다는 점을 부정할 수는 없다. 그러나 고등학생운동 참여자들과 그 관련자들이 당시 탄압 정세 속에서 마주한 일종의 딜레마에서 이것이 연유했다는 점을 함께 고려해야 한다.

고등학생운동이 등장하고 전개되었을 당시, 정부 내지 기성세대는 이 운동을 치기 어린 미성숙한 행동, 교사나 불온 세력의 사주·선동에 의한 결과라 규정했다. 이에 운동 참여자들은 본인들 역시 기성세대와 동등한 판단 역량을 지닌 성숙한 존재임을 자임하며, 교육 현실의 변화는 물론, 한국 사회의 변혁 필요성 등 정치적 입장을 당당히 밝히며 운동적 주체로 그 활동을 펼쳤다.

일례로, 고등학생운동의 근거와 위상과 더불어 향후 전망과 과제를 논했던 이수진의 〈고교학생운동 시론〉에서는 먼저, 고교생의 존재적 특성을 논했는데, "고교생을 사춘기적·심리적 이유계층이니,

불안계층이니, 과도기적 존재니 하는 이론"을 비판하면서, "고교생이 점한 연령대인 16세에서 19세 정도에는 충분한 자각능력과 가치판단의 능력을 보유하는 등 사고의 조직화가 대강 완성된다. 이는 사회의 고도화, 각종 문명이기의 발전과 함께 더욱 촉진"된다고 주장했다. 물론, "가치로운 인간적 삶의 질을 추구하려는 열의를 왕성하게 가지는 동시에 자신의 현실에 대해 이해하게 되며, 그러한 이상과 현실의 괴리 속에서 일정한 가치혼란 현상을 보이기도 한"다는 경향을 인정하면서도, "가치혼란의 현상에 집착하여 고교생을 유아로 취급하려는 것은 권위주의에 다름이 아니라. 오히려 그들의 가치형성의 기회를 촉진시키고, 자주성을 표출하도록 도우며, 이들이 본래 지니고 있는 민족적 열정과 진리에의 강한 의지를 묶어 세우는 일이 보다 앞서야 할 것"을 강조했다.°

그러나 공안 탄압이 진행되고 고조되는 국면에서 그 정치적 주장을 강조하기가 어려워졌는데, 결국 조직의 보위를 위해서 혹은 운동의 정당성을 확보하기 위한 차원으로 자신들의 운동과 항의활동을 애국적 양심 등 비정치적인 순수한 의도로 분출되었던 것으로 주장했다. 전교조 사수 투쟁 역시 마찬가지로, "선생님 사랑해요"의 구호로 대표되듯 전교조 교사에 대한 존경과 사랑이라는 순수한 마음으로 나섰다고 주장한 것이다. 전교조 역시 고등학생운동과 중고등학생들의 대중적 투쟁을 당혹스러워하면서, 특히 청소년을 미성숙한 주체로 여겼던 당시 사회적 통념에 따라 전교조가 청소년을 배후 조종한 당사자로 지목되는 것을 우려해 학생들의 저항이 '비정치적이

° 　이수진, 〈고교학생운동 시론: 교육주체고찰〉, 《민중교육》 2호, 1988, 푸른나무, 161~162쪽.

고 순수한 것'임을 강조했다. 결국 이 비정치적인 순수함이 계속 강조되면서 당시의 저항과 투쟁을 고등학생'운동'보다는 참교육에 대한 '응원'으로 기억하고 해석하는 경향이 현재까지 이어지고 있다.

중요한 건, 1980~1990년대 청소년들의 투쟁에 대해 순수성과 참교육을 강조한 것이 가져온 일련의 효과들이다.° 전교조 사수 투쟁이라는 폭발적 저항을 고등학생운동의 자체적인 전개 속에 진행된 목적의식적이거나 조직적 저항으로 기억하기보다는, 전교조 교사에 대한 당국의 탄압에서 촉발된 '사랑하는 교사를 지키려 했던 학생들의 순수하고도 예외적인 분출'로 평가하게 만든다. 아울러 고등학생운동 열사의 삶과 죽음에서도 정치적 주체로서 그들의 고민과 실천보다는 참교육의 열망만이 부각될 뿐이다. 그러한 경향으로 인해 당시 고등학생운동의 정치적 요구와 활동이 '순수성'에 맞춰지면서 기억과 역사에서 소거·배제되어온 것은 아닐지, 특히 고등학생운동을 '운동' 그 자체로 발화하고 해석하는 것을 불편하게 만드는 일종의 자기검열 효과로 이어지고 있는 것은 아닐지 질문해볼 필요가 있다.

순수성과 참교육을 강조했던 경향으로 고등학생운동, 즉 전교조와 구분되는 독자적 성격을 지닌 청소년들의 저항운동은 가려지고 축소되었다. 이를 보여주는 상징적 사례는 2019년 5월 28일에 진행된 전교조 30주년 기념식이다. 총 1,322자로 쓰인 기념사에서 당시

°   이와 유사하게 김원은 1980년 광주의 이념, 사상, 주체의 파급 효과가 현재까지 계속되고 있다고 주장하면서, '장기 80년대'라는 개념을 제안하는데, 특히 1980년대가 계급, 노동, 민중 등을 통해 보편적 계급 주체를 구성, 형성하려 했지만, 그 이면에는 억압한/배제한 주체들이 존재했고, 그 침묵이 계속되면서 내적 모순이 해소되지 않고 있음을 주장한다. 김원, 〈'장기 80년대' 주체에 대한 단상〉, 《실천문학》 111호, 2013, 15, 23쪽.

중고생들의 참교육 사수 투쟁은 "결성 초기 선생님을 지키기 위해 나선 제자들의 응원"이라는 21자로만 자리했다. 기념행사 중 전교조 30주년 수기 공모전에는 전교조 출범 당시 학생으로 전교조 사수 투쟁에 참여했고 현재 전교조 조합원인 교사가 당선되었다. 또한 학생 231명에게 장학금을 수여하는 행사에서 학생 대표로 참여한 학생은, 전교조 결성 시기에 서울 장훈고 부회장으로 투쟁에 참여했던 민주노총 서울본부장의 자녀였다. 수기 공모전에 당선된 해당 교사의 소감이나, 장학금 수여 학생 대표의 부모인 당시 민주노총 서울본부장의 발언 등에서 당시 중고생들의 활동이 언급됐지만 참교육과 선생님을 지키기 위해 나섰다는 정도로 표현되었을 뿐,° 기념식 내내 당시 고등학생운동과 그들의 저항이 명시적으로 이야기되지는 않았다.

이러한 소거와 배제의 현실에서 일군의 청소년운동 진영이 과거의 고등학생운동을 주목하고, 그것을 기억하고자 노력하고 있다. "고등학생운동은 단지 30여 년 전의 옛날이야기가 아니다. 고등학생운동에서 외치고 드러냈던 학교의 민주주의, 청소년의 인권, 선거권 연령 하향 등 청소년의 정치적 권리, 경쟁교육의 문제 등은 오

° 양아라, 〈"해직 선생님들께 보내는 반성문: 전교조 30주년 기념식, "새로운 미래 30년, 교육 행복 시대로 꽃 피워간다"〉,《민중의 소리》, 2019년 5월 29일, https://vop.co.kr/A00001410019.html; 김상정, 〈숨·쉼·삶을 위한 교육, 참교육 세상을 그리다: 전교조 결성 30주년 기념식 현장〉,《교육희망》, 2019년 5월 29일, https://news.eduhope.net/21375; 전교조, 〈30년 뿌리 깊은 나무, 서른 살 전교조가 함께 숲이 되는 세상을 꿈꿉니다(전교조 30주년 기념사)〉(보도자료), 2019년 5월 28일, https://eduhope.net/bbs/board.php?bo_table=maybbs_eduhope_4&wr_id=215948&sfl=wr_subject&stx=30%EC%A3%BC%EB%85%84&sop=and&menu_id=2010.

늘날에도 과제로 남아 있"다고° 인식하는 청소년운동은 당시 운동
참여자들과 함께 일종의 기억 투쟁을 전개하며, 고등학생운동과 그
저항의 정치적 의미가 유실되지 않도록 분투하고 있다.

일찍이 2006년 청소년인권활동가네트워크(현 청소년활동기상청 활
기)는 청소년인권운동의 역사를 글로 정리하며 고등학생운동을 청
소년인권운동의 맹아로 보는 작업을 전개한 바 있는데,°° 고등학생
운동에 대한 청소년인권운동의 기억투쟁은 다양한 방식으로 근래
까지 진행 중이다. 청소년인권운동단체와 활동가들은 고등학생운
동 열사 추모제에 참여를 이어가며 열사들의 삶과 죽음의 의미를
되새기고, 고등학생운동의 의미와 활동 경험을 나누는 자체 행사도
개최하고 있다.°°°

현재의 청소년인권운동이 고등학생운동을 기억하기 위해 노력
하는 건, 사회적 기억에서 고등학생운동과 그 정치적 의미를 소거
시키는 경향이 한국 사회와 운동 진영에 미치는 효과를 인지하고

°   공현, 〈30년 전 한 고3 학생의 투신 "이미 그곳은 학교가 아닙니다"〉,《프레시
안》, 2020년 7월 9일, https://www.pressian.com/pages/articles/202007
0915294044553.

°°   '기획: 청소년인권운동, 길을 묻다',《인권오름》, http://hr-oreum.net/kokji.
php?id=33. 11회 연재 중 4회를 고등학생운동을 정리하는 데 할애했으며, 고등
학생운동 진영이 만들었던 선언문 등의 사료를 함께 소개했다.

°°°   전교조 30주년 기념식에서 충분히 논의되지 못한 고등학생운동의 활동 경험과
의미를 나눈 '8090 참교육운동을 했던 학생들의 이야기마당: 그때, 우리는 학
교와 정권에 맞서싸웠다'(청소년인권행동 아수나로 서울지부·청소년인권운동연대 지음 개
최, 2019년 11월 29일), 1991년 5월투쟁 당시 고등학생운동 출신 대학생 열사 및 김
철수 열사, 고등학생운동에 대한 탄압에 대한 이야기를 나눈 '고등학생운동과
1991년을 이야기하다'(청소년인권운동연대 지음 개최, 2021년 5월 27일)와 같은 행사가
있다. 청소년인권운동연대 지음은 청소년인권 활동가를 대상으로 민주화운동
역사에서 고등학생운동의 역할과 위치에 대한 이해를 증진하기 위한 프로그램
도 진행했는데, 민주화운동 역사 여행 '청소년인권과 민주주의의 만남'(2024년 6월
15~16일) 내의 고등학생운동 활동가와의 대담회가 그것이다.

있기 때문일 것이다. 즉, 과거 한국 사회에서 중고생의 저항과 운동을 소거하는 특정한 해석이 결국 청소년을 비정치적 주체로 제약시키고 있다는 점, 나아가 '청소년'과 조직적인 '운동' 사이의 접합을 어렵게 만들고 있는 효과를 생산하고 있음을 인식하며 그에 맞서 그 정치성을 온전하게 이해하려는 기억 투쟁을 전개하고 있다. 어쩌면 현재 청소년인권운동은 "권력에 맞서는 인간의 투쟁은 망각에 맞서는 기억의 투쟁"이라는 밀란 쿤데라의 주장을 충실하게 실천하고 있다고 볼 수 있는 것은 아닐까.

13

토론회

1980~1990년대 고등학생운동의 의미와 현재

날짜	2023년 11월 11일
장소	민주노총희망연대본부

사회	조한진희	다른몸들 / KSCM · 학내 활동 · 비공개 전위조직
패널	이오성	《시사인》기자 / 학내 활동
	정경화	서울노동권익센터 / 흥고아 · 학내 활동
	이형신	화장품 유통업 / KSCM
	공현	청소년인권운동연대 지음
	빈둥	청소년인권운동연대 지음
	강주성	건강돌봄행동 / KSCM 지도선배
원고 정리	조한진희	

조한진희

이오성

정경화

이형신

공현

빈둥

강주성

토론회

1980-1990년대

고등학생운동의
의미와 현재

1980년-1990년대 뜨겁게 불타올랐던 고등학생운동!
역사적으로 거의 평가되지 못했지만 당시 고등학생운동 활동가들은
변혁의 주체로 사회와 역사를 새롭게 쓰고자 했습니다.
반민주 정권 퇴진 운동부터 교육이란 무엇인지 근본적 질문을 던지고,
전교조 교사 지키기부터 자주적 학생회 건설까지.
당시 고등학생운동은 무엇이었고, 지금 시대 어떤 의미인지 묻는 자리!
80, 90년대 고등학생운동을 했던 동지들과
현재 청소년운동을 하고 있는 활동가들이 함께합니다.

2023.11.11 민주노총희망연대본부
(용산구 갈월동 8-3 이노스빌딩 3층)

'1980~1990년대 고등학생운동의 의미와 현재'(토론회) 포스터

개인의 고등학생운동 경험을 기록하는 형태의 한계를 보완하고, 더 다층
적으로 고등학생운동을 기록하기 위해 토론회를 개최했다. 토론회는 세
시간 넘게 진행되었고 일부 내용을 발췌해 수록했다. 강주성의 영상 인터
뷰는 토론회 말미에 보았지만, 구성상 서두에 배치했다.

조한진희　　안녕하세요. 이번 토론회의 기획 배경을 설명하는 것으로 시작할게요. 이 기획에는 두 가지 목적이 있습니다. 개인의 경험을 서술한 책을 읽을 때, 독자는 개인의 고유한 세계 안에서 시대를 이해하게 됩니다. 이는 역사 속에서 개인의 삶과 투쟁의 맥락을 이해하는 데 더없이 뜻깊은 과정입니다만, 이런 형태의 기록은 보편성과 입체성을 확인하기에는 일정한 한계가 있을 수밖에 없습니다. 그래서 같은 상황에 대해 조금씩 다른 입장을 한자리에서 나누는 과정을 통해, 고등학생운동(고운)에 대한 이해를 확장시키고자 하는 것이 이 기획의 첫 번째 목적입니다.

　　한편, 청소년인권운동 진영에서는 꾸준히 고등학생운동을 호출하며 '계보'를 잇고 기록하고자 해왔는데 이에 반해 고운 진영에서는 청소년인권운동을 호출하거나 연결해오지 않았다는 데 주목했습니다. 고운 진영에서는 지금 청소년인권운동과는 투쟁 방향이나 정체성이 다르다고 생각하는 경향이 제법 있는 것 같아요. 이것은 고운이 더 이상 집단적 주체로 남아 있지 않기 때문이기도 할 겁니다. 이번 토론회에서는 고운 진영에서 청소년인권운동을 호출하고, 현재 청소년인권운동에서 가진 고민을 고운 활동가들에게 질문하도록 배치해봤습니다.

전체 패널 구성은 조금씩 다른 형태로 고운 활동을 했던 분들을 섭외했고, 이 책의 저자와 저자가 아닌 분도 섞어서 배치했습니다. 청소년인권운동 패널은 청소년인권운동연대 지음의 활동가 두 분이 함께했습니다. 객석에는 다양한 시대의 고운 활동가, 1989년 전교조 해직교사, 연구자들이 함께하고 있습니다. KSCM 지도선배였고 당시 서울 지역 고등학생운동 활동가들에게 많은 영향을 미쳤던 강주성 님은 건강 문제로 이 자리에 참석하지 못하게 되어서 영상으로 인터뷰를 해왔습니다.

강주성　　원래는 노동운동으로 시작했는데, 여러 이유로 운동을 정리하게 됐어요. 그런데 교육운동을 하던 사람들과 친분이 있다 보니, 고등학생운동에 대한 고민을 하게 된 거죠. 그렇게 87년 6월항쟁 이후에 고운을 시작했는데, 돌아보면 운동에 대한 어떤 관점이나 이론적 근거를 갖지 못하고 시작했죠.

저는 신학대학을 다니다가 중퇴한 이력이 있어서 기독교단체인 KSCM에서 지도선배로 활동했고, 저와 고민을 같이하던 다른 친구는 흥사단으로 가서 지도선배로 활동했어요. 이 두 개 조직이 연대해서 공개활동을 하고, 언더조직에서는 학교별 학습 모임을 계속 만들었죠. 기존에 노동운동을 하던 방식대로 한 거예요.

1987년부터 1989년까지 KSCM 지도선배 역할을 하며 고운에 참여했어요. 그 당시 일하던 도서출판 푸른나무에서 냈던《민중교육》2호에〈고교학생운동 시론〉°이 실렸는데, 이 글이 제가 함께한 고운 조직에서 만들어낸 첫 번째 팸플릿이라고 할 수 있을 겁니다.

．．．

처음에는 고등학생운동을 일종의 '조기교육'처럼 생각했던 측면이 분명히 있죠. 그 당시 사회 분위기로 보면, 대학을 졸업한 다음, 혹은 졸업하기 전 학교를 그만두고 노동현장으로 가는데, 대학생이니까 위장취업을 해야 하잖아요. 반면 고등학교를 졸업해서 바로 가면 위장취업을 할 필요가 없죠. 그래서 고등학교 졸업 후 현장으로 들어가는 친구들이 생기기 시작했어요.

그런데 노동현장에서는 노조 활동을 통해 일종의 대중운동을 해야 하는데, 학습으로 머리는 바뀌었을지 몰라도 실제 대중운동의 경험이 전혀 없는 채로 현장에 들어가버린 거예요. 그러니까 노동현장은 물론이고 학내 활동도 탄압을 받게 되면 바로 와해되는 경우가 많았죠. 이렇다 보니 결국 대중운동을 고민하게 되고, 그러다 만들어진 것이 '자주적 학생회'라는 의제예요. KSCM에서 자주적 학생회를 위한 토론회를 개최했는데 400석, 500석 되는 강당이 꽉 찼죠.

° 〈고교학생운동 시론〉은 고등학생운동에 대한 최소한의 정리된 내용이 필요하다는 문제의식하에 운동의 관점, 목표, 조직 방법 등을 담은 짧은 글이다. 필자가 이수진이라는 가명으로 되어 있지만, 당시 지도선배라는 이름으로 고운에 결합한 세 명이 함께 썼다. 1988년에 발표됐지만, 이후에도 꾸준히 고운 활동가들 사이에서 세미나 자료로 활용됐다. 당시에는 이런 정식 출판물 이외에도 고운의 역할이나 방향, 투쟁 의제 등을 적은 글이 여러 편 있었다. 공개단체 사무실 아래 복사된 글이 끼워져 있거나 공개행사 같은 곳에서 복사물이 무더기로 놓여 있는 방식 등으로 배포되었다. 저자는 '새 세상을 만들어가고자 하는 고등학생', '어느 애국 고등학생' 같은 이름으로 적혀 있는 식이었다_조한진희.

• • •

당시에는 계급운동이 굉장히 중요했고, 그래서 고등학생운동을 노동운동의 조기 진출 통로로 바라본 것, 그것이 결과적으로 고등학생운동을 고등학생운동답지 못하게 만든 요인이었죠. 운동이 대상화고 수단화되는 거니까요. 고등학생운동 자체로서의 대중운동의 내용이나 그 활동에 대한 문제의식은 관념적이었던 것 같아요. 게다가 어떤 형태로 운동에 표현이 되어야 하는지도 몰랐고요. 나중에 알았지. 그래서 '자주적 학생회' 같은 의제를 만들긴 했지만, 어쨌든 계급운동의 빠른 배출구로서 고운을 봤으니까요. 노동운동이나 대학에서 운동했던 방식을 그대로 가져가서 고운을 했고 그런 면에서 고등학생운동의 한계와 실패는 고등학생 대중에 기초하지 않았기 때문이라고 생각하는 거예요.

실제로 우리 사회운동이 대중운동을 예전부터 고민해오긴 했지만, 실제 운동은 대중운동에 대한 관점과 경험이 일천해요. 특히 학생운동은 탄압으로 인해 소위 언더조직으로 활동을 하다 보니, 대중운동에 대한 방법과 관점을 실천적으로 경험한 것이 굉장히 부족해요.

• • •

사람들에게 말하진 않았지만 제가 건강 상태가 좋지 않은 상황에서 아직도 사회운동을 하는 이유 중 하나는 고등학생운동을 해왔기 때문이에요. 내가 그때 후배들에게 가르친 것처럼 나도 약속을 지키고 싶었거든요. 그리고 항상 미안한 마음을 가지고 있어요.

고운, 그 울퉁불퉁한 기억들

조한진희   그럼 이제 자기소개로 토론회를 시작하겠습니다.

이형신   1989년에 고1이었고, 서울 서대문구에 있는 한성고를 다녔고, KSCM에서 활동했어요. KSCM에는 중3이던 1988년 3월에 조기 입학을 했으니까 다 합치면 한 4년 정도 활동을 했습니다. 고등학교 졸업하고 공장 좀 다니다가 공부를 해서 대학을 가고, 직장 생활을 했어요. 그러다가 민노당 원내 진출 이후 4년 정도 당직자 생활을 했고, 지금은 일반 직장에 다니고 있어요.

정경화   서울 은평구에 있는 동명여고 다녔고, 흥사단고등학생아카데미(이하 '흥고아')에서 1986년 중3 겨울부터 활동했어요. 푸른나무이야기모임이 처음 만들어질 때부터 시작해서 청소년 무크지 《푸른나무》를 출간했어요. 고등학교 졸업 후에는 자연스럽게 노동자의 삶을 선택했고요. 구로공단에 있던 나우정밀노조에서 간부로 활동하다 구속되고, 출소 직후 민주노총 서울지역본부에서 일했습니다. 민노당 출범 이후에 총선, 지방선거에 출마하면서, 당이 원내에 진출하는 데 벽돌 하나 쌓는 역할을 했네요. 민주노동당 분당 사태 때문에 많이 힘들었지만 진보정당 의원실에서 일하기도 했어요. 지금은 서울노동권익센터에서 일하고 있습니다.

이오성   《시사인》 기자로 일하고 있습니다. 1989년에 고1이었고, 서울 대원고 다녔어요. 공개단체 활동은 거의 안 했고, 주로 학내에서 활동했어요. 분신정국인 1991년에 고3이었는데, 학교에서 유인물 같은 걸 돌리다 무기정학 처분을 받았는데, 그 사건이 《한겨레》에 실렸던 기억이 나네요.

조한진희   저는 고등학생운동의 마지막 세대에요. 1993년 고1 때, 학내에서 비합 풍물패로 고운을 시작했고, KSCM 활동을 했습니다. 비공개 언더 전위조직 활동도 함께했는데, 이건 고등학교 졸업 이후까지 했고요. 그럼 이제 본격적으로 고운을 하며 중요하게 생각한 가치나 지향이 무엇이었는지 말해보죠.

정경화   핵심은 주체적인 삶이었어요. 저희도 자주적 학생회 건설을 위해서 싸웠는데, 내 삶을 내가 결정한다는 가치를 추구한다는 게 가장 행복했던 것 같아요.

이형신   국가라는 체제가 교육 체계를 만들어놓고 그걸 운영하는데, 우리는 당시에 군사독재 체제 속에서 민감한 청소년 시기를 보냈죠. 중학생 때는 금강산댐 규탄대회 같은 관제 데모에 동원되고, 학교에서는 아버지 직업을 묻기에 노점상 하신다고 했더니 그 이야기를 스스럼없이 말하는 게 창피하지 않느냐고 교사가 되묻더라고요. 우리 부모님은 열심히 일하는 분들인데, 그들이 가난하다는 걸 부끄러워해야 한다는 게 문제라는 생각을 하게 됐죠. 또 저는 KSCM 활동을 했으니까 어릴 때부터 배웠던 예수의 모습, 교회의 모습과는 전혀 다른 예수와 교회의 모습이 있다는 데 큰 충격을 받기도 했어요.

조한진희   저는 불평등에 문제의식이 많았어요. 어릴 때부터 차별,

특히 성차별에 민감했어요. 그래서였는지 학교에서 학생을 성적, 빈부에 따라 서열화하는 데 자연스럽게 민감하게 반응했던 것 같아요. 학교가 학생을 보호하는 곳, 학생이 꿈을 꾸는 공간인 것처럼 설명하지만. 저에게 학교는 차별이 집중적으로 벌어지는 공간으로 인식되어서 다양한 문제의식을 계속 불러일으켰던 것 같아요. 고운 활동을 하면서도 우리 안에 차별이 없는지 질문을 많이 했어요. 조직 내부 평등, 민주주의에 대한 감각이 훨씬 무뎠던 시대였는데도요. 돌아보면 진보 집단 안에서도, 그런 질문을 계속하는 좀 골치 아픈 캐릭터였던 것 같아요.

이오성 저도 중고교 시절 입시 위주에서 벗어나고 싶다는 것과 참교육, 좋은 교육을 받고 싶다는 생각이 있었어요. 또 하나는 인권 문제였어요. 그때는 워낙 교권이 절대적인 시절이라 학생인권 침해가 심각했죠. 1989년에 출범한 전교조가 이 세 가지 문제를 해결할 수 있는 핵심적인 연결고리처럼 보였던 것 같아요.

우리 학교에서는 1989년에 처음 직선제 학생회 선거를 했는데, 그다음 해 선거를 제가 꾸렸고 우리 선본이 당선됐어요. 공식적으로 저는 동아리연합회 회장이었는데, 학생회 출범하고 나서는 비공식적으로 '학생회 고문'이라는 이름을 그 친구들이 줘서 알아서 학생회 활동을 했고요.

저는 학교 밖에서는 활동하지 않고 학내에서만 언더 활동을 했는데, 이른바 지하 언론을 만들었어요. 그 신문 이름이 '무궁화꽃이 피었습니다'였어요. 학내 신문이었는데 학내에 배포하진 못해서, 학교 앞에 전교조 해직교사였던 선생님이 하시는 책마을이라는 서점에 그 신문을 만들어서 가져다놓으면 학생들이 등하교할 때 가져가면서 봤죠. 그때 거기에 '교장 선생님 훈화 비판' 이런 기사를 썼던 기억이 나는데, 그때 그런 걸 만들어서 내가 그다음에 기자로 먹고 살고 있구만, 하는 생각을 해요.

그러다 1991년에 무기정학을 받아요. 고3이 되던 해라 대학을 진학할지 말지 고민하던 때였는데, 우리 학교 소모임 선배였던 안동대 김영균이 1991년 5월투쟁 중에 분신을 해요. 충격이 컸어요. 그 일로 유인물을 뿌리고 했는데 그 일로 징계를 받게 된 거죠.

그런데 그해 6월에 한국외대에서 국무총리 정원식 씨가 학생들이 던진 계란, 밀가루에 범벅이 되면서 학생운동권에 '패륜' 낙인이 찍히고, 그때부터 학생운동도 사회운동도 내리막길에 들어섰잖아요. 그러면서 저도 개인적으로 뭔가 더 활동하기 어렵겠다 싶었어요. 졸업도 해야겠고, 대학을 가야겠구나 하는 생각을 하면서 그때가 지나갔네요.

이형신　　1987년 전후로 한국 사회에 많은 변화가 있었죠. 어쨌든 1988년에는 직선제로 정부가 선출되었고, 사회운동이 왕성하게 꽃피는 시기였죠. 사회과학 서적도 많았고 비교적 자유롭게 읽을 수 있게 됐고, 전노협, 전교조, 전농 등 '전국' 단위의 단체들이 준비되고 만들어졌고, 교육계도《민중교육》사건처럼 시국사건으로 해직되거나 투옥되는 교사들이 생기고, 이런 교사들을 지지하는 흐름이 전교조 같은 대중조직을 만들기 전부터 있었죠. 그러다 보니 고등학생들도 영향을 받는 거죠. 배우던 선생님이 잡혀들어가고 하니까. 어린 나이여도 이런 사회적 분위기에 영향을 받게 되는 거예요.

말하자면 그때가 활동가 그룹, 목적의식적으로 활동하는 사람들이 급격하게 많아지던 시기였던 것 같아요. 1987년에서 1989년까

476

지가 고운 활동가들이 수적으로 아주 많아졌던 시기였죠. 그리고 목적의식적으로 고등학생을 조직하러 학교에 들어오는 선배들이 생기기 시작하면서 사회운동의 초기 형태를 띠기 시작했던 것 같아요. 그러면서 《민중교육》 2호에 실린 〈고교학생운동 시론〉 같은 글이 나와서 돌려 읽기 시작했죠. 운동의 방향이나 흐름을 진단하고 이렇게 활동하자, 이런 문제를 중요하게 한번 다뤄보자, 하는 내용이 담긴 팸플릿 형태의 글도 서로 돌려봤고요. 이런 흐름 속에서 자주적 학생회나 동아리 활동의 자유를 획득하는 운동을 본격적으로 해보자고 하면서 사회운동의 형태를 갖추어가는 시기였던 것 같아요.

KSCM이나 흥고아처럼 좀 두들겨 맞아도 맷집이 좀 있는 데들이 대외적인 스피커 역할이나 활동을 열심히 해주고, 각자 학교에서는 언더 동아리도 만들고, 학교 밖 친구들과도 또 관계하고요. 아까 말한 팸플릿들도 같이 읽고, 토론이나 논쟁도 하는 흐름이 1987년 무렵부터 있다가 1989년에 전교조 사건을 계기로 대중운동으로 확 분출했던 것 같아요.

조한진희　　1987년이라는 시기가 민중의 대대적 각성이 다시 한번 확장되는 시기였기 때문에 그것이 각계각층의 민중 혹은 시민에게 영향을 미쳤고 그중에는 당연히 10대, 고등학생도 존재했던 것이죠.

당시 고운을 하게 된 맥락들을 살펴보면, 학교에서 생활하면서 어떤 불편함과 부정의함에 분노하거나, 동료 학생의 자살로 각성하는 경우도 있고요. 집안의 자매, 형제, 삼촌, 이모, 부모의 영향을 받아서 시작하는 경우도 있죠. 전교조 교사한테 영향받은 경우도 있고요. 막연한 문제의식을 갖고 있다가 어떤 행사에 갔는데, 거기서 누구를 만나게 돼서 공개조직이나 언더조직에 들어가는 식으로 확산되기도 하고요. 또 이런 상황이 겹치면서 고운을 시작한 경우도 있죠.

그리고 앞서 영상 인터뷰로 함께한 강주성 선배처럼, 의식적으로 고등학생들을 조직하겠다면서 들어온 집단이나 개인이 있었죠. 고등학생을 조기 학습시켜서 일종의 사회운동 엘리트 집단으로 만들겠다는 건데, 고운을 사회운동 활동가의 조기 훈련인 것처럼 봤던 것이죠. 또 별도로 고등학생이 처한 현실 자체의 변혁을 더 중요한 가치로 삼았던 흐름이나 사람들도 있었고요. 이 사이에서 여러 충돌과 토론도 있었죠. 혹시 이런 흐름과 관련해 부연하시고 싶은 이야기가 있는지요?

이오성　　공개단체 활동 이야기도 나왔는데, 저는 거기에 아주 비판적이었거든요. '자꾸 왜 밖으로 나가지?' 학교가 답답하니까 밖에 나가면 해방되거든요. 술도 마시고 어른들하고 놀고 연애도 하고 재밌죠. 그러니까 점점 더 밖으로만 나가는 거예요. 학교에서는 오히려 가만히 있고.

저 같은 경우는 그 당시에도 고등학생이 스스로 어떤 힘을 가지고 사회적 주체가 돼서 뭘 바꿔낼 것이라는 데 좀 회의적이었어요. '대학생들이나 노동자들도 저렇게 싸우기 힘든데 우리가 될까.' 고등학생운동의 성격에 대해서 이야기가 나왔는데, 아까 '엘리트 코스'라고 말씀하셨는데 저는 장기적으로는 그쪽에 가까웠던 것 같아요. 고교생 시절 직접 운동의 주체가 되어 현안에 맞서 싸우기보다는 대학생이나 노동자가 되어 그나마 안정적 신분을 얻은 뒤에 운동을 해나가는 게 현실적이라고 봤던 것 같아요.

하지만 어쨌든 고등학생으로서 학내에서 학생회든 뭐든 요구하는 건 가능하다고 봤거든요. 그래서 의도적으로 외부 활동을 안 했던 기억도 납니다. 그러다 보니 우리가 학우들 눈에 어떻게 비치는지 중요하다고 생각했고, 그래서 지각하지 말고 애들하고 잘 어울렸으면 좋겠다는 정도의 문제의식은 있었죠. 대단한 문제의식은 아니었던 것 같고요.

정경화　　저는 반합조직, 비합조직, 합법조직 활동을 다 했어요. 동명여고 안에서는 동지단이라는 모임을 꾸려서 열 명 정도가 같은 학년에서 활동했는데 굉장히 탄탄했어요. 말씀하신 대로 학우대중이 우리를 어떻게 볼 거냐 하는 것 때문에 동지단에서는 토론을 통해 담배를 절대 피우지 말자고 결의했어요. 선생님들이 "저것 봐라. 쟤네들 문제아, 불량학생들이야"라고 할까 봐. 나중에 저를 비롯해 절반 정도의 동지단원들이 공장에 들어갔는데, 1년 지난 후 다른 공장에 취업한 친구가 저한테 고백할 게 있다면서 만나자는 거예요. 치킨집에서 맥주를 앞에 두고 친구가 갑자기 닭똥 같은 눈물을 뚝뚝 흘리면서 "나 담배 피워" 그러더라고요. 그때 나이가 스물한 살이었는데. 그래서 저도 막 울었죠. 애가 얼마나 힘들었으면 우리와의 약속을 저버리고 담배를 피울까 싶었거든요. 그러니까 어떤 균형점을 잃지는 않았다는 거죠.

학내에서 일반 친구들이 외부 활동하던 동지단원들을 보면서 '쟤네들은 자기들끼리 몰려다니기나 한다'는 식으로 보지 않았고, 동지단원들도 외부 활동을 통해 배운 내용을 학내 활동으로 굉장히 잘 녹여냈어요. 그런 자랑스러운 기억이 많아요. 물론 그 비판적인 시선도 충분히 이해할 수 있을 것 같아요. 그냥 밖에 나가서 말만 삥 삥거리는 것처럼 보이거나 겉멋 들어 보일 수 있을 것 같거든요.

그런데 당시에 학내 활동이 중심이어야 한다는 입장도 있었지만, 또 한편으로는 공개단체의 역할을 요구받기도 했어요. 막연한 문제의식을 가진 불특정 대중이 와서 무언가 자극받을 수 있도록 KSCM이나 홍고아에서 공개행사, 이슈 파이팅을 해야 한다는 거죠.

하여튼 저는 고등학생운동을 하는 사람으로서의 품성론적 태도에 대해서 굉장히 의식했어요. 담배 피우지 말자, 지각하지 말자는 것도 그렇고, '저 친구는 신뢰할 수 있는 사람이야'라는 인정을 받기 위해 반듯하고 모범적인 태도로 살아야 한다는 이야기를 동지단 안에서 많이 했던 기억이 납니다.

조한진희   당시 우리 운동 지향과 목적이 무엇인지 토론을 많이 했죠. 그 과정에서 감정이 상하기도 하고, 분화되기도 했고요. 지금 학내에서 더 많은 학우를 조직해야 되는데 왜 자꾸 학교 밖에서 뭘 하냐 이런 비판도 있고, 오히려 지금 시기는 이슈를 던지고 확장해야 하는데 왜 학교 안으로만 파고드냐는 비판도 있었고요. 저는 그런 토론과 갈등 속에서 학내 비합조직인 풍물패와 학교 밖 공개단체인 KSCM 활동을 함께 했는데요. 활동의 균형을 잡으려고 많이 노력했던 것 같아요. 저는 KSCM 전국 대표였기 때문에 사실 KSCM 중심으로 활동을 많이 했는데, 동시에 학내 활동을 놓치지 않으려고 무던히 애썼던 게 기억나요. 당시 대중운동론과 대중활동가론 학습을 빡세게 했는데, 그 이후로 더욱 엄격하게 비판했던 것도 기억나요. 대중활동가로서 학내에서 나의 모습은 올바른 대중활동가의 모습인가 스스로 물으면서 괴로워하며 자평하기도 하고, 상호 비판도 많이 했고요. 대중활동가론이나 한국 사회 정세 분석 같은 건 주로 전위조직 그룹에서 함께했던 것으로 기억하는데, 그 내용을 토대로 KSCM이나 학내 풍물패 하는 동료들과도 많이 토론했고요.

그럼 이어서 공개단체로서 부여받았던 역할에 대해 조금 더 말씀 해주실 분이 있을까요?

정경화　　홍사단은 역사적, 사회적인 위상이 꽤 있잖아요. 홍고 아에서는 11월 3일 학생의 날 기념행사를 되살려서 언론에 알리고, 대학로에서 만민공동회를 기획했는데, 공개단체나 합법단체가 아 니고서는 하기 어려운 상황이었거든요. 이렇게 고등학생운동의 판 을 깔아주는 부분에서는 공개단체가 굉장히 역할을 잘했다고 생각 해요.

이형신　　어쨌든 대중운동을 한다고 할 때, 자기 운동의 대중 기 반이 없다는 건 굉장히 모양이 빠지는 거잖아요. 그 당시만 해도 논 리가 센 사람보다는 대중적 조직 기반이 있는 사람이 훨씬 높게 평 가받는 시대였고요. 어쨌든 학교 안에서 어렵게 활동하는 분들이 보기에는 얄밉죠. 집회하면 단상에 올라가서 눈에도 많이 띄고 주 목도 많이 받고, 어릴 때니까 인기도 좀 있을 수도 있고. 그런데 목 적의식을 갖고 조직 생활을 하는 사람을 활동가라고 한다면, 공개 단체에 그런 인원은 사실 매우 적었어요.

공개단체 활동했던 때를 기억해보면 참 바빴어요. 아침에 등교해 서 수업 끝나고 보충수업 빠져도 3시 반쯤이니까 버스 타고 모임에 가면 오후 5시나 6시는 돼요. 그때 모여서 회의나 모임 하나 간신히

하고, 또 뒤풀이하고 나면 집에 가기 바빠요. 1주일은 겨우 7일이고요. 쓸 수 있는 시간이라는 게 많지 않았어요. 그 와중에 억지로라도 시간을 빼서 학교에서 모임을 해요. 공개단체 안에서도 운영위원회, 분과 모임…… 시간을 쪼개서 썼어요. 게다가 조직 활동을 하면 지도를 하고 받는 관계가 있으니까 거기에 또 시간을 빼야죠.

조한진희　공개조직이든 비공개조직이든 그때는 지도선배라는 역할이 있었죠. 저는 지도선배가 너무 많았어요. 어떤 조직에서 저한테 붙여줬던 지도선배는 나중에 투쟁 끝나고 보니 너무 경험이 없는 사람이었던 거예요. 지도는커녕 투쟁 전술 짜는데 무슨 말인지 이해도 못 하고. 그 시절 조직의 허술함이랄까, 상황을 드러내는 이야기죠.

당시 비합, 반합조직이 많았잖아요. 비공개 언더조직이나 전위조직이 아닌 오픈조직°을 만들 거냐 아니냐 이런 고민도 많았고요. 그 이야기를 조금 더 할 분이 있으실까요?

이오성　그런 기억은 아닌데, 학습에 대한 기억이 나요. '커리큘럼'이라고 그러잖아요. 대체로 대학교 1, 2학년들이 배우는 걸 그대로 가져와서 고등학교 1, 2학년한테 가르치는 건데. 학내 문제도 준비가 안 되어, 있거나 공유가 안 되어 있는데 어떤 친구들은 사구체(사회구성체) 논쟁, NLPDR 논쟁을 해버리니까. 이런 붕 뜬 논의를 우리가 왜 해야 되냐는 거였죠. 그런 부분에 문제의식이 있었어요. 지

°　공개단체를 포함해 대중에게 공개된 다양한 형태의 소모임과 크고 작은 조직을 모두 포함한 넓은 개념으로 사용했다_조한진희.

금도 제가 기억나는 게 그때 유행했던 질문들이에요. '너는 미국의
노동자계급을 사랑할 수 있니?' 이런 질문들요. 그러니까 굉장히 엄
청난 세계관을 들을 수 있게 해주는 것처럼 던지는 질문들요.

정경화　　저도 '식민지 종주국인 미국의 노동자계급과 연대가 가
능한가?' 같은 비슷한 토론을 했어요. 지금 생각해보면 웃음이 나
네요. NL 계열 선배들과 PD 계열 선배들이 계속 간을 봤던 것도 기
억나요. "요즘 무슨 책 읽어? 어떤 노래 불러?" 이런 것까지 물어보
면서.

　조직 형태 이야기로 돌아가자면, 푸른나무이야기모임은 합법조
직, 바른학생회쟁취고등학생연합은 비합조직으로 분류했죠. 반합
조직은 합법과 불법을 넘나드는 공개조직, 비합조직은 비공개 활동
을 하는 것으로 개념 지었던 것 같아요. 가명 쓰고, 메모 절대 안 하
고, 사진 안 찍고…… 대학생 운동권 흉내를 많이 냈던 것 같아요.
그런 문화를 나도 모르게 받아들이면서 물이 들어버린 것 같기도
해요. 일종의 겉멋이 섞였나 싶기도 하고요. 제 주변에 비합조직 활
동했던 선배들도 많이 있는데, 저는 그 선배들을 보면서 '붕 떠 있
다, 허세가 있다' 이런 느낌이 있어서 신뢰가 안 생기더라고요. 그분
들은 나름대로 진정성이 있었겠지만요.

이형신　　그런데 당시 상황으로 보면 사실 책 몇 권으로도 감옥 갈
수 있고, 학교에서 그냥 풍물 모임을 자체적으로 만들어도 퇴학을 당
할 수 있는 상태였기 때문에 보안은 정말 중요할 수밖에 없었어요. 문
화 차이도 있었죠. 학교 가면 옆자리에서는 강수지 책받침 만들어서
같이 보고 있는데, 우리는 저녁에 세미나 때문에 빨리 빡세게 읽어

야 하니까 자는 척하면서 책상 밑에 사회과학책 펼쳐서 읽고 있고. 지금은 평범하고 일상적인 활동일 수 있지만 당시에는 그런 것이 모두 신변을 위협하는 일이었으니까요.

또 비합 활동이나 언더 활동을 하게 되면, 외화된 활동보다는 아무래도 학습이나 토론이 많다 보니까 호기심도 많을 때라 좀 동떨어진 토론도 하고 그랬죠. 반면 공개단체 활동을 하는 경우는 그런 토론할 여유도 별로 없어요. 늘 일정과 실무에 치여서 지내니까요. 제가 1년간 KSCM 서울연맹 회장 활동했을 때 세어보니 11번 정도 대외행사를 했더라고요. 행사하려면 기획부터 행사 당일 전에 밤새워서 대자보도 붙이고 유인물도 만들고 실무가 많잖아요. 학교 끝나고 가면 시간은 몇 시간 정도밖에 없는데. 행사 이외에 또 다른 일상적 내부 활동도 손이 많이 가고요.

조한진희　저는 지금까지도 보안에 대한 강박이 많이 있어요. 오늘 토론회 홍보물에 시간을 표기하지 않은 것도 보안을 염두에 둔 거였고요. 고등학교 때 주말에 공개행사 같은 걸 개최하고 오면, 월요일에 학생주임이나 교감, 교장이 교문 앞에서 기다리고 있는 거죠. 바로 교감실로 끌려가는 그런 경우가 되게 많았어요. 학교 밖 활동을 장학사들이 항상 감시하고 미행하고, 행사 열면 학생들 못 들어가게 막고, 몸싸움하고 구타하고. 장학사나 교육청뿐만 아니라 여러 '조직사건'에 대한 염두가 항상 있었고요. 실제로 1994년에 박홍 주사파 발언 이후에 고등학생운동이 굉장히 탄압받았잖아요. 대학에서 운동할 때도 야학에서 알게 돼서 친하게 지내던 사람이 나중에 프락치라는 게 밝혀져서 다 뒤집어지는 일도 있었어요.

아무튼 그래서 오늘 토론회 홍보물에 날짜랑 장소만 표기하고 시간을 뺀 채, 사전 신청자만 참여 가능하다고 공지한 것도 이유가 있어요. 사전 신청하고 오라고 해놔도 시간, 장소 다 공개되어 있으면 바로 올 수 있고, 누가 와서 "나 부산에서 89년에 고등학생운동했다"라고 하면 확인할 길도 없고. 그렇게 신분을 알 수 없는 사람이 있을 때, 우리가 보안 문제를 의식하지 않으면서 그 당시 이야기를 편하게 나눌 수 있을까. 아무리 시대가 변했다고 하지만, 저는 못 할 것 같거든요.

또 한편 아까 학습 커리큘럼 말씀하시면서 대학교 1, 2학년 학생들이 보는 걸 가져왔다고 하셨는데요. 그래서 당시에 고등학생운동하는 필진 책을 동녘이나 푸른나무에서 냈던 게 되게 의미 있었어요. 그리고 해직교사가 필진으로 많이 참여한 푸른나무의 '거꾸로 읽는 책' 시리즈('거꾸로' 시리즈)로 기초학습을 많이 했죠. 여담이지만 최근에 유시민의 《거꾸로 읽는 세계사》 개정판이 나오면서 엄청난 베스트셀러가 됐었죠. 그해 가장 많이 팔린 인문사회 서적이었던 것으로 기억하는데요. 알다시피 이 책이 푸른나무의 '거꾸로' 시리즈 세 번째 책으로 1988년에 출간됐잖아요. 당시 '거꾸로' 시리즈는 고운하는 학생이나 전교조 교사 중심으로 많이 읽던 책이었는데. 30여 년 만에 이토록 대중적인 책이 됐다는 데서 어색한 감정을 느꼈어요. 저는 고등학생 때 그 책을 통해 처음 팔레스타인 문제를 접했고, 이후 팔레스타인 운동을 하게 되고 현장활동을 가고 그랬거든요. 여러모로 시대 변화를 느낍니다.

다음 질문인데요. 고등학생운동 당시에 가장 기억에 남는 장면이 있을까요? 그런 순간을 포착해서 이야기한다면 어떤 게 있었을까요?

이오성　저는 어쨌든 징계를 좀 세게 받은 편이기 때문에 그 얘기를 안 하고 넘어갈 수가 없는 것 같아요. 학생회 임원 포함해서 같이 활동했던 친구들이 열 명 정도가 징계를 받게 된 건데, 징계자를 교문 앞 큰 입간판에 공고를 했어요. 그런데 하필 제 이름이 맨 위에 있었고, 징계 사유를 "불온 조직 결성 및 불온 유인물 살포"라고 써 붙여놨더라고요. 저는 무기정학을 받았는데 학내에 있는 근신실 같은 곳에 있어야 했어요. 애들하고 접촉을 못 하게 하려고 그런 건데. 그렇게까지 했어야 했나 싶고.

정경화　저는 종이비행기 시위가 제일 기억에 남아요. 전교생이 한날 한시에 '민족, 민주, 인간화 교육 쟁취', '선생님 사랑해요', '참교육 만세' 등 요구가 적힌 종이비행기를 날렸고, 색색의 종이비행기가 날아다니던 교정이 숨 막히게 아름다웠던 기억이 납니다. 때맞춰 해직교사들이 출근투쟁을 했고, 이 소식을 들은 학생들이 다 교문으로 쏟아져 나왔어요. 동지단은 종이비행기를 날리는 것까지만 계획했는데 그 이후 벌어진 상황은 놀라웠어요. 아무튼 30년이 훌쩍 지난 최근에도 고등학교 때 친구들을 만나면 그때 시위했던 기억을 소중하게 간직하고 있더라고요.

조한진희　종이비행기 시위는 시각적으로 서로의 힘을 확인할 수 있잖아요. 굉장히 비폭력적이고 평화적인 방식으로 보이니까 대중들이 참여하기에도 부담이 적고. 저는 체육대회 날 있었던 학생들의 집단행동이 강하게 남아 있어요. 당시 박홍 주사파 논쟁으로 공안정국이 형성되고, 고운에 대한 탄압이 대대적으로 진행되면서 조직사건도 터지고, 학생자치권 탄압이 많았거든요. 주동자인 저는 퇴학 처분을 받았는데, 전교생이 징계 철회 요구하며 몇 시간 동안 노래 부르고 울고 싸우고 했던 그날이 많이 남아 있어요.

그리고 KSCM 전국대회를 했던 기억도 나네요. 전주, 안동 등 다양한 지역의 활동가들이 집결해서 서로의 힘을 확인했던 순간들. 주말마다 우루과이라운드 비준 반대 집회에 나가던 시기, 최루탄 속에서 전농(전국농민회총연맹) 회원들이랑 같이 〈농민가〉 불렀던 순간도요.

이형신　최근에 고운 투쟁 방식을 정리해둔 내용을 봤는데, 당시에 학교에서 조기방학도 많이 했잖아요. 전교조 교사 징계하면 학생들이 시위하니까 학생들과 분리된 방학 때 징계하려고요. 그러니까 학생들이 방학 때 투쟁 수단으로 방학 보충수업 열어달라고 싸웠더라고요. "우리는 방학을 거부한다!" 이러면서요. 또 단식투쟁 비슷하게 도시락 싹 모아서 교무실에 쌓아놓는 방식도 있었고요. 학생들만 할 수 있는 창의적 시위들이죠.

조한진희　많은 이야기가 나왔는데요, 토론회 1부를 통해 고운의 활동 방식은 물론이고 당시 고운에 대한 관점 차이, 이를테면 단위학교와 공개단체 활동의 간극이나 갈등도 확인할 수 있었습니다. 당시 고운 내부에선 다양한 입장이 공존하면서 토론이 많았고, 그에 대한 현재 시점에서의 해석 또한 다양할 것입니다. 그런 점을 다소나마 논할 수 있어서 흥미롭고 유의미한 시간이었습니다.

고운×청소년인권운동

조한진희 토론회 2부는 청소년인권 활동가들이 고운 활동가들에게 묻고 싶고 듣고 싶은 이야기를 중심으로 진행해보려고 합니다. 먼저 청소년인권운동을 하고 계신 두 분의 자기소개로 시작해볼까요.

공현 저는 고등학생이었던 2005년에 청소년인권운동을 시작했는데, 제가 운동을 시작한 지 얼마 안 돼서 청소년 인권운동의 역사를 정리하는 프로젝트에 참여하게 됐어요.[°] 청소년인권운동의 역사라고 할 만한 게 없다고 해서 우리의 역사를 만들어보자고 시작한 프로젝트였는데, 그때 고운을 알게 됐어요. 굵직한 사건 위주로 기초적인 수준에서 고운 역사를 정리했죠. 그 후로 청소년인권운동의 전사(前史)로서 고운에 계속 관심을 두고 있고요. 그러면서 고운을 하셨던 분들과도 인연이 생기면서 이 자리에 초대를 받게 됐습니다.

빈둥 저는 청소년인권운동연대 지음에서 활동하고 있어요. 2010년부터 청소년인권운동을 시작했는데, 사실 그때만 해도 고등학생운동에 별로 관심이 없었어요. 고운뿐만 아니라 민주화운동 자체에 대해 큰 관심이 없었죠. 저는 광주광역시에서 오래 살았는데요, 광주는 맨날 인권과 평화의 도시라고 하면서, 정작 학생인권

[°] 인권운동사랑방에서 '청소년인권운동, 길을 묻다'라는 기획하에 2006년부터 2007년까지 총 13편의 글로 1980년대부터 2000년대 초반까지 청소년인권운동 역사를 정리한 작업_공현.

에 대해서는 대부분 관심도 없고 외면한단 말예요. 이 지역의 역사를 말할 때와 내가 직접 겪는 삶의 격차 때문에 더 믿지 못하게 되는 게 있었거든요. 2013년에 김철수 열사 추모제가 있었는데, 그때 보니까 당시에 청소년들이 주도하고 참여한 운동에 대한 내용은 또 없더라고요.

그런데 2019년에 교육공동체 벗이 고등학생 열사와 5·18 광주항쟁을 주제로 한 답사 프로그램 〈5.18과 교육: 학생 열사를 찾아서〉를 주최했는데, 그때 어떤 죽음은 망각되어 왔다는 걸 보게 됐어요. 그런데 그게 지금 우리 청소년인권운동과 연결 지점이 많다는 걸 생각하게 되더라고요. 그러면서 같이 애도하는 자리, 공론의 장을 만들어볼 수 있으면 좋겠다는 생각으로 오늘 참여하게 됐습니다.

조한진희　　청소년인권운동을 하면서 고운에 계속 관심을 쏟고 있는 맥락이나 감정을 좀 더 자세히 설명해주실 수 있을까요.

공현　　청소년인권운동의 역사가 길지는 않은 편이고, 주로 2000년대 이후에 운동이 활발하게 나타났는데요. 제 경험으로는 청소년인권운동이 굉장히 특이한 소수의 애들이 하는 것이라고 치부되거나, 2000년대 이후 새로운 세대의 특징이 나타나는 운동이라고 여겨질 때가 많았던 것 같아요. 그래서 "그게 아니다!"라고 이야기하고 싶었어요. 이건 매우 보편적인 문제고 우리가 겪은 교육에서의 억압, 그것에 대한 불만, 청소년인권에 대한 주장이 보편적 성격을 갖는 문제라는 걸 많이 이야기하려고 했었죠. 그 근거를 꼭 해외에서 찾지 않더라도, 시간을 조금만 더 뒤로 돌려보면 한국에서도 이런 이야기를 오래전부터 해왔다는 거예요. 물론 당시의 맥락은 다를지라도 어쨌든 비슷하게 저항하고 비슷하게 문제 제기를 하고 현실을 바꾸려고 했던 청소년들이 있다는 것이 힘이 되는 측면이 있어요.

두 번째는 이런 게 있어요. 고운 당시에 겪은 이야기들을 듣게 되잖아요. 그러면 너무 공감이 가는 게 많은 거죠. 탄압의 경험이든 아니면 진로에 관한 고민, 그러니까 대학 진학 문제라든지……. 사람은 자기가 겪은 경험이나 고통을 설명할 언어를 항상 찾잖아요. 그래서 이전에 겪어본 사람의 경험을 찾게 되고요. 청소년인권운동 활동가들에게 그런 점에서 고운이 도움이 되는 게 많았죠.

빈둥 제가 고등학생 때 학생인권조례 찬성하는 서명판을 돌리다가 학교에서 탄압을 받았던 경험이 있거든요. 그런 경험이 고등학생운동을 하셨던 분들의 경험과 굉장히 유사하다라는 측면에서 개인적으로 관심을 더 갖게 됐고요.

두 번째는 운동 측면에서 보는 건데요. 애도는 혼자 할 수 있는 게 아니잖아요. 그때 저는 우리가 고운 경험자의 뒤에 남은 사람으로서, 그 슬픔을 같이 인정해줄 수 있는 목격자로서 기록하고 기억하는 게 필요하지 않나 인식하게 되면서 좀 더 관심을 갖게 된 것 같아요.

조한진희 고개를 끄덕이면서 듣게 되네요. 그럼 바로 준비해오신 질문을 나누려고 합니다.

빈둥 고등학생운동을 하셨던 분들을 인터뷰하면서 '배후세력이 있다'라는 말을 많이 들었다는 걸 알게 됐어요. 그건 굉장히 불명

490

예스러운 일인데 동료 활동가들과 이런 말들에 대해서 어떤 문제의식을 공유했는지 궁금합니다.

정경화　저는 당시에 전교조 선생님들과 이야기할 때 항상 '우리가 선생님들에게 영향을 받거나 교육을 받고 활동을 하는 게 아니라 자생적이고 자발적으로 활동을 시작한 것'이라는 사실을 강조했어요. 해직교사들에게도 우리가 '연대하는 것'이라는 관점을 명확히 했고요. 물론 선생님들도 그런 우리를 존중해줬어요.

이형신　학생의 날 같은 걸 유난히 신경을 많이 썼어요. 역사적 사건이기도 했고 우리 운동의 일종의 정당성이나 역사성을 보여주면서, 정체성을 만들려고 했던 거죠. KSCM 활동을 놓고 봐도 지도간사나 지도교사들의 영향력이라는 건 조언을 해주거나 학생 신분인 우리의 활동을 도와주고 보호해주는 정도였어요.
　그러니까 실제 활동에 대한 어떤 기획이나 조직은 거의 자체적으로 되었던 것 같고요. 배후세력 이야기 운운하는 건 전교조를 공격할 때 '너네가 의식화 교육을 하니까 이런 애들이 튀어나오는 거야' 하는 식으로 매도하는 수단으로 많이 쓰였던 것 같아요.

조한진희　역사적으로 배후세력설은 항상 있는 것 같아요. 고등학생운동뿐만이 아니라 광주항쟁도 북한의 사주라는 식으로요. 항상 어떤 투쟁을 대중과 갈라놓기 위해서, 저것은 저 사람들이 잘못된 데 경도돼서 우발적으로 행동하는 거라고 하죠. 특히 10대들의 저항에 대해서는 10대들은 정치적인 사고를 할 수 없는 굉장히 미숙한 존재일 것이라는 전제를 하고 있기 때문에 항상 그런 배후세력론을 들고 오고요.

공현　　저는 또 한편으로 배후가 좀 있으면 어때, 이런 생각도 하는데요. 우리는 계속 연대하고, 누군가 후원을 하기도 하고, 계속 관계를 맺으면서 활동하는 거니까요. 그런데 청소년들은 특히 독립성, 주체성이 없는 존재처럼 취급되는 게 계속 문제가 되잖아요. 그 청소년들이 말하는 내용이 옳은지 그른지를 논하는 게 아니라, 항상 그 청소년들이 순수하냐, 불순하냐 이런 걸로만 이야기하는 게 문제가 아닌가 싶어요.

이오성　　저는 배후가 있었던 건 사실 아닌가 하는 생각이 드네요. '배후'라는 말이 워낙 부정적으로 쓰여서 그런데, 실제로 이게 딱 둘로 나뉘는 건 아닌 것 같아요. 배후가 있다고 해서 주체성이 약화되는 건 아닌 것 같고요.

　오히려 전교조가 1989년 당시에 연대했던 고운에 대한 기록 작업을 진즉 하면서 먼저 불러줬으면 좋았겠다는 아쉬움이 있죠. 당시에 우리가 같이했던 건 사실이고, 전교조가 고운에 상당한 영향을 줬던 건 부인할 수 없으니까요. 그러나 전교조는 이후 해직교사들 문제에만 집중하는 것처럼 보였던 것도 사실이에요. 당시 열악한 상황을 이해하지 못하는 건 아니지만, 1999년 합법화 이후에라도 과거 전교조와 함께했던 학생들의 기록을 정리하는 일에 나서줬으면 하는 아쉬움은 있어요.

정경화　　저는 당시 부모님을 비롯한 어른들에게 "쟤가 대학생운동권 학생들에 의해 '빨간물'이 들어서 저런다"는 이야기를 많이 들었어요. 그때 강주성 선배가 저한테 질문을 하시는 거예요. "잔잔한 호수에 돌을 던지면 동그란 파문이 일지. 근데 파문이 왜 이는 거냐?" 제가 "돌을 던졌으니까요"라고 답했죠. 강주성 선배가 "아니야. 물에 던졌기 때문이야. 돌을 시멘트 바닥에 던졌거나 유리에 던졌으면 파문이 일었겠어? 그러니까 넌 배후가 있어서 고등학생운동을 하는 게 아니고, 네가 원래 갖고 있는 정의감, 민주적 감수성을 스스로 발현하고 있는 거야"라고 말씀하셨어요. 그리고 배후가 있으면 좀 어때요? 다 연대하는 거죠. 보수언론이 그런 프레임으로 우리를 공격하는 걸 많이 당해서 좀 민감했고 방어적으로 대응하기도 했던 것 같아요. 절대 배후는 없다, 스스로 선택한 일이다, 고등학생은 그 정도로 불완전한 존재가 아니다, 옳고 그름도 알고 차별인지 아닌지 정도는 안다고 계속 목소리를 높인 거죠.

빈동　다들 아시겠지만 배후라는 게 대상화하는 문제이기도 하니까요. 그리고 전교조에서 고운을 같이 언급하고 기록해주면 좋겠다고 하셨는데, 실제로 광고협(광주지역고등학생대표자협의회) 의장하셨던 분을 전교조 행사에서 부르기도 했는데, 들러리 세우는 형식이라 그분이 계속 이런 식으로 할 거면 다시는 부르지 말라고 하셨다고 하더라고요.°

조한진희　고운을 했던 사람 중에 많은 이들이 당시 경험을 꺼내놓는 것 자체에 대한 여러 가지 복잡한 감정, 고민을 가지고 있죠. 잘 기록되지 않은 것도 있고요.

°　　자세한 내용은 이 책의 3장을 참조할 것.

저는 전교조가 1989년 투쟁을 기록할 때 고운을 함께 기록해야 한다는 데 동의하지만, 한편으로는 전교조를 경유해서 고운을 소환하는 방식에 대해서는 좀 고민스럽습니다. 그러니까 전교조에게 그것을 하라고 요구하고 견인해내는 것과 별도로요. 어쨌든 고운을 했던 우리가 당시 경험을 기록하고 평가해야 하는 것 아닌가. 그리고 역사라는 것은 그때 무엇을 했다, 라는 것도 중요하지만, 그것을 어떻게 평가하고 해석하느냐가 더 중요하잖아요. 그래서 바로 그런 고민 안에서 이 책 작업도 진행 중인 것이고요.

이형신　　어떤 제도나 체제 내에서의 공식화가 필요하죠. 민주화운동 같은 경우는 어쨌든 정리를 한 차례 했잖아요. 열사나 피해자로 인정하고 불이익을 보상해주거나 민주화에 기여한 것을 어떤 형태로 보훈을 해주든가. 민주화운동 시기의 여러 사건은 큰 사회적 문제였고, 그로 인해 징계도 받고 감옥 다녀온 분들도 있고요. 정당한 평가가 필요하죠. 그런데 이런 건 저절로 되는 게 아니고 동력을 만들어야 되는 건데 어려운 문제이긴 하죠.

공현　　자연스럽게 다음 이야기로 넘어갔네요. 그때 활동하다가 탄압이나 징계를 받은 중고생이 굉장히 많은데 제대로 명예회복이나 보상을 받지 못한 것 같은 것 같아요. 전교조 출범 직후 시기인 1989~1990년의 고운 활동에 대해서는 전교조가 연대해야 할 책임이 있는데, 사실 그 이전 이후로도 운동하다가 징계를 받은 경우가 굉장히 많았거든요. 그런 것들에 대해서 보상까지는 아니더라도 최소한 사과가 필요하고, 이런 이야기들을 좀 더 해야 할 것 같거든요. 여전히 한국 사회에서는 학생들이 사회비판적이고 저항적인 운동을 하거나 정치적인 행동을 하는 것은 벌 받을 만한 일이라고 여기기 때문인 건 아닌가 하는 생각도 들고요. 이와 관련해 어떻게, 어떤 문제 제기를 할 수 있을까요?

조한진희　몇 달 전 1989년 전교조 해직교사 백서 편찬위원장인 이주영 선생님께 연락을 받았어요. 1989년 기록 작업을 하다 보니, 함께 싸운 학생들 이야기를 빼놓을 수 없겠다는 생각이 들었다면서요. 당시 전교조와 연대한 학생들을 연결해줄 수 있느냐고요. 그리고 이런 말씀을 하시더라고요. 당신도 1989년 해직교사인데, 해직교사들은 진실화해위원회를 통해서 어쨌든 국가폭력 피해자로 최종적으로 인정을 받았는데, 고운을 했던 이들도 그런 식으로 인정받아야 한다는 생각이 들었다고요.

이오성　저는 한 번도 이런 생각을 해본 적이 없어서 사전에 질문지 받아보고 좀 놀랐어요. 그래서 제가 민주화운동 관련자 명예회복 및 보상 등에 관한 법률(민주화보상법)을 찾아봤는데, 거기에 학생 관련된 규정이 상당히 모호하더라고요. 굉장히 넓게 나와 있어요. "민주화운동을 이유로 유죄판결을 받거나 해직되거나 학사징계를 받은 사람"°이라고 되어 있어요. 아마 거의 100퍼센트 대학생을 염두에 둔 거였을 텐데, '학사징계'라고만 되어 있으니까 이건 될 수도 있겠다는 생각도 들더라고요. 물론 보상 신청 기간도 끝났지만, 일말의 가능성이 남아 있긴 하겠구나 하고요.

°　민주화보상법 제2조 2항 라.

이형신 고운에 참여했던 이들이 당시 이야기를 꺼리는 것에 대해 잠깐 이야기가 나왔잖아요. 본인 스스로도 이게 정리가 잘 안 되는 거예요. 그러니까 민주화운동, 과거 학생운동이나 노동운동 같은 경우도 그 경험이 개인에게 상처로 너무 깊게 남아 있는 경우 많은데…… 이게 회복이 잘 안 되면 객관화하기가 어렵잖아요. 고운 활동가들은 어쨌든 10대라는 굉장히 예민한 시기에 그 활동을 겪었고, 그렇다 보니 좀 큰 영향을 받았을 거란 말예요. 그 이후의 인생이 훨씬 더 길잖아요. 인생에 영향을 끼치는 각도가 많이 벌어지는 시기에 했던 활동들이기 때문에…… 이 부분을 정리해내는 데 굉장히 어려운 문제가 있는 것 같아요.

이오성 제가 옛날에 기사 쓰려고 찾아봤는데, 그때 전교조 학생사업국 자료에 따르면 1989년 12월까지 파악된 고교생 징계 현황은 구속 5명, 불구속 10명, 퇴학 8명, 무기정학 27명, 유기정학 40명, 근신 72명이었어요. 물론 완전히 다 집계된 건 당연히 아닐 거고요.

조한진희 이 질문을 2019년에도 받았던 기억이 나네요. 전교조 30주년 때, 청소년인권운동단체 아수나로에서 주최했던 토론회에서 이 질문을 저에게 하셨던 게 기억나요. 그리고 2015년 쯤에 전누리 님이 논문 쓴다고 저에게 인터뷰 요청하셨을 때도 이 질문을 받은 기억이 나요. 이번에 보내주신 질문지 보면서, 이 질문이 계속 등장하는구나 싶었고요.

제가 고운 활동 당시 탄압도 그렇지만, 이후에 운동 과정에서 건강손상과 희귀난치질환을 얻게 되는 문제가 있어서 저에게 계속 이 질문을 하시는 건가 싶긴 했습니다. 한 번도 사회적 인정이나 보상을 생각해본 적은 없었는데, 돌아보면 그건 활동가 개인이 감당할 문제라는 전제가 있었고, 그게 아니라고 해도 가능하지 않을 거라는 생각이 있었던 것 같아요. 정부나 사회 전반은 물론이지만, 운동 사회에 대한 기대도 저는 별로 없고요.

그런데 알다시피 이건 고통을 겪은 개인만의 문제만이 아니고 과거의 문제인 것도 아니잖아요. 그리고 무언가를 기록한다는 것이 단순히 우리가 어떤 활동을 했다, 라는 걸 넘어서 이걸 조금 더 공식화하는 게 있어야 하고. 이 문제는 이후에 10대들의 정치적 활동에 대한 국가나 사회의 탄압이 발생했을 때, 그리고 사회운동 과정에서 극심한 어려움을 겪은 개인에 대한 사례이자 선례와도 연결되는 문제거든요. 사과가 됐든 뭐든 공식적인 것을 이끌어내는 게, 역사적으로 또 다른 중요한 투쟁이겠구나 싶었습니다. 이를테면 국가인권위원회 프로젝트 같은 형태로 조사해서 데이터를 만들고, 그것을 기반으로 이런저런 요구안을 만들어볼 수 있겠죠.

정경화　　저는 서울노동권익센터라는 데서 일하고 있는데 동료한 분이 저한테 고운을 했느냐고 물어요. 그러면서 '고운'이라는 말을 자기는 처음 들었다는 거예요. 이름을 불러줄 때 꽃이 되는 거잖아요. 그래서 지금 이야기 나온 것처럼 학교에서 징계받았던 것들도 데이터화되는 것도 되게 중요하고, 다 조사해야 되는 게 맞고요. 그리고 고등학생운동 출신이라는 것만으로도, 그러니까 사실 학력차별을 일상적으로 저는 당하고 있거든요. 고졸에 대한 학력차별은 그냥 일상이에요. 사람들이 당연히 대학을 나왔을 거라는 전제로 "몇 학번이야" 이렇게 묻고. 저와 비슷한 삶을 그 시대에 같이 살았던 사람들은 저랑 비슷한 생각을 할 것 같아요.

조한진희　　맞아요. 좀 더 이야기되어야 하는 중요한 문제라는 생각이 들어요. 추후에 더 깊게 이야기 나눌 수 있길 바랍니다. 이어서 한 가지 질문 더 나누겠습니다.

공현　　요즘 청소년인권운동을 보시면서 어떤 동질감을 느끼시는지 궁금하고, 또는 이런 건 우리도 했던 건데 아직도 하는구나, 생각하시는 게 있나요?

이형신　　1989년이나 1990년에는, 쉽게 말하자면 변혁운동 아니면 민주화운동 같은 개념만 있었잖아요. 그래서 '청소년인권운동'이라는 말을 들었을 때, 일단은 좀 낯설었어요. 그러고는 청소년인권이라면 우리가 중고생 시절에 말하던 두발 자유화나 교사들의 폭력 문제 같은 걸 말하는 건가, 하는 단편적인 생각을 했어요. 그리고 입시나 학업 스트레스로 자살하는 학생이 여럿 나오면서 이런 입시 위주 교육에 대한 문제 제기를 했던 게 떠올라요. 이 문제는 당시에 정치적으로도 문제화되었고, 〈행복은 성적순이 아니잖아요〉라는 영화까지 만들어질 정도로 사회에서 중요한 이슈가 되기도 했거든요. 아침 7시 40분에 학교에 가서 오전 보충수업 두 개 정도 하고, 정규수업 듣고, 오후 보충수업도 하고 또 밤 10시까지 강제로 자습하고. 방학 때도 한 2주나 3주 학교 가서 보충수업을 받아요. 이런 입시 위주 교육에 대해서도 문제 제기를 많이 했는데. 이런 이슈들이 모두 청소년인권과 관련된 문제였다는 걸 지금에 와서 인식하고 있어요. 두발 자유화 요구나 동아리 활동, 직선제 학생회 같은 요구는 사실 기본권적 요구라는 점에서 청소년인권 문제였던 거죠. 왜 우리는 친구들이랑 모임 하나 만들 수 없는지. 체벌 금지 요구 같은 것도요. 당시에는 체벌의 정도가 굉장히 심했어요.

정경화　　2014년 세월호 참사 이후에 그 고등학생들이 하루라도 자기답게 살아보고 죽었을까 생각하면 너무 죄스러워서 숨을 쉬는 것도 힘들 정도였어요. 10대 시기는 예민한 시기이고, 사회적으로 더 많은 애정을 받아야 하는 때잖아요. 그런데 아직도 교육 현실이 하나도 바뀌지 않은 것이 절망스럽고, '도대체 나 뭐 한 거지' 그런 회의감이 정말 많이 들었어요.

빈둥　　특히 1980년대, 1990년대 고운 활동을 하셨던 분들이 고운 경험을 자기 안에 담아두고, 기억을 덮어두고 싶어 하시는 분들이 많더라고요. 그래서 물어보기에 좀 부담스럽지만…… 청소년인권활동가로서 제가 가진 욕심은 고등학생운동을 했던 분들과 과거의 운동을 마주하고 고등학생운동과 고운 열사의 문제의식과 가치를 이어가고 싶다는 것인데요. 고등학생운동 열사들의 이야기에서 시작할 수 있을 것 같아요.

　　첫 번째로, 학교가 자기만을 위한 사회 만들기를 강요한다며 '로봇 교육'을 비판하던 김철수 열사의 이야기, 두 번째로, 학교의 폭력과 탄압을 당하다 투신한 김수경 열사가 성적 때문에 비관 자살했다고 왜곡되는 게 싫어 유서를 남겼던 이야기, 세 번째로, 참교육을 외치며 죽은 심광보 열사에 대해 "경제적 상황이 열악했지만 명문고에 입학했다"고 덧붙이는 소개말 등에 대해서 말이지요. 열사의 문제의식뿐만 아니라 열사의 문제의식을 배반하는 열사에 대한 소개 등을 함께 청소년인권의 관점에서 이야기를 함께 나누고 싶어요. 이처럼 고운과 청소년운동이 같이 고운 열사를 애도하고 그것을 되새기는 활동을 하는 것에 대해 어떻게 생각하시는지요.

공현　　아까 조한진희 님도 청소년인권운동에서 고운을 자주 호출한다고 하셨는데요. 고운 활동을 하셨던 분들을 저희가 초청하기도 하고 만나보기도 하는데, 어떻게 연결고리를 만들 수 있을까 고민하게 됩니다. 다들 현재 자신의 일과 활동이 있는데, 수십 년 전 활동을 계속 끄집어내고 부르는 게 좀 그런가 싶기도 하고요.

조한진희　　저는 청소년인권운동에서 호출하는 거 환영해요. 오랫동안 고운에 대한 복잡한 심경 때문에 말하는 걸 꺼리며 살았지만, 지금은 전면적으로 잘 말해야겠다고 생각하고 있어요. 고등학생운동 열사들에 대해 같이 애도하고 연결하는 활동을 하고 싶다는 것도 고마운 마음입니다.

이오성　　제가 2003년에 《말》에서 기자로 일하고 있었는데, 그때 고운 활동가 선배가 서른 살 이른 나이에 사망해서 그걸 계기로 짧은 그 이야기를 기사로 쓴 적이 있어요.° 제가 그때 뭘 알게 됐냐면, '민노당 당직자 중에 굉장히 고운 출신이 많았구나'였어요. 저도 몰랐던 사람들이 연락을 해오는 거죠. 고운 출신들이 어디서 무얼 하고 살고 있는지 잘 몰랐는데, 그 사람들이 어딘가에서 여전히 세상을 바꾸려는 꿈을 가지고 진보정당 당직자 등 여러 활동을 하며 살고 있다는 것, 하지만 말을 안 하며 살고 있다는 것을 처음 알았어

°　　이오성, 〈참교육 1세대의 쓸쓸한 해후: 아무도 알아주지 않는자의 죽음〉, 《말》 3월호(통권 201호), 2003, 158~161쪽.

요. 아무튼 그런 이야기들을 조금씩이라도 계속하려는 사람들이 분명히 있기는 있는데, 어떤 주체가 어떤 계기로 할 거냐 하는 문제는 논의를 한번 해볼 수 있겠습니다.

이형신　　저는 마지막으로 고운이 우리 사회에 무엇이었을까 이야기해보고 싶어요. 1980년대 사회운동이 팽창해가던 시기에 굉장히 열심히 했던 고운 활동가들이 현재까지 사회운동 안에서 중요한 층을 이루고 있는데, 이들이 일종의 대오 형성을 못한 것 같아요. 그러니까 대학생운동이나 노동운동은 조직을 만들고 그것을 유지해왔는데, 고운은 독립된 대오나 정체성이 부여되지 않은 거죠.

　　그렇지만 한편으로는 우리 나이대가 투표 성향으로 놓고 봤을 때 진보적 투표층이라는 거예요. 우리가 해온 대중운동이 분명 우리 동일 세대에게 미친 영향이 큰 것 같아요. 우리가 나이를 계속 먹어가면서 역사적 사건이 한번씩 있었잖아요. 2002년 '미선이 효순이 사건'으로 불리는 미군 장갑차 여중생 압사 사건, 2008년 미국산 소고기 수입, 2014년 세월호 참사 같은 사건들을 계기로 정치적, 사회적 분출이 우리 사회에 있었죠. 그때 우리 세대의 참여가 매우 높았어요. 정확한 증거를 이 자리에서 제시할 수는 없지만 우리가 열심히 운동하고 투쟁한 게 동일 세대에게 그런 역량을 갖게 하는 데 미친 영향이 있을 것 같아요.

조한진희　　청소년 인권활동가들의 질문과 고민을 듣다 보니 고운이 무엇이었을까 좀 더 다각도로 고민해보게 됩니다. 무엇보다 고운이 과거에 종료된 것이 아니라, 현재에 여전히 해야 할 역할이 있는 것 같습니다. 고운을 기록한다는 것부터 고운이 무엇이었는지,

그리고 탄압과 피해에 대한 사회적 인정까지 모두 지금의 청소년인권운동 진영에는 중요한 '현재'의 문제임을 확인하는 자리였습니다. 그러니까 당시 뜨겁게 활동한 것으로 나의 책임은 다했다, 라고 말할 수도 있지만 당시 고운이 무엇이었는지 해석하고 평가하는 것까지를 책임이라고 말할 수도 있을 것 같습니다.

또 한편 고운은 제대로 된 결과를 내지 못한 운동이라는 자평을 하는 경우가 있는데, 역사의 평가는 과거의 행위로 종료되는 게 아니라는 생각이 들어요. 뭉뚱그려서 '고운은 성과를 제대로 내지 못한 운동이었다'는 식의 패배적이고 낭만적인 말이 아니라, 명확하게 성과와 한계를 구분해서 평가하는 게 필요할 것 같습니다. 그래서 오류의 역사가 반복되지 않기 위해서 무엇이 필요한지, 현재진행형 질문을 통해 고운을 역사적으로 제대로 평가할 수 있으리라 생각합니다. 바로 그게 지금 청소년인권운동을 비롯한 10대들의 정치적 활동과 연대하는 방법이고, 역사를 마주하는 태도여야 한다는 생각이 듭니다.

찾아보기

출간물

노래·연극·영화

사진 출처

514

사진 출처

독자 북펀드로 함께해주신 분들(가나다순)

강경표·강남욱·강명지·강석남·강승연·강혜경·경화친구 민들레·고교생 공실위 의장·
고남현·고명선·고옥희·고운핫팅솔진정인·고윤혁·공영순·곽태진·권김현영·
권민수·권봉락·권순욱·권영무·권운익·김경애·김경희·김균하·김근성·김남철·
김덕종·김도윤정·김도현·김도현·김동주·김란희·김명희·김미경·김봄희·김선영·
김성애·김성우·김성철·김세명·김신·김영선·김영웅·김영은·김웅헌·김융희·김정미·
김정훈 전교조·꾸미수니·나상윤·나영·나우노조 횃불·나임윤경·난다공현·남강고·
조원식·내꿈은낭집사·노수미·노순택·단나밧(이미경)·림보책방·문경선·문민기·
문병모·문성효·물러터진귤·민경대·민동진·바람의노래·박병섭·박상례·박성중·박수미·
박수연·박시영·박영희·박은영·박재성·박재현·박정경수·박정연·박현진·반미희·
방대현·배영진·백원희·북스타트옹달샘영미·사르시·산오리·새시비비·
서강고 김장곤·서경화·서준형·선아·손효순·송재은·수민·시루와 초코·
신경숙·신승대·신촌 전문갑·신현수·신환수·신희주·안명희·안영민·앙가쥬망·양돌규·
양솔규·양양·에스텔렐·역사교사 손석영·연동흠·연세마음편한치과·연혜원·염경미·
오은정·오혜순·옥경아·우도경·원영만황선희·유미진·유성옥·유은·유찬근·윤대관·
이계은·이근혜·이기호·이명희·이문복·이민정·이민하·이빈파·이상균·이설·이성희·
이소연·이승훈·이시우·이심지·이울·이윤아·이은미·이은순·이은영·이의선·이인호충남·
이임주·이정자·이지원·이진혁·이창섭·이하나·이하나·이현덕·이현애·이홍·
이효민·인프로·임보임·임성무·작은도서관고래이야기·장소영·장일호·장재문·장재성·
장지철·장하다부경·재율아빠·저돌박창용·전 동북고 송형호·전경남·전교조 이주영·
전교조경기지부박동수·전미선·전승우(은설)·점미·정경옥·정경화·정광채·정규식·
정보근·정소영·정양현·정익화·정종민송지영·정지선·정혜숙·제둘녀·조민숙·조서연·
조성환·조시은·조윤동·조은혜·조진희·조한진희·조항미·종이한장·주용성·지명희·진냥·
책과생활·청주김희상·최보근·최원·최은숙·최창원·최춘자·츄츄니니·카르·푸른하늘·
하명희·학벌독재반서울대패권·한민정·한석희·한선주·한진·허윤옥·현경희·홍기표·
황영진

그 밖에 이름을 밝히지 않은 80분을 포함해 총 302분께서 참여해주셨습니다.
감사합니다.